Beck'sche Schwarze Reihe
Band 168

W0061306

MARTIN KRIELE

Legitimitätsprobleme der Bundesrepublik

VERLAG C. H. BECK MÜNCHEN

CIP-Kurztitelaufnahme der Deutschen Bibliothek

Kriele, Martin
Legitimitätsprobleme der Bundesrepublik.
1. Aufl. – München: Beck, 1977
  (Beck'sche Schwarze Reihe; Bd. 168)
  ISBN 3 406 06768 9

ISBN 3 406 06768 9

Einbandentwurf von Rudolf Huber-Wilkoff, München
unter Verwendung einer Handschrift von A. H. Hoffmann von Fallersleben
© C. H. Beck'sche Verlagsbuchhandlung (Oscar Beck), München 1977
Satz: Georg Appl, Wemding – Druck: aprinta, Wemding
Printed in Germany

Inhalt

Recht und Politik im Verfassungsrecht

Deutschlandpolitik – Selbstanerkennung der Bundesrepublik

Entspannung – Relativismus der Systeme?

Einleitung

Legitimität bedeutet: innere Anerkennung des Staates und seiner Verfassung. Unter den Bedingungen des modernen demokratischen Verfassungsstaats beruht die Legitimität auf der Überzeugung, daß Staat und Staatsverfassung im großen und ganzen vernünftig begründbar sind, weil sie die verhältnismäßig günstigsten Voraussetzungen für Friede, Freiheit und Gerechtigkeit bieten und deshalb jeder Alternative vorzuziehen sind.[1] Legitimitätsprobleme entstehen, wenn daran Zweifel auftauchen.

Für die staatsbürgerliche Identifikation mit Bundesrepublik und Grundgesetz waren in den vergangenen zehn Jahren zwei Tendenzen kennzeichnend: Festigung des Staatsbewußtseins und Verunsicherung des Verfassungsbewußtseins. Einerseits bedeutete die Anerkennung der DDR als Staat zugleich die *Selbstanerkennung* der Bundesrepublik. Wir sind kein Provisorium mehr, die Letztverantwortung liegt nicht mehr bei den Westmächten, sondern bei uns selbst, die Entwicklung zur staatlichen Souveränität ist abgeschlossen und trotz der Umstrittenheit der Ostpolitik auf allen Seiten akzeptiert worden. Andererseits fiel die Festigung des Staatsbewußtseins zeitlich zusammen mit Legitimitätszweifeln, die sich sowohl links wie auch rechts auf die Unsicherheit in der Frage zurückführen ließ, ob das *politische System oder das Wirtschaftssystem* die Basis von Demokratie und Freiheit ist.

I.

Es begann „links" mit dem Aufbruch der neomarxistischen Jugendbewegung. Nicht, daß diese weite Bevölkerungskreise überzeugt hätte. Zahlenmäßig blieb sie eine quantité négligeable, und es würde sich nicht lohnen, auf sie zurückzukommen, wenn es ihr nicht gelungen wäre, weite, an sich nicht zu ihr gehörige akademische, publizistische und politische Kreise bis tief ins liberale Bürgertum hinein in ihrem Legitimitätsbewußtsein zu verunsichern – unmerklich zunächst, aber mit langfristiger Tiefenwirkung.

Die Quintessenz dieser Jugendbewegung war das Bestreben, den Gegensatz *Demokratie/Diktatur* aus der Rolle des politischen *Fundamentalkonflikts,* der die letzte Grundentscheidung unserer politischen Existenz bestimmt, zu verdrängen und durch den Fundamentalkonflikt *Sozialismus/Kapitalismus* zu ersetzen. Die Fragen, was Demokratie und wie sie realisierbar sei und ob und unter welchen Umständen Diktatur zu rechtfertigen sei, blieben zwar zwischen den verschiedenen Schattierungen der Jugendbewegung umstritten. Aber dieser Streit, so leidenschaftlich er mitunter ausgetragen wurde, war doch eingebettet in eine prinzipielle *sozialistische Solidarität.* Die Begriffe Sozialismus und Kapitalismus kennzeichneten *Freund und Feind,* während der Streit um Demokratie und Diktatur sich zu einer *sekundären* Gegnerschaft milderte, zu einem Methodenstreit über die Geeignetheit der Demokratie oder Erforderlichkeit der Diktatur als Mittel zur Erreichung des gemeinsamen Ziels.

Die Legitimität der Bundesrepublik aber beruht auf der Selbstverständlichkeit, mit der unsere politische Grundentscheidung und die verfassunggestaltende Grundentscheidung der Bundesrepublik *identisch* sind: nämlich den demokratischen Verfassungsstaat als das Erbe des mehrhundertjährigen aufklärerischen Kampfes aufzubauen und festzuhalten, und zwar auch – und erst recht –, wenn man Sozialismus will, weil der demokratische Verfassungsstaat eine Mindestvoraussetzung jedes wirklichen, d. h. auf mehr Brüderlichkeit anstatt auf mehr Herrschaft gerichteten Sozialismus ist. Der neomarxistischen Jugendbewegung ist es gelungen, diese Selbstverständlichkeit aufzulösen. Alternativen zum demokratischen Verfassungsstaat erschienen als *prinzipiell gleichberechtigte* andere Möglichkeiten. Im Zwischenfeld zwischen den Alternativen entstand eine Zone der Unentschiedenheit, des zunächst nur gedanklichen Experimentierens, kurz, der *demokratischen Verunsicherung.* Wenn man die Schlüsselfrage stellte: Wogegen ist man unbedingt und in erster

Linie, gegen die Diktatur oder gegen den Kapitalismus, auf welcher Seite steht man im Konfliktfall?, so versuchten viele, dieser Frage auszuweichen oder konnten sich nur zögernd zu einer Antwort durchringen.

Soweit der Gegensatz Sozialismus/Kapitalismus zu dem die politische Existenz bestimmenden Fundamentalkonflikt wurde, hatte das zwei Folgen:

Erstens ging ein rational nicht mehr überbrückbarer *Freund/Feindgegensatz mitten durch die Demokratie*. Als *Carl Schmitt* 1932 den Begriff des Politischen als „Freund/Feindverhältnis" kennzeichnete,[2] war das Problematische daran nicht, daß er das Wesen des politischen Fundamentalkonflikts auf diesen Begriff brachte – dies war im Gegenteil klarsichtig –, sondern daß er die Überbrückung dieses Gegensatzes im demokratischen Verfassungsstaat weder für erreichbar noch für erstrebenswert hielt. Denn darum geht es im demokratischen Verfassungsstaat: die politischen Gegensätze aus dem Freund/Feindverhältnis heraus zu Gegnerschaften innerhalb der gemeinsamen politischen Ordnung zu relativieren. Ob dies gelingt oder nicht, ist die Kernfrage des Legitimitätsproblems, denn davon hängt die Stabilität der Demokratie ab.

Wo der „Kapitalismus", also die Marktwirtschaft, in ein irrationales Feindverhältnis gerückt wurde, endete die rationale und dialektische Analyse, und es wurde nur noch abstrakt theoretisiert, das heißt unter Auslassung der jeweils entscheidenden Fragen. Das bedeutete den Abbruch der demokratischen Diskussion. Ein intellektueller und moralischer Niveauverfall polarisierte das innenpolitische Klima, man sortierte nach Freund und Feind.

Zweitens reduzierte sich die *kommunistische Herausforderung* zu einer Frage von zweitrangiger Bedeutung. Zwar konnte die Koexistenzpolitik weder etwas daran ändern, daß Sowjetunion und DDR weiterhin eine Politik der ideologischen Konfrontation, der weltpolitisch feindseligen Strategie und der gesteigerten Aufrüstung verfolgen, noch daran, daß die kommunistischen Gruppierungen in der Bundesrepublik das Ziel einer Diktatur festhalten. Deshalb ist für unsere politische Selbsterhaltung entscheidend, ob wir *diese* Herausforderung als eine gegen uns gerichtete fundamental *feindliche* erkennen und ihr mit Umsicht, aber Entschiedenheit jede Chance verbauen. Der Legitimitätszweifel verunsicherte jedoch diese Erkenntnis und Abwehrbereitschaft, entfremdete die Zweifelnden der demokratischen Tradition und präparierte die schwankende Gesinnung eines potentiellen künfigen Mitläufertums. Antikommunismus galt als „irrational" und bedeutete nicht mehr, die Herausforderung als eine in der Tat feindliche zu *erkennen,* sondern ein „Feindbild" und ein „Freund/Feindverhältnis" zu *produzieren.*

An die Stelle der äußeren Gleichberechtigung der Staaten und der inneren Toleranz gegenüber Verfassungsfeinden trat ein *Relativismus der Systeme.* Symptomatisch waren die Wandlungen des Begriffs *„Totalitarismus",* der kommunistische und faschistische Systeme zusammenfaßt und damit den Gegensatz Demokratie/Diktatur als den politischen Fundamentalkonflikt schlechthin zum Ausdruck bringt. Er sollte nun als herrschaftsverschleiernder antisozialistischer Begriff gelten, der verkenne, daß die kommunistischen Staaten die demokratische Freiheit tendenziell „antizipierten".[3] Der Begriff *Stalinismus* wurde zu der Insinuation verwandt, es habe kommunistischen Terror nur in einer begrenzten Epoche und nur infolge besonderer Umstände gegeben; er liege nicht etwa in der politischen Logik des leninistischen Systems. *„Imperialismus"* – die Unterordnung aller Entscheidungen unter die Staatsräson einer auf Herrschaftserweiterung gerichteten Großmacht – wurde zum Ausdruck des Kapitalismus, so daß z. B. die Bundesrepublik, Norwegen und die Schweiz, aber nicht die Sowjetunion als imperialistische Mächte galten. *Verfassungsfeinde* erschienen als „kritische Demokraten", die sich – wie es in einer von Professoren, Pfarrern, Schriftstellern u. a. unterzeichneten Anzeige zum Radikalenbeschluß des Bundesverfassungsgerichts hieß – „darum bemühen, unsere ökonomische, gesellschaftliche und politische Situation vorurteilslos zu analysieren und – radikal – den Problemen auf den Grund zu gehen"[4].

Eine Folge des Relativismus der Systeme war, daß unsere politischen *Grundbegriffe doppelsinnig* wurden. Sie verloren ihren eindeutigen Bezug zu unserer Verfassung. Ihre ganz andere und z. T. gegensätzliche Bedeutung im kommunistischen Kontext erschien als eine prinzipiell gleichberechtigte und „auch vertretbare" Alternative.

Einige Beispiele:

„*Freiheit*" sollte jetzt nicht mehr notwendigerweise die Angst-
freiheit vor dem unberechenbaren Zugriff des Machthabers durch
ein System der Rechtssicherheit und Gewaltenteilung einschließen,
vielmehr erschien „die andere Freiheit"[5] vereinbar mit unumschränkter Staatsmacht, vorausgesetzt nur, daß diese auf der Grundlage des „wissenschaftlichen" Sozialismus das politisch Notwendige definiere und zur Einsicht in die so festgelegte Notwendigkeit
erziehe. „*Demokratie*" sollte nicht mehr notwendigerweise öffentlichen Rechtfertigungszwang, freie Wahlen und politische Freiheit
umfassen, die dem Meinen und Wollen des Volkes das letzte Wort
geben, sondern erschien vereinbar mit der Durchsetzung der angeblich „objektiven Interessen der Mehrheit des Volkes" gegen sein
wirkliches Meinen und Wollen. Der Sprachgebrauch, wonach sich
in West und Ost „zwei Formen der Demokratie" gegenüberstün-
den, anerkennt den „demokratischen Zentralismus", in dem das
Volk durch die Arbeiterklasse, diese durch die Partei und diese
durch die Parteiführung „repräsentiert" wird, als Demokratie. „*Sozialismus*" setzt für uns Demokratie voraus, diese setzt Freiheit,
diese Rechtssicherheit und diese Gewaltenteilung voraus, nun aber
reduzierte man durch den Sprachgebrauch von den „sozialistischen
Staaten" den Begriff Sozialismus auf Verstaatlichung von Produktionsmitteln unabhängig davon, daß diese die Entfremdung gar
nicht aufhebt und weder genossenschaftliche Solidarität noch
irgendeine andere Form von Brüderlichkeit ermöglicht. Als
„*Emanzipation*" – eigentlich die Schaffung von rechtlichen Institutionen, die die gleiche Freiheit aller gewährleisten – galt nun auch die
Überwindung der rechtlichen Institutionen einschließlich der demokratischen und freiheitlichen Verfassungsinstitutionen – usw.
Im Denkschema Sozialismus/Kapitalismus konnte man gemeinsam
mit den Kommunisten für Demokratie, Sozialismus, Freiheit
usw. eintreten – auf der Grundlage des Doppelsinns der Begriffe.

Die Unklarheit des *Sprechens* blieb nicht ohne verunsichernde
Wirkung auf das *Denken* und schließlich das *Handeln*. Symptoma-
tisch waren z. B. die Infragestellung der Gesetzesgeltung durch
Studenten und Bürgerinitiativen, die Duldung von Gesetzesbrü-

chen etwa in den Hochschulen, Lehrpläne, die auf eine Erziehung zur Distanz von unserer Verfassung hinausliefen, Vorschläge zu Einsparungen am Verteidigungshaushalt, die dem Gleichgewicht der Kräfte und der Entspannung den Boden entzogen hätten, Solidarisierungen auch mit solchen „Befreiungsbewegungen" der Dritten Welt, die gar nicht auf Befreiung, sondern auf Ablösung der Kolonialherrschaft durch kommunistische Diktatur gerichtet waren.

Was diesen Legitimitätsproblemen zugrunde lag, war letztlich ein undialektischer, *abstrakter Intellektualismus,* – ein Phänomen des Zeitgeistes, das in Deutschland infolge der langen unpolitischen Tradition durch die demokratische Erfahrung nicht genügend ausgeglichen war. Erstens wollte man „wissenschaftlich" sein und hielt den Relativismus der Systeme für einen Ausdruck von Objektivität und Wertfreiheit. Zweitens wollte man das *Selbstverständnis der kommunistischen Herrschaftsideologie* sachlich und fair zur Kenntnis – und das hieß für bare Münze – nehmen und glaubte redlich zu handeln, wenn man sich über den Marxismus-Leninismus nur bei Marx und Lenin unterrichtete anstatt auch z. B. bei Solschenizyn.

Man orientierte sich an den von dieser Herrschaftsideologie *behaupteten Absichten* und Erwartungen anstatt an der vorhersehbar gewesenen und der auch für die Zukunft *vorhersehbaren Wirklichkeit.* Deshalb konnte man auch weder die historischen, gesellschaftlichen, politischen und rechtlichen Ursachen dieser Wirklichkeit analysieren noch die Gesetzlichkeiten ihrer Selbsterhaltung realistisch voraussagen. Man redete zwar über Dialektik und Ideologiekritik, dachte aber selbst keineswegs dialektisch und ideologiekritisch, sondern romantisch und abstrakt und verriet das Erbe der politischen Aufklärung an einen in bezug auf die Grundbedingungen der politischen Humanität unrealistischen Utopismus.

II.

Da diese Verunsicherung des Legitimitätsbewußtseins mit der ostpolitischen Anerkennung der Gleichberechtigung der Staaten zeitlich zusammentraf und beides den Relativismus der Systeme zu stützen schien, gewann die Opposition gegen die sozial-liberale Regierung eine moralische Leidenschaft, die sie auch dort noch beflügelte, wo sie die Notwendigkeit der Ostpolitik und der Bemühungen um Integration der Jugend in die demokratischen Parteien grundsätzlich bestritt und sich damit ins Unrecht setzte. Auf diese Weise entstand vorübergehend ein *Legitimitätsproblem von rechts,* das in Aufrufen zum „Widerstand", in der Theorie des „pluralistischen Totalitarismus" und im demonstrativen Jubel beim Putsch in Chile kulminierte.

Es fand seinen verfassungsrechtlichen Niederschlag in der Umdeutung der Grundrechte. Während diese nach Wortlaut, Geschichte und Vorgeschichte in erster Linie die Funktion haben, die Menschenwürde und die *persönliche Freiheit* in ihren konketen Ausfächerungen zu schützen,[6] galten sie nun immer häufiger in erster Linie als ein Mittel zur Verteidigung des *Wirtschaftssystems* – ein in vielen Einzelinterpretationen nachweisbarer Trend. Damit sollte nicht nur die Entscheidung über die Wirtschaftsgestaltung dem demokratischen Prozeß entzogen werden, sondern schon das politische Ziel einer Änderung des Wirtschaftssystems als Angriff auf das Grundgesetz gebrandmarkt werden. Die Berufung auf die in dieser Weise einseitig gedeutete Verfassung wurde zur parteipolitischen Kampfparole („Freiheit oder Sozialismus"), die insinuiert, bei den Bundestagswahlen stehe die Freiheit auf dem Spiel. Demgegenüber gilt es zu betonen, daß der Gegenbegriff zu Freiheit nicht Sozialismus, sondern Diktatur ist, daß die Freiheit auf der Verfassung beruht und daß wir die Friedensfunktion der Verfassung auf die Dauer nur bewahren können, wenn wir den Charakter der Verfassung als gemeinsame *Konsensgrundlage* festhalten und uns wechselseitig, unabhängig von wirtschafts- und gesellschaftspolitischen Differenzen, als Demokraten respektieren.

Das setzt Klarheit darüber voraus, daß die *Verfassung und nicht die Marktwirtschaft* Grundlage und Bedingung der Freiheit ist. Die Marktwirtschaft kann zwar die Freiheit ergänzen, und einige ihrer Elemente sind verfassungsrechtlich geschützt, so daß eine konsequente Planwirtschaft nicht möglich wäre. Die Martkwirtschaft vermag jedoch Freiheit und Menschenwürde nicht aus sich selbst heraus zu gewährleisten, sondern ist auch im Rahmen einer Diktatur möglich.

Sie ist letztlich nur eine rationale Technik der Gütererzeugung und -verteilung, die, durch ein System der Sozialstaatlichkeit ergänzt, die Bedürfnisse aller verhältnismäßig am günstigsten befriedigen kann und dafür Nachteile wie Arbeitslosigkeit und Ungleichheit der Vermögen in Kauf nimmt. Im Rahmen der Verfassung kann man jedoch die Marktwirtschaft legitimerweise auch anders beurteilen. Will man das nicht anerkennen und erklärt man das Wirtschaftssystem statt des Verfassungssystems zur Basis der Freiheit, so bestätigt man die marxistische Ideologie, derzufolge die bürgerliche Demokratie ein Überbau des Kapitalismus sei. Damit macht man ebenfalls den Gegensatz *Sozialismus/Kapitalismus* anstelle des Gegensatzes Demokratie/Diktatur zum politischen Grundkonflikt und gefährdet die Stabilität der Verfassung.

Die parteipolitische Berufung auf die Verfassung vollendete trotz der einseitigen Grundgesetzinterpretationen freilich – List der Vernunft – die durch Adenauer eingeleitete Überwindung der letzten Vorbehalte gegenüber dem demokratischen Verfassungsstaat. Der deutsche Konservativismus, der zur Weimarer Republik in zum Teil scharfer Distanz stand und das Grundgesetz nicht durchweg ohne Skepsis und Zögern akzeptierte, *identifizierte* sich nun mit ihm und rückt in die Position des absolut verläßlichen Demokraten ein. Mag dies hier und da mit dem heimlichen Vorbehalt einseitiger Grundgesetzauslegung geschehen, – eine so ausdrückliche verbale Identifikation bleibt dennoch nicht ohne politisch-psychologische Rückwirkung. Zumindest geht die Tendenz im konservativen Lager auf Festigung des demokratischen Selbstverständnisses.

Im großen und ganzen waren die Legitimitätsprobleme von rechts nur noch *Exzesse einer Reaktion* auf die Legitimitätsprobleme von links und keineswegs eine originäre Ablehnung des demokratischen Verfassungsstaates. Die Legitimität der Weimarer Republik wurde von rechts untergraben, während man die Gefahr links vermutete; daraufhin meinen manche, sie nun rechts vermuten zu sollen, während sie aber diesmal eher von links kommt.

Nicht daß wir in der Bundesrepublik schon jetzt eine akute, den letzten Jahren der Weimarer Republik vergleichbarer Legitimitäts-*krise* hätten. Die „neue Linke" hat eine solche eher propagiert als diagnostiziert.[7] Aber die Risse sind deutlich erkennbar, an denen sich die Brüche vollziehen können, wenn wirtschaftliche Schwierigkeiten und zunehmende Arbeitslosigkeit eine Reduktion des privaten und öffentlichen Lebensstandards erzwingen. Die Legitimitätsprobleme haben ihre Virulenz verloren; ob sie auch ihre Tiefenwirkung verloren haben, wird erst die Zukunft erweisen.

Wir leben in einer Übergangsphase, in der sich die Frage, ob Verfassung oder Wirtschaftssystem die letzte Legitimitätsgrundlage bildet, in einer labilen Ruhelage befindet. Man muß aber im Auge behalten, daß diese Frage in der Zukunft entscheidend werden kann, wenn wirtschaftliche Not oder geistige Trends zu sozialistischen Eingriffen in die Wirtschaft Anlaß geben. Dann wird es darauf ankommen, die institutionellen Grundlagen der Freiheit trotzdem zu bewahren.

Denn neue ernste ökonomische und politische Probleme kommen auf uns zu, für deren vernünftige Bewältigung die Bewahrung des demokratischen Verfassungsstaats Voraussetzung ist. Würde er für vermeintlich effizientere Lösungen erst einmal geopfert, so wären Korrekturen nicht mehr möglich, weil *dann* die institutionellen Vorbedingungen dafür – rechtlich geschützte Freiheit, demokratischer Einfluß und Abwählbarkeit der Regierung – verspielt sind. Gewiß besteht die Chance, Freiheit und Demokratie auch in der Not zu bewahren und auf ihrer Grundlage vernünftige soziale Neugestaltungen zu versuchen. Ob sich diese Chance realisiert, hängt letzten Endes von der Breite und Verwurzelung der politischen Aufklärung und Aufgeklärtheit ab. –

Die Beiträge zur Deutschland- und *Ostpolitik* haben versucht, ihre Bedeutung für unser staatliches Selbstverständnis zu klären, sie vor Fehlinterpretationen zu bewahren, die zu Legitimitätsproblemen geführt haben, und die Diskussion aus den ideologischen Einseitigkeiten zu lösen. Die *verfassungsrechtlichen* Aufsätze greifen Kernfragen der juristischen Diskussion auf, in denen sich politische Grundsatzauseinandersetzungen kristallisiert haben. Die Beiträge zur *Gesetzesgeltung* und zur Links-Rechtspolarisierung waren Antworten auf konkrete Herausforderungen. Die Beiträge wurden für diesen Band unter dem Gesichtspunkt ihrer fortbestehenden Aktualität ausgewählt.

Grundlagen: Vernunft und Gefährdung
der Demokratie

DAS DEMOKRATISCHE PRINZIP IM GRUNDGESETZ

I. Einleitung

Die juristische Interpretation des demokratischen Prinzips im Grundgesetz muß einsetzen bei Art. 20 II 1: „Alle Staatsgewalt geht vom Volke aus".[1] Dieser Grundsatz ist in zahlreichen Einzelbestimmungen konkretisiert, insbesondere in den Vorschriften über Repräsentation des Volkes, über Budgetrecht, Parteien, Wahlen, Abstimmungen, Petitionen, Freiheit der Meinung, der Presse, der Versammlung, der Vereinigung, sowie in einer großen Zahl von Gesetzes- und Geschäftsordnungsregeln. Das demokratische Prinzip des Art. 20 II 1 ist bisher nur in sehr wenigen Fällen unmittelbar zur Begründung richterlicher Entscheidungen herangezogen worden[2] und wird auch wahrscheinlich selten relevant werden; denn es lebt hauptsächlich in seinen Konkretisierungen.

Daraus folgt aber nicht, daß im Rahmen unseres Themas alle diese konkretisierenden Vorschriften zu interpretieren seien. Das wäre nicht nur eine zeitliche und sachliche Überforderung. Es wäre auch juristisch deshalb problematisch, weil Art. 79 III, der das demokratische Prinzip der legalen Verfassungsänderung entzieht, mit diesem Verbot nicht seine Ausgestaltungen im einzelnen, sondern eben nur das Prinzip meinen kann.[3] Die Hauptfrage läßt sich deshalb so stellen: Was ist in den verschiedenen Konkretisierungen des Demokratieprinzips das essentiell Demokratische, gewissermaßen der *demokratische Wesensgehalt,* der in Art. 20 II eingeht?

Andererseits kann Art. 20 II nicht ohne Bezugnahme auf die Konkretisierungen ausgelegt werden.[4] Vielmehr muß das demokratische Prinzip aus seinem systematischen Zusammenhang heraus unter Berücksichtigung der genetischen Auslegung interpretiert werden. Der Rückgriff auf den *Typus „parlamentarische Demokratie"* westlicher Prägung[5] und die Gründe, die seine Entwicklung bedingten, ist zum Verständnis der ratio legis unerläßlich.

Zum Typus parlamentarische Demokratie gehen die Demokratietheorien von sehr unterschiedlichen Kennzeichnungen aus. Parlamentarische Demokratie, heißt es, sei die Staatsform der Identität von Regierenden und Regierten,[6] der Gleichheit,[7] der Mehrheitsherrschaft,[8] der Toleranz,[9] des Pluralismus,[10] der Konkurrenz der Machteliten,[11] der Interessenbalance,[12] der Komplexität,[13] des Kompromisses[14] oder der Partnerschaft.[15] Alles das sind Aspekte, die ganz oder teilweise richtig sind. Keine dieser Theorien erklärt aber alles, was zum demokratischen Verfassungssystem des Grundgesetzes gehört. Und umgekehrt: jede dieser Theorien müßte konsequenterweise zu wenigstens einigen Folgerungen führen, die mit dem demokratischen Verfassungssystem des GG unvereinbar sind. Kurz: keine dieser Theorien bezeichnet den gemeinsamen Nenner, auf den die verschiedenen Rechtsinstitute, in denen sich das demokratische Prinzip im GG konkretisiert, gebracht werden können. Eine kritische Auseinandersetzung ist an dieser Stelle nicht möglich; doch bieten sich im Zuge des folgenden Interpretationsversuchs Gelegenheiten, beispielhaft einige Gesichtspunkte aufzugreifen.

Die Frage drängt sich auf: kann es überhaupt einen gemeinsamen Nenner für so entgegengesetzte Prinzipien wie Volksherrschaft und Repräsentation geben, denen ähnlich polare Begriffspaare entsprechen: Parlamentssouveränität und Verfassungsbindung, Mehrheitsprinzip und Minderheitenschutz, Gleichheit und Freiheit? Ist das GG nicht aus Kompromissen zwischen im Grunde unvereinbaren Ideen gebildet? Werden Verfassungsauslegung und Verfassungskonflikte nicht letztlich davon bestimmt, welcher dieser Ideen man aus gesinnungsmäßiger Zuneigung das größere Gewicht zumißt? Oder entsteht dieser Anschein nur, wenn man zuvor einseitige Aspekte verabsolutiert und mit logischer Konsequenz ins Extrem treibt, statt sie *dialektisch zu relativieren* und aufeinander zu beziehen?

Wenn es einen gemeinsamen Nenner gibt, so muß man ihn in der Geschichte der demokratischen Institutionen suchen (nicht also in der Geschichte der demokratischen Theorien, in denen die Ideenantagonismen schon angelegt sind). So wesentlich sich das Grundgesetz vom englischen Verfassungsrecht unterscheidet, so ist doch ein Blick in die Geschichte des englischen Parlamentarismus deshalb von Bedeutung, weil die englischen Institutionen in eigenständiger und kontinuierlicher Entwicklung den Typus der parlamentarischen Demokratie geprägt haben. Es ist in diesem Zusammenhang freilich nicht möglich, mehr zu tun, als einige Gesichtspunkte hervorzuheben.

II. Zum Typus „parlamentarische Demokratie"

1. Herrschaft des Volkes und Herrschaft des Rechts

Meine Ausgangsthese ist folgende:

Herrschaft des Volkes im Sinne der parlamentarischen Demokratie ist identisch mit Herrschaft des Rechts (im Sinne der *rule of law,* nicht des Rechtsstaats). Herrschaft des Rechts[16] darf nicht im Sinne des traditionellen deutschen Rechtsstaatsbegriffs des 19. Jh. gedeutet werden,[17] weil in diesem Rechtsstaatsbegriff die Verknüpfung der materiellen Rechtsidee mit ihren institutionellen *Realisierungsbedingungen* fehlte. Er erschöpfte sich in Gesetzlichkeit und reduzierte den Gedanken der materialen Gerechtigkeit auf den moralischen Appell, der sich letztlich auch an einen absoluten Souverän richten kann.[18]

Herrschaft des Rechts ist eher im Sinne der rule of law zu deuten.[19] Diese geht davon aus, daß sich das Recht dialektisch nach prozessualen Regeln aus den im Volk gemachten Erfahrungen der Unzulänglichkeit des schon bestehenden Rechts verwirklicht. Parlamentarische Demokratie ist geschichtlich und theoretisch zu begreifen aus der Übertragung des Gedankens des *gerichtlichen Prozesses* auf den *politischen Prozeß* der Gesetzgebung. Sie entstand aus der Suche nach den verhältnismäßig günstigsten institutionellen Bedingungen für die Verwirklichung des Naturrechts im positiven Recht.

Das englische Parlament hat seine geschichtliche Wurzel bekanntlich in der curia regis, einem Organ, das ursprünglich u. a. Rechtsprechungs- und Rechtsfortbildungsfunktion hatte. Seine Gesetzgebungsfunktion wurde seit dem 17. Jh. verstanden als *Rechtsfortbildung in größeren Zusammenhängen,* unabhängig von Präjudizien. Der Gesetzgeber war Beschleuniger, Richtpunktsetzer und Ordner der Rechtsfortbildung.[20]

Das Common Law gab es als Richterrecht vor den Gesetzen; Recht entsteht überhaupt zunächst als Richterrecht.[21] Die politische Gewalt zwingt den Austrag der Macht-, Interessen- und Ansichtsgegensätze in eine *prozessual geregelte Meinungskontroverse,* die in eine *verbindliche Dezision* mündet. Der Anfang der Rechtsgewinnung ist, daß jemand im Volk eine situationsbedingte Unrechtserfahrung macht und klagt. In einer Welt, in der sein Fall nicht gesetzlich vorentschieden ist, behauptet er eine Normhypothese z. B. von der Art: „so etwas braucht man sich nicht gefallen zu lassen". Gegenstand der Kontroverse ist die Frage, ob es gerechtfertigt wäre, die Normhypothese durch Entscheidung zur Norm zu machen und zwar durch präjudizielle Wirkung der ratio decidendi im Richterrecht oder durch Gesetz.

Rechtfertigen bedeutet, wie Chief Justice *Hale* schrieb: die in Frage kommenden Normalternativen vergleichen, die voraussichtlichen Konsequenzen für das praktische, menschliche, wirtschaftliche, soziale Leben abschätzen und diejenigen wählen, die bei unparteiischer Abwägung der begünstigenden und benachteiligenden Wirkungen die relativ geringsten Nachteile und größten Vorteile mit sich bringen.[22]

Die Möglichkeit, trotz der erheblichen Meinungsverschiedenheiten zu argumentieren und begründet zu entscheiden, beruht auf einem Urteilsvermögen und Gerechtigkeitssinn, von dem man annahm, daß er den Menschen, wenn auch in verschiedenen Graden der Begabung und Entwicklung, gemeinsam sei, und den man deshalb als sensus communis oder „*common sense*" voraussetzte.[23] Die zugeordnete Dogmatik verstand sich als prudentia und nicht als scientia. Ihre Kernbegriffe waren, wie Kluxen für das englische 18. Jahrhundert gezeigt hat: circumstances, conveniency, opportunity, expediency, probability.[24] Fortschritte in der Einsicht wurden nicht durch Deduktion, sondern durch situationsbedingte Erfahrung gewonnen, durch „challenge and answer", durch „trial and error".

Man ging davon aus, daß politische Meinungsverschiedenheiten zum größten Teil (nicht alle) prinzipiell diskutierbar, aber so komplex sind, daß sie auf verbindliche Dezisionen angewiesen sind, deren Richtigkeit dann aber wieder in Frage gestellt werden kann. Rechtlicher Fortschritt ist ein unendlicher *Prozeß von Diskussion und Dezision*.[25]

In dem Maße, in dem die sozialen Verhältnisse komplexer werden, werden sie regelungsbedürftiger und gewinnt die parlamentarische Gesetzgebung mehr und mehr an Übergewicht über richterliche Rechtsbildung. Damit wird auch der *Entscheidungsprozeß komplexer*. Die diffuse Vielfalt von Anregungen und Ansichten zwingt zur Abfilterung des Relevantesten und Vordringlichsten. Volksherrschaft durch Parlamentarismus bedeutet deshalb in einer ersten vorläufigen Kennzeichnung dreierlei:

Einmal: Anstoß zum parlamentarischen Entscheidungsprozeß geben die im Volk gemachten situationsbedingten Erfahrungen der Entscheidungsbedürftigkeit und der öffentlichen Relevanz einer Sache. Gegenstand der Diskussion sind Selektion und zeitliche und rechtliche Prioritätenordnung, also die Fragen, welche Sachen entscheidungsbedürftig, welche von ihnen vordringlich sind und welche Entscheidung gerechtfertigt wäre. Die von den Repräsentanten getroffene Entscheidung über Relevanz und *Priorität* muß sich vor dem common sense der Wähler rechtfertigen. Der demokratische Legitimationszirkel ist also ein ständiger *Rechtfertigungsprozeß*. Die Wahl gewährleistet, daß sich die Bewertung der Relevanzen und Prioritäten im großen und ganzen im *Einklang mit dem common sense* hält.

Zum anderen: der grundlegende Satz des juristischen Ethos ist: *audiatur et altera pars* (oder, wie es deutschrechtlich hieß: Eenes Mannes Rede ist keenes Mannes Rede, man muß sie hören alle beede). Sind drei an der Sache beteiligt, so müssen sie alle drei zu Worte kommen, sind hundert beteiligt, so alle hundert, sind es alle, so müssen eben alle zu Gehör kommen. Da das praktisch nicht möglich ist, drängt dieses Ethos zwangsläufig zu Organisationsformen, die eine Repräsentation aller ermöglichen.

Und schließlich: Das Problem der Repräsentation entsteht daraus, daß im politischen Prozeß, im Unterschied zum juristischen, *Plädierende und Entscheidende identisch* sein müssen. Nicht schiedsrichterliche Führung, sondern Entscheidung durch Mehrheit. Die Rolle des Königs als eines möglichen pouvoir neutre wurde im Lauf der Geschichte mehr und mehr zurückgedrängt. Das scheint auf den ersten Blick dem Grundsatz zu widersprechen: niemand kann Richter in eigener Sache sein. *Madison*[26] entwickelt im „Federalist" das Prinzip der Mehrheitsentscheidung aber gerade aus diesem Satz, und das im Ergebnis zu Recht. Denn im politischen Prozeß ist eine *neutrale Instanz unmöglich.* Jeder denkbare Schiedsrichter ist, so sehr ihn sein Amt aus der Gesellschaft heraushebt, doch zugleich Mitglied der Gesellschaft, als solches in Interessen, Ideologien, Traditionen verstrickt und also notwendigerweise Partei.[27]

Im Prozeß des politischen Meinungskampfes gibt es nur gewissermaßen nautische Positionen.[28] Alles ist in Bewegung. Auch der festgehaltene Standpunkt ändert seine Funktion durch die Bewegung der Umwelt. Jede denkbare Position ist dialektisch einseitig. Niemand kann je sagen, seine Ansicht sei absolut vernünftig. Es gibt nur Grade von *Vertretbarkeit und Plausibilität.* Dafür gibt es aber keinen anderen Maßstab als den der möglichst breiten und dauerhaften Zustimmung. Es ist wie in der juristischen Dogmatik: daß ständige Rechtsprechung und herrschende Ansicht vernünftiger sind als die Mindermeinung, ist nicht sicher, aber wahrscheinlicher als die gegenteilige Annahme. Aus diesen historischen Prämissen entwickelten sich die Institutionen der parlamentarischen Demokratie mit einer gewissen Zwangsläufigkeit. Deutungsprobleme der Demokratie entstehen meistens aus einer Auflösung dieses dialektischen Zusammenhangs von Volksherrschaft und Repräsentation. Volksherrschaft wurde umgedeutet in Volkssouveränität, Repräsentation in Wahrheitsfindung durch Diskussion.

Die auf *Rousseau* und die Verfassung von 1793 zurückgehende Idee von der Volkssouveränität deutet die notwendige *Identität von Plädierenden und Entscheidenden* um in *Identität von Herrschenden und Beherrschten.* Entscheidend soll der unmittelbare Volkswille und nicht die dialektisch erarbeitete Meinung über das Gerechtfertigte sein. Diese Theorie gibt es in zwei idealtypischen Varianten, je nachdem ob der Volkswille *empirisch* – so wie er ist (volonté de tous) – oder *hypothetisch* – so wie er sein sollte (volonté générale) – verstanden wird.[29]

Soll der *hypothetische Volkswille* zur Geltung gebracht werden, so ist die Bezugnahme auf den Volkswillen eigentlich entbehrlich. Statt zu sagen, was man will, sagt man, was das Volk wollen würde, wenn es seine wahren Interessen objektiv erkennte. Die Frage ist dann nur, wer darüber zu entscheiden hat, was der wahre Volkswille ist. Will man den empirischen Volkswillen dennoch nicht völlig ignorieren, so muß man darauf bedacht sein, den empirischen Volkswillen dem hypothetischen anzupassen: Erziehungsdiktatur. Dialektik geht, ebenso wie Humanität, im alles rechtfertigenden Zweck auf und damit verloren.

Wird im Namen des demokratischen Prinzips die unmittelbare Realisierung des *empirischen Volkswillens* gefordert, so kann das auf ein Rätesystem[30] hinauslaufen,[31] das in der Regel gekennzeichnet ist durch:

imperatives Mandat,

Abberufbarkeit der Gewählten,

Allzuständigkeit des Rats und

meist auch mittelbare Wahl, die von der Basisgruppe über Lokal- und Regionalräte zum Zentralrat führt.

Alle diese Elemente stehen mit den in Art. 20, 38, und 39 GG niedergelegten Grundsätzen im Widerspruch.

Die „Volkssouveränität" läßt sich freilich auch dem parteien-staatlichen Parlamentarismus unterschieben und interessiert uns vor allem in dieser Gestalt.[32] Parlamentarische Demokratie gilt dann, wie es *Hans Maier* ausgedrückt hat, als ein *„defizienter Modus unmit-*

telbarer Volksherrschaft".[33] Ansätze zu solchem Denken finden sich gelegentlich auch bei angelsächsischen Theoretikern.[34] Der Wirklichkeit der parlamentarischen Institutionen, die von der rule of law ausgehen, sind sie ursprünglich aber fremd. *Rousseau* ersetzte den souveränen König *Hobbes*'scher Prägung durch das souveräne Volk, das im Parlament organisiert wird.[35] Im angelsächsischen Rechtsdenken konnte es aber *keinen Souverän geben*.[36] Auch der Monarch hatte nur die ihm durch das Recht zugewiesenen Kompetenzen. Souveränitätsanmaßung im 17. Jahrhundert führte zu Revolution und Bürgerkrieg, aber nicht, wie in der französischen Revolution, mit dem Ziel, königliche Souveränität durch Volkssouveränität zu ersetzen, sondern mit dem Ziel, wieder allgemeinen Respekt für die Rechts- und Kompetenzordnung zu erzwingen.[37]

3. Zur Umdeutung der Repräsentation in Diskussion

In der parlamentarischen Demokratie ist *Staatswillensbildung Meinungsbildung,* die in eine verbindliche Dezision mündet. Meinungen werden freilich nur idealiter durch Vernunft, die bloß das Interesse des Ganzen und die gerechte Abwägung partikularer Interessen im Auge hat, bestimmt. Meinungen sind unvermeidlich selbst durch Willensrichtungen motiviert.

Deshalb lassen die Theoretiker der Volkssouveränität den Staatswillen unmittelbar aus den Einzelwillen hervorgehen und erklären die Vermittlungsstation der Meinungsbildung für eine sowohl überflüssige als auch illusorische Annahme.

Dieser *Vulgärvoluntarismus* gewinnt seine Gängigkeit aus der Polemik gegen einen rationalistischen Repräsentationsbegriff. Seine klassische Formulierung fand er bei *Carl Schmitt. Schmitt* hat die geistesgeschichtliche Grundlage des Parlamentarismus durch die Begriffe *Diskussion und Öffentlichkeit* gekennzeichnet.[38] Diskussion deutete er so, als sei der Austausch von Argumenten zwischen den Parlamentariern gemeint. Was durch öffentliche Diskussion bewirkt werden solle, sagt Schmitt, „war nicht weniger als Wahrheit und Gerechtigkeit selbst".[39] Diesem Idealbild stellt Schmitt die desillusionierende Realität gegenüber:[40] nicht vernünftig diskutierende Abgeordnete, sondern ideologisch festgelegte Fraktionen, der einzelne Abgeordnete durch Fraktionszwang gebunden.

Der Wirklichkeit des Parlamentarismus lag aber trotz des Anscheins, den die von *Schmitt* zusammengestellten Zitate vermitteln, niemals dieser Diskussionsbegriff zugrunde. Daß politische und soziale Fundamentalgegensätze nicht ausgetragen werden können, indem man sich einmal in Ruhe zusammensetzt und Argumente austauscht, das war auch schon im 17., 18. und 19. Jahrhundert so und ist übrigens auch den theoretisierenden Beobachtern der Wirklichkeit des englischen Parlaments im allgemeinen nicht entgangen. Das ideologiekritische Denken war, von *Bacon* vorgeprägt, von *Mandeville, Shaftesbury* und *Hume* ausgebildet, schon im frühen 18. Jahrhundert Gemeingut der politischen Öffentlichkeit Englands, hauptsächlich in der Gestalt der Rückführung von „reason" auf „passion", „appetite", „interest".[41]

Das bedeutet aber nicht, daß Argumente überhaupt politisch funktionslos, daß sie bloß Derivate von Residuen oder Spiegelungen von Klasseninteressen seien, wie es die radikale „Ideologieentlarvung" verschiedener Couleur beschreibt.[42] Das ist das andere und ebenso falsche Extrem.

Meinungen sind untrennbar verknüpft mit Interessen, mit Machtfragen, mit Autoritäten, mit Traditionen, die man oft nur geistes- und religionsgeschichtlich verstehen kann. Freiwillige Optionen für politische Gruppen oder Parteien kann man heute im Zeitalter der *Tiefenpsychologie* aus individual-, gruppen-, alterspsychologischen und anderen Strukturen und Konstellationen erklären. Politische Meinungen sind wie die Spitzen von Eisbergen, was sie letztlich bestimmt, bleibt unter der Oberfläche des Bewußtseins. Das Argument aber bleibt über der Oberfläche und kann sie deshalb nicht unmittelbar bewegen.

Was politische Meinungen ändern kann, sind tiefreichende *Erfahrungen*. Die Sicht des Vierzigjährigen unterscheidet sich meist sehr von der des Zwanzigjährigen. Die Sicht der päpstlichen Sozialenzykliken und der sozialistischen Parteiprogramme von heute unterscheidet sich wesentlich von der von vor fünfzig oder hundert Jahren. Doch führen im politischen Bereich gleiche Ergebnisse zu ganz unterschiedlichen Erfahrungen. Das erklärt sich daraus, daß die komplexen wirtschaftlichen, sozialen, geschichtlichen und anderen Zusammenhänge nur durch theoretische Interpretationsschemata erklärt werden können. Erfahrung entsteht durch ein Hin- und Herwandern des Blicks zwischen *Erlebnis* oder Information einerseits und theoretischem *Erklärungsschema* andererseits. Die Interpretationsschemata bilden den Kitt für Gruppensolidarität. Nehmen die in der Gruppe geltenden Autoritäten neue Erfahrungsgesichtspunkte auf und vertreten sie, so prägen sie die Gruppenmeinung allmählich um.

Argumente haben also eine doppelte Funktion. Einerseits schaffen sie Problembewußtsein, sie erklären, was, wie man im Englischen so treffend sagen kann, „issue", der Kern der Streitfrage ist. D. h., sie *vermitteln die Interpretationsschemata,* die aus dem unendlichen Fluß diffuser Erlebnisse das Relevante sichtbar machen. Dadurch erst werden Erlebnisse zu Erfahrungen. Andererseits *relativieren* Argumente die Interpretationsschemata, indem sie Tatsachen geltend machen, die mit diesen nicht oder nicht zulänglich erklärbar sind und wandeln die Schemata auf diese Weise um. Kurz: Argumente und Diskussionen ändern Meinungen meistens nicht unmittelbar und sofort, aber sie leiten langfristig die Erfahrungen, die ihrerseits Meinungswandlungen herbeiführen. Wenn man so die Einsichten der Ideologiekritik und der Gruppenpsychologie einbezieht, so wandelt sich das rationalistische Verständnis der Diskussion in ein dialektisches, wenn man unter Dialektik versteht: Verwirklichung des Naturrechts im Prozeß geschichtlicher Erfahrung.

Ihren dialektischen Gang in diesem Sinne nimmt die Geschichte auch ohne parlamentarische Demokratie, dann aber auf langwierigen und blutigen Wegen über Souveränität und Revolution, Bürgerkrieg, Diktatur und Terror. Der Sinn der parlamentarischen Demokratie ist, die geschichtliche Dialektik gewissermaßen an prozessuale Regeln zu binden, die ihr Freiheit geben und zugleich ihre Friedlichkeit gewährleisten. Die geistesgeschichtliche Grundlage der parlamentarischen Demokratie kann man mit *Ernst Troeltsch*[43] in der *gemeineuropäischen Naturrechtstradition* finden, sofern man unter Naturrecht nicht einen feststehenden Normenkomplex versteht, sondern den geschichtlichen Prozeß dialektischer Rechtfertigung, die die relativ größte Chance der Verwirklichung der Gerechtigkeit im positiven Recht eröffnet.

Im folgenden wird das demokratische Prinzip zunächst in Konfrontation mit der Idee der Volkssouveränität und sodann in Konfrontation mit der rationalen Repräsentationsidee beleuchtet.

III. Art. 20 II GG und Volkssouveränität

1. Das Grundgesetz erkennt an, daß der *pouvoir constituant* beim Volk lag. Wie es in der Präambel heißt, „. . . hat das deutsche Volk in den Ländern . . . kraft seiner verfassungsgebenden Gewalt dieses Grundgesetz beschlossen".

Der pouvoir constituant ist aber nunmehr im Grundgesetz aufgehoben: *pouvoir constitué.* Im Wege des Art. 79 kann das Grundgesetz *geändert,* aber nicht ersetzt werden. Eine neue Verfassung zu schaffen ist tatsächlich möglich, aber nicht *verfassungsrechtlich* vorgesehen. Die Möglichkeit der Verfassungsablösung ist eine Frage der Staatslehre, nicht des Staatsrechts.

Da das Grundgesetz als provisorische Regelung bis zur Wiedervereinigung gedacht war, ist allerdings in Art. 146 vorgesehen, daß dann das (ganze) deutsche Volk in freier Entscheidung eine es ablösende Verfassung beschließen kann. Man hat aus Art. 146 auf die Möglichkeit geschlossen, daß sich auch das „Volk der Bundesrepublik" eine neue Verfassung geben kann. Das ist nicht richtig. Eine Volksabstimmung über eine neue Verfassung im Gebiet der Bundesrepublik wäre ein revolutionärer Akt. Mit der Berufung auf Art. 146 will man dem Bedürfnis nach Legitimitätskontinuität scheinbar entgegenkommen, in Wirklichkeit die Legitimitätskontinuität aber durchbrechen.[44]

Die *Selbstbeschränkung der verfassunggebenden Gewalt* in Art. 79 III, 21 II, 9 II, 20 IV kann eben nicht legal, sondern nur revolutionär überspielt werden. Diese Selbstbeschränkung ist freilich mit der rousseauistischen Vorstellung der Volkssouveränität nicht in Einklang zu bringen.[45] Demokratie als Prozeß der Rechtsverwirklichung erklärt sie zwanglos: eine in der neuzeitlichen Geschichte des westlichen Verfassungsstaats erreichte Stufe des Fortschritts wird festgehalten.[46]

Die verfassungsgebende Volkssouveränität gehört zwar für die meisten Franzosen seit der französischen Revolution zu einer mindestens einmal im Leben persönlich erfahrenen Realität. Deshalb steht sie in der französischen Ideologie sehr im Vordergrund. Für die Demokratie vorwiegend angelsächsischer Prägung gehört sie zu einer theoretisch bewußten Möglichkeit, die außer bei Staatsgründungen nur für besondere Ausnahmesituationen in Frage kommt. Vernünftig ist, den Ausnahmezustand zu vermeiden[47] und nicht die *Stabilität der demokratischen Verfassung* durch unnötige Appelle an den pouvoir constituant aufs Spiel zu setzen.

2. Das Grundgesetz unterscheidet in Art. 20 II zwischen *Trägerschaft* und *Ausübung* der Staatsgewalt und spricht dem Volke die Trägerschaft zu. Doch wird alle Staatsgewalt durch besondere Organe ausgeübt. Daß sie vom Volk ausgeht, besagt in diesem Zusammenhang: alle Organe unterliegen dem Anspruch, für das Volk, in seinem Interesse zu handeln.[48] Entscheidungskompetenz bedeutet Entscheidungsverantwortung.

Unterschiebt man dem demokratischen Prinzip des Grundgesetzes den rousseauistischen Begriff der Volkssouveränität, so folgt daraus zumindest eine durch die Verfassungsordnung eingeschränkte Universalkompetenz, also mindestens die Auslegungsregel: das Volk könne Entscheidungen treffen, soweit das GG das nicht ausdrücklich ausschließe. Die Volkssouveränität quillt dann in alle Grundgesetzlücken hinein.

Rule of law bedeutet demgegenüber Einbindung jeder Gewalt in die Kompetenzordnung. Wie im juristischen Prozeß der Vertretene nicht statt des Prozeßvertreters handeln kann und auch nicht beliebig neben ihm, so auch im politischen Prozeß. Während Entscheidungs*kompetenz* Entscheidungs*verantwortung* bedeutet, wäre innerstaatliche Souveränität gerade durch den Ausschluß der Verantwortlichkeit gekennzeichnet. Deshalb hat auch das Volk nur die Kompetenzen, die sich aus dem Grundgesetz ergeben.

Im Hinblick auf *Plebiszite* ist eine Kompetenz zu Abstimmungen über die im GG vorgesehenen Fälle hinaus zu verneinen. Das ergibt sich eindeutig aus der genetischen Auslegung.[49] Die Grundgesetzväter waren der Ansicht, daß die Instabilität der Weimarer Verfassung durch die vielfältigen plebiszitären Möglichkeiten mitbedingt war. Wieweit diese Ansicht zu Recht bestand, ist eine historische und verfassungspolitische Frage. Für die juristische Auslegung ist entscheidend, daß die im GG vorgesehenen Abstimmungsfälle erschöpfend sein sollten. Der Einführung weiterer plebiszitärer Elemente in das Grundgesetz stünde das demokratische Prinzip aber nicht im Wege; sie ließe sich verfassungspolitisch aus diesem Prinzip durchaus rechtfertigen.

Die Frage, ob unverbindliche, aber offizielle und förmliche *Volksbefragungen* in zur Entscheidung anstehenden Sachen mit dem demokratischen Prinzip vereinbar sind, hat das Bundesverfassungsgericht im Atombewaffnungsfall offen gelassen.[50] M. E. ist die Frage zu verneinen. Denn liegt die Kompetenz zur Entscheidung der Sache bei einem Bundesorgan, so trägt dieses auch die Entscheidungsverantwortung. Das Organ könnte zwar rechtlich dem Ergebnis der Volksbefragung zuwider handeln. Damit würde es aber die Legitimität des Repräsentativsystems erschüttern. Das Volk könnte nicht verstehen, warum es dann befragt worden ist. Man wäre also praktisch genötigt, der Entscheidung zu folgen. Das aber hieße, sich der Entscheidungsverantwortung entziehen.[51]

3. Volksherrschaft manifestiert sich drittens im Prinzip der *Gleichheit* – nicht als Gegenprinzip zu Freiheit, sondern zu Privilegien: Recht auf Ungleichheit für alle, nicht nur für einige.[52] Aus Gleichheit folgt deshalb nicht z. B. Auflösung der Ämter- und Kompetenzordnung, sondern gleicher Zugang zu öffentlichen Ämtern und folglich eine verfassungsrechtliche Pflicht, Gleichheit der Bildungschancen herzustellen und zu bewahren.

Besonders wichtig, wenn auch erst jüngeren Datums, ist das allgemeine und gleiche *Wahlrecht*. Die Entwicklung dahin empfing im 19. Jahrhundert die wichtigsten Impulse aus der französischen Revolution. Der Schluß, daß es sich deshalb um einen Ideenkompromiß zwischen rousseauistischer Volkssouveränität und Parlamentarismus handele, ist jedoch nicht berechtigt. Politische Selbstbestimmung folgt vielmehr konsequent aus der notwendigen Identität von Plädierenden und Entscheidenden selbst. Die Erfahrung der französischen Revolution förderte das Selbstbewußtsein und die politische Kraft, die nötig war, um diese Konsequenz gegen die hemmende Kraft der Bevorrechtigten durchzusetzen, aber nicht gegen die Herrschaft des Rechts, sondern gegen Privilegien.

Zunächst hatte die englische Geschichte des Parlamentarismus die Voraussetzung dafür geschaffen, daß das oberste Entscheidungsorgan überhaupt ein aus Wahlen hervorgegangenes Parlament war. Das wichtigste Argument der englischen Juristen des 17. Jahrhunderts dafür war die unendliche Komplexität der entscheidungsfälligen Probleme, die den prozeßhaften Charakter des Entscheidungsvorgangs erfordert. Der *Hobbes'*sche Einwand, daß dabei ein *anthropologischer Optimismus* vorausgesetzt sei, verfehlte das Problem der Komplexität und mußte schon deshalb wirkungslos bleiben.[53] Zum anderen erwies sich dieser Einwand auch als in sich unschlüssig. Die Annahme, der Mensch sei *böse, ausgenommen die Mächtigen* in Staat, Wirtschaft und Militär, ist ja weder realistisch noch konservativ, sondern bloß unbegründet. Die Entwicklung der Demokratie beruhte nicht, wie man so oft behauptet, auf der Annahme, daß der Mensch gut sei, sondern auf der Annahme, daß die Mächtigen auch nicht besser seien als andere Leute[54] und obendrein der Verführung durch die Macht ausgesetzt.[55]

Ausschlaggebend für die ständige Verbreiterung des Wahlrechts wurden jedoch zwei Einsichten:

Einmal: common sense, *politisches Urteilsvermögen,* Gerechtigkeitssinn ist *unabhängig* von Besitz, Bildung und beruflichem Erfolg und durch alle Schichten des Volkes gleichmäßig verteilt, ebenso wie die Demagogisierbarkeit.[56] Die Wahrheit dieses Satzes hat die Geschichte oft erwiesen. Z. B. waren unter den Enthusiasten Hitlers Besitz und Bildung reichlich vertreten, während mancher rechtschaffene Arbeiter die Wahrheit wußte. Das erforderliche Sachwissen setzt zwar ein Minimum an Volksbildung voraus. Allgemeine Schulpflicht ist deshalb ein zwingendes Erfordernis des demokratischen Prinzips. Aber angesichts der Komplexität übersteigt das Sachwissen ohnehin die Fassungskraft selbst der Erfahrensten. Der Wähler wird in der Regel nicht von Sacheinsichten motiviert, sondern von Vertrauen in die gleichgerichtete Beurteilung der Relevanzen und Prioritäten im großen und ganzen.

Sodann: Der Blick für die *Unmöglichkeit der Neutralität* wurde in dem Maße geschärft, indem sich im 19. Jahrhundert der Gegensatz zwischen Arm und Reich zuspitzte und die soziale Frage virulent wurde. Das Honoratiorenparlament wurde ideologiekritisch als Klassenparlament gedeutet. Empörung über soziale Ungerechtigkeit, Verbreiterung der Volksbildung und ein durch die französische Revolution gestärktes Bewußtsein gleicher Menschenwürde machte die Parole „one man, one vote" schließlich unabweisbar. Die ohnehin unausweichliche *Identität von Plädierenden und Entscheidenden* wurde vom Parlament *auf die Wählerschaft ausgedehnt.*

4. Volksherrschaft manifestiert sich ferner in den *Prärogativen der Parlamente.* Die regelmäßig wiederkehrende Wahl des Bundestages und der Landtage ist der Kern der demokratischen Legitimation. Die demokratische Legitimität aller anderen Staatsorgane ist durch sie vermittelt: *einmal* durch ihre unmittelbare oder mittelbare Abhängigkeit organisatorischer, personeller, budgetmäßiger Art und die rechtliche und politische Kontrolle.

Was die budgetmäßige Kontrolle angeht, so machen allerdings Planung und Gemeinschaftsaufgaben die Parlamente zwar nicht rechtlich, aber praktisch zu Vollzugsorganen von Entscheidungen, die auf der Ebene der Regierung und Verwaltung getroffen sind. Das *Budgetrecht,* angesichts der „festliegenden Ausgabeposition" ohnehin auf 10% des Haushalts geschrumpft, wird fast gänzlich ausgehöhlt.[57] Vorschläge zur Abhilfe laufen im wesentlichen hinaus auf Informations- und Mitspracherechte der Parlamente oder ihrer Ausschüsse bei der Beratung und Aufstellung der Pläne, auf Bewilligungsbedürftigkeit des Plans oder Ausbau der parlamentarischen Hilfsdienste.[58] Davon sind Linderungen, aber wohl kaum Lösungen des Problems zu erwarten.

Zum anderen vermittelt die Wahl die demokratische Legitimität der Gesetze.[59] Die Prärogative des gewählten Organs manifestiert sich vor allem in der Rechtsetzungsprärogative, also der Kompetenz, jede generelle Rechtsfrage im Rahmen der Verfassungsordnung an sich zu ziehen und für alle anderen Organe verbindlich zu entscheiden. Deshalb gehören zum demokratischen Prinzip die Gesetzmäßigkeit der Verwaltung, die *Unterworfenheit des Richters unter das Gesetz,* die das demokratisch unerläßliche Korrelat seiner Unabhängigkeit ist, und das Verwerfungsmonopol¸des Bundesverfassungsgerichts.

Die rousseauistische Idee der Volkssouveränität tendiert zu einer Umdeutung der *Rechtsetzungsprärogative* zu einem *Rechtsetzungsmonopol.* Praktische Folge ist das Verbot konkurrierender Rechtsgewinnung. Die Beschränkung der Verwaltung auf Gesetzesvollzug, auch im Bereich der Leistungsverwaltung, wird postuliert. Die juristische Methodenlehre wird auf Gesetzesauslegung reduziert, die ganze Theorie der Rechtsgewinnung auf ein Prokrustesbett von Postulaten und Fiktionen gespannt. Hier besonders zeigt sich: das Problem Prärogative oder Monopol der parlamentarischen Rechtsetzung – das ist nicht eine Frage der Option, sondern der Einsicht in das Wirkliche und Mögliche.[60]

5. *Staatsbürgerliche Einflußrechte.* Die zwischen den Wahlen liegende, vom Volk ausgehende Mitwirkung an der Meinungs- und Willensbildung durch Parteien, Verbände, öffentliche Meinung, Petitionen ist nicht nur zur Vorbereitung auf die Wahl wesentlich. Die Staatsorgane werden von ihr angeregt, informiert, kontrolliert und im großen und ganzen im Einklang mit den Meinungen des Volkes gehalten, Meinungsfreiheit vorausgesetzt.

Besondere Probleme wirft in diesem Zusammenhang die *Konzentration der Presse* auf. Das Bundesverfassungsgericht ist zu Recht davon ausgegangen, daß Meinungs- und Pressefreiheit nicht nur die individuelle Freiheit schützt, sondern unerläßlich für die Demokratie überhaupt ist.[61] Diese Feststellung ist näher dahin zu konkretisieren, daß diese Unerläßlichkeit im Hinblick auf drei Gesichtspunkte besteht, nämlich:

a) demokratische Meinungsbildung,

b) demokratische Kontrolle und

c) demokratische Legitimität – ein Element das unter dem Gesichtspunkt des Art. 5 verhältnismäßig wenig berücksichtigt wird.

Die *Legitimität,* d. h. die innere Akzeptierung der demokratischen

Rechtsordnung vom Volk, hängt aus mindestens drei Gründen von der Meinungsfreiheit ab:[62]

1. Das als ungerecht Empfundene muß öffentlich artikuliert werden können, damit sich nicht Empörung aufstaut, die in Widerstand oder Revolution treibt.

2. Es muß eine reelle Chance bestehen, daß die öffentliche Diskussion das Regelungsbedürftige heraussondert und abgewogener Entscheidung zuführt. Auf dieser Chance beruht sowohl die Hoffnung auf Besserung als auch das Vertrauen darauf, daß das schon Entschiedene im großen und ganzen annehmbar ist.

3. Die Gründe für getroffene Entscheidungen müssen vermittelt werden, weil sonst querulatorische Emotionen die Verfassung zerstören können.[63] Querulanten sind Verlierer im gerichtlichen oder administrativen Verfahren, denen die Entscheidung unbegreiflich ist und die deshalb die Motive des Entscheidenden verdächtigen. Im politischen Prozeß werden zwangsläufig breite Bevölkerungsschichten zu Verlierern und neigen entsprechend zu revolutionären oder reaktionären Ressentiments. Wenn diese sich nicht durch Information und Nachdenklichkeit auflösen, können sie so sehr an Breitenwirkung und Intensität gewinnen, daß sie die Legitimität der Verfassungsordnung zerstören können. Der Hugenbergkonzern hat, ohne je unmittelbar für die NSDAP zu plädieren, wesentlich dazu beigetragen, die Legitimitätsgrundlage der Weimarer Demokratie über die Belastungsgrenze hinaus zu erschüttern.

Das Problem der Pressekonzentration muß unter allen diesen Aspekten unabhängig von der politischen Richtung und presseethischen Verantwortung Springers und Bauers beurteilt werden. Der demokratische Staat unterscheidet sich vom absolutistischen dadurch, daß er nicht auf die *Tugend und Einsicht des Machthabers,* sondern auf *rechtliche Institutionen* vertraut. Deshalb kommt es auch weder darauf an, ob sich ein kurzfristiger Einfluß auf das Wahlverhalten, noch ob sich konkrete Meinungssteuerung durch den Konzernherrn erweisen läßt.[64] Entscheidend ist die Wirkungs*möglichkeit* durch parteiische Personalpolitik. Diese Möglichkeit schafft unangemessene Macht über Wahlen und damit über Parlamente, Regierungen und Staat und Staatsform insgesamt. Die Staatsorgane handeln zwar im Einklang mit den Meinungen des Volkes. Was das Volk aber meint, hängt weitgehend von den wahren, halbwahren, unwahren und vorenthaltenden Informationen ab. Wirtschaftliche Verfügungsmacht über Information ist ein undemokratisches Privileg, mit Tendenz zu einer neuen Art von Souveränität.

Wie *Herzog* hervorgehoben hat, geht die liberale Formulierung der Pressefreiheit von der Voraussetzung eines liberalen Wirtschaftsmodells aus, das die Herstellung einer bunten Pluralität der Meinungen von dem *„Selbstregulierungsmechanismus Markt"* erwartet.[64 a] Der Wegfall dieser Voraussetzung ist aus wirtschaftlichen und technischen Gründen anscheinend unaufhaltsam. Wenn das zutrifft, so ist es nicht nur eine als möglich zu erwägende, sondern eine bereits bestehende „Pflicht des Staates, Gefahren abzuwehren, die einem freien Pressewesen aus der Bildung von Meinungsmonopolen erwachsen können".[65] Private Rundfunk- und Fernsehanstalten sollen nach den Erklärungen ihrer Befürworter dem Verfassungserfordernis der Pluralität Rechnung tragen. Der Einbau pluralistischer Elemente in Privatunternehmen ist also prinzipiell möglich, aber politisch kaum noch durchsetzbar.

6. *Öffentlichkeit*[66] des Beratungs- und Entscheidungsprozesses ist kein Absolutum, sondern ein dem demokratischen Prinzip dienendes Prinzip. Aus dem Sinn des demokratischen Prinzips ergibt sich die Auswahl der Form der Öffentlichkeit, für die es eine breite Skala von Möglichkeiten gibt. Sie reicht von Formen unmittelbarer Demokratie über akklamierende oder schweigende Zuhörerschaft, über Berichterstattung durch Wortlaut- und Beschlußprotokolle, Beschreibung des wesentlichen Gangs der Verhandlungen, nachträgliche Begründungspflicht, Aufhebung der Vertraulichkeit generell oder in einzelnen Punkten, bis zu genereller oder ausnahmsweiser Erlaubnis der Akteneinsicht.

Öffentlichkeit dient der Repräsentation durch *Transparenz der Entscheidungen,* nicht aber der unmittelbaren Teilhabe am Entscheidungsprozeß, wie die Theoretiker der Volkssouveränität meinen.[67] Deshalb lassen sich mitberatende oder auch akklamierende Zuhörerschaft aus dem demokratischen Prinzip des Grundgesetzes nicht rechtfertigen, sondern sind mit ihm unvereinbar.

Die Transparenz des Entscheidungsprozesses zwingt zur *Rechtfertigung der Entscheidung* und erhöht damit die Chance der Verantwortbarkeit vor dem common sense, festigt ihre demokratische Legitimität und kann wichtig für ihre Interpretation werden. Diese Gründe, so gewichtig sie sind, sind aber mit *Gegengründen* abzuwägen:

Die Sachlichkeit der Diskussion kann beeinträchtigt werden durch Verführung zu effekthaschender Rhetorik, durch Rücksicht auf partikulare Interessen oder diffuse Emotionen (Reden zum Fenster hinaus), durch Scheu vor dem Wagnis der Artikulation unausgereifter Erwägungen. Deshalb ist eine Differenzierung etwa zwischen Öffentlichkeit der Plenarverhandlung und Nichtöffentlichkeit der Ausschußverhandlung sinnvoll. Die Öffentlichkeit der Verhandlungen der Bundestagsausschüsse kann vom demokratischen Prinzip des Grundgesetzes her sinnvoll sein, ist aber nicht gefordert.

Außerdem kann die Rücksicht auf außenpolitische, militärische, betriebliche oder private Interessen Vertraulichkeit erfordern.

Das demokratische Prinzip fordert öffentliche *Beratung* nur im gewählten Repräsentationsorgan des Volkes, im übrigen lediglich öffentliche *Rechtfertigung* der Entscheidung. Das kann, aber muß nicht durch Transparenz auch der Beratung geschehen. Da diese Transparenz aber die rechtfertigenden Gründe am deutlichsten sichtbar macht, ist die Begründungspflicht nach der Regel verteilt: soviel Transparenz wie möglich, soviel Vertraulichkeit wie nötig.[68] Angesichts gegenwärtiger Trends ist es aber angebracht zu betonen, daß oft gute Gründe die Vertraulichkeit nötig machen. Sich über sie hinwegzusetzen, ist rücksichtslose Mißachtung z. B. außenpolitischer Interessen, verfassungsrechtlicher Kompetenzverteilung oder privater Rechtsgüter und ist deshalb nicht Ausweis demokratischer Gesinnung, sondern im Gegenteil Verletzung demokratischer Konventionalregeln.

Nun einige Gesichtspunkte, die sich aus der Gegenüberstellung des demokratischen Prinzips mit dem rationalistischen Repräsentationsbegriff ergeben.

1. Aus der Identität der Plädierenden und Entscheidenden erwächst der ethische Anspruch, der mit der Idee der *Repräsentation* erhoben ist, nämlich auf sachliche und verantwortliche Meinungsbildung. Der Verwurzelung in Tradition, Leidenschaft, Vorurteil, Eigeninteresse soll soviel Vernunft wie möglich abgerungen werden. Der Anspruch geht also über das Standesethos des Rechtsanwalts, dem die Einseitigkeit erlaubt ist, hinaus, weil der Abgeordnete gewissermaßen *zugleich Anwalt und Richter* ist. Die parteiliche Einseitigkeit ist aber unausweichlich und kann durch den ethischen Anspruch nur gemäßigt und in Grenzen gehalten werden.

Sie ist angesichts der *demokratischen Prozeßregeln* auch erträglich und kann zur Wahrheitsfindung beitragen, ebenso wie der einseitige, ja polemische Anwalt vor Gericht der zutreffenden Sachverhaltsermittlung dienen kann – vorausgesetzt, daß die Gegenpartei uneingeschränkt ebenfalls zu Worte kommt, weil er nämlich jedenfalls alle für die eine Seite relevanten Gesichtspunkte herbeischafft. Doch könnte die prozessuale Sachverhaltsdiskussion oft selbst dann nicht zu Einigkeit führen, wenn es weder Entscheidungsfristen noch Beweisschwierigkeiten gäbe, weil verschiedene Parteien von verschiedenen Normhypothesen ausgehen und infolgedessen verschiedene Tatsachen relevant finden. Vor Gericht haben die Parteien oft verschiedene Versionen desselben Sachverhalts, auch wenn sie sich gewissenhaft an die Wahrheit halten, weil sie verschiedene Gesichtspunkte als relevant hervorheben. Noch mehr gilt das im politischen Prozeß, wo Interessebedingtheit und ideologische Prägung zu völlig verschiedener Sicht der Dinge führen können. Vernunft ist ihrem Wesen nach dialektisch und kann sich nicht anders verwirklichen als durch Parteien und Parteienkampf.[69]

2. *Parteien* haben nicht den Parlamentarismus in sein Gegenteil verkehrt und sind überhaupt dem repräsentativen Prinzip nicht entgegengesetzt.[70] Sie entstanden vielmehr konsequent aus den

Strukturprinzipien des repräsentativen Parlamentarismus selbst.[71] In dem Maße, in dem die Wählerschaft zahlenmäßig wuchs und in dem die Sachprobleme komplexer wurden, bedurfte die Vermittlung zwischen Fraktion und Volk zunehmender Organisation.[72] Der Zwang zu organisierten Parteien entstand aus Gründen des praktischen Funktionierens und nicht etwa aus einem Ideenkompromiß zwischen Repräsentation und Identität. Es gibt keine parlamentarische Demokratie in der Welt ohne Parteiensystem, wohl aber ohne maßgeblichen Einfluß der rousseauistischen Denktradition.

Da es im dialektischen Rechtfertigungsprozeß kein neutrales Urteil geben kann, kann es ohnehin nur parteiliche Ansichten geben, unabhängig davon, wieweit sich Parteien zu politischen Organisationen verfestigt haben. *Politische Parteien* sind vergleichbar den *Prozeßparteien* vor Gericht, und die Gleichheit des Wortes „Partei" ist weder historisch noch sachlich zufällig. Die primäre Funktion der politischen Parteien im politischen Prozeß ist das Plädieren. Der über die von den Parteien organisierten Wahlen ins Parlament gelangte Abgeordnete ist gewissermaßen Anwalt mit Generalvollmacht. Das freie Mandat des Abgeordneten ist historisch aus der Prozeßvollmacht des Anwaltes entstanden.[73] Seine Doppelrolle als Plädierender und Entscheidender wirkt freilich auf die Partei zurück und unterstellt sie dem Anspruch, ihr Plädoyer vor dem ganzen Volk rechtfertigen zu können.

3. Fraktionsbildung ist wegen der Komplexität der zur Entscheidung anstehenden Fragen unvermeidbar. Denn Entscheidungsbildung setzt voraus, daß aus einer diffusen Vielfalt von Ansichten und Absichten durch Kompromisse und Diskussionen immer wieder Einigkeit darüber hergestellt wird, welche Probleme relevant, vordringlich, entscheidungsbedürftig und entscheidungsreif sind und in welchem Sinne sie vernünftigerweise entschieden werden sollten, kurz Einigkeit über Relevanzen und zeitliche und sachliche Prioritäten. Solche Einigkeit läßt sich nur aus Gruppenloyalität gewinnen, deren bester Kitt die Frontstellung gegenüber einem gemeinsamen politischen Gegner ist. Auch erfordern die meisten Fragen Spezialwissen und Sachverstand, die nur fruchtbar werden können, wenn die Arbeitsteilung und das ganze Geflecht von Solidarität, persönlicher Autorität und wechselseitigem Vertrauen funktioniert, was in aller Regel nur unter der Voraussetzung der Polarität von Mehrheit und Minderheit gelingt.

Für die Auslegung des Art. 38 I folgt daraus, daß Fraktionsloyalität mit dem repräsentativen Prinzip nicht in Widerspruch steht, soweit sie nicht durch verwerfliche Nötigungsmittel erzwungen ist.[74]

Unabhängigkeit von Aufträgen und Weisungen besteht zwar rechtlich nicht nur gegenüber partikularen und regionalen Interessen, sondern *auch gegenüber Fraktion und Partei*. Der Abgeordnete, der nur in begründeten Ausnahmefällen von der Fraktionslinie abweicht, respektiert aber damit die Funktionsvoraussetzung des Parlamentarismus. Zurückstellung abweichender eigener Meinungen ist auch mit der Gewissensunterworfenheit des Art. 38 I vereinbar, weil das Gewissen die weiterreichenden politischen Gesichtspunkte sowohl der Funktionsbedingung des Ganzen als auch der politischen Grundüberzeugung, auf der die Fraktionssolidarität beruht, in die Erwägungen einschließen muß. Zudem erhöht die *Fraktionsloyalität* die Unabhängigkeit des Abgeordneten, nämlich gegenüber partikularen und regionalen Interessen, deren Ansprüche mit dem Hinweis auf die Fraktionsentscheidung leichter zurückgewiesen werden können.

4. Die in jüngster Zeit wieder diskutierte gesetzliche Einführung des *Mandatsverlustes bei Parteiwechsel* würde meines Erachtens Art. 38 I GG nicht verletzen.[75] Denn sie würde weder die Abhängigkeit des Abgeordneten von der Partei, noch von Aufträgen und Weisungen vergrößern.

Eine gewisse Abhängigkeit von der *Partei* besteht zwar für den Abgeordneten, der auf die Aufstellung als Kandidat einer Partei angewiesen ist. Aber diese Abhängigkeit bleibt beim Parteiwechsel erhalten, lediglich die Partei wechselt. Die Freiheit aber, seinem Gewissen zu folgen und die Partei zu wechseln, bleibt dem Abgeordneten auch dann, wenn mit dem Parteiwechsel der Mandatsverlust verbunden ist. Die Gegenmeinung setzt offenbar das verächtliche Bild eines Abgeordneten voraus, der lieber seine Gewissensentscheidung opfert, als für den Rest der Legislaturperiode auf seinen Sitz zu verzichten. Um was für eine „Gewissensentscheidung" muß es sich dabei handeln! Eine solche Auslegung fügt dem Schutz des Gewissens nichts hinzu. Sie ermöglicht und fördert aber die Mediokrität und Käuflichkeit der Abgeordneten. Sowohl die Abgeordneten als auch die Abgeordneteneinkäufer werden in Versuchung geführt, neue Abhängigkeiten werden geschaffen, das Ansehen des Parlaments wird erschüttert. Der Mandatsverlust hingegen könnte die Unabhängigkeit des Abgeordneten, der aus ehrlichen Gewissensgründen die Partei wechselt, von der Partei eher festigen.

Auch eine Abhängigkeit von *Aufträgen und Weisungen* aus der Wählerschaft würde durch die Einführung des Mandatsverlustes nicht begründet. Denn die Wahl darf nicht mit Aufträgen und Weisungen verwechselt werden. Aufträge und Weisungen der Wählerschaft sind speziell. Die Wahlentscheidung aber wird von der generellen Linie der Partei bestimmt. Das gilt – den Fiktionen und Mythen zum Trotz – in aller Regel auch bei der sogenannten Persönlichkeitswahl. Bei der Listenwahl zumindest ist es zweifellos. Nur von abstrakter Warte aus kann man den Wähler deswegen tadeln; er verhält sich vielmehr systemgerecht und trägt der Funktionsweise der Fraktionen Rechnung.

Die *Wahlentscheidung* ist fast die einzige und jedenfalls wichtigste Kompetenz der Wählerschaft, die Basis der demokratischen Legitimität. Parteiwechsel des Abgeordneten heißt: diese Entscheidung nicht respektieren, sie *nachträglich gegenstandslos* machen, ja ins Gegenteil verkehren. Das ist verselbständigte Macht, Mißbrauch der Weisungsunabhängigkeit.

Demokratisch wäre die wechselseitige Respektierung: die Wählerschaft respektiert die Entscheidung des Abgeordneten zum Parteiwechsel, dieser respektiert die Wahlentscheidung der Wählerschaft durch Mandatsniederlegung. Die Entrüstung, mit der bisher Parteiwechsel von Abgeordneten bei Beibehaltung des Mandats von der Wählerschaft quittiert worden ist, zeigt, daß es sich dabei um eine jetzt schon im Volk geltende „*Konventionalregel*" handelt, die nur von einem rationalistischen Repräsentationsbegriff aus theoretisch in Frage gezogen werden kann.[75a]

5. Es ist dies nur ein Beispiel für *Konventionalregeln*[76] im Bereich des Verfassungslebens, die sich aus dem demokratischen Prinzip ergeben. Sie beanspruchen Verbindlichkeit, auch wenn sie vor Gericht nicht durchsetzbar sind. Die Stabilität der Demokratie hängt letztlich, wie wir in der Weimarer Republik erfahren haben, vom politischen Klima ab, also davon, wieweit undemokratisches Verhalten als unehrenhaft gilt.

Vom Standpunkt des rationalistischen Repräsentationsbegriffs aus müßten die Konventionalregeln Ähnlichkeit mit den Regeln des wissenschaftlichen Austausches haben, vom Standpunkt der pluralistischen Demokratietheorie aus müßten sie den Marktregeln vergleichbar sein. In Wirklichkeit ähneln sie eher den Regeln des juristischen Prozesses und laufen hinaus auf *Respektierung von Parteirollen und Verfahrensmethoden* des demokratischen Prozesses und damit auf Achtung der gemeinsamen Verfassungsbasis.

Es ist wichtig, daß das Verdikt *„undemokratisch"* jedenfalls aus offiziellem Mund nicht leichtfertig mißbraucht und abgenutzt wird. Andererseits muß es aber auch mit der nötigen Entrüstungsschärfe und Öffentlichkeitsbreite dort angewandt werden, wo Konventionalregeln verletzt werden. Die Bezeichnung und Präzisierung dieser Regeln ist deshalb eine wichtige Aufgabe der Staatsrechtslehre. Diese muß sich dabei von folgenden Gesichtspunkten leiten lassen: die Regeln dürfen nicht überfordern, sie müssen nötig sein, um die Demokratie als Staatsform zu stabilisieren, und sie müssen, unabhängig vom konkreten Anlaß, der ihre Erforderlichkeit bewußt macht, unparteilich gelten können.

Beispiele für solche demokratischen Konventionalregeln sind neben der Forderung auf Mandatsniederlegung bei Parteiwechsel z. B. die Forderungen, daß keine Partei sich mit Begriffen identifiziert, die, wie Staat, Nation und Demokratie das politische Ganze bezeichnen, daß auch die parlamentarisch nicht repräsentierte Opposition bis zur Toleranzgrenze organisierter Verfassungsfeindlichkeit respektiert wird, daß die Minderheit in Ausschüssen und Wahlorganen anteilig repräsentiert wird, daß Rechtfertigung nicht durch Nötigung, Einschüchterung und Irreführung ersetzt wird, daß Vertraulichkeitsregeln nicht verletzt werden.

V. Demokratisierung

1. Politische oder verfassungsrechtliche Frage?

Die verfassungsrechtliche Beurteilung der Demokratisierung der Gesellschaft setzt zunächst voraus, daß man sich über die Abgrenzung zwischen juristischer Verfassungsinterpretation einerseits und Kompetenz des demokratischen Gesetzgebers andererseits Rechenschaft gibt. Die Ansicht, daß die Stabilität der politischen Demokratie von der Demokratisierung der Wirtschafts- und Sozialordnung abhängen könne, war z. Zt. der Entstehung des GG verbreitet. Die Entstehungsgeschichte des GG erweist aber,[77] daß man von einer verfassungsrechtlichen Absicherung wirtschafts- und sozialpolitischer Ordnungsmodelle bewußt abgesehen und ihre Ausformung dem demokratischen Gesetzgeber überlassen hat. Das BVerfG hat deshalb zu Recht den Schluß auf die *wirtschaftspolitische Neutralität* des GG gezogen. Im gleichen Sinne, aus gleichen Gründen und mit gleichen Einschränkungen ist das GG auch *gesellschaftspolitisch neutral*.

Ebenso wie man versucht hat, etwa die soziale Marktwirtschaft und mit gleicher Schlüssigkeit sozialistische Wirtschaftsmodelle aus dem GG abzuleiten,[78] liegt auch die Versuchung nahe, aus dem Demokratiebegriff und anderen Klauseln des GG gesellschaftspolitische Folgerungen zu ziehen, insbesondere das Erfordernis der Homogenität gesellschaftlicher Ordnungen mit der politischen Verfassung verfassungsrechtlich abzustützen. Das aber heißt: den Gegner solcher Forderungen als Gegner grundgesetzlicher Prinzipien hinstellen, ihn in den Bereich der Verfassungsillegitimität verweisen. Damit stellt man die Konsensgrundlage und die Friedensfunktion der Verfassung in Frage und radikalisiert den Parteienkampf. Das gleiche gilt selbstverständlich auch umgekehrt für den Versuch, gesellschaftliche Forderungen nach Demokratisierung gesellschaftlicher Bereiche verfassungsrechtlich für illegitim zu erklären. Die Kontroverse um die Demokratisierung bleibt der demokratischen Auseinandersetzung überlassen.

Das gilt mit zwei Einschränkungen:

Einmal: die gesellschaftspolitische Neutralität des Grundgesetzes ist ebensowenig wie die wirtschaftspolitische absolut. Aus dem Grundgesetz können sich unantastbare Prinzipien ergeben, die den Rahmen für die demokratische Auseinandersetzung abstecken. Eine Grenze der gesellschaftspolitischen ebenso wie der wirtschaftspolitischen Neutralität liegt da, wo die *Demokratie als Staatsform gefährdet* ist. Maßnahmen, die dazu geeignet sind, die Legitimität der demokratischen Staatsverfassung zu bewahren und zu stärken, sind vom demokratischen Prinzip im Grundgesetz gerechtfertigt und, wenn sie dazu erforderlich sind, geboten.

Zur Kunst des Verfassungsinterpreten gehört es, die Erkenntnis der Grenze juristischer Zurückhaltung nicht zu verfehlen. Einerseits darf sich der Verfassungsinterpret unbeschadet seiner persönlichen politischen Ansicht als Jurist nicht mit umstrittenen ideologischen Konzeptionen identifizieren. Andererseits darf er nicht wirklichkeitsblind oder schüchtern mit Berufung auf die „weise Zurückhaltung" des Verfassungsinterpreten vor Erosion der demokratischen Legitimität oder gar der Verfassungszerstörung kapitulieren.

Zum anderen: eine Berufung auf das demokratische Prinzip im Grundgesetz, die verfassungsrechtlich verfehlt ist, braucht deshalb nicht auch in der *politischen Rhetorik* illegitim zu sein. Aus dem Grundsatz gesellschaftspolitischer Neutralität des Grundgesetzes ergeben sich keine Einwände dagegen, Bestrebungen als „demokratisch" zu bezeichnen, die z. B. auf Ausbau der Chancengleichheit, Verbreiterung der Bildung, Versachlichung der politischen Auseinandersetzung, Mitbestimmung in Unternehmen und anderen Organisationen, Funktionalisierung der Autorität, Erziehung zu Respekt und Toleranz etc. zielen. Es bleibt der freien geistigen Auseinandersetzung in der Demokratie überlassen, zwischen gesellschaftspolitischen Bestrebungen und dem Grundgesetz einen geistigen und geschichtlichen Zusammenhang herzustellen und politische Bestrebungen mit Tendenzen zu begründen, die sich auch im Grundgesetz niedergeschlagen haben. Daß sie zu Verfassungsrecht erstarken, ist nicht ausgeschlossen, setzt aber zumindest voraus, daß sie bewährt und nicht mehr umstritten sind und daß Konsens über ihre Ableitbarkeit aus grundgesetzlichen Prinzipien entstanden ist.

2. Funktionale und politische Organisationen

In idealtypischer Zuspitzung kann man funktionale und politische Organisationen unterscheiden.[79] In *funktionalen Organisationen* sind die Zwecke im wesentlichen vorgegeben, z. B.: produzieren, handeln, verwalten, Interessen vertreten, erziehen, unterrichten, forschen, heilen. Gegenstand der Diskussion ist die Frage nach den geeigneten Mitteln. In *politischen* Organisationen stehen nicht nur die Mittel, sondern auch die *Zwecke* zur Debatte, die Rechtfertigung ihrer Selektion und ihrer zeitlichen und sachlichen Prioritätenordnung. Funktionalen Organisationen ist die *Zweckrationalität* zugeordnet, politischen die *demokratische Dialektik* des Meinungs- und Richtungskampfes. Die Chance der optimalen Zweckerreichung wird in funktionalen Organisationen möglicherweise, aber nicht notwendigerweise durch demokratische Organisationen erhöht. Das Ministerium z. B. erfüllt seine Zwecke besser, wenn es nicht nach dem Muster des politischen Ganzen demokratisch, sondern bürokratisch strukturiert ist. Die komplexe und arbeitsteilige Gesellschaft macht die Verteilung von Funktionen, Kompetenzen, Weisungsbefugnissen nötig, und nimmt auf diese Weise Sachverstand und Berufserfahrung in ihren Dienst.

Hingegen ist die Chance der Vernünftigkeit und Gerechtigkeit politischer Entscheidungen relativ am größten unter der Bedingung demokratischer Organisationsformen. Demokratische Struktur bedeutet mindestens, daß die Entscheidungssuprematie bei einem aus gleichen Wahlen hervorgegangenen Repräsentationsorgan liegt, wie bei der Selbstverwaltungskörperschaft oder dem Verein. Ob solche Strukturen vorgeschrieben werden können, ist eine Frage der Grundrechtsauslegung.

3. Politische Organisationen

Satzungsautonomie ist nicht nur als Bestandteil der allgemeinen Vertragsfreiheit, sondern auch speziell durch Art. 9 GG grundrechtlich geschützt. Zwingende Vorschriften über den Mindestinhalt von Satzungen, wie sie u. a. in den §§ 26 ff. BGB für eingetragene Vereine enthalten sind, sind aber dadurch nicht ausgeschlossen.[80]

Solches zwingende Recht ist allerdings im Licht des Grundrechts auszulegen. Es wäre jedenfalls verfassungswidrig, wenn es den Wesensgehalt des Grundrechts antastete. Von Mindestregelungen über die demokratische Struktur kann man das nicht sagen, wenn lediglich ein Rahmen abgesteckt wird, der der freien Satzungsgestaltung genügend Spielraum läßt und die funktionalen Zweckmäßigkeiten nicht behindert. Z. B. wären zwingende Vorschriften etwa über die Bestellung des Vorstandes durch die Mitgliederversammlung oder die kollegiale Verfaßtheit des Vorstandes zulässig, schon deshalb, weil sie bloß die körperschaftliche Struktur des Organisationstypus verdeutlichen würden.[81]

Nicht nur gesetzliche Einschränkbarkeit, sondern unmittelbar verfassungsrechtliche Eingeschränktheit findet sich ausdrücklich nur in Art. 28 I für Länder, Kreise und Gemeinden und in Art. 21 I 2 für politische Parteien – charakteristisch politische Organisationen.

Für *Gewerkschaften* hat man eine Eingeschränktheit der Satzungsautonomie im Hinblick auf demokratische Organisationsstrukturen daraus abgeleitet, daß die Gewerkschaften neben der Auseinandersetzung im Tarifbereich auch Einflußnahme auf die Staatsgewalt erstreben.[82] Das Faktum der Interessenvertretung gegenüber dem Staat allein macht freilich aus einer funktionalen noch keine politische Organisation im angegebenen Sinn. Doch funktionale und politische Organisationen sind Idealtypen. In der Wirklichkeit gibt es Zwischenstufen. Für die Gewerkschaften ist kennzeichnend die große Breite nach der Zahl der Mitglieder, nach der ideologischen Herkunft in der Einheitsgewerkschaft und nach der politischen Zielsetzung, die sich auf fast den ganzen Bereich des Arbeits-, Wirtschafts- und Sozialrechts erstreckt. Damit ist zugleich eine erhebliche politische Macht verbunden, die die Verfassungslegitimität wesentlich von der demokratischen Grundhaltung der Gewerkschaften abhängig macht. Das alles rückt die Gewerkschaften in einen Zwischenbereich zwischen zweckbestimmter Interessenvertretung und politischer Organisation. Deshalb erscheint eine Eingeschränktheit der Satzungsautonomie gerechtfertigt. Sie ergibt sich rechtlich aus der Analogie zu Art. 21 I 3.

Was hier am Beispiel der Gewerkschaften erörtert worden ist, gilt entsprechend für andere Organisationen, wie Arbeitgeberverbände,[83] Vertriebenenverbände, Bauernverbände und dergleichen.[84]

4. Hochschulen

Die sog. Demokratisierung der Hochschule[85] hat bisher lediglich zum Einbau ständestaatlicher Organisationsmaximen geführt.[86] Demokratische Struktur nach dem Prinzip „one man, one vote" ist glücklicherweise noch nicht einmal gefordert worden. Die ständischen Organisationsformen sollen u. a. einen Kooperations- und Rechtfertigungszwang erzeugen. Davon verspricht man sich einen Edukationseffekt. Autoritärer Anspruch und ihm korrespondierende Devotion, die bei Erreichung entsprechender Lebensstellung wiederum in autoritäre Gebärde umschlägt – diese dem Obrigkeitsstaat zugeordneten Verhaltensformen will man durch demokratische ersetzen: Respekt vor prinzipieller Gleichberechtigung und Reduktion der Autorität auf das funktional gerechtfertigte oder das der Person freiwillig zuerkannte Maß. Insoweit geht es also um *demokratische Bewußtseinsbildung,* nicht um demokratische Institutionen.[87]

Maßnahmen, die auf Legitimität des demokratischen Verfassungssystems zielen, können vom Demokratieprinzip des Grundgesetzes her zwar tendenziell wünschenswert sein. Sie können aber nicht verfassungsrechtlich gefordert sein. Denn es ist strittig und bleibt eine Frage der politischen Auseinandersetzung, ob die demokratiestärkende Wirkung eintreten wird, wieweit die Effizienz der Hochschule beeinträchtigt bleibt, wieweit man etwaige Effizienzbeeinträchtigung um des Edukationseffekts willen in Kauf nimmt. Diese Fragen kann nur der demokratische Gesetzgeber entscheiden.

Schließlich sollen die Mitwirkungsrechte einen Zwang erzeugen, die gesellschaftliche und politische Relevanz der Forschung zu bedenken und Problemstellungen zu rechtfertigen. So wünschenswert solche Reflexionen mitunter sein mögen, sie zu erzeugen kann nur Gegenstand freier wissenschaftlicher Kritik sein. Ein institutionalisierter *Rechtfertigungszwang* verletzt das Grundrecht der Freiheit von Forschung und Lehre in seinem Wesensgehalt. Zwar ist richtig, daß das Demokratieprinzip eine systematische Schranke für Grundrechte bilden kann. Es darf aber dann nicht zuvor im Sinne einer ideologischen Gesinnungsforderung umgedeutet werden. Das demokratische Prinzip schränkt Art. 5 Abs. 3 nicht ein.

5. Wirtschaft

Was die sog. Demokratisierung der Wirtschaft betrifft,[88] so geht es neben dem Edukationseffekt um *Kontrolle wirtschaftlicher Macht*. Diese besteht in drei Richtungen: a) Marktmacht, b) politischer Einfluß, c) Herrschaft über die arbeitsrechtlich Abhängigen.[89] Die noch von Naphtali[90] vertretene Konzeption, wonach Demokratisierung das geeignete Mittel zur Kontrolle von Marktmacht und politischem Einfluß sei, wird politisch kaum noch vertreten. Nur im Hinblick auf *demokratische Teilhabe als Selbstzweck* angesichts der Herrschaft über die arbeitsrechtlich Abhängigen spielt die Demokratisierungstendenz heute eine ernsthafte politische Rolle.[91]

In diesem Selbstzweckargument kommt weniger die institutionelle als vielmehr die individualrechtliche Seite des Demokratieprinzips zum Ausdruck. Denn solange wir an den Maximen des Gesellschaftsrechts und der Marktwirtschaft festhalten, läßt sich das wirtschaftliche Unternehmen nicht als demokratisch verfaßte Gemeinschaft organisieren. Dann bedeutet Demokratisierung der Wirtschaft Einbau gewisser Mitbestimmungselemente, die die soziale Abhängigkeit des Arbeitnehmers bis zu einem gewissen Grade ausgleichen. Selbst wenn man den am weitesten reichenden Mitbestimmungsforderungen entsprechen wird, so wird die Betriebsverfassung nur wenig Ähnlichkeit mit einer demokratischen Verfassung haben. Der Ansatzpunkt für die verfassungsrechtliche Prüfung der „Demokratisierung" unter dem Gesichtspunkt des Selbstzwecks kann deshalb nicht das Demokratieprinzip des Art. 20 sein, sondern es sind die *Grundrechte* oder auch die *Sozialstaatsklausel*. Da eine unmittelbare Drittwirkung der Grundrechte oder der Sozialstaatsklausel nicht anerkannt werden kann, folgt aus diesen Bestimmungen aber kein verfassungsrechtliches Gebot.

Dies eben – und damit möchte ich schließen – ist der Sinn des demokratischen Prinzips: wenn und soweit die gesellschaftliche Demokratisierung vernünftig und menschlich ist, muß sich das im *Prozeß der offenen politischen Auseinandersetzung* erweisen.

DIE VERMUTETE VERNÜNFTIGKEIT UNSERES RECHTS

Zu Hegels Begriff der abstrakten Subjektivität

I. Gesetzprüfende Vernunft und Bedingungen rechtlichen Fortschritts

Eines der zentralen Hegelschen Probleme, das alle, die am Fortschritt in der Freiheit und der Gerechtigkeit interessiert sind, gleichermaßen bewegen muß, betrifft die Funktion der gesetzprüfenden Vernunft in der Geschichte. Die Größe Hegels liegt hier, wie auch sonst, weniger in seinen Antworten – diese sind oft dunkel, vielfältig interpretierbar und nicht immer überzeugend –, sondern darin, daß er uns durch seine universale Zusammenschau vor die auch politisch wichtigsten Fragen geführt hat, in der Anregung und Ausbildung des Problembewußtseins also.

Der *gesetzprüfenden Vernunft* ordnet Hegel in der Phänomenologie des Geistes die Funktion zu, die Rechtsordnung auf ihre Widerspruchslosigkeit hin zu beurteilen, oder, was dasselbe ist, über die formale Allgemeinheit der Gesetze und in diesem Sinne die Gleichheit zu wachen.[1] Praktisch gesprochen bedeutet das ein Eintreten für die rationale, übersichtliche Formulierung des vorgegebenen Rechts in Gesetzen, für Kodifikationen und geschriebene Verfassungen. Sofern die gesetzprüfende Vernunft aber darüber hinaus geht und den materialen Inhalt des Rechts beurteilt, wird sie von Hegel verworfen als „das Bewegen des Unbewegbaren und den Frevel des Wissens".[2] „Ich bin", sagt Hegel, „indem ich zu prüfen anfange, schon auf unsittlichem Wege."[3] Statt dessen verweist er uns an die objektive Vernunft, die in Recht, Staat, Sittlichkeit, Geschichte aufzufinden und zu begreifen sei.

An dieser *Gegenüberstellung von objektiver und subjektiver Vernunft* haben schon viele Hegelleser Anstoß genommen. Soweit die Vernunft in den Gesetzen steckt, drängt sich die Frage auf: Wie ist sie da hinein gekommen, wenn nicht dadurch, daß die Menschen die Gesetze geprüft, unvernünftig gefunden und vernünftiger gemacht haben? Und müssen wir uns nicht das Urteil darüber vorbehalten, daß die Gesetze auch jetzt noch nicht vernünftig genug und also weiterhin verbesserungsbedürftig sind? Ist nicht die gesetzprüfende Vernunft die Seele allen Fortschritts im Recht?

Es ist zu vermuten, daß Hegel dies nicht hat bestreiten wollen. Es läßt sich aus seinem Werk nicht mit restloser Klarheit belegen, aber es spricht doch sehr vieles für diese Annahme, jedenfalls dann, wenn man Hegel gutwillig interpretiert und ihm unterstellt, daß er vermutlich etwas Vernünftiges gemeint haben wird. Die Verwerfung der gesetzprüfenden Vernunft ist nämlich erstens mit einer Begründung und zweitens mit einem Vorbehalt versehen, die sie erheblich einschränken.

Erstens sagt Hegel, die gesetzprüfende Vernunft sei der Frevel des Wissens, „der sich von den absoluten Gesetzen frei räsoniert und sie für eine ihm fremde Willkür nimmt".[4] Er bringt das Beispiel eines rechtlichen Verwahrungsverhältnisses, in dem der Verwahrer die Vernünftigkeit der Institution des Eigentums prüft, zu einem negativen Ergebnis kommt und daraufhin die ihm anvertraute Sache für sich verbraucht.[5] Er begeht, rechtlich gesehen, eine Unterschlagung. Hegel polemisiert also gegen den in der juristischen Terminologie sogenannten *Überzeugungsverbrecher*. Dessen Problem liegt allerdings nicht darin, daß er die Gesetze kritisiert, sondern darin, daß er sie nicht befolgt. Das sind zwei Dinge, die auseinandergehalten werden müssen, weil Kritik und Gehorsam durchaus zusammengehen können. Für den angelsächsischen Liberalismus ist dies von jeher eine selbstverständliche Unterscheidung: „*to obey punctually, to censure freely*" – pünktlich gehorchen, frei kritisieren, lautet seine Parole. Damit ist also nicht ausgeschlossen, daß diejenigen, die für die Rechtsgestaltung zuständig sind, das ihnen vorgegebene Recht verwerfen und verbessern dürften, und daß auch die übrigen es prüfen und beurteilen können, wobei sie allerdings auf mittelbare Einflußnahme durch Vorschläge, Anträge, Petitionen, rechtsdogmatische Thesen und dergl. beschränkt sind.

Geschichtlich gesehen sind Kritik und Gehorsam nicht nur miteinander verträglich, sondern sie bedingen und bestätigen sich sogar wechselseitig. Ihr Zusammenhang erweist sich u. a. in der Tatsache, daß das Problem des passiven und aktiven *Widerstandsrechts* überall dort mit seiner gefährlichen Brisanz aufbricht, wo die Freiheit der Kritik nicht besteht, während es in Verfassungsordnungen, die die Freiheit der Meinungsäußerung garantieren, im allgemeinen verhältnismäßig geringe praktische Bedeutung besitzt.[6] Das ist nicht nur deshalb der Fall, weil diese Freiheit ein Ventil für die Empörung über Unrecht schafft, sondern auch, weil sie die Chance, daß das Unrecht vom Gesetzgeber eingesehen und abgestellt wird, beträchtlich erhöht, und schließlich und vor allem, weil, wo diese Freiheit schon eine Zeitlang bestanden hat, das Vertrauen begründet ist, daß ihr auch in der Vergangenheit schon eine Verbesserung der Rechtsinstitutionen zu verdanken und daß das unangefochtene bestehende Recht in der öffentlichen Diskussion geprüft und einstweilen für gut befunden worden ist.

Zweitens – und hier liegt das Problem der folgenden Betrachtung – verwirft Hegel die gesetzprüfende Vernunft, wenn sie „unmittelbar als eine Wirklichkeit"[7] auftrete oder auch, wenn sie „einzeln und isoliert genommen"[8] werde. Danach kann man vermuten, daß Hegel die gesetzprüfende Vernunft dann anerkennen will, wenn sie im Zusammenhang steht mit der *Vernunft, die in den Institutionen verwirklicht und mit dieser vermittelt* ist.

Hegel verteidigt Savigny gegenüber das Projekt einer Kodifikation des bürgerlichen Rechts zwar mit dem Argument, das Gesetzbuch solle nicht „ein System ihrem Inhalte nach neuer Gesetze . . . machen, sondern den vorhandenen gesetzlichen Inhalt in seiner bestimmten Allgemeinheit . . . erkennen".[9] Damit soll aber der weitere Fortschritt des Rechts nicht überhaupt ausgeschlossen sein. Hegel fügt nämlich an anderer Stelle hinzu, man dürfe von einem Gesetzbuch nicht Vollendung fordern; denn im Recht bestehe die sogenannte Vollkommenheit in dem „Perennieren der Annäherung",[10] gemeint ist doch wohl: an Vernunft und Gerechtigkeit.

Das „Perennieren der Annäherung" ist also nach Hegel offenbar nur durch die *schrittweise Verbesserung der Gesetze* oder auch durch judizielle und wissenschaftliche Rechtsfortbildung möglich. Seine Verwerfung der gesetzprüfenden Vernunft trifft nur jene politisch-rhetorische Argumentation, die ohne Bezug auf die in den vorgegebenen Institutionen verkörperte Weisheit die Welt aus dem reinen Gedanken, aus der reinen Subjektivität neugestalten will. Sie ist also nur eine Variante der Polemik gegen das „Sollen", die sein ganzes Werk durchzieht,[11] und sein Verdikt wird durch die Gründe, die ihn zu dieser Polemik veranlassen, relativiert. Welches sind diese Gründe?

Die heute vorherrschend gewordene Hegel-Interpretation[12] hat überzeugend dargetan, daß Hegel keineswegs ein reaktionärer Positivist, sondern vielmehr zeitlebens ein enthusiastischer Verfechter der *Prinzipien der französischen Revolution* war und an ihrer fortschreitenden Verwirklichung immer interessiert blieb. Er hatte aber einerseits die Entartung der französischen Revolution im Terror und andererseits die dadurch provozierte restaurative Reaktion vor Augen. Sein Problem war die Verwirklichung der Prinzipien der französischen Revolution bei Vermeidung der Gefahr, daß die Begeisterung für sie in der Wirklichkeit nur in revolutionären oder reaktionären Terror führt.

Der Fortschritt ist also nicht (wie man Hegel gern unterstellt) durch einen geheimnisvollen Automatismus garantiert, sondern er ist bedingt. Und zwar ist die Bedingung, daß nicht diejenigen sich durchsetzen, die „in ihrer ungebildeten Meinung alles unmittelbar zu haben sich versichern". Denn von ihnen „kann nur Zertrümmerung aller sittlichen Verhältnisse, Albernheit und Abscheulichkeit ausgehen".[13]

Die Frage, vor der Hegel gestanden hat und auf die er mit solchen und ähnlichen Sätzen zu antworten versucht hat, läßt sich also so zusammenfassen: Wie läßt sich der Fortschritt betreiben, ohne daß die gute *Absicht des Fortschritts im Effekt einen barbarischen Rückfall* hervorbringt? Wie läßt sich, m. a. W., der Fortschritt in Richtung auf Freiheit, Gleichheit, Würde, Gerechtigkeit *wirklich* realisieren? Wenn diese Hegel-Interpretation richtig ist, so formuliert diese

Frage Hegels das heute unverändert aktuelle politische Fundamentalproblem.

Hegels Antwort auf diese Frage besitzt freilich alle Kennzeichen einer tiefsinnigen Aussage: Sie macht zwar ein ungemein wichtiges Problem bewußt und zeigt die Richtung, in der die Wahrheit, die es lösen kann, zu suchen ist, aber sie bleibt vorläufig, andeutend, nebulos. Wann tritt die gesetzprüfende Vernunft „unmittelbar als eine Wirklichkeit" auf? Was heißt in diesem Zusammenhang „Vermittlung"? Was bedeutet es konkret, daß die gesetzprüfende Vernunft im Zusammenhang mit der schon verwirklichten Vernunft stehen müsse, damit sie wirklich dem Fortschritt diene und nicht einen Rückfall hervorrufe?

II. Abstrakte und konkrete Kritik am Recht

Eine Teilantwort[14] auf diese Frage läßt sich so zusammenfassen: Zu den Bedingungen des Fortschritts gehört die *Bewahrung des schon Erreichten*. Nur wer auf dem schon Erreichten aufbaut, hat eine realistische Chance, praktisch zu wirken, während dem bloß idealistisch Postulierenden die *Mittel zur Realisierung* des Erstrebten fehlen, so daß er am Ende auf nichts verweisen kann als auf seine gute Absicht. Er trägt aber nicht nur zum wirklichen Fortschritt nichts bei, sondern fördert darüber hinaus sogar den Rückfall. Denn indem die bloß postulierende Sollens- oder Wertphilosophie die Tendenz erzeugt, das schon Erreichte aus dem Blick zu verlieren, zerstört sie eben dadurch den Willen, es zu bewahren, und beschwört damit die Gefahr herauf, daß es tatsächlich verlorengeht. *Odo Marquard* spricht in diesem Zusammenhang von dem „Verleugnungszwang und Regressionseffekt des Sollensdenkens", den Hegel gefürchtet und dem er entgegenzuwirken getrachtet habe. Die Richtigkeit dieser Einsicht läßt sich durch geschichtliche Beispiele eindringlich belegen. Dennoch scheint die Interpretation das Problem noch nicht endgültig zu klären und zu erschöpfen.

Wenn nämlich von dem „schon Erreichten" die Rede ist, so ist nicht alles das gemeint, was im Laufe der Geschichte geworden ist, auch nicht einmal das, was zur Zeit seiner Entstehung vernünftig war, sondern nur das, was zu bewahren *auch heute noch vernünftig* ist. Da die gesetzprüfende Vernunft also zu beurteilen hat, was vom Bestehenden Bewahrung verdient und was nicht, bleibt es durchaus denkbar, ihren Maßstab zunächst abstrakt, subjektiv, ohne Vermittlung mit dem Bestehenden, zu entwerfen – also gerade das zu tun, wogegen Hegel polemisiert hat. Der Blick auf die Realisierungschancen setzt allerdings eine äußere Grenze und schließt allzu utopische Schwarmgeisterei aus. Aber *innerhalb des Realisierbaren gibt es ebensoviel Unvernünftiges wie Vernünftiges.* Vermittlung der gesetzprüfenden Vernunft mit der Wirklichkeit muß also noch mehr besagen wollen, als in dieser Interpretation erfaßt ist. Es scheint zweierlei zu sein.

Erstens: Die plausibelste Erklärung, die mit verschiedenen Stellen des Hegelschen Werkes, vor allem der Vorrede zur Rechtsphilosophie, im Einklang stünde, lautet, daß Hegel nicht oder nicht nur die sogenannte objektive Vernunft der bestehenden Institutionen, sondern daß er die *Theorie* der gesetzprüfenden Vernunft an die *Praxis der gesetzprüfenden Vernunft* verweisen wollte. Praktisch würde das die Aufforderung bedeuten, einen Maßstab der Gesetzbeurteilung auf keine Weise zu deduzieren, sondern vielmehr die politische und juristische Praxis dort, wo sie konkret wirksam ist, d. h. die rechtlichen Institutionen tatsächlich verändern kann, auf die in ihr wirksamen Diskussionskriterien hin zu analysieren.

Auf die Frage: was ist der *Maßstab* der gesetzprüfenden Vernunft? würde Hegel also zunächst zurückfragen, was gemeint ist. Entweder will der Fragende eine universelle Norm aufstellen, unter die man alle künftigen rechtspolitischen Streitfragen subsumieren und dadurch entscheiden kann. Damit sollen alle die zahllosen Probleme, mit denen sich Generationen von politisch und juristisch Engagierten lebenslang auseinandersetzen werden, von dem einen Autor jetzt und für immer entschieden werden. Das hält Hegel mit Recht für ein theoretisch naives Unterfangen, das überdies gefährlich wird, wenn einzelne Gruppen darangehen, die Welt nach solch einem Maßstab umgestalten zu wollen.

Wenn man dagegen aus dem rein akademischen Raum heraustritt

und an der rechtspolitischen Auseinandersetzung verantwortlich teilnimmt, z. B. indem man für ganz *konkrete Änderungen der Gesetze* oder der höchstrichterlichen Rechtsprechung eintritt, so hat man Gründe vorzubringen, warum die Änderung vernünftig wäre – Gründe, die richtig oder falsch sein mögen, die aber jedenfalls, da sie konkret sind, *rational diskutierbar* sind. Wenn man alsdann retrospektiv zu analysieren versucht, welche Kriterien der Kontroverse zugrundelagen und welches also die *Kriterien der Gerechtigkeit* oder der gesetzprüfenden Vernunft sind, so tritt die Theorie nicht mit einem praktisch weltverändernden Anspruch auf, sondern bescheidet sich bei einer philosophischen Besinnung:[15] Dies Verfahren fände Hegels Billigung. Wenn diese Interpretation richtig ist, hat Hegel also gegen die Praxis der gesetzprüfenden Vernunft nichts eingewandt, sondern nur die *Philosophie* für unzuständig erklärt, die Praxis anzuleiten und vor den Gefahren einer Überschreitung dieser Zuständigkeitsgrenzen warnen wollen. Damit ist nicht ausgeschlossen, daß Philosophie, gewissermaßen als Nebenwirkung, künftige Tendenzen vorauserkennt und mittelbar beeinflußt.

Wenn Hegel den Philosophen an die *Wirklichkeit* verweist, so meint er mit der Wirklichkeit also nicht oder nicht nur die fertigen Institutionen, sondern den *Prozeß ihres Werdens* und Sich-Änderns. Diese Wirklichkeit läßt sich in dem Schema „subjektive Vernunft – objektive Vernunft" gar nicht unterbringen. Der unglückliche Versuch, an diesem Schema dennoch festzuhalten und die objektive gegen die subjektive Vernunft auszuspielen, hat zahllose Mißverständnisse zur Folge gehabt und Hegel in den Verdacht gebracht, ein reaktionärer Positivist zu sein. Es geht vielmehr um den *Prozeß, in dem das Subjektive objektiv* wird. Hegel kennzeichnet ihn als den „Überschritt des Innern in das Äußere", die „Einbildung der Vernunft in die Realität".[16]

Sobald Hegel auf diesen Prozeß der Vernunftverwirklichung zu sprechen kommt, pflegt er regelmäßig ins Großartige auszugreifen, die Weltgeschichte und den *Weltgeist* zu beschwören, der sich der blinden Menschen als Werkzeuge bediene, um, aufs Ganze gesehen, alles zum besten zu lenken. Hegel orientiert sich hier an den welterschütternden Ausnahmesituationen, an Revolutionen, Kriegen,

Völkerwanderungen und Königsmorden, die in dem unübersehba-
ren Geflecht von Ursachen und Wirkungen dazu beigetragen haben,
daß die Welt zu Hegels Zeiten so war, wie sie war, und die also nicht
nur nicht verhindert, sondern mittelbar mitbewirkt haben, daß es
den Code Napoleon und das Preußische Allgemeine Landrecht gab.

Die unmittelbare Ursache dafür war freilich die Wirksamkeit der
gesetzprüfenden Vernunft, die jahrtausendelange *bewußte Gestaltung
des Rechts*. Die Rechtsphilosophie handelt also in Hegelschem Sinne,
wenn sie sich den praktisch wirksamen, über die Rechtsbildung
entscheidenden Argumentationstechniken und Argumentationsin-
halten analysierend zuwendet.[17]

Zweitens: In dieser Verweisung an die Wirklichkeit der gesetzprüfenden Argumentation scheint aber der Sinn des Hegelschen Plä-
doyers für die Vermittlung der gesetzprüfenden Vernunft mit der
Wirklichkeit noch nicht erschöpft zu sein. Offenbar gibt es in der
Realität vernünftige und dumme, sittliche und zynische, fort-
schritts- und rückfallfördernde Argumentation und steht die wir-
kungsvollste Rhetorik oft gerade auf der Seite der Primitivität. Die
Theorie der gesetzprüfenden Vernunft ist also zwar zunächst darauf
angewiesen, statt apriorischer Deduktion genau zu wissen und zu
verstehen, was in der Wirklichkeit geschieht und warum es so und nicht
anders geschieht. Dieses Wissen ermöglicht ihr alsdann aber eine
konkret bezogene Auseinandersetzung mit diesen praktisch wirksamen Gründen, ermöglicht ihr ihre *Kritik* unter dem Gesichtspunkt,
ob sie fortschritts- oder rückfallfördernd sind.

Hegels Meinung scheint nun die gewesen zu sein, daß von den in
der rechts- und verfassungspolitischen Wirklichkeit wirksamen Ar-
gumentationsweisen diejenigen die besten Fortschrittschancen in
sich bergen, die sich auf eine genaue *Kenntnis des zu reformierenden
Rechts* gründen und von ihm ihren Ausgang nehmen. Hegel hat
offenbar zwei grundsätzlich einander gegenüberstehende Typen der
Argumentationstechnik vor Augen. In polemischer Gegenüberstellung unterscheidet er die Ansichten derer, die „alles unmittelbar zu
haben sich versichern" und diejenigen, die „sich die Arbeit auferlegen, ihre Subjektivität zur Erkenntnis der Wahrheit und zum Wissen des objektiven Rechts und der Pflicht zu erheben".[18] Letzteren

allein gesteht er zu, daß sie das Recht in fortschrittlicher Richtung reformieren können.

Das hat auch in dieser unpräzisen Form schon etwas Einleuchtendes: Denn diese letzteren argumentieren in überschaubaren Zusammenhängen, können auf *konkrete Mißstände* hinweisen, praktische Vorschläge zu ihrer Abstellung machen, und die voraussichtlichen Konsequenzen der Rechtsreform bleiben einigermaßen übersehbar. Wer hingegen davon ausgeht, daß nicht auch schon in der Vergangenheit in vernünftiger Weise an der Verbesserung des Rechts gearbeitet worden sei und deshalb *pauschale Entwürfe* neuen Rechts an die Stelle des bestehenden zu setzen trachtet, unterschätzt bei weitem die Schwierigkeiten und Kompliziertheiten des Vernunftfortschritts: Das Erstrebte erreicht er meistens nicht, und die schon verwirklichte Vernunft gefährdet oder zerstört er. Am Ende kann er auf nichts verweisen als auf seine gute Absicht. Die Geschichte der enttäuschten Idealisten, die für die Brutalisierung des Staates, für Kriege und Bürgerkriege, für Rechtlosigkeit und Konzentrationslager mitverantwortlich sind und doch nur „das Beste gewollt" haben, bietet Stoff in Fülle, um Hegels Befürchtung konkret und anschaulich zu machen. Hegels Jugendfreund Hölderlin hat im „Hyperion" ein ergreifendes Paradigma geschaffen.

Die Aussage, Bedingung rechtlichen Fortschritts sei, daß die rechtspolitische Argumentation „mit der Wirklichkeit vermittelt" sei, bleibt aber nach wie vor interpretationsbedürftig. Unter welchen Voraussetzungen und in welcher Weise genau soll sich der Kritiker der Gesetze auf das vorgegebene Recht beziehen, und inwiefern erhöhen sich dabei die Chancen des Fortschritts oder wenigstens der Rückfallvermeidung? Mit diesen Fragen läßt Hegel seine Leser zurück; eine Antwort kann man in sein Werk höchstens gewaltsam hineinlesen, es ihm aber nicht entnehmen. Hegel könnte allerdings legitimerweise darauf verweisen, daß für die Beantwortung einer solchen Frage der *Jurist zuständig ist und nicht der Philosoph*, der das Seine getan hat, wenn er auf die Probleme und ihre Bedeutung hingewiesen hat.

Erst aus der Analyse juristischer und rechtspolitischer Praxis dort, wo sie eindeutig und unbestritten zu Fortschritten geführt hat, lassen sich Anhaltspunkte für die Definition der Bedingungen des Fortschritts gewinnen. Vor allem Theoretisieren kommt es darauf an, zunächst einmal genau zu verstehen, *wie sich die Praxis verhält und warum* sie sich so und nicht anders verhält.

III. Juristische Begründungspflicht und Argumentationslast

Um die Verwirklichung der Vernunft in der Realität möglichst rein und *modellhaft* auf ihre Vermittlung mit den vorgegebenen Institutionen beobachten zu können, sei im folgenden von der Einwirkung des Gesetzgebers zunächst (nur vorläufig!) einmal abgesehen und ein rein *judiziell* sich entwickelndes Recht ins Auge gefaßt. Denn hier läßt sich gewissermaßen in Zeitlupe und demgemäß mit größerer Genauigkeit und Treffsicherheit beobachten, was sich in der Regel auch bei der Gesetzgebung in größerem Maßstab, aber durchsetzt mit den Besonderheiten des politischen Kampfes abspielt, und zwar gefährdet abspielt, weil sich dort das Denken leichter von der Vermittlung mit der Wirklichkeit lösen kann. Für die Analyse des judiziellen Rechtsfortschritts lassen sich wertvolle Anregungen aus der angelsächsischen „jurisprudence" gewinnen. Denn diese analysiert den Prozeß, den Hegel als „Perennieren der Annäherung" kennzeichnet, mit größerer Unbefangenheit als die kontinentaleuropäische Doktrin, die sich durch einen nicht genügend reflektierten Subsumtionspositivismus genötigt sieht, von den normalen Realitäten des rechtlichen Vernunftfortschritts schamhaft den Blick abzuwenden.

Nur die Fülle der Beispiele könnte die perennierende Wirksamkeit der gesetzprüfenden Vernunft anschaulich machen. Hier muß ein einziges, möglichst unpolitisch gewähltes und in Ost und West gleichermaßen akzeptables genügen. Gesetzbücher in aller Welt schreiben vor, daß bestraft wird, wer die Sache eines anderen vorsätzlich zerstört. Ausnahmen, die die Zerstörung rechtfertigen oder entschuldigen, haben sich erst durch Rechtspraxis und Rechtsdogmatik entwickelt und gingen oder gehen erst allmählich in die Gesetzbücher ein. So blieb z. B. der Schädiger entgegen dem Wortlaut des Gesetzes straffrei, 1. wenn der Eigentümer der Sache in die Zerstörung *eingewilligt* hat, 2. auch dann, wenn er zwar nicht eingewilligt hat, der Schädiger aber annehmen konnte, daß der Eigentümer, wüßte er davon, einwilligen würde; z. B. man tötet den tollwütigen Hund des abwesenden Nachbarn – sogenannte *mutmaßliche Einwilligung,* 3. auch dann, wenn diese Mutmaßung auf der irrigen Annahme von Tatsachen beruht, die gar nicht vorlagen, z. B. der Hund war nur scheinbar tollwütig – *Irrtum über die tatsächlichen Voraussetzungen eines Rechtfertigungsgrundes.*

Die gesetzprüfende Vernunft hat sich in diesen Fällen mit dem Strafgesetz nicht abgefunden. Da auch die einengendste Auslegung seines Wortlauts die Angeklagten nicht vor der Verurteilung hätte retten können, hat sie das Gesetz durch judiziell gebildete Ausnahmeregeln ergänzt.

Die Betrachtung muß sich auf die Skizzierung einiger Leitgesichtspunkte beschränken. Sie kreisen um die Stichworte: 1. challenge and answer, 2. Normbildung durch Präjudizien, 3. Präjudizienvermutung, 4. Präjudizienmodifikation, 5. Vermutung zugunsten der Vernünftigkeit des Bestehenden.[19]

1. Wir beobachten, daß die gesetzprüfende Vernunft immer nur an praktischen Problemen, an *Fällen des Lebens* erwacht und dem Betrachter auch nur anhand von konkreten Fällen plausibel wird. Die Fälle können zwar erdacht sein – es ist eine Funktion der Rechtsdogmatik, den Prozeß der Vernunftverwirklichung durch erdachte Fälle anzuregen und voranzutreiben. Dabei kommt es aber sehr darauf an, daß diese erdachten Fälle konkret möglich sind und daß man für den Fall ihres Eintritts verantwortlich argumentiert.[20]

Es gehört zu den Eigentümlichkeiten der Rechtsvernunft, daß sie nur in Situationen praktischer Verantwortlichkeit, nicht nur reiner Theorie einleuchtet. *,,Challenge and answer",* Antwort auf eine konkrete, situationsgegebene Herausforderung, nicht abstrakte Deduktion ist die Weise, in der das Vernünftige einsichtig wird. Schon aus diesem Grunde ist es eine weise Forderung, wenn Hegel die Theorie der gesetzprüfenden Vernunft an der Praxis orientiert wissen will.

2. Damit ist freilich nicht gesagt, daß es genügt, nur den Einzelfall im Auge zu haben. Die Fallösung ist nur dann vernünftig, wenn

.ıan wollen kann, daß ein anderer gleicher Fall in gleicher Weise gelöst werde, d. h. wenn die Entscheidung als Präjudiz wirken kann; noch anders gesagt, wenn sie sich mittels *genereller Maximen* oder, wie die Angelsachsen sagen, mittels „rules" begründen läßt. Einmal besteht nur dann eine Ordnung, die ermöglicht, sich wenigstens in gewissem Umfang auf vorhersehbare Entscheidungen einzustellen, zum andern ist die Anwendung genereller Regeln eine zwar nicht hinreichende, aber doch notwendige Bedingung unparteilicher und damit gerechter Entscheidung.

Um angeben zu können, was ein *gleicher Fall* ist, muß man angeben, welche Einzelheiten aus der Fülle des Lebenssachverhalts relevant sind, welche Eigentümlichkeiten also überhaupt erst den Fall ausmachen. Es sind gewissermaßen die Tatbestandsmerkmale der Norm, die den Fall konstituieren. Z. B.: der Schädiger hatte mit dem Geschädigten stundenlange Gespräche geführt; aber nur auf die eine Äußerung kommt es an, mit der der Geschädigte seine Einwilligung zum Ausdruck gebracht hat; denn die Norm soll lauten: Straffrei ist, wer mit Einwilligung des Geschädigten zerstört.

Wir stehen also vor dem merkwürdigen Phänomen: Einerseits wird die Norm gelegentlich des Falles entdeckt, andererseits wird der Fall erst durch die Norm konstituiert. *Fall und Norm werden uns gleichzeitig bewußt.* Wenn jemand seinen Anwalt konsultiert und ihm einen Fall vorträgt, so gibt er damit implizit eine Norm an. Denn er erzählt nicht beliebige Tatsachen aus seinem Leben, sondern ganz bestimmte, um zu fragen: Muß man sich so etwas gefallen lassen? Selbst wenn er der bloßen Beschreibung des ihn empörenden Sachverhalts keine ausdrückliche Norm, Bewertung oder auch nur Exklamation hinzufügt, so enthält der Tatsachenbericht schon durch die Auswahl und Hervorhebung von Eigentümlichkeiten sowie durch seinen Zweck – nämlich evtl. einen Rechtsstreit zu veranlassen – eine normative Beurteilung.

Die Beurteilung ist freilich zunächst nur eine hypothetische, fragende. Der Fallbericht impliziert genau genommen nicht eine Norm, sondern nur eine *Normhypothese.* Erst der verbindliche Rechtsspruch schafft die Norm, erst er integriert, hegelsch gesprochen, die zunächst nur subjektive Vernunft in die objektive Wirklichkeit. Der Rechtsspruch kann die Norm aber nur schaffen, wenn zuvor eine Normhypothese aufgestellt worden ist, denn nur dann kommt es überhaupt zum Rechtsstreit. Gegenstand des Rechtsstreits ist die Frage, ob das Gericht die Hypothese bestätigt oder verwirft. Die Aufstellung der Normhypothese durch den Kläger oder Beklagten geschah also zunächst nicht nur ohne Kenntnis der positiven Normen, sondern möglicherweise ehe die Norm überhaupt positiviert war.

Wenn man also Rechtsgewinnung versteht als Subsumtion eines Tatsachenkomplexes unter einer vorgegebenen Norm – und das ist heute noch das gewöhnliche Verständnis –, so generalisiert man einen Grenzfall. Man hat den wahren Sachverhalt nicht nur gröblich vereinfacht, sondern im wesentlichen verfälscht. Man kann dann den Prozeß der Rechtswerdung nicht mehr begreifen und erschwert sich das Verständnis des *Hegel*schen Gedankens, daß die *Vernunft in der Wirklichkeit* stecke und *Sein und Sollen nicht getrennt* betrachtet werden dürften.

3. Wenn wir eine Entscheidung nur dann als vernünftig ansehen, wenn sie zum Präjudiz geeignet ist, so korrespondiert dem, daß eine künftige Entscheidung über einen gleichen Fall nur vernünftig sein kann, wenn sie auf das Präjudiz Bezug nimmt. Auch um feststellen zu können, welche früheren Entscheidungen *einschlägig* sind, muß man sich zunächst der fallimpliziten Normhypothesen bewußt werden und dann vergleichen, ob sie mit den Maximen, die die früheren Entscheidungen bestimmt haben, übereinstimmen, ebenso, wie man sich auch, um die einschlägigen Gesetze zu finden, zuvor der Normhypothesen bewußt geworden sein muß.

Gesetzt den Fall, das Präjudiz sei genau einschlägig, entschied aber entgegengesetzt dem, was wir für vernünftig hielten, so sind wir an das Präjudiz nicht strikt gebunden. *Die gesetzprüfende Vernunft kann die präjudizielle Rechtsnorm verwerfen,* („overruling"). Das bedeutet aber nicht, wie man häufig kurzschlüssig folgert, daß das Präjudiz deshalb bedeutungslos wäre. Es ist sogar von der allergrößten Wichtigkeit, daß man die Alternative: Bindung oder Bedeutungslosigkeit des Präjudiz als irrig erkennt. Denn diese Scheinalternative ist das Fundament aller positivistischen Rechtstheorie und verhindert, daß man in der Entwicklung des positiven Rechts im großen und ganzen den immer erneuten, wenn auch nicht immer glückenden Versuch erkennt, das Vernünftige zu verwirklichen. Die Scheinalternative verhindert nämlich die Einsicht in die Technik des vernünftigen Argumentierens in der Wirklichkeit und führt deshalb dazu, die Vernunft aus der Wirklichkeit zu verweisen und höchstens als gesondert entworfenen Maßstab der Wirklichkeit noch anzuerkennen. Die Folge davon ist unweigerlich, daß die Vernunft dem Verdikt der relativistischen, historistischen, ideologiekritischen und ähnlichen Theorien verfällt.

Das nicht-bindende Präjudiz hat immer noch die Funktion, uns die *Begründungspflicht und Argumentationslast* zuzuweisen. Das Wort „Argumentationslast", in Analogie zu Beweislast gebildet, will besagen: Nur dann, wenn wir gute Gründe haben, die präjudizielle Entscheidung für verfehlt zu halten, können wir uns von ihr lösen. Im Zweifel bleibt es beim alten. Es spricht eine *Vermutung zugunsten der Vernünftigkeit* des schon bestehenden Rechts, und zwar eine *widerlegliche* Vermutung.

Hegel hat diese juristische Technik der widerleglichen Vermutung zugunsten der Vernunft des Bestehenden nicht verstanden. Er findet „ungeheure Verwirrung" in der englischen Rechtspflege, weil die „englischen Richter auf die Autorität ihrer Vorgänger ebenso angewiesen als nicht angewiesen sind, da sie selbst das ungeschriebene Gesetz in sich haben und daraus das Recht haben, über die vorhergegangenen Entscheidungen zu urteilen".[21] Dieselbe Verwirrung findet er im römischen Recht.[22] Er hat sich nicht klargemacht, daß sich nur so und nicht anders die „perennierende Annäherung" des Rechts an die Gerechtigkeit, die er Savigny zugestanden hatte, vollziehen kann. Er stand also gewissermaßen partiell, ohne diesen Widerspruch aufzulösen, unter dem Einfluß des damals gängigen Subsumtionspositivismus. Daraus erklärt sich wohl, daß er die Vermittlung der gesetzprüfenden Vernunft mit der Wirklichkeit, deren Notwendigkeit er so deutlich sah, nur in so mißverständlichen Wendungen fordern, nicht im einzelnen beschreiben konnte und sich gezwungen sah, unnötig schnell auf die „List der Vernunft" als Erklärungsgrund auszuweichen.[23]

Daß andererseits nicht ohne Rücksicht auf Vorentscheidungen nach Gesichtspunkten konkreter Billigkeit entschieden werden darf, wie es schon Hobbes[24] und in unserem Jahrhundert ein extremer Flügel der sog. Freirechtsschule vorschlug, sondern daß die Vermutung zugunsten des Präjudiz spricht, hat eine Reihe von Gründen, die für das Verständnis der „Einbildung der Vernunft in die Wirklichkeit" aufschlußreich sind, die aber im folgenden nur mit Stichworten gekennzeichnet werden können: Nur wenn *Präjudizien* wenigstens eine *Vermutung* für sich haben, gibt es überhaupt Entscheidungen nach Normen und generellen Maximen, gibt es wenigstens eine gewisse Rechtssicherheit und Gleichbehandlung, gibt es Unparteilichkeit der Richter, Unabhängigkeit der Richter, Schutz der Richter vor Überforderungen, Entlastung von einer nicht zu bewältigenden Problemfülle, Ermöglichung der Kooperation aller am Prozeß der Rechtsbildung Beteiligten, damit Ausschöpfung des ganzen, in so viele Einzelköpfe verteilten Vernunftvorrats, wechselseitige Korrektur, Ermöglichung der Diskussion und der Konsenserzeugung als Indiz (nicht als Kriterium!) des Vernünftigen, Bewahrung des schon Erreichten.

Kurz, die *widerlegliche Vermutung zugunsten der Vernünftigkeit* des Bestehenden und damit die *Zuweisung der Argumentationslast an den Kritiker des Rechts:* – das ist die Formel, die es ermöglicht, das sonst scheinbar Widersprechende miteinander zu versöhnen: einerseits die Anerkennung der in der Rechtswirklichkeit objektiv gewordenen und zu bewahrenden Vernunft, andererseits den Fortgang des unaufhörlichen Prozesses der Vernunftverwirklichung.[25]

4. Sehr oft sind die Präjudizien nicht genau einschlägig, d. h. die Maxime, die das Präjudiz entschied, antwortet nicht bejahend oder verneinend auf die aktuelle Normhypothese, wohl aber auf eine ähnliche Normhypothese. Auch in diesem Falle sind die in den Präjudizien schon formulierten Maximen Ausgangspunkt der juristischen Reflexion. Die Frage ist, ob es genügt, die *Maxime ein wenig zu verändern*. Das kann entweder dadurch geschehen, daß man einzelne Tatbestandsmerkmale hinzufügt oder wegläßt, oder auch dadurch, daß man das eine oder das andere der Tatbestandsmerkmale je nachdem abstrakter oder konkreter faßt, daß man z. B. statt

vom Einzelhandel vom Handel allgemein oder, je nachdem, vom Fischhandel spricht. Auf diese Weise verändern sich die Maximen im Laufe der Zeit, sie nehmen Tatsachenkomplexe auf oder scheiden sie aus. Die angelsächsische Rechtstheorie spricht von der Veränderung der Maximen – der „rules", wie sie sagt – durch *„inclusion and exclusion",* Einschluß und Ausschluß. Die Maximen scheinen so gewissermaßen Leben zu gewinnen.

Was die historische Rechtsschule Savignys mit einem romantischen Ausdruck „organische Rechtsentwicklung" nannte, läßt sich auf diese Weise ganz unromantisch rational begreifen. Nichts geschieht hier organisch, nichts von allein, nichts wird durch einen geheimnisvollen „Volksgeist" bewirkt, sondern *die gesetzprüfende Vernunft beurteilt die Maximen* immer wieder von neuem und kommt zu dem Ergebnis, daß die Maximen, damit sie vernünftiger werden, erweitert, eingeengt, mit Zutaten oder mit Ausnahmen versehen werden sollten.[26]

5. Wenn es weder genau einschlägige Präjudizien, noch variationsgeeignete Maximen gibt und ganz neue Maximen gebildet werden müssen, so bauen dennoch auch diese auf dem schon vorgegebenen Recht auf. Nicht nur, daß sie sich widerspruchslos in die Architektur des geltenden Rechts einfügen müssen, sondern die Beurteilung der neuen Normhypothesen muß auch jetzt die *Vermutung zugunsten der Vernünftigkeit der vorgegebenen Normen* in Rechnung stellen. Wenn man nämlich die Vernünftigkeit der aktuell zur Diskussion stehenden Normenhypothesen begründen will, so muß man früher oder später auf Erwägungen zurückgreifen, die in früheren Fällen schon zur Diskussion gestanden haben und entschieden worden sind. Geht man davon aus, daß jene Dezisionen vernünftig sind, so kann die Entscheidung eine andere Wendung nehmen, als wenn man alle auch nur mittelbar mitbestimmenden Kontroversprobleme von Grund auf neu durchdenken müßte. Da man nämlich alle jene mittelbaren Probleme unmöglich mit derselben Gründlichkeit durchdenken und ausdiskutieren kann, wie es möglich war, als sie seinerzeit im Zentrum der Entscheidung standen, gewinnt die Entscheidung i. d. R. erheblich an Vernünftigkeit, wenn man jene Kontroversen durch jene Dezisionen abgeschnitten sein läßt.

IV. Die widerlegliche Vermutung zugunsten der Vernünftigkeit des Rechts

Indem auf diese Weisen das juristische Denken methodisch niemals von einer originären, subjektiven Vernunftkonzeption, sondern von der schon vorgegebenen Rechtswirklichkeit ausgeht und diese mit der *Vermutung der Vernünftigkeit kreditiert,* gewinnen die neuen Entscheidungen ein beträchtlich höheres Niveau, als es ohne dem möglich wäre. Wenn sich in unserem Beispielfall mit dem tollwütigen Hund[27] der Angeklagte darauf beruft, daß er sich in einem *Irrtum über die tatsächlichen Voraussetzungen einer mutmaßlichen Einwilligung* befunden habe, so findet dieser Entschuldigungsgrund heute Anerkennung; aber er konnte sie nicht finden, ehe nicht zuvor die mutmaßliche Einwilligung als Rechtfertigungsgrund anerkannt war; die mutmaßliche Einwilligung ihrerseits konnte sich nicht durchsetzen, ehe nicht die rechtfertigende Wirkung der Einwilligung durch Dezisionen außer Streit geraten war. Das eine baut auf dem anderen auf. Die Vernunft ist eine so unendlich komplexe und komplizierte Sache, daß ihre Verwirklichung *auf generationenlange Kooperation angewiesen* ist. Ein hoher Grad von Rechtskultur kann erst erreicht werden, wenn die einfacheren Elemente beisammen sind. Vorher wird die subtilere Vernunft nicht einsichtig und kann sich nicht verwirklichen.

Alle diese Überlegungen machen uns den Hegelschen Gedanken verständlich, daß die *Bewahrung ein Element des Fortschritts* ist und daß, wenn man die Vernunft nicht in der Wirklichkeit sucht, ein *Rückfall* in primitivere, unvernünftige Verhältnisse unvermeidlich ist. Dieser Gedanke ist freilich nur dann richtig, wenn er relativiert und ergänzt wird durch das Zugeständnis, daß die *gesetzprüfende Vernunft* nicht nur der *Motor allen künftigen Fortschritts* ist, sondern daß wir allein ihrem Wirken in der *Vergangenheit* verdanken, daß sich in der Rechtswirklichkeit schon Vernunft objektiviert hat. Aber, die gesetzprüfende Vernunft kann den Fortschritt nur betreiben, wenn sie in jener komplizierten Weise mit dem vorgegebenen Recht vermittelt ist, die die Analyse der juristischen Rechtsfortbildungsmethode in Grundzügen anschaulich zu machen versuchte.

Wenn wir Hegels Rat folgen und die Theorie der gesetzprüfenden Vernunft an der Praxis der gesetzprüfenden Vernunft orientieren, so lernen wir u. a., wie und warum die Praxis der gesetzprüfenden Vernunft mit der Wirklichkeit der vorgegebenen Institutionen vermittelt ist.

Es sei abschließend noch einmal betont, daß sich unser Augenmerk zunächst den Normalfällen zugewandt hat. Diese sind dadurch gekennzeichnet, daß die Vermutung zugunsten des Bestehenden entweder durchgreift oder nur in kleinen Schritten widerlegt wird. Damit soll keineswegs ausgeschlossen sein, daß die Vermutung nicht auch *in größeren, umfassenden Zusammenhängen widerlegt* werden könnte, daß sich *ganze Rechtsgebiete als unvernünftig* oder durch Änderung der Umstände unvernünftig geworden aufweisen lassen oder auch, daß neue Umstände oder Einsichten ganz neue Probleme regelungsbedürftig erscheinen lassen. Solche Umgestaltung oder Neugestaltung des Rechts entzieht sich der judiziellen Rechtsentwicklung; hier muß der *Gesetzgeber* eingreifen, der sich also keinesfalls damit begnügen kann, das judiziell gewordene Recht in rationale Form zu gießen. (Aber das hat Hegel vermutlich auch nicht gemeint: lediglich im Hinblick auf die Kodifikation des gesamten bürgerlichen Rechts hat er vor der Versuchung gewarnt, sich durch einen Neuentwurf des Rechts zu übernehmen.) Unter Umständen – nach Hitler bestreitet das niemand mehr – kann nur die revolutionäre oder kriegerische *Gewalt* das Unrecht überwinden. Die Formel von der Vermutung zugunsten der Vernünftigkeit des Bestehenden schließt also ein, daß unsere *gesetzprüfende Vernunft immer das letzte Wort* behält.

Aber auch für die Rechtsgestaltung durch den *Gesetzgeber* gilt, was sich bei der Analyse der juristischen Rechtsfortbildung ergeben hat: Sie ist vernünftig nur, wenn sie

1. nicht allzuweit über das hinausgeht, was durch *konkret mögliche Fälle* herausgefordert ist,

2. durch *generelle Maximen* begründbar ist,

3. das schon bestehende Recht nicht pauschal verwirft und neues entwirft, sondern die *Begründungspflicht und Argumentationslast* in ihrer Schwere zu tragen auf sich nimmt,

4. im Rahmen des Möglichen durch Veränderung schon beste-
hender Regeln die *Kontinuität* zu wahren sucht und sich

5. auch bei der Schaffung neuen Rechts und der Begründung
seines Für und Wider die Erfahrungen und Erwägungen, die sich in
dem Bestehenden niedergeschlagen haben, zunutze macht, indem
das Bestehende mit der *Vermutung zugunsten seiner Vernünftigkeit*
kreditiert und auf ihm aufgebaut wird, wenngleich die Vermutung
im Großen wie im Kleinen *widerlegt* werden kann, allerdings nicht
durch einen pauschalen Neuentwurf, sondern nur durch *konkrete*
Gründe.

Bei Beachtung dieser Bedingungen ist die Chance, daß das neue
Recht einen *Fortschritt* in der Freiheit und der Gerechtigkeit bringt
und daß zugleich der schon früher erreichte Fortschritt bewahrt
wird, am verhältnismäßig größten.

Vielleicht hat *Hegel* das sagen wollen und nur infolge seines
ungenügenden Einblicks in die juristische Methode der Rechtsfortbildung so mißverständlich ausgedrückt. Wenn diese Interpretation
richtig ist, steht Hegel in der Tradition der Aufklärung und nicht
gegen sie.

REGRESSIVE DIALEKTIK

Zu Hegels Begriff der abstrakten Souveränität

I. Feuerwehr als Brandstifter

Hegels Polemik gegen das *abstrakte Sollen* und seine These von der
Vernünftigkeit des Wirklichen und der *Wirklichkeit des Vernünftigen*
sind zwei Versionen desselben Gedankens: *Wenn und soweit* die
sittlichen und rechtlichen Verhältnisse schon vernünftig, also Ergebnis eines Fortschritts in der Freiheit und Gerechtigkeit sind, kann
das auf Veränderung drängende Sollen die Verhältnisse unter Umständen verschlimmern statt verbessern. Es kommt dann darauf an,
unter welchen Bedingungen es verbessernd oder verschlimmernd
wirkt. Das aber ist unabhängig von den Intentionen: es kommt vor,

daß der Geist, der stets verneint, das Gute schafft. Häufiger und gefährlicher ist der umgekehrte Fall: daß der Geist, der das Gute will, das Böse schafft.

Hegel richtet seine Polemik gegen das Sollen, das zwar auf den Fortschritt in Freiheit und Gerechtigkeit gerichtet ist, in der Wirklichkeit aber regressive, rückschrittliche Wirkung hat, das die Welt in Brand steckt, Bürgerkrieg, Revolutionsdiktatur, den Naturzustand des Krieges aller gegen alle heraufbeschwört, aber am Ende nichts bewirkt, das all das Elend wert gewesen wäre. Ein solches Sollen nennt er „abstrakt" im Unterschied zu jenem *konkreten Sollen,* das sich realisieren läßt, weil die Mittel zur Realisierung zu Gebote stehen, und dessen Realisierung das an verwirklichter Freiheit schon Erreichte ergänzt, ohne es aufs Spiel zu setzen. *Abstraktes Sollen* erscheint also im Bilde gesprochen gewissermaßen wie eine *fahrlässige Brandstiftung.* Die „heile Zukunft", die „ewigen Normen", die „ideal an sich seienden Werte" sind die begeisternden Funken, die den Brand auslösen können, indem die wirklichen Menschen zugrunde gehen.[1]

Gegenüber der Subjektivität des abstrakten Sollens spielt der *souveräne Staat,* wenn vernünftige Aufklärung und Ermahnung nichts gefruchtet haben, gewissermaßen die Rolle der *Feuerwehr.* „Im Zustande der Not . . . ist es die Souveränität, . . . welcher die Rettung des Staates mit Aufopferung dieses sonst Berechtigten (– nämlich des gesetzlichen, konstitutionellen Zustandes, M. K. –) anvertraut ist . . ." (Rechtsphilosophie § 278).

Unter den Bedingungen eines Freiheit und Gerechtigkeit wenigstens partiell schon verwirklichenden Verfassungszustands ist es vernünftig, diesen „Zustand der Not" nicht unnötig herbeizuführen, den offenen gewaltsamen Konflikt zwischen Staatsmacht und Widerstand, zwischen Souveränität und Subjektivität nicht zu provozieren, weil dieser Konflikt – wer immer als Sieger aus ihm hervorgeht – in aller Regel rückschrittliche Wirkung haben wird. Denn wie kann er enden? Bestenfalls einigt man sich kompromißweise auf den alten Verfassungszustand – dann haben Blutvergießen und Grausamkeit garnichts erbracht. Oder – und das ist wahrscheinlicher – der eine unterwirft den anderen, der *Bürgerkrieg* wird *mit Polizeimitteln* geführt, der politische Feind wird mit Terrormitteln zum Schweigen gebracht, und der Terror gewinnt seine Legitimität aus dem Argument: die *Alternative zum Terror seien Wiederaufleben des Bürgerkrieges* und obendrein die Gefahr, daß die andere Seite siegt und dann ihrerseits Terror übt, womit nichts besser geworden wäre (außer für die Ideologen und Machthaber der anderen Seite).

Die Polemik gegen das abstrakte Sollen und der Hinweis auf das schon verwirklichte Vernünftige relativieren also die geschichtsphilosophische These von der Dialektik des Fortschritts. Hegel hält offenbar auch eine *regressive Dialektik* für möglich, nämlich ein *Zerfallen des schon Vermittelten und Versöhnten in seine abstrakten Bestandteile,* insbesondere einen Rückfall aus der vernünftigen gesetzlichen Freiheit in den Konflikt von Subjektivität und Souveränität. Die Polemik gegen das abstrakte Sollen ist Warnung vor dieser regressiven Dialektik.

Wenn diese Interpretation richtig ist, so müßten sich bei Hegel Ansatzpunkte für folgende Überlegungen finden lassen: die regressive Dialektik wird nicht nur durch abstraktes Sollen ausgelöst, also durch Utopien, die das an Vernunft und Freiheit schon Verwirklichte negieren. Vielmehr kann es ebenso wie abstraktes Sollen auch *abstrakte Souveränität* geben, nämlich den *Mißbrauch der Souveränität* durch jene Subjektivität, die das real mögliche Niveau verwirklichter und verwirklichbarer Vernunft und Freiheit unterbietet. Wenn bei den Inhabern der Staatsmacht und ihren publizistischen Propagandisten Willkür, Ignoranz, Zynismus, Ungerechtigkeit, Gleichgültigkeit, moralische Stumpfheit oder dergleichen sichtbar werden, wenn konkret mögliche Verbesserungen gleichwohl unterbleiben, wenn gar Gesetze, Vereinbarungen oder die Verfassung gebrochen oder ausgehöhlt werden, so provoziert das Empörung. Auch auf diese Weise wird der Mechanismus der regressiven Dialektik in Gang gesetzt.

Das geschieht keineswegs immer unbeabsichtigt. Zur politischen Taktik der Machtbehauptung gehört die *Stierkämpfer-Methode:* durch gezielte Provokation den Gegner zur Wut zu reizen, um so bei den Bürgern die Angst vor der entfesselten Empörung zu wecken.

Diese Taktik läßt sich zur Strategie ausweiten, mit dem Ziel, eine latente oder sogar offene Bürgerkriegsgefahr herbeizuführen. Der auf diese Weise künstlich geschaffene „Zustand der Not" legitimiert dann die volle Ausschöpfung der Souveränität und die Entfesselung aus den freiheitsschützenden Gesetzen: subjektiver Machtgewinn auf Kosten der allgemeinen Vernunft.

Diese politische Technik ist in allerlei Variationen und auch aus der Opposition heraus anwendbar. So entfesselten z. B. die *spanischen Faschisten* gegen die verfassungsmäßige Regierung einen Bürgerkrieg und legitimierten sich, nachdem sie ihn gewannen, damit, die Alternative zu dem Terror ihres Regimes sei der Bürgerkrieg. Das war der äußerste Fall einer bewußten, zynischen, aufs Ganze gehenden Strategie. Am anderen Ende der Skala gibt es ein mehr *fahrlässiges* Hineinschliddern. Man darf z. B. annehmen, daß Eisenhower, Dulles und Diem nicht übersehen haben, was sie auslösten, als sie die Genfer Indochina-Vereinbarungen z. B. bezüglich freier Wahlen in *Vietnam* mißachteten. Zwischen diesen beiden Extremen gibt es verschiedene Grade der Bewußtheit. Die regressive Rassenpolitik etwa in *Südafrika* oder Südrhodesien beruhte anscheinend auf einem Kalkül, nämlich, die Farbigen von vornherein so zu entmutigen und auf einem so niedrigen Bildungsniveau zu halten, daß sich das Feuer der Empörung erst garnicht ausweitet und daß es mit so kleinen Einsätzen gelöscht werden kann, daß naiven Europäern und Amerikanern die Unschuld und Rechtsstaatlichkeit des Systems vorgespiegelt werden kann. Ein noch gröberes Kalkül kann sich der leisten, der sich stark genug weiß, die Legitimität offen auf eine Lüge basieren zu können: er braucht die latente Umsturzgefahr erst garnicht herbeizuprovozieren. Es genügt, sie einfach zu behaupten. Mit diesem kaum verhüllten Trick legitimierten sich z. B. sowohl die *griechischen Putschisten* als auch die *sowjetischen Okkupanten der Tschechoslowakei*. Ein etwas ohnmächtiger Versuch ist der des stalinistischen Flügels der jungen Linken in Westdeutschland, den „*latenten Faschismus manifest* zu machen", in der Hoffnung, ihn alsdann der Revolutionsdiktatur unterwerfen und wiederum latent machen zu können, dann allerdings unter Verlust der emanzipatorischen Freiheiten des bürgerlichen Rechtsstaates.

Die Theorie der abstrakten Souveränität lauert immer und überall unterschwellig als tendenzielle Auslöserin dieser regressiven Dialektik. Die abstrakte Souveränität legitimiert sich daraus, daß sie die Alternative zum Bürgerkrieg sei. Ihre gefährliche Dynamik liegt darin, daß die Inhaber der Staatsmacht und ihre publizistischen Propagandisten es jederzeit in der Hand haben, die Bürgerkriegsgefahr herbeizuführen. Ist sie herbeigeführt, so ist es anschließend nicht einmal ein Vorwand, wenn ein potentieller Souverän als *Retter aus dem selbstgeschaffenen Chaos* auftritt. Ist das Chaos erst ausgebrochen, so kommt es nicht mehr darauf an, wer es ausgelöst hat, sondern nur noch, wer daraus zu retten vermag. Auch läßt es sich vor den Augen der Bürger ohne allzu große Propagandamühle verschleiern, daß derjenige als Retter bereit steht, der die rettungsbedürftige Situation selbst erst künstlich herbeigeführt hat.

Der Kriminologe Hans *von Hentig* hat auf eine für diese Art politischer Psychologie bezeichnende Parallele hingewiesen:[2] es hat sich herausgestellt, daß überraschend häufig *Feuerwehrleute Brandstiftung* begehen, um sich anschließend bei den Löscharbeiten hervorzutun. Die Ehre und der Nimbus des opfermütigen, entschlußfreudigen Retters hat eine anscheinend unwiderstehlich faszinierende Verführungskraft. Im Dorfmilieu steckt man Scheunen an. Im Felde der großen Politik hilft man der Bürgerkriegsgefahr durch provokatives Reden und Handeln nach. Und nicht nur das: Wie von Hentig gezeigt hat, kommt es oft vor, daß Leute mit einer psychopathischen Veranlagung zur Pyromanie aus Neigung der Feuerwehr beitreten. Daraus ist nicht zu folgern, daß Theoretiker der Souveränität unbedingt Lust am Bürgerkrieg haben müßten. Sicherlich aber werden umgekehrt politische Pyromanen leicht provokative Verfechter der souveränen Herrschaft.

Für den abstrakten Begriff der Souveränität ist kennzeichnend, daß er seine Legitimität aus der Alternative zum Bürgerkrieg, also aus dem „Zustand der Not" gewinnt, daß er mit anderen Worten die *Ausnahmesituation als das Normale* voraussetzt und gerade dadurch die Ausnahmesituation herbeiprovoziert.

Daß also die in den rechtlichen Institutionen verwirklichte Vernunft nur und ausschließlich im „Zustand der Not" zur „Rettung des Staates" übergangen werden dürfe, macht für Hegel den vollen konkreten Begriff der Souveränität aus, der ihn von dem Despotismus der abstrakten Souveränität unterscheidet.

In seinen Bemerkungen über *Hobbes* (Geschichte der Philosophie 3. Teil, 2. Abschnitt, 1. Kap. B 3) hebt Hegel zwar den anthropologischen Pessimismus rühmend hervor. Er erkennt aber zugleich, daß Hobbes einen abstrakten Begriff der Souveränität verficht, daß er den *Ausnahme- zum Normalzustand* erklärt. Daraus, so sagt Hegel, gehe „ein Zustand der absoluten Herrschaft, des vollkommenen Despotismus hervor. Der gesetzliche Zustand aber ist etwas anderes, als daß die Willkür Eines schlechthin Gesetz sein soll: dieser allgemeine Wille ist damit nicht Despotismus, sondern vernünftig, in Gesetzen ausgesprochen und in Konsequenzen bestimmt". (Ed. Glockner, S. 444). Demgemäß findet Hegel Hobbes' Lehre zwar originell, fügt aber hinzu: „es ist aber eben nichts Spekulatives, eigentlich Philosophisches darin" und „. . . seine Ansichten sind seicht".

Die modernen Rechts- und Links-Hobbesianer pflegen ihren Philosophen damit zu verteidigen, daß dieser dem Souverän nicht despotische Willkür, sondern Beachtung eines ganzen Katalogs von Hobbes selbst formulierter naturrechtlicher Rechts- und Billigkeitssätze anempfohlen habe. Hegel könnte diesen Einwand nicht gelten lassen. Denn bloß *philosophisch anempfohlenes Naturrecht* ist im Unterschied zum wirklich geltenden Recht eben *bloß abstraktes Sollen,* es hat keine Wirklichkeit. Es ist grade diese Trennung von Sein und Sollen, die Hobbes zum erstenmal in aller Konsequenz durchgeführt hat, gegen die Hegel sein ganzes Werk hindurch zu Felde gezogen ist. Nur das wirkliche, positiv geltende *Verfassungsrecht* kann die Souveränität einbinden und vor dem Charakter des Despotismus bewahren, *und nicht der gute Wille* weder des Souveräns noch erst recht des Philosophen.

Die schärfste und galligste Polemik in Hegels an Polemiken nicht armem Werke ist wohl die gegen *v. Hallers* „Restauration der Staatswissenschaften" gerichtete (Rechtsphilosophie § 258 und Anm. dazu). Hegel wendet sich vor allem dagegen, daß bei v. Haller die Souveränität aus natürlichen Zwecken abgeleitet sei und ihre

Bestimmungen und Grenzen nicht in den bürgerlichen Gesetzen fände. Unter dem hier relevanten Aspekt polemisiert er also gegen Ansichten, die ihren konsequenteren und klareren Klassiker in Hobbes haben. Bei v. Haller wie bei Hobbes ist der Staat aus einer geschichtslosen Zweck-Mittel-Relation abgeleitet, hier wie dort ist in Hegels Sprache der Übergang von der Moralität in die Sittlichkeit nicht vollzogen (vgl. Rechtsphilosophie § 140, 141).

Daß der auf diese Weise umrissene abstrakte Begriff der Souveränität in der konkreten Geschichte denselben Effekt hat wie das abstrakte Sollen, daß er nämlich die regressive Dialektik auslöst und das schon an Freiheit und Gerechtigkeit Erreichte destruiert, daß also gewissermaßen die Feuerwehr als Brandstifter wirkt, will ich an zwei Beispielen demonstrieren.

II. Carl Schmitts Parlamentarismus-Kritik

Zunächst an dem modernen Ausspielen der Souveränität gegen den parlamentarischen Verfassungsstaat. Gleichermaßen von rechts wie von links wurden und werden dieselben Argumente vorgebracht. Ihr Klassiker ist *Carl Schmitt,* der 1923 in seiner Schrift „Die geistesgeschichtlichen Grundlagen des heutigen Parlamentarismus" bis heute unübertroffen formuliert hat. In dieser Schrift und in seiner „Verfassungslehre" bezog er sich auf bedeutende Theoretiker des Liberalismus, wie Burke, Bentham, Guizot und James Stuart Mill. In Anknüpfung an sie kennzeichnete er die geistige Grundlage des parlamentarischen Systems durch die Begriffe „Öffentlichkeit" und „Diskussion": öffentliche Diskussion sei die Basis für Parlamentarismus und für „das ganze System von Rede-, Versammlungs- und Pressefreiheit, öffentlichen Sitzungen, parlamentarischen Immunitäten und Privilegien". Die Ausschüsse dienten nur der äußerlichen, technischen Vorbereitung. Was durch Öffentlichkeit und Diskussion bewirkt werden solle, „war nicht weniger als Wahrheit und Gerechtigkeit selbst. Durch Öffentlichkeit und Diskussion allein glaubte man die bloß tatsächliche Macht und Gewalt zu überwinden und den Sieg des Rechts über die Macht herbeiführen zu können".

Schmitt stellt nun diesem Idealbild die desillusionierende Realität gegenüber: nicht vernünftig diskutierende Abgeordnete stünden sich im Parlament gegenüber, sondern ideologisch festgelegte Fraktionen; der einzelne Abgeordnete sei durch Fraktionszwang gebunden. „Die Besprechungen in den Ausschüssen oder in interfraktionellen Zusammenkünften sind nicht Diskussion, sondern geschäftliche Besprechungen und Verhandlungen, die mündliche Erörterung dient hier dem Zweck einer gegenseitigen Berechnung der Macht- und Interessengruppierung" (Verfassungslehre, S. 319). Solche Verhandlungen seien geheim und müßten es sein, ebenso wie auch die Besprechungen mit den Auftraggebern der Parteien, den Interessenverbänden usw. (Verfassungslehre, S. 319). Die wesentlichen Entscheidungen fielen so außerhalb des Parlaments, seine öffentlichen Diskussionen seien nur noch Fassade, in Wahrheit fungiere das Parlament „als Bureau für eine technische Umschaltung in den staatlichen Behördenapparat" (Verfassungslehre, S. 319).

Mit seiner Analyse wollte Schmitt, wie er erklärte, *„den letzten Kern der Institution des modernen Parlaments treffen".* Im letzten Kapitel zeigte er die Alternative auf: die politische Durchsetzung des Mythus im Sinne von Sorel und Donoso Cortes, d. h. die durch Bewußtheit und besonderen Fanatismus gekennzeichnete Variante der Ideologie, die – wie Schmitt sagt – „sowohl die Kraft zum Martyrium wie den Mut zur Gewaltanwendung" (Die geistesgeschichtlichen Grundlagen, S. 80) besitze und von der „Vorstellung einer blutigen, definitiven, vernichtenden Entscheidungsschlacht" getrieben werde.

In dieser theoretischen Konstruktion sind die wirklichen geschichtlichen Grundlagen des Parlamentarismus unterboten, seine Vernünftigkeit ist in die Theorie nicht eingegangen. Das wird schon daran sichtbar, daß die *geschichtliche Wirklichkeit des Parlamentarismus,* seine Herkunft aus dem englischen Parlament und dessen Herkunft aus dem Rechtsprechungsorgan der curia regis, die Funktion und Funktionsfähigkeit des Parlaments in zahllosen Ländern der Welt nicht vorkommen. Bücher und Doktrinen scheinen ein Eigenleben zu führen: sie sind freilich leichter zu widerlegen als die Wirklichkeit. Der Begriff der „Diskussion" als Gesamtprozeß des geschichtlichen Fortschritts wird mit dem Begriff der Diskussion als individuelle Erörterung vertauscht[3]. Das ermöglicht *Schmitt,* alsdann die Erfahrung zu Hilfe zu rufen, daß solche individuellen Diskussionen meistens nicht zu einer Einigung führen. Die Grundlage sowohl des parlamentarischen wie auch des juristischen Ethos, nämlich das *„audiatur et altera pars"* – man muß auch die andere Seite hören, alle relevanten Gesichtspunkte zur Geltung kommen lassen – kommt nirgendwo in den Blick.

Der Wirklichkeit des parlamentarischen Verfassungsstaats, der in ihm immerhin auch realisierten konkreten Freiheit werden höchst brüchige geistesgeschichtliche Grundlagen *unterschoben.* Ruht die Legitimität des Systems aber erst auf solchen Grundlagen, so muß der Staat natürlich zusammenbrechen. Die Wirklichkeit der Sittlichkeit macht dem Naturzustand des Bürgerkrieges Platz.

Worauf *Schmitt* zielte, wurde 1931 und 1932 offenbar: als die Machtergreifung Hitlers vor der Tür stand, warnte er – übrigens jetzt durchaus mit Recht – vor einem Legalitätsdenken, das die Verteidigung der Legitimität der Verfassung ausschloß. In einem seiner besten Bücher: Legalität und Legitimität (1932) empfahl er ein Präsidialsystem, welches die organisatorischen Teile der Verfassung opfern sollte, soweit nötig, um die materielle Substanz der Verfassung zu retten. Diese materielle Substanz – nämlich die Grundrechte und Grundfreiheiten – würden damit zwar ihre Wirklichkeit verlieren. Denn soweit es sich um politische Rechte handelt, sind sie an die parlamentarische Organisation gebunden. Aber auch die liberalen Freiheiten blieben der freundlichen Beachtung des Machtapparates empfohlen und hätten mit Sicherheit ihren Sinn prinzipiell gewandelt. Schon in dieser Schrift konnte Schmitt nicht, wie es klug gewesen wäre, abwarten; er kennzeichnete die zu rettende Materie der Verfassung schon hier als die „substanzhaften Inhalte und Kräfte des deutschen Volkes". Damit hat er sicherlich nicht die bürgerlichen Freiheitsrechte gemeint. Kurz, Carl Schmitt's politisches Programm von 1932 läßt sich in die Formel kleiden: *Abwendung des Nationalsozialismus durch einen Faschismus.*

Wie die Dinge damals lagen, ist nicht zu bestreiten, daß alles, aber auch alles besser gewesen wäre als Hitler. Nicht dieses Konzept also soll hier kritisiert werden, sondern nur, daß die Bedingungen, unter denen selbst ein Faschismus noch als kleineres Übel erscheinen konnte, durch eine *Parlamentsverachtung* künstlich herbeigeführt worden sind, der Schmitt zuvor selbst die Weihe wissenschaftlicher Dignität verliehen hatte. *Retter aus selbst mitgeschaffenem Chaos, Feuerwehr bei selbstgeschürtem Brand.*

Wie so oft, so wurde auch hier der Brandstifter der Flamme nicht mehr Herr – eine Gefahr, die übrigens voraussehbar war. Anscheinend wurde Schmitts analytischer Verstand nur noch übertroffen durch sein Ressentiment gegen die „Wirklichkeit der Sittlichkeit" im Verfassungsstaat der Neuzeit.

III. Hobbes' Mitverantwortung für den englischen Bürgerkrieg

Mein zweites Beispiel ist der Klassiker der abstrakten Souveränität, *Hobbes,* gegen den *Hegel* argumentierte und auf den sich Carl *Schmitt* immer wieder berief. Die geschichtliche Situation war im 17. Jh. anders als im 20., aber die grundsätzliche Problematik der abstrakten Souveränität war in exemplarischer Weise gleich und wurde damals auf seither nicht übertroffene Weise durchreflektiert.[4]

Auch *Hobbes'* politische Philosophie verfolgte politische Absichten: Sie wollte dem *Bürgerkrieg* entgegenwirken und Stabilität, Befriedung und Ordnung unter den Bedingungen der heraufziehenden bürgerlichen Gesellschaft errichten helfen. Die *konkrete geschichtliche Funktion* einer politischen Theorie hängt jedoch nicht nur von den Absichten ihres Autors ab: Wenn er z. B. relevante Faktoren übersehen hat, kann die Theorie etwas anderes und u. U. das Gegenteil des Erstrebten bewirken.

Die geistesgeschichtliche Bedeutung und der philosophische Rang einer politischen Theorie ist zwar nicht primär an der konkreten Funktion zu messen, die die Theorie im politischen Kontext zur Zeit ihrer Veröffentlichung oder Abfassung besaß. Gleichwohl: Wenn man politische Philosophien vergangener Jahrhunderte in der Absicht liest und interpretiert, aus ihnen einen Zuwachs an Belehrung, Einsicht, politischer Weisheit zu gewinnen, so ist es fruchtbar, die Aufhellung ihrer Selbstinterpretation um die Aufhellung ihrer objektiven politischen Funktion zu ergänzen.

Hobbes' berühmte Sentenz „*Auctoritas non veritas facit legem*" wendet sich nicht nur gegen Verfechter des Widerstandsrechts oder der kirchlichen potestas indirecta; er meint nicht nur, das philosophische oder theologische Urteil über Vernunft, Naturrecht, göttliches Recht sei unverbindlich, Recht entstehe aus der positiven Dezision der Autorität, und auch das unvernünftige, positiv erlassene Gesetz sei verbindlich.

Vielmehr polemisiert der Satz in erster Linie gegen die *englischen Juristen*, vor allem gegen *Coke*.[5] Diese waren in der Ablehnung des revolutionären Widerstandsrechts und der potestas indirecta mit Hobbes völlig einig. Ihre Sache war nicht das Naturrecht, sondern das Englische Recht: Das Common Law nebst statutes, charters, proclamations usw. Coke: „Rechtssicherheit ist die Mutter der Ruhe und des Friedens."

Hobbes wandte sich gegen folgendes: Coke hat das Englische Recht als „*artificial reason*" bezeichnet, als künstliche Vernunft, die wohl zu unterscheiden sei von der privaten Vernunft des einzelnen. Das Recht sei nämlich der Niederschlag von unendlich viel mehr Studium, Beobachtung und Erfahrung, als ein einzelner, ja als eine ganze Generation denkbarerweise erwerben könne. „Wenn alle Vernunft, die in vielen einzelnen Köpfen verstreut ist, in einem einzigen vereinigt wäre, so könnte dieser doch nicht ein solches Recht machen, wie es das Recht von England ist. Es ist nämlich in vielen Generationsfolgen durch zahllose ernste und gelehrte Männer verfeinert und immer weiter verfeinert worden".

Hobbes war es sehr wichtig, nachdrücklich zu bestreiten, daß das Common Law „artificial reason" sei. Die Gründe dafür ergeben sich zwanglos aus seinem konkreten politischen Engagement. Insbesondere erstrebte er im Sinne der damals in seinen Zirkeln gängigen *absolutistischen Doktrin* eine Änderung des verfassungsmäßigen englischen Gesetzgebungsverfahrens, das für den Regelfall das Zusammenwirken von König *und* (!) Parlament vorsah.

Der Änderungsvorschlag ging im wesentlichen dahin, daß

1. nur einer – „king *or* (!) parliament" – die Gesetzgebungskom-
petenz haben sollte,

2. daß dieser an seine eigenen Gesetze nicht selbst gebunden sein
sollte.

Diese Verfassungsänderungen waren in der Epoche vor dem
Bürgerkrieg, als Hobbes seine politischen Ideen konzipierte, auf
normalem gesetzgeberischem Wege nicht zu erreichen. Deshalb
blieb kein anderer Weg, als zu behaupten, daß eine ausdrückliche
Verfassungsänderung auch nicht nötig sei, weil die angestrebte
Rechtslage ohnehin *kraft Naturrechts* schon rechtens sei.

Daraus entstand die Notwendigkeit, das Common Law insgesamt, insbesondere seine verfassungsrechtlichen Regeln, für unbe-
achtlich zu erklären. *Das Common Law wird durch den theoretischen
Naturrechtsentwurf verdrängt.* Hobbes war konsequent, als er später
verlangte, der Leviathan solle Pflichtlektüre in den Schulen werden.

Es gibt politische Situationen, in denen Radikalismus und Revolution unumgänglich werden. Hobbes hielt eine solche Situation für
gegeben. Es ging ihm um Rettung des Landes vor dem Chaos des
Bürgerkriegs. Das kann in der Tat ein guter und hinreichender Grund
für Radikalismus sein (selbstverständlich vorausgesetzt, daß man
nicht ein noch schrecklicheres Übel heraufbeschwört, als es der
Bürgerkrieg wäre). *Hale* beurteilte die politischen Gegebenheiten,
die in England im 17. Jahrhundert bestanden, anders als Hobbes.
Nach seiner Ansicht war die absolutistische Doktrin

a) objektiv ungeeignet, dem Bürgerkrieg entgegenzuwirken,

b) im Gegenteil geeignet, die politischen Verhältnisse zu verunsichern und den Bürgerkrieg heraufzubeschwören.

Diese Perspektive ist nicht ohne weiteres von der Hand zu weisen. Denn die primäre Kontroverse, die den Bürgerkrieg ausgelöst
hat, und die conditio sine qua non des Bürgerkriegs war, so wie er
sich geschichtlich abgespielt hat, war eben die: Geltung des *Verfassungsrechts oder* Verdrängung des Verfassungsrechts durch die radikale theoretische Revolution der *absolutistischen Doktrin.*[7] Auslösend
für den englischen Bürgerkrieg von 1642–49 waren nämlich Rechtsverletzungen Karls I., die dieser durch die „naturrechtliche" absolutistische Doktrin gerechtfertigt glaubte: Nach jahrzehntelanger

Mißachtung der Grundsätze der von ihm selbst 1629 sanktionierten *Petition of Rights* der Versuch von – juristisch gesehen *willkürlichen – Verhaftungen unter Verletzung der parlamentarischen Immunitätsrechte.*

Das Verfassungsrecht hat aber die Autorität des Königs nicht nur begrenzt, sondern auch fundiert: die Macht des Königs beruhte nicht nur auf Gewalt, sondern auch und vor allem auf der *Autorität, die das Common Law ihm verlieh.* Wenn er und seine Theoretiker das Common Law als unverbindlich behandelten, so zerstörten sie die wichtigste Säule seiner Macht. Sich bloß auf die Gewalt zu stellen, führte in den Sturz. Deshalb sagt *Hale* in seinem gegen Hobbes gerichteten Traktat: Wer dem Souverän einrede, daß er sich über das Recht hinwegsetzen dürfe, „schwächt in Wirklichkeit den Souverän so sehr, wie man sich nur denken kann, und verrät ihn mit einem Kuß" (a. a. O., S. 511).

Hobbes wollte keine Parteiphilosophie, sondern eine übergreifende Staatsphilosophie schaffen, die darüber aufklären sollte, wie die Befriedung des Ganzen möglich wird. Wenn aber die Voraussetzung der englischen Juristen, daß die *Absolutisten Bürgerkriegspartei* (und sogar kriegsauslösende Bürgerkriegspartei) waren, richtig ist, dann war Hobbes' Theorie – ob er wollte oder nicht – im Effekt Parteiphilosophie.

Die Annahme, daß allein der Absolutismus Frieden stiften könne, hatte dann die Konsequenz, die Anhänger der Partei der Absolutisten zu fanatisieren, kompromißlos zu machen und die Methoden der Kriegführung zu radikalisieren. Denn diese Konsequenz ist zwangsläufig, wenn sich eine kriegführende Partei zur *Friedenspartei* schlechthin erklärt und um des Friedens willen Krieg führt (*Carl Schmitt*). Das gilt für den Bürgerkrieg ebenso wie für den zwischenstaatlichen Krieg.

Die Theorie der englischen Juristen ist demgegenüber nicht etwa Parteiphilosophie der anderen Seite mit gleicher Funktion. Denn einmal hat nicht der Bewahrende, sondern der Neuerer die Verantwortung für die Auswirkungen der Neuerung. Zum anderen und vor allem aber konnte es keine Common-Law-Partei geben. Der Ausbruch des Bürgerkriegs machte *jede verfassungsmäßige* Regierung und Gesetzgebung *unmöglich*. Der Anspruch des Parlaments, ohne Mitwirkung des Königs Gesetze erlassen zu können, war ebenso verfassungswidrig wie der entsprechende Anspruch des Königs, auf die Mitwirkung des Parlaments nicht angewiesen zu sein. Alle Parteien konnten sich letztlich nur noch auf „Naturrecht" berufen, alle waren gleichermaßen radikal.

Der „naturrechtliche" Ausbruch aus der gefügten Ordnung des Verfassungsrechts, der zuerst durch die monarchischen Absolutisten ein politisch relevanter Faktor geworden war, hatte zur Folge, daß das Volk in eine immer größer werdende *Vielzahl von „naturrechtlichen" Fraktionen* zersplitterte, von denen keine einzige auf dem Boden des Common Law stand und stehen konnte.

Hobbes hatte nicht die in der konkreten historischen Situation gegebene Bürgerkriegsgefahr gesehen, sondern theoretisch-abstrakt einen anderen, *hypothetischen Bürgerkrieg* gefürchtet, den der englische Absolutismus verhindern sollte. Seine Theorie kann dann als gerechtfertigt gelten, wenn historisch aufgewiesen werden kann:

a) Nach Lage der Dinge in England vor 1642 habe alle Wahrscheinlichkeit dafür gesprochen, daß der hypothetische Bürgerkrieg ausbrechen würde, falls sich der König ans Verfassungsrecht gebunden hielte;

b) nach Lage der Dinge habe alle Wahrscheinlichkeit dafür gesprochen, daß die absolutistischen Bestrebungen Karls I. den Frieden zu retten geeignet sein würden, und nur ganz unvorhersehbares Mißgeschick habe eben diese Friedensbemühungen zum kriegsauslösenden Faktor gemacht.

Beides aufzuweisen, ist den Hobbes-Anhängern niemals gelungen. Auch fehlt eine mit Hobbes' Theorie kohärente Erklärung dafür, warum es in England nach der Restauration und auch in den nach englischem Modell gestalteten parlamentarischen Monarchien Nord- und Westeuropas nicht dauernd zu Bürgerkriegen gekommen ist.

Hobbes' Theorie des Bürgerfriedens durch absolutistische Souveränität war nicht aus der Analyse der konkreten geschichtlichen Situation Englands im 17. Jahrhundert gewonnen. Hobbes hat vielmehr eine längst zirkulierende Theorie übernommen und systematisch ausgebaut: die Theorie der französischen Politiques des

16. Jahrunderts.[8] Die Doktrin hatte jedoch *in England im 17. Jahrhundert eine andere Funktion als in Frankreich im 16. Jahrhundert*. In Frankreich war sie die Antwort auf einen tatsächlich tobenden Bürgerkrieg, in England ging sie ihm voraus. In Frankreich diente sie seiner Beendigung, weil sie dem Monarchen die Vollmachten zuschrieb, die ihm ermöglichten, die *konfessionelle Toleranz* durchzusetzen. Im England Karls I. und Lauds war sie nach Lage der Dinge ein Vehikel für die Tendenzen, die *konfessionelle Konformität* durchzusetzen, und mußte darum den erbitterten Widerstand aller Dissenters und schon deshalb die Gefahr eines konfessionellen Bürgerkriegs heraufbeschwören.

In Frankreich diente der Absolutismus der Schwächung der Stände, die die Parteien des Bürgerkriegs bildeten und förderte die Tendenz zur Entfeudalisierung. Diese war in England schon im Anfang des 17. Jahrhunderts so weit fortgeschritten, daß sich im Gegensatz zu Frankreich größere Teile des Adels gerade von einem absoluten Monarchen Stützung der Reste ihrer Macht gegenüber gentry und Großbürgertum erhoffen konnten.

Die absolutistische Doktrin hatte in Frankreich und England aber auch verschiedenen Inhalt. Ein Souverän kann einen konfessionellen Bürgerkrieg auf zweierlei Weise beenden: indem er die Parteien zu tolerantem Miteinanderleben zwingt, aber auch indem er sich die Sache der einen Partei zu eigen macht und die andere unterwirft und nötigenfalls ausrottet: auch dann ist der Krieg beendet. Die *französische* Doktrin war ein *Kalkül von Chance und Risiko:* Ziel war die *Toleranzstrategie,* Risiko die *Unterwerfungsstrategie.* In der Durchsetzung des Edikts von Nantes erfüllte sich ihr Sinn. In dem Terror, der der Aufhebung des Edikts folgte, lag die Gefahr, die man in der verzweiflungsvollen Situation des Bürgerkriegs unvermeidlicherweise in Kauf nehmen mußte, um wenigstens die Chance des Friedens zu gewinnen.

In *England* hatte sich die Doktrin verwandelt: die Unterwerfungsstrategie war unmittelbar intendiert – auf die Gefahr eines Bürgerkriegs hin. Bei Hobbes war dies nicht religiös, sondern politisch motiviert.

Die französischen Politiques sahen die Gefahren sowohl des *Bür-*

gerkriegs als auch die der *Tyrannei*. Hobbes fürchtete die Tyrannei
ernstlich überhaupt nicht. Den Bürgerkrieg fürchtete er zwar, aber
er war so stark davon überzeugt, daß der Absolutismus ihn verhindern könnte, daß er einen Bürgerkrieg für den Absolutismus – zwar
nicht ausdrücklich, aber doch faktisch im politischen Kontext – in
Kauf zu nehmen bereit war: Einen *Bürgerkrieg zur Abwendung des
Bürgerkrieges* – als letzten, großen, totalen, unerbittlichen Bürgerkrieg. Feuerwehr als Brandstifter – Bürgerkriegsbekämpfer als
Bürgerkriegsauslöser.

Hobbes hat nicht vorausgesehen, was Durchsetzung der konfessionellen Konformität später konkret bedeuten würde: Im Frankreich Ludwigs XIV. z. B. Dragonaden, das brainwash-System der
„veilles forcées", Landesverweisung der Geistlichen, Emigrationsverbot, lebenslängliche Galeerenstrafe für ertappte Emigranten,
Mord, Denunziation, Brandstiftung, Entvölkerung eines Viertels
Frankreichs, Ruin seiner Wirtschaft, kurz: totalitären *Terror*.

Die Verwüstung der katholischen Kirchen und Klöster Irlands
durch Cromwell hat Hobbes zwar noch erlebt, sich aber, soweit
ersichtlich, nicht dazu geäußert. Totalitärer Terror lag nicht in der
Absicht, wohl aber – wie die Geschichte des Absolutismus gelehrt
hat – in der faktischen Konsequenz von Hobbes' politischer Konzeption.[9]

IV. Aktueller Ausblick

Hobbes und Schmitt sind Geschichte, die *Theorie der abstrakten
Souveränität* ist lebendig. Sie verkleidet sich in immer neue Ge-
wänder. Ihr fast untrügliches Kennzeichen ist folgendes: da die
Theoretiker der abstrakten Souveränität darauf angewiesen sind,
sich als Alternative zum Bürgerkrieg zu rechtfertigen, wir aber
tatsächlich nicht unter Bürgerkriegsverhältnissen leben, interpretieren sie einen *latenten Bürgerkrieg* in unsere staatlichen und gesellschaftlichen Verhältnisse hinein. Als Ansatzpunkte dafür bieten sich
vor allem an: das Verhältnis der drei Gewalten zueinander, der
politische Parteienkampf, die Konkurrenz der Verbände, die Plura-

lität der Konfessionen und Meinungen, Demonstrationen, die zu Straßenkämpfen führen, und in marxistischer Sicht: der marktwirtschaftliche Wettbewerb, der den Charakter eines zwar unblutigen, aber deshalb nicht weniger grausamen Kampfes aller gegen alle haben soll: Die vermittelnde Vernunft und die rechtlichen Institutionen, in die sie eingegangen ist, die den Möchtegernsouveränen im Wege steht, erscheint in ihrer Interpretation als „liberale Verschleierung" der angeblichen Bürgerkriegswirklichkeit.

Diese Argumentationsstruktur läßt sich in allen faschistischen und kommunistischen Varianten des abstrakten Souveränitätsdenken gleichermaßen aufweisen. Da Hitler und Stalin das ideologische Gewand in Mißkredit gebracht haben, formiert sich die Souveränitätsdoktrin gegenwärtig neu, ist vorsichtig und nicht immer sogleich zu erkennen. Neuerdings tritt sie in zunehmendem Maße in „linker" Einkleidung auf. Die Methode ist links wie rechts dieselbe: Man tritt für „Befreiung" oder „Bewahrung der Freiheit" ein, benutzt aber seine publizistischen Propagandamittel, um durch provokative Unterstellungen, Ungerechtigkeiten, Weglassungen und auch Lügen die Empörung anzuheizen, das Feuer zu schüren, als dessen Löscher man sich gleichzeitig anbietet.

Hegel hat vor der *abstrakten Souveränität* ebenso wie vor dem *abstrakten Sollen* gewarnt. Er hat auch das zerstörerische *dialektische Zusammenspiel* zwischen beiden beschrieben. Er wurde allerdings im Alter zunehmend konservativ und etatistisch, weil er den Auslöser dieser regressiven Dialektik hauptsächlich auf der Seite des utopischen Sollens suchte, während er von den Vertretern des Staates vertrauensvoll Vernunft und Verantwortung erhoffte. Daß sich freilich unter der Maske von Vernunft und Verantwortung Verselbständigung von Macht verbergen kann, die nach voller Ausschöpfung der Souveränität drängt und deshalb die Gefahren, die die absolute Souveränität bändigen soll, mitheraufzubeschwören trachtet, daß also die Feuerwehr selbst den Brand erst legt, aus dem sie retten will: diese Wahrheit ist in seine Staatsphilosophie nicht mit eingegangen. Das hat uns die Erfahrung hinzu gelehrt.

Die Geltung des Gesetzes

„RECHT UND ORDNUNG"

Was ist in der Bundesrepublik geschehen, daß „Recht und Ordnung" zu einer umstrittenen Parole werden konnte? Bezweifelt irgend jemand, daß wir ohne Recht und Ordnung in den Naturzustand des Kampfes aller gegen alle und des Rechts des Stärkeren verfallen würden? Bezweifelt jemand, daß unbedingte *Geltung des Gesetzes* – auch des inhaltlich umstrittenen – Voraussetzung sowohl der demokratischen Freiheit als auch des sozialen Fortschritts ist? Wer kann denn irgendein politisches Ziel erreichen, wenn er nicht mehr mit der Respektierung der Gesetze durch Behörden, Gerichte und Bürger rechnen kann? Bedarf die Parole „Baader raus – Genscher rein", in der sich der anarchistische Rationalitätsabbau auf absurde und unheimliche Weise kristallisiert hat, überhaupt einer Erwiderung – außer der Demonstration, daß auch der Rechtsstaat über eine schlagkräftige Polizei verfügt?

Wer gegen „Recht und Ordnung" polemisiert, macht die Bürger glauben, er sei für *Unrecht und Unordnung* oder stelle sich schützend vor Kriminalität und Anarchie, und dieser Verdacht bedarf kaum der Nachhilfe durch die demagogische Publizistik. Scheint es nicht evident, daß Recht und Ordnung in Gefahr sind, wenn man mit den Begriffen „Recht und Ordnung" den Begriff „reaktionär" verbindet? Was ist denn – nach diesem Sprachgebrauch zu schließen – „progressiv"? Ist hier überhaupt etwas Vernünftiges gedacht?

Die Frage klärt sich nur, wenn man die *Geschichte* der Kontroverse bis zu ihrem Ursprung zurückverfolgt. Wir finden vier ganz unterschiedliche Quellen, die sich in der gegenwärtigen Auseinandersetzung zu einem Knäuel von Mißverständnissen verwickelt haben:

1. Die *ironische* Bedeutung von „law and order",

2. Die moralische Rechtfertigung des *Widerstands* gegen Rassendiskriminierung durch punktuelle Rechtsverletzungen.

3. Die marxistische „Entlarvung des Klassencharakters" unseres
Verfassungsrechts.

4. Das konservative Ausspielen der Ordnung gegen das Verfassungsrecht.

1. Die ironische Bedeutung von „law and order"

Der Streit um „Recht und Ordnung" knüpft sprachlich an die
amerikanische Kontroverse um „law and order" an. Es fällt auf, daß
diejenigen, die sich in den USA besonders engagiert als Verteidiger
von „law and order" ausgeben, selbst keineswegs immer Respekt
für die rechtlichen Institutionen haben. „Law and order"-Vertei-
diger *Agnew* verlor sein Amt als Vizepräsident der Vereinigten
Staaten, als er wegen massiver Gesetzesverletzungen gerichtlich
belangt wurde. „Law and order"-Präsident *Nixon* konnte der Präsi-
dentenanklage, dem „impeachment", nach der Watergateaffäre nur
durch Rücktritt und der Strafverfolgung nur durch Amnestierung
entgehen. Der führende Repräsentant der „law and order"-Bewe-
gung, Gouverneur *Wallace* von Alabama, hat sich international
bekannt gemacht, als er sich Gerichtsbeschlüssen über die Zulas-
sung von Farbigen zu höheren Schulen mit Gewalt widersetzte. Er
steht für eine Schicht amerikanischer Bürger, die unter dem Vorwand, für Recht und Ordnung einzutreten, Gerichtsbeschlüsse
mißachten, Gesetze entgegen ihrem Sinn auslegen, Parteilichkeit bei
der Ermittlung von Verfolgung von Straftaten von Farbigen
bzw. gegen Farbige üben und Agitation gegen Gerichte treiben, die
die Einhaltung der rechtsstaatlichen Grenzen der Polizei überwachen. Ihr Kampf gilt keineswegs in erster Linie den Rechtsbrechern,
sondern ganz im Gegenteil dem Gesetzgeber, den Behörden und
Gerichten, allen voran dem Supreme Court.

Der Vorwurf, alle diese Institutionen verleugneten „law and
order", soll in erster Linie besagen, sie legten die Verfassung falsch
aus, einmal indem sie die Rechte der Einzelstaaten zugunsten des
Bundes zurückdrängten, zum anderen indem sie die Verfassungsga-

rantie von Eigentum und Vertragsfreiheit einschränkten. Diese Garantien habe solche „conservatives" im Laufe der vergangenen hundert Jahre dahin ausgelegt, die Verfassung verbiete dem Gesetzgeber, *Gesetze gegen Diskriminierung* von Farbigen und Frauen, Gesetze gegen Kinderarbeit, Gesetze für Steuerprogression, Mindestlöhne, Preisregelungen, Kartellkontrollen, Verbraucherschutzmaßnahmen usw. zu erlassen.

Diese „konservative" Kritik bedeutete nicht von Anfang an schon ohne weiteres Gehorsamsverweigerung gegenüber solchen Gesetzen. Bis in die dreißiger Jahre hinein konnten derartige Gesetze nämlich tatsächlich erfolgreich mit der Verfassungsklage bekämpft werden. Erst seitdem der Supreme Court mehr und mehr dazu übergegangen ist, Gesetze solcher Art *mit der Verfassung für vereinbar* zu erklären, begann der politische Kampf polemischer und zügelloser zu werden. Als schließlich seit den fünfziger Jahren Entscheidungen in der Rassenfrage „das Maß voll machten", verwilderte dieser Kampf zu offener Auflehnung. Denn das „Recht auf Rassendiskriminierung" ist das A und O, der Kernpunkt von „law and order". Eine schon hundert Jahre zuvor – 1854 – in Kansas gegründete „Law-and-order-Partei" verfolgte als wesentliches Ziel die Wiedereinführung der Sklaverei in Kansas.

Die Parole „law and order" im Munde von Rechtsbrechern war und ist Heuchelei. Wer ihr entgegentrat, konnte mit gutem Grund law and order für sich in Anspruch nehmen und sich gegen den Mißbrauch dieser Parole verwahren. Die Wendung gegen law and order war ironisch gemeint und wurde ironisch verstanden.

2. Widerstand gegen Rassendiskriminierung

Die Situation begann sich zu ändern, als die Bürgerrechtsbewegung der Farbigen nach dem Vorbild Gandhis zu einer *„Strategie der begrenzten Regelverletzung"* überging: durch absichtliche Übertretung von diskriminierenden Gesetzen und durch demonstrative Nichtbeachtung von Ordnungsvorschriften zu dem Zwecke, die öffentliche Aufmerksamkeit auf die Sache zu lenken. Zum Konzept gehörte die „Gewaltlosigkeit", d. h. die strikte Beschränkung auf geringfügige Gesetzesübertretungen wie Demonstrationen in der Bannmeile, „sit-ins" und dergleichen. Immerhin war schon damit eine Schwelle überschritten, nämlich die strikte Unterscheidung zwischen der Befolgung ungerechter Gesetze einerseits und dem demokratischen Kampf für gerechtere Gesetze andererseits, die in der amerikanischen Tradition tief eingewurzelt ist: „*to obey punctually, to censure freely*" – pünktlich gehorchen, frei kritisieren. Damit lieferten die Bürgerrechtler der gegnerischen „law and order"-Bewegung den seriösen Bezugspunkt, der ihr bisher fehlte.

Allerdings bestanden zwischen Rechtsverletzungen von rechts und von links Unterschiede: Die „von rechts" waren erstens oft nicht geringfügig, sondern schwerwiegend. Sie wurden zweitens von Behörden begangen oder gedeckt, deren Aufgabe es ist, Unrecht zu verfolgen und das Recht zu schützen. Sie ließen sich drittens meist nur mit dem Argument der fehlenden Bundeskompetenz rechtfertigen. Das Kompetenz-Argument hatte besonders wenig Überzeugungskraft, wenn dem Supreme Court, also dem Organ, dem die Kompetenz zur verbindlichen Verfassungsauslegung zusteht, Widerstand geleistet wurde.

Demgegenüber waren die Regelverletzungen der Bürgerrechtsbewegung erstens geringfügig, zweitens politische Waffen von Ohnmächtigen, und drittens mit moralischen Gesichtspunkten zu verteidigen. Zu ihrer Rechtfertigung berief man sich auf die Gleichberechtigungsklauseln des 13. bis 15. Zusatzartikels zur Verfassung, sowie auf Naturrecht und Menschenwürde. Der inzwischen ermordete und von den gemäßigten Farbigen wie ein Märtyrer verehrte Führer der Bewegung, *Martin Luther King,* formulierte in seinem „Brief aus dem Gefängnis von Birmingham" 1963:

„Alles gerechte Recht ist von Menschen geschaffenes göttliches Recht. Ungerechtes Recht ist Recht, das aus der Harmonie mit dem moralischen Recht herausgefallen ist. Um es in den Worten des heiligen Thomas von Aquin zu sagen: Ein ungerechtes Gesetz ist menschliches Recht, das nicht im ewigen und im Naturrecht verwurzelt ist."

Martin Luther King lebte in der Überzeugung, sich demonstrativ gegen eine äußere Zwangsordnung aufzulehnen, mit dem Ziel, sie dadurch zur Übereinstimmung mit dem göttlichen und natürlichen Recht zu bringen. Und dies nicht einer Ideologie zuliebe, sondern weil die Lage unerträglich geworden war, die Menschen verzweifelten, sich zu empören und zu radikalisieren drohten.

Für die *juristische* Betrachtungsweise sind solche politisch-moralischen Erwägungen unerheblich: Rechtsverletzung ist Rechtsverletzung. So meinte Burke Marshall:

„Wenn die Entscheidung, das Recht zu brechen, wirklich das individuelle Gewissen bestimmt, so ist vom Recht her schwer zu sehen, wieso Dr. King besser daran sein sollte als Gouverneur Ross Barnett von Mississippi, der auch tief von seiner Sache überzeugt und bereit war, dafür ins Gefängnis zu gehen.[1]

In der Tat: der Jurist kann die moralische Qualität einer Überzeugungstat nicht berücksichtigen. Denn er könnte sie nur von seinen eigenen moralischen Überzeugungen her beurteilen. Damit wären Gleichheit und *Unparteilichkeit* der *Rechtsanwendung* in Frage gestellt. Die unterschiedliche Behandlung von „rechten" und „linken" Gewissenstätern in der Rechtsprechung der Weimarer Zeit zeigt anschaulich, wohin das führen kann. Die Moralität des Juristischen muß die *unmittelbare* Moral oft verleugnen. Sie ist nur über eine dialektische Vermittlung von Erfahrung und Reflexion verständlich. Aber sie ist nicht zynisch, sondern dialektisch: Sie muß alles berücksichtigen, was moralisch „auch noch" relevant ist.

Indessen, was uns als Juristen verwehrt ist, ist uns als politisch-moralisch denkenden Bürgern erlaubt. Man stelle sich einmal vor, die Jugend hätte nicht für Martin Luther King Partei ergriffen, oder die deutschen Entwicklungshelfer in Bolivien hätten dem Universitätsrektor nicht – wie man es offiziell von ihnen fördern muß – zur Flucht verholfen. Man stelle sich vor, die Jugend hätte sich die trockenen – und richtigen – Gründe für die Geltung der Prinzipien des Pluralismus, der politischen Neutralität, der Nichteinmischung in die Angelegenheiten der Einzelstaaten usw. zu eigen gemacht. Wer das schon in der Jugend kann, ist entweder überdurchschnittlich klug – oder verholzt. Könnten wir einer hölzernen Jugend Achtung und Vertrauen entgegenbringen, die die Spannung zwischen Recht und Moral nie durchgestanden und den dialektischen

Erfahrungszirkel nicht durchlaufen hat? Müßten wir nicht die unheimliche Befürchtung nähren, daß sie vor lauter Relativismus den
Unterschied zwischen Heiligen und Kanaillen nicht mehr wahrnehmen könnte? Leute, die in der Sache Recht haben, können schreck-
lich sein. Im Spannungsfeld zwischen Recht und Moral muß zwar
das Recht das letzte Wort haben, wenn das Land nicht in Bürgerkrieg und Terror versinken soll. Aber dies einsehen, schließt nicht
aus, die Motive derer, die sich gegen diese Einsicht noch sperren, zu
verstehen und zu achten.

Die Kontroverse um law and order ging in den USA – nicht
juristisch, sondern politisch geführt – hauptsächlich um folgende
Fragen:

Erstens: Führt die Strategie der begrenzten Regelverletzung zu
einer *Gewöhnung an die Mißachtung des Gesetzes* und somit in die
Kriminalität? Im Lande des Empirismus klärte man diese Frage
durch unvoreingenommene Untersuchungen. Das Ergebnis war:
Teilnehmer der „demonstrativen Regelverletzungen" wiesen keineswegs einen überdurchschnittlichen Kriminalitätsquotienten auf,
sondern im Gegenteil: ihr Verhalten zeigte überdurchschnittlichen
Respekt für Gesetze und übrigens auch für die standards der familiä-
ren und sozialen Moral.[2]

Zweitens: Kann die Strategie der begrenzten Regelverletzung
nicht zu einem *schlechten Vorbild* für andere werden, bei denen dann
alle Dämme brechen? Anders gewendet: ist sie ursächlich für die
Radikalisierung eines Teils der Farbigen, die in einigen Städten zu
explosionsartigen Aufständen, zu Brandstiftung, Mord an Polizi-
sten usw. und zur Vorbereitung einer revolutionären Strategie von
Stadtguerillas geführt hat? Ist sie ursächlich auch für die Ausbrei-
tung gesetzwidrigen Verhaltens in Bereichen außerhalb des Farbi-
genproblems, also z. B. bei Demonstrationen gegen den Vietnamkrieg, bei illegaler Wehrdienstverweigerung, bei ungesetzlicher
Enttarnung von Umweltkriminalität usw.? – Diese Frage läßt sich
nicht auf gesicherter empirischer Grundlage beantworten. Die Verfechter von „law and order" behaupten die Kausalität wie eine
Selbstverständlichkeit. Die Anhänger der Bürgerrechtsbewegung
erklären dies alles hingegen als Folge der Lage. Sie kämpften für die

Verbesserung der Lage unter anderem auch mit dem Argument, die aufgestaute Empörung würde sich nicht mehr kanalisieren lassen. Wieviel Recht die eine und die andere Seite haben mag: fest steht, daß sich Legitimitätsprobleme weder durch Entrüstung noch durch Gewalt aus der Welt schaffen lassen. Das Gesetz muß durchgesetzt, die auf Gesetzesverletzung stehenden Sanktionen müssen verhängt werden. Aber es bleibt das politische Problem: was können Regierung und Gesetzgeber tun, damit die Bürger die Geltung der Gesetze auch wieder innerlich anerkennen?

Drittens: Damit zusammen hängt die weitere Frage: ist die Strategie der begrenzten Regelverletzung politisch geeignet, *gesetzgeberische Reformen anzuspornen?* Die Frage muß man auf Grund der vorliegenden Erfahrungen bejahen.

Aber diese Tatsache führt in zwei weitere Fragen: ist deshalb die *Regelverletzung gerechtfertigt?* und: ist das *Nachgeben durch Regierung und Gesetzgeber gerechtfertigt?* – „Law and order" bedeutet die pauschale Verneinung dieser beiden Fragen. Als juristische Fragen sind sie selbstverständlich zu verneinen. Sind sie auch als moralische Fragen ohne weiteres zu verneinen? In aller Regel gewiß, aber ausnahmslos?

Das Problem hat eine geschichtsphilosophische und eine politische Seite. Im *geschichtsphilosophischen* Rückblick erscheinen Gesetzesmißachtungen manchmal als unentbehrliche Fermente des Fortschritts. Hätten sich die Arbeiter des 19. Jahrhunderts die Bismarckschen Sozialistengesetze gefallen lassen, hätte sich Ghandi den Kolonialismus gefallen lassen, hätten sich die Farbigen in den USA ihre Diskriminierung gefallen lassen, hätte sich die freie Welt den Faschismus gefallen lassen – wo stünden wir heute? Aber der politische Schluß: „also sind Gesetzesverletzungen ein Ferment des Fortschritts" ist dennoch ein Kurzschluß, aus folgendem Grund.

Gesetzesverletzungen können Ausdruck von *Legitimitätserschütterungen* sein: das heißt, sie zeigen an, daß die Ordnung, in der man lebt, für die Bürger einen solchen Grad von Unerträglichkeit erreicht hat, daß der Kampf, der Bürgerkrieg, das Risiko von Gefängnis und Tod noch als das kleinere Übel erscheinen. Gesetzesverletzungen sind dann Zeichen einer Ausnahmesituation, einer tiefen und ernsten Krise. In den USA haben die drei Problemkreise, die hauptsächlich zu „civil disobedience" geführt haben, diesen Ernst:

Einmal die Lage der *Farbigen,* ihre Diskriminierung im Süden und die Ausweglosigkeit ihrer Situation in den Großstädten des Nordens. Ohne Hoffnung kann der Mensch nicht leben. Die Empörung, in die Bitterkeit und Verzweiflung ausbrechen, läßt sich mit dem entrüsteten Hinweis auf „law and order" nicht niederschlagen.

Sodann die *Arbeitslosigkeit,* die in den USA zeitweise bedrohliche Ausmaße annimmt und die sich mit dem Rassenproblem in der Rivalität um die Arbeitsplätze vermischt. Wer sich empört, weil er nicht weiß, wie er im nächsten Monat seine Miete zahlen und seine Familie ernähren soll: wie muß auf ihn der Hinweis auf „law and order" wirken – schulmeisterlich vorgetragen von Leuten mit gesichertem Einkommen und Pensionsanspruch?

Und schließlich der *Vietnamkrieg,* dessen Rechtfertigung nachdenklichen Amerikanern wegen westlicher Mitschuld an seiner Entstehung, wegen der Unmöglichkeit der Unterscheidung von Kombattanten und Nichtkombattanten und wegen seiner Aussichtslosigkeit zweifelhaft erschienen ist.

Wo man es mit ernsten Legitimitätskrisen zu tun hat, muß der Staat zwar dennoch auf law and order bestehen, wenn er nicht die Entscheidung über die Geltung von Gesetzen den betroffenen Bürgern anheimgeben will. Aber es wäre moralisch blind und politisch kurzsichtig, wenn er nicht versuchen würde, die Ursache der Krisen politisch zu beheben.

3. Die marxistische Interpretation des Rechts

Gilt das für alle Legitimitätskrisen, also auch für solche, in denen sich nicht wirklich ernste Probleme ausdrücken? Politische Nachgiebigkeit gegenüber demonstrativer Gesetzesverletzung hat seine Gefahr. Haben nämlich Demonstranten erst einmal ihre Macht entdeckt, so können sie Spaß daran gewinnen und einen opportunistischen Gesetzgeber vor sich hertreiben. Eben das ist bei der Übernahme des „law and order"-Konflikts in die Innenpolitik der Bundesrepublik geschehen.

Es wird gesagt: Die Übertretung von Recht und Ordnung habe sich als fortschrittsfördernd erwiesen. Sie habe z. B. Fahrpreiserhöhungen bei Städt. Verkehrsbetrieben verhindert – die aber dann letztlich doch unvermeidlich waren. Oder die Studenten hätten mit demonstrativen Gesetzesübertretungen die Hochschulreform in Gang gebracht. Dies ist nur zum Teil richtig. Die ernsthaften Probleme der Hochschulreform sind z. T. vor der Studentenrevolte auf Grund von Empfehlungen des Wissenschaftsrats, z. T. auch heute noch nicht angepackt worden.[3] Was die Studenten zusätzlich erreicht haben, waren zeitweilige Strukturveränderungen an den Hochschulen, die darauf hinausliefen, die Entscheidungsverantwortung von den Lehrenden auf die sozialistische „Avantgarde" unter den Studierenden zu übertragen und die Verwaltungsgremien in Instrumente der Systemüberwindung oder zumindest in Stätten der verfassungspolitischen Dauerdiskussion umzuwandeln. Die normale Reaktion eines Bürgers mit common sense war: Erstaunen, Gelächter, Empörung. Sind solche Erfolge geeignet, den fortschrittlichen Effekt von demonstrativen Gesetzesverletzungen zu erweisen?

Vorschnelle Nachgiebigkeit des Gesetzgebers beruht auf kurzschlüssiger Übertragung des *geschichtsphilosophischen* Fortschrittsaspekts in eine *politische Handlungsanweisung.* Inwiefern sie kurzschlüssig ist, ergibt sich aus folgender Überlegung:

Der rechtliche Fortschritt beruht auf der Tatsache, daß – wie die geschichtliche Erfahrung gezeigt hat – das bessere Argument in der freien politischen Auseinandersetzung aufs Ganze gesehen eine etwas bessere Chance hat. Heute hat aber das Wort *„progressiv" seinen Sinn geändert:* Einem Gesetzentwurf den Stempel „progressiv" aufzudrücken, bedeutet, ihn der Kritik entziehen wollen. Es wird ein Argumentationsverbot mit magischer Tabuwirkung errichtet. Die Folgen des Gesetzes dürfen nicht mehr vorausgesagt und erwogen werden, bei Strafe, ein „Reaktionär" zu sein. Werden sie dennoch vorausgesagt, so macht der *Ideologieverdacht* die sachliche Auseinandersetzung überflüssig; wenn sich z. B. ein Hochschullehrer kritisch zur Hochschulreform äußert, will er ganz zweifellos Feudalprivilegien verteidigen. „Progressivität" in diesem Sinne heißt: *sich Argu-*

menten verschließen. Das ist das Ende der politischen Aufklärung und führt dazu, daß es für jeden vernünftigen und fortschrittlichen Menschen nachgerade peinlich wird, noch als „progressiv" zu gelten. Eine „Progressivität", die nicht mehr das Argument und somit die Vernunft zum Verbündeten hat, die folglich nicht im Kampf für Menschenwürde und Gerechtigkeit besteht, sondern im opportunistischen Nachgeben gegenüber einem unreifen, sektiererischen Dogmatismus – ist das eine Basis, von der aus man die planmäßige Verletzung von Recht und Ordnung mit moralischer Überzeugungskraft rechtfertigen kann?

Man muß also unterscheiden zwischen *ernsten und unernsten Legitimitätskrisen.* Der Rechtsanwender muß in beiden fest bleiben. Regierung und Gesetzgeber müssen jedoch in ernsten Legitimitätskrisen die Ursachen zu heilen versuchen. Wenn sie in unernsten Krisen nachgeben oder wenn sogar der Rechtsanwender nachgibt, kann das nur den Erfolg haben, daß man neue Gesetzesverletzungen herausfordert. Wenn ein Staat sich lächerlich macht, so probiert die Jugend aus, wie weit sie gehen kann und wann sie endlich auf Widerstand stößt.

Die „Strategie der begrenzten Regelverletzung" hatte also in den USA und in der Bundesrepublik einen verschiedenen Charakter. Der Unterschied ist – im großen und ganzen gesprochen, von Ausnahmen hier und drüben, deren Bedeutung nicht unterschätzt werden soll, abgesehen –: in den USA war *die Legitimitätskrise ernst, hier ist sie unernst,* eine im Grunde spielerische und die Autorität testende Imitation der amerikanischen Krise.

Rassendiskriminierung, Arbeitslosigkeit und Vietnamkrieg waren ernste Probleme. Hierzulande gibt es zwar auch ernste Probleme. Diejenigen Probleme jedoch, die zum *Anlaß von Legitimitätskrisen* genommen wurden – Große Koalition, Schah-Besuch, Drittelparität, Fahrpreiserhöhungen, Dienst in der Bundeswehr usw. – mußten erst künstlich zu scheinbar ernsten Problemen emporideologisiert werden. Zu diesem Zweck war die Renaissance des Vulgärmarxismus unentbehrlich: Sie dient dazu, die kleinen Aktionen als Schritte auf dem Weg zur allgemeinen Menschheitsbefreiung interpretieren zu können.

Der Unterschied zwischen der ernsten Legitimitätskrise in den USA und der unernsten hier zeigt sich auch in anderen Einzelheiten:

Die amerikanische Linke argumentiert vergleichsweise konkreter und realistischer im Respekt vor Fakten und Gegenargumenten als die hiesige, die stärker ideologisch geprägt ist. Die amerikanischen Studenten opfern ihre Freizeit, die hiesigen ihre Studienzeit. Die amerikanischen Linken verlangen nicht, daß Polizei und Gerichte die Gesetzesübertretungen dulden sollen; sie sind bereit, um der Sache willen die Konsequenzen auf sich zu nehmen; sie sind weder weinerlich noch brutal, sondern oftmals heroisch – während die hiesigen häufig die Polizei diffamieren und von den Gerichten Freispruch fordern: progressive Gesinnung als allgemeiner Rechtfertigungsgrund.

Und demgemäß war es in den USA richtig, die Probleme, die in die Legitimitätskrise geführt haben, politisch zu lösen, während hierzulande Regierung und Gesetzgeber peinlich darauf bedacht sein müßten, auch nur den Anschein der Nachgiebigkeit zu vermeiden.

4. „Ordnung" und Verfassungsordnung

Allerdings besitzt die Polemik gegen Recht und Ordnung bei uns noch ein anderes, etwas tragfähigeres Fundament: nämlich den Verdacht gegen den Mißbrauch des Begriffs „Ordnung".

Die Übertragung des amerikanischen „law and order" in das deutsche „Recht und Ordnung" verändert den Sinn der Parole insofern, als durch sie bei uns andere historische Erinnerungen und politische Zusammenhänge wachgerufen werden. Im Englischen bilden ihre beiden Elemente eine Einheit: Bei „law" denkt man eher an die materiellen Rechtsnormen, bei „order" eher an Kompetenzen und Verfahren. Beides zusammen meint soviel wie „Rechtsordnung". Unter der „rule of law" schafft das Recht die Ordnung. Eine Ordnung außer- oder oberhalb des Rechts ist unvorstellbar.

Im Deutschen hingegen kann ein Spannungsverhältnis zwischen den beiden Begriffen und eine Höherwertigkeit der „Ordnung" mitschwingen. „Ordnung muß sein; wenn es geht, dann in rechtsstaatlichen Formen, wenn nicht, dann eben ohne sie." Hitler habe zwar manches falsch gemacht, aber er habe doch „immerhin Ordnung geschaffen". Die „Ordnung" ist ein Grundbegriff aller faschistischen Ideologie: In diesem Begriff wird die Verneinung des Verfassungsstaates zusammengefaßt: Gewaltenteilung bringe die Staatsorgane in Rivalität zueinander und bedeute latenten Bürgerkrieg: Grundrechte seien das Instrument der bourgeoisen Bereicherungsinteressen: strafprozessuale Sicherungen beruhten auf Mitleid für die Opfer der Justiz statt für die Opfer von Verbrechen usw. –

Dahinter steht ein Geschichtsbild mit folgender Grundstruktur: Der monarchische Staat habe „Ruhe und Ordnung" gewährleistet, der demokratische Verfassungsstaat aber zu Inflation, Arbeitslosigkeit und Straßenschlachten geführt. Die Rechtsstaatlichkeit sei, so formulierte *Ernst Forsthoff,* der „Mantel", das „Gewand, in das die Staatlichkeit als souveräne Macht gekleidet ist".[4] Im Ernstfall, heißt das, wird der Mantel abgelegt. Der nackte Staat sei aber nicht nackte Gewalt, denn das „Wesen des Staates" wurde von Forsthoff definiert als „Garant von Recht und Ordnung".[5]

Eine solche Staatslehre weicht dem *Legitimitätsproblem* aus. Die öffentliche Ordnung bedarf der Legitimität, d. h. der allgemeinen Anerkennung und Verwurzelung im öffentlichen Bewußtsein. Die einzige Möglichkeit, die Legitimität nicht nur bei einzelnen Gruppen, sondern im ganzen Staatsvolk zu begründen, ist die *Verfassungsmäßigkeit der öffentlichen Gewalt.* Die Ordnung garantiert das Recht, und das Recht legitimiert die Ordnung. Wenn man versucht, diesen Zirkel aufzulösen, so ist die zwangsläufige Folge Bürgerkrieg zwischen den Verfechtern des Rechts einerseits und denen der „Ordnung" andererseits, genauer: zwischen der Verfassungsordnung einerseits und der illegitimen Staatsgewalt andererseits. Siegen die letzteren, so können sie sich nur behaupten, indem sie terroristisch und totalitär werden – ob das nun ihrem Ideal vom „Wesen des Staates" entspricht oder nicht.[6]

Es gibt initiativen und reaktiven Radikalismus. Im Gegensatz zur Weimarer Zeit ist heute der Rechtsradikalismus im großen und ganzen nur noch reaktiv. Alles was erforderlich ist, um ihn „latent" zu halten, ist, seine Reaktion nicht zu provozieren. „Latenter Faschismus" ist aber nicht schon „Faschismus". Der initiative Linksradikalismus zielt deshalb darauf ab, den „latenten Faschismus manifest" zu machen. Die demokratische Linke hingegen verfolgt das Ziel, ihn aussterben zu lassen und die Verfassungslegitimität zu festigen. Diese beiden linken Positionen sind unversöhnliche Gegner. Die Polemik gegen Recht und Ordnung im Mund von demokratischen Linken macht diese zu unbewußten *Mitläufern* der linksradikalen Strategie.

So beruht die ganze Kontroverse um Recht und Ordnung auf lauter Mißverständnissen: Die „Rechten" sind für Recht und Ordnung; und wenn sie sagen, sie meinten damit die freiheitlich-demokratische Grundordnung, solange sie funktioniert, so sind sie wahrscheinlich ehrlich. Und sie sind überzeugt, daß, wer Recht und Ordnung „reaktionär" findet, entweder für Kriminalität oder für Umsturz und jedenfalls für Unrecht und Unordnung sein müsse.

Die „Linken" mißtrauen ihnen. Ihr Verdacht richtet sich darauf, daß die „rechten" Befürworter von „Recht und Ordnung" Verteidigung der Verfassung heucheln, in Wirklichkeit aber eine ungerechte oder unzweckmäßige Wirtschafts- und Gesellschaftsordnung verteidigen wollten. Wenn es zum Konflikt komme, würden sie die Maske fallen lassen, es würde sich zeigen, daß sie dann gar nicht für die legitime Verfassungsordnung, sondern für eine nackte Gewalt„ordnung" seien.

Solcher Verdacht mag hier und da mehr oder weniger berechtigt sein. Nur: Er wird mit dem Vorwurf „Recht-und-Ordnungsdenken" ja gar nicht zum Ausdruck gebracht! Was gemeint ist, wird nicht gesagt, und was gesagt wird, ist nicht gemeint. Diese intellektuelle Schludrigkeit erklärt sich aus der modischen Übernahme des amerikanischen Sprachgebrauchs, der aber, wie gesagt, ebenfalls nicht paßt. So verwirrt sich die ganze „law and order"-Kontroverse in einem fast schon komischen Knäuel von Mißverständnissen. Am Ende kann sich das Gerede um law and order als „self-fulfilling prophecy" erweisen: Man wird solange die Angst schüren, daß Recht und Ordnung in Gefahr seien, bis die Verängstigten zum Zweck der Rettung von Recht und Ordnung diese tatsächlich abschaffen werden. – Und damit verabschiedet sich der Verfasser in

Erwartung der Beschuldigung, er habe sich in der reaktionärsten Weise für Recht und Ordnung ausgesprochen.

ORDNUNGSRECHT AN DEN HOCHSCHULEN – FUNKTIONSUNFÄHIG?

Die Gesetze, die Nötigung, Hausfriedensbruch, Freiheitsberaubung, Beleidigung, üble Nachrede, Verleumdung, Sachbeschädigung, Körperverletzung usw. verbieten, gelten für alle Bürger gleich. Warum sollten neomarxistische Studenten von der Geltung der Gesetze ausgenommen sein? In ihrem Selbstverständnis: Weil sie aufgrund ihres progressiven Bewußtseins eine *elitäre Avantgarde* bilden und deshalb eine privilegierte Sonderstellung beanspruchen könnten. Im Verständnis der Behörden: Weil sie so jugendlich-unreif seien, daß man sie vorsichtig *pädagogisch behandeln* müsse, um Solidarisierungen und Eskalationen zu vermeiden.

Die Wahrheit liegt in der Mitte: Die Studenten sind erwachsene Staatsbürger, für die die Gesetze genauso gelten wie für alle anderen. Zwischen dem elitären Anspruch und der Furcht vor Solidarisierungen und Eskalation besteht ein Wechselverhältnis: Die *Furcht* ist nicht etwa nur eine Reaktion auf den elitären Anspruch, sondern sie ist zugleich eine Bedingung dieses elitären Anspruchs, die für ihn letztlich entscheidend verantwortlich ist. Solidarisierungen und Eskalationen entspringen aus dem Bewußtsein der Studenten, daß die Behörde sie „fürchtet": Furcht macht unsicher und Unsicherheit fordert den Widerstand geradezu heraus.

Dieser Teufelskreis läßt sich durch eine einfache Überlegung durchbrechen: Gesetze, die für alle gleich gelten, *dulden keine Privilegien*. Davon, ob man das einsieht oder nicht, hängt ab, ob man Demokrat ist oder nicht. „Pädagogische" Behandlung wird widersinnig, wenn sie Privilegien akzeptiert und das aufgeblähte elitäre Selbstbewußtsein auch noch bestärkt. Wenn man schon davon ausgeht, daß „Erziehung" am Platze sei, dann muß man in erster Linie *Demokraten* erziehen, und das tut man, indem man darauf besteht, daß die für alle gleich geltenden Gesetze von allen gleich zu respektieren sind.

Wer Studenten verantwortliche Entscheidungsbefugnisse in Selbstverwaltungsgremien zutraut, setzt doch wohl die Fähigkeit zu demokratischer Selbstverantwortlichkeit und Selbstdisziplin voraus. Ob demokratische Spielregeln an den Hochschulen *von den Studenten selbst* durchgesetzt oder blockiert werden, ist das Grundproblem, das zu allererst der Lösung bedarf. Die geplanten Hochschulgesetze geben Anlaß, die Frage, ob und wie es lösbar ist, zu durchdenken.

Soll man Ordnung erzwingen? Dagegen werden fünf grundsätzliche Einwände erhoben.

1. Zunächst heißt es, man dürfe die „Studentenbewegung nicht *kriminalisieren*". Die einschlägigen Gesetze gelten jedoch bereits und zwar in gleicher oder ähnlicher Form überall in der zivilisierten Welt, und an ihre Aufhebung ist nirgendwo gedacht. Wer diesen Einwand erhebt, will im Gegenteil die Studenten von der allgemeinen Rechtsgeltung ausnehmen, also Gruppenprivilegien schaffen: Die Hochschule als *Exklave des Rechtsstaats*.

2. Weiter wird eingewandt, mit Vorlesungsstörungen fertig zu werden, sei eine Frage der *Persönlichkeit*. Gewiß kann man mit besonderem rhetorischen Geschick manchmal die Situation meistern. Aber die Pointe dieses Einwands ist, daß Naturwissenschaftler, Historiker, Philologen usw., die diese Geschicklichkeit nicht besitzen, *schutzlos* bleiben sollen. Politiker muten sich solche Schutzlosigkeit nicht zu. Wenn z. B. der Hochschulminister von NRW in Münster sprechen will und statt dessen diskutieren muß, so meistert er die Situation brillant – aber außerhalb der Universität, und vor der Saaltür findet man Absperrungen und drei Bereitschaftswagen Polizei.

3. Der bedenklichste Einwand lautet, Recht und Ordnung – „law and order" – sei eine „Parole von rechts". Gewiß, wenn der Faschismus wiederkehren sollte, so im Namen von Recht und Ordnung – als Tarnformel für Unrecht und Terror. Auch zur Abwehr vernünftiger Reformen und zur Verteidigung ungerechtfertigter Privilegien läßt sich die Formel „Recht und Ordnung" mißbrauchen. Muß man aber wirklich daran erinnern, daß Recht und Ordnung auch Bedingung von Freiheit und Demokratie sind? Deshalb bekennen

sich ja auch unsere linken Parteien zum freiheitlich-demokratischen Rechtsstaat. Deshalb hat z. B. die Sozialdemokratische Partei in hundertjährigem Kampf auf seine Formung entscheidenden Einfluß genommen, hat in innerer Auseinandersetzung die zur Revolutionsdiktatur neigenden Kräfte entweder gebändigt oder ausgeschieden und hat der Weimarer Reichsverfassung als einzige von allen Parteien unter Beibehaltung ihres Wählerstammes die Treue gehalten.

Wenn ein führender Bildungspolitiker seiner politischen Basis verspricht, er werde dafür sorgen, daß das Hochschulrahmengesetz eher scheitere als für Recht und Ordnung Vorsorge treffe, so läuft das darauf hinaus: Er verbürgt sich im Namen des Gesetzgebers für die Aufrechterhaltung von Unrecht und Unordnung an den Hochschulen. Wissen, daß eine Handlungsweise Unrecht begünstigt, und diesen Erfolg bewußt in Kauf nehmen, fällt unter „Vorsatz". Nehmen die Fraktionen solche Symptome des Abfalls vom common sense auf die Dauer widerspruchslos hin? Ist es nicht mehr selbstverständlich, daß der demokratische Gesetzgeber die Einhaltung der demokratischen Spielregeln sichert?

4. Es ist der Vorschlag gemacht worden, die Rechtsdurchsetzung an den Hochschulen durch ein *Schlichtungsverfahren* zu ersetzen. Was kann dabei herauskommen? Rechtsverletzungen bleiben sanktionslos. Statt dessen gibt das Schlichtungsverfahren Gelegenheit zu Diskussionen, in denen die Hochschullehrer davon überzeugt werden können, daß ihnen das vermeintliche Unrecht zu Recht geschehen sei, weil sie nicht so progressiv seien wie die ordnungstörenden Studenten. Allenfalls wird der Schlichtungsausschuß dem Hochschullehrer eine Bewährungs- und Besinnungspause gewähren, in der sich sein progressives politisches Bewußtsein entwickeln kann.

5. Es wird eingewandt, man dürfe die Frage nach der Rechtsverletzung nicht formal, abgelöst vom politischen Gegenstand des Konflikts betrachten; es gehe ja gerade um die Entwicklung eines progressiven politischen Bewußtseins. Jedoch einmal vorausgesetzt, Problembewußtsein und humanes Engagement der ordnungsstörenden Studenten seien immer überlegen: Auch dann wäre es demokratisch, die Rechts- und Freiheitssphäre des weniger fortschrittlichen Mitbürgers zu achten. Die Selbstentbindung von den

demokratischen Spielregeln fordert nicht nur eine unter Umständen gefährliche Reaktion heraus, sondern ist in sich schon regressiv. Und zwar ist der Rückfall so tief, daß er durch keinen möglichen Bewußtseinsfortschritt ausgeglichen werden kann.

Polizei oder autonomes Ordnungsrecht?

Stellt sich also die Frage, ob und wie geordnete Verhältnisse an den Hochschulen herbeigeführt werden können, so gibt es drei Möglichkeiten: 1. Polizei und Strafjustiz, 2. Anstaltsgewalt und Hausrecht, 3. Körperschaftliche Disziplinargerichtsbarkeit.

1. Zunächst: Sollen Rechtsverletzungen von *Polizei und Strafjustiz* verfolgt werden – in den Hochschulen so wie auch sonst überall? Dagegen wird zunächst der Rechtssatz behauptet, die Polizei habe in Hochschulen nichts zu suchen. Diesen Rechtssatz gibt es jedoch nicht. Es gibt lediglich eine Tradition, wonach kleinere Rechtsverletzungen nicht der Polizei und Staatsanwaltschaft übergeben, sondern im Rahmen der Selbstverwaltung ordnungsrechtlich geahndet werden. Dabei ist ein funktionierendes *Ordnungsrecht vorausgesetzt.* Im übrigen gilt Ordnungsrecht wie jedes berufsständische Disziplinarrecht parallel neben den allgemeinen Gesetzen; keineswegs gelten die Gesetze nur subsidiär hinter dem Ordnungsrecht. Der Verzicht auf Strafanzeige und polizeiliche Verfolgung ist eine gelegentlich gewährte Toleranz, auf die kein Anspruch besteht.

Immerhin gibt es für diese Toleranz Gründe: Selbst an modernen Massenuniversitäten gibt es noch Reste der „Gemeinschaft von Lehrenden und Lernenden". Radikale Studenten haben die Bedeutung der pädagogischen Gemeinschaft begriffen. Sie steigern ihre Angriffe gegen einzelne mißliebige Hochschullehrer so weit, daß diesen eigentlich nur noch die Möglichkeit bleibt, Zuflucht bei der Polizei zu suchen und damit das innere Band zwischen sich und ihren Studenten selbst zu zerschneiden. Manch einer, der diese Taktik durchschaut, zieht es vor, selbst die ärgsten Zumutungen hinzunehmen. – Andere wieder dulden alles aus Angst vor Rachemaßnahmen.

Praktische Schwierigkeiten kommen hinzu: Wie soll man die *Täter identifizieren?* Es müßte schon Polizei an Ort und Stelle sein. Sie zu alarmieren ist oft schon aus praktischen Gründen nicht möglich. Gelingt es aber, so kommt sie zu spät, oder es finden sich angesichts der studentischen Solidarität keine Zeugen. Außerdem bestehen die Störungen aus einer Kette von Bagatelldelikten, die je für sich nicht wichtig genug sind. Eine laufende Verfolgung würde jedoch die Polizei überbeanspruchen, zumal, da Zeit, Ort und Täter wechseln. Polizei in Zivil mit versteckten Kameras wäre eine höchst unsympathische Vorstellung, und die praktischen Probleme wären auf die Dauer kaum lösbar.

2. Die zweite Möglichkeit – *Anstaltsgewalt und Hausrecht* – reicht nicht weit. Störer können aus dem Saal oder dem Hause gewiesen werden: Das ist keine eindrucksvolle Sanktion. Zur Vollstreckung bedarf es der Polizei. Die praktischen Schwierigkeiten sind meistens unlösbar.

3. Es bleibt die Frage nach der *körperschaftlichen Disziplinargewalt*. In ihrem Rahmen kann als letzte Stufe der Sanktionen die Verweisung von der Hochschule ausgesprochen werden. Die Verweisung ist gegenüber der gerichtlichen Strafe sowohl die mildere als auch die wirksamere Maßnahme. Sie ist auch für die Studenten einsichtiger und annehmbarer; denn sie hat nicht den Charakter der Strafe oder Repression, sondern der logischen Konsequenz.

Die Effizienz eines Ordnungsrechts hängt jedoch auch hier davon ab, daß die Probleme der *praktischen Durchsetzbarkeit* gelöst werden. Es sind vor allem drei Probleme:

a) Die *Identifizierung* und Überführung von Ordnungsstörern ist gegen die geschlossene Solidarität der Studentenschaft nur in Ausnahmefällen möglich. Die Probleme für das Ordnungsverfahren wären dieselben wie für den Strafprozeß.

b) Die Ordnungsausschüsse sind an vielen Hochschulen nicht *ordnungsmäßig besetzt,* weil der studentische Beisitzer nicht benannt wird. Er kann zwar durch einen Staatskommissar ersetzt werden; damit aber wäre die Konfrontation zwischen Ordnungsausschuß und Studentenschaft erst recht herausgefordert.

c) Wo aber Ordnungsausschüsse nach neuem Hochschulrecht

gebildet werden, sind sie entsprechend den Paritäten und Mehrheitsverhältnissen in den Selbstverwaltungsgremien so „progressiv" besetzt, daß sie mit *Rücksicht auf die „progressive" Überzeugung* der Täter nur zu Freispruch oder Einstellung kommen – so etwa an der FU Berlin.

Kurz: Sowohl Anstaltsgewalt und Hausrecht als auch körperschaftliches Disziplinarrecht funktionieren, wenn die Studenten in ihrer Mehrheit es wollen; sie funktionieren nicht, wenn sie es nicht wollen. Die entscheidende Frage ist, ob man die *Mitwirkung der Studentenschaft motivieren* kann. Ist diese Frage nicht beantwortet, so ist jeder Vorschlag für ein Ordnungsrecht ein Torso. Er bedarf nicht einer Alternative, sondern der Ergänzung.

Da man den Studenten im Zuge der Hochschulreform die Selbstverwaltung der Hochschulen anvertraut, ist es folgerichtig, wenn man es den Studenten selbst überläßt, ob sie Ordnung wollen oder nicht. Wollen sie es nicht, ist natürlich dem Lehrenden die Lehre nicht zumutbar. Also: Für den Fall, daß die Studenten ihrer Pflicht zur Mitwirkung an der Herstellung der Ordnung nicht nachkommen oder Ordnungsmaßnahmen gar sabotieren, könnte das Gesetz den Lehrenden ein *Recht auf Lehrverweigerung* einräumen – nach einer Vorwarnung zunächst für eine Woche, im Wiederholungsfall für den Rest des Semesters, und zwar Lehrverweigerung des jeweils betroffenen Fachbereichs. Denn falls nur der einzelne, persönlich Betroffene ohne Solidarität seiner Kollegen die Lehre verweigert, können einzelne mißliebige Hochschullehrer „herausgeschossen" und endgültig zum Schweigen gebracht werden. Wenn sich umgekehrt einzelne Hochschullehrer der Solidarität des Fachbereichs entziehen und weiter lehren, so muß man das hinnehmen – der Betreffende riskiert, seinerseits auf den Schutz der Fachbereichssolidarität verzichten zu müssen, wenn er einmal an der Reihe sein sollte. Es kann keine Pflicht zur Lehrverweigerung geben, sondern nur eine Ermächtigung dazu.

Das Recht auf Lehrverweigerung bei Ordnungsverweigerung ist von einzelnen Verwaltungsgerichten hier und da auch ohne gesetzliche Ermächtigung schon anerkannt worden.[1] Die Rechtslage ist jedoch ungeklärt, insbesondere im Hinblick auf die solidarische

Lehrverweigerung. Pflichtbewußte Hochschullehrer riskieren keine Pflichtwidrigkeit. Deshalb wäre eine *gesetzliche Ermächtigung notwendig*.

Sicherheitshalber muß jedoch zugleich vorgesehen werden, daß über das jeweilige Vorliegen der tatsächlichen Voraussetzungen keinesfalls ein Ordnungs- oder Schlichtungsausschuß oder ein anderes Selbstverwaltungsgremium der Hochschule zu entscheiden hat – denn dann bliebe alles beim alten. Den Minister darüber entscheiden zu lassen, könnte in manchen Ländern auch alles beim alten lassen. Die Entscheidung müssen schon die Lehrenden des Fachbereichs kollegial selbst treffen. Selbstverständlich ist, daß im Widerspruchs- und Anfechtungsverfahren Minister und Verwaltungsgerichte die *Rechtmäßigkeit* der Entscheidung *kontrollieren*. Die ausdrückliche Beschränkung auf Rechtsaufsicht ist zweckmäßig, damit der Minister von politischen Pressionsversuchen entlastet bleibt.

Die praktischen Auswirkungen

Wie würde sich ein solches Gesetz praktisch auswirken?

1. Besteht ein Recht auf Lehrverweigerung, so wird es in den meisten Fällen automatisch *unnötig* sein, davon Gebrauch zu machen. In allen bisherigen Fällen von Lehrverweigerung (ohne gesetzliche Ermächtigung), war das Interesse der Studenten am geregelten Fortgang des Studiums stärker als ihre Solidarität mit den Ordnungsstörern.

2. Man kann darauf vertrauen, daß die Studenten nach einer ersten Ablehnung die Vernünftigkeit des Verfahrens einsehen werden. Denn Lehrverweigerung ist keine Strafe, keine Repression, sondern die *logische Folge* der Ordnungsverweigerung. Kein vernünftiger Mensch beteiligt sich an einem Spiel, wenn der Partner die Spielregeln nicht einhält. Niemand mutet seinem Angestellten zu, während des Dienstes ungeschützt strafbaren Handlungen ausgesetzt zu sein. Es gibt keinen Grund, warum der Staat das seinen Wissenschaftlern zumutet und diese sich das wehrlos gefallen lassen

sollen. Der Hochschullehrer erbringt Dienstleistungen im Interesse der Studenten, aber er hat neben der Lehre den zweiten Aufgabenbereich der Forschung, der ohnehin meist zu kurz kommt. Wenn die Studenten ihm die Bedingung seiner Dienstleistung vorenthalten, so wird nützliche Zeit für die Forschung frei.

3. Ungerecht könnte es allenfalls erscheinen, daß die Lehrverweigerung auch Studenten trifft, die die Rechtsverletzungen weder unterstützen noch billigen. Eine Gegenüberstellung der *Risikosphären* von Lehrenden und Lernenden nach arbeitsrechtlichem Modell ist jedoch nicht nur die einzige Möglichkeit, überhaupt zu einer sachlich und demokratisch arbeitenden Hochschule zu finden. Sie ist auch billig, weil sie die Verantwortung für Störungen den tatsächlich Verantwortlichen zuweist: Denn auch die nicht unmittelbar beteiligten Studenten sind für sie mitverantwortlich. Sie haben es in der Hand, durch *Mitarbeit in den studentischen Selbstverwaltungsgremien* und durch *Wahlbeteiligung* die Voraussetzungen für ein funktionierendes Ordnungsrecht zu schaffen. Die Lehrverweigerung ist ja ein subsidiäres Mittel für den Fall, daß die studentischen Selbstverwaltungsorgane ein funktionierendes Ordnungsrecht blockieren. Die Studenten sind erwachsen, demokratisch, zu autonomer Selbstverwaltung fähig – gerade davon gehen ja sowohl die Gesetzgeber als auch die Studenten selbst aus. Also kann man sie frei wählen lassen, ob sie die Bedingung für die Fortsetzung ihres Studiums schaffen oder darauf verzichten wollen. Lehrverweigerung ist nicht nur eine logische Folge der Ordnungsverweigerung, sondern auch eine *logische Folge der Demokratisierung* der Hochschule, die den Studenten die Mitverantwortung in der Selbstverwaltung zuweist.

4. Gegen diese Methode des gelassenen Konsequenzenziehens wird sich vermutlich der *autoritäre Durchsetzungswille* auflehnen. Lehrverweigerung bei Ordnungsverweigerung kann den politischen Konflikt an den Hochschulen noch einmal besonders lebhaft aufleben lassen, hier und da könnte der Lehrbetrieb semesterlang brachliegen. Väter, Steuerzahler, polizeifreudige Autoritäre könnten angesichts einer solchen Erwartung ungeduldig werden. Jedoch: Zwar kann die Lehrverweigerung ihre Wirkung nur tun,

wenn sie ganz konsequent durchgehalten wird. Dann aber wird das aufflackernde Fieber heilsame Wirkung haben: Durchhalten zahlt sich in ungestörtem Lernen, gesparten Steuern und einer demokratischen Ordnung an den Hochschulen langfristig aus. Da der autoritäre Weg, wie gesagt, impraktikabel ist, bedeutet das Plädoyer für ihn im Ergebnis den Verzicht auf eine effiziente Problemlösung.

5. Der Versuch, ein demokratisches Ordnungsrecht zu etablieren und durchzusetzen, wird die *demokratischen* Studenten freilich in scharfe *Konflikte mit den linksautoritären* Studenten führen. Diese Konflikte können sie annehmen und durchstehen, wenn ein so vitales, existentielles Interesse wie das an der Fortsetzung des Studiums sie dazu zwingt. Dieses Interesse verschafft ihnen den Rückhalt und die moralische Legitimation, deren sie bedürfen. Sie verweisen auf den Sachzwang, der das Ordnungsrecht für sie unausweichlich macht. Die vernünftigeren Studenten – also die überwältigende Mehrheit – werden eine solche Legitimation eher begrüßen als ablehnen.

Der bisher stets durch gemeinsame Frontstellung gegen die Rechtsautoritären *verschleierte Bewußtseinskonflikt* zwischen Demokraten und Linksautoritären tritt ins Offene. Die Linksautoritären werden vor der Alternative stehen, entweder einzulenken, oder ihren Herrschaftsanspruch offenbar werden zu lassen. Das ideologische Interesse, das hinter ihren Theorien steht, enttarnt sich: Nämlich elitäre Ansprüche auch ohne Leistungsnachweis behaupten zu können. Der Konflikt kann, wenn die Lehrverweigerung konsequent durchgehalten wird, nur mit einem Sieg der Demokraten enden. Diese befreien sich aus der unkritischen Abhängigkeit von den Linksautoritären, gewinnen Selbstachtung, demokratisches Selbstbewußtsein und die Selbstverantwortungsfähigkeit, die Voraussetzung für den Erfolg der Hochschulreform ist.

Die politische Durchsetzbarkeit

Wäre eine Regelung, die ein effizientes Ordnungsrecht vorsieht, im Gesetzgebungsverfahren politisch durchsetzbar? Die Schwierigkeit

ist die: Die Fraktionen machen sich aus Gründen der Fraktionsloyalität von den *Bildungsexperten* abhängig. Diese sind politisch abhängig von der bildungspolitischen Basis. Diese wird in ihrer organisierten Form weitgehend von den Linksautoritären beherrscht.
Durch diesen Vermittlungsmechanismus können die Linksautoritären die Entscheidungsbereitschaft des Parlaments lähmen, vielleicht
ohne einen einzigen Repräsentanten darin zu haben. Sobald sie
begreifen, daß etwas Ungewohntes, nämlich Wirksames geschehen
soll, so werden sie kein Argument und keine Pression ungenutzt
lassen und alle Hilfstruppen einsetzen.

Vor allem die folgenden vier grundsätzlichen Einwände bedürfen
eines grundsätzlichen Durchdenkens:

1. Die gesetzliche Regelung eines Ordnungsrechts könne zu *soli-
darischen Protesten* der gesamten Studentenschaft führen. – Wenn
jedoch die Funktionsfähigkeit der Demokratie im allgemeinen und
der Hochschulen im besonderen die Maßnahmen erfordert und
wenn sie rechtsstaatlich und maßvoll sind, so muß man die Solidarisierung in Kauf nehmen und durchstehen.

Die Furcht vor der Solidarisierung scheint aber auch ein *politisches
Fehlkalkül* zu sein. Sie beruht auf einer erheblichen Unterschätzung
der demokratischen Sachlichkeit und Einsichtsfähigkeit der über-
wältigenden Mehrheit der jüngeren Generation. Studenten ergrei-
fen natürlich zunächst einmal für Studenten Partei, zumal, wenn
diese im Moment die Schwächeren sind. Die Frage nach der sachlichen Berechtigung des Gesetzes tritt momentan zurück oder wird
durch Agitation verwirrt. Aber die Frage taucht nachträglich auf
und wird in Ruhe bedacht. Eine demokratisch gerechtfertigte Maßnahme wird schließlich auch als solche anerkannt.

Auch gibt es *Rollenerwartungen:* Der Staat wacht über die Beachtung des Rechts, die Jugend protestiert. Ein Staat, der aus Angst vor
dem Protest seine Rolle nicht spielt, wird solange herausgefordert,
bis er sich letztlich doch dazu gezwungen sieht. Hier liegt wohl eine
der Ursachen dafür, daß sich der Radikalismus gerade da am meisten ausbreitet, wo man ihm mit strategischer Nachgiebigkeit den
Boden entziehen wollte. Warum kann man den Linksautoritären
nicht wirksam begegnen? Weil sie so mächtig sind. Warum sind sie

so mächtig? Weil man ihnen nicht wirksam begegnet. Wer flieht, zieht immer neue Verfolger auf sich. Er hat nur eine Chance: Stehenbleiben und sich umwenden.

Auch das *parteitaktische Kalkül* geht nicht auf: Die die Partei unterwandernden Gegner fühlen sich gestärkt. Bei den jüngeren Wählern aber verlieren die Politiker, die die von ihnen erwartete Verantwortung nicht wahrnehmen, in einem langsamen, aber tiefwirkenden Prozeß Loyalität und Achtung.

2. Eine staatspolitische Begründung für gesetzgeberisches Ausklammern lautet, die SPD habe links dieselbe Verantwortung wie die Union rechts: Nämlich die Extremen soweit wie möglich zu *integrieren* und damit zu demokratisieren.

Das ist legitim, freilich unter der Voraussetzung des Gelingens. Linksautoritäre sind nicht demokratisierbar, es sei denn, sie hören auf, linksautoritär zu sein. Die Hoffnung auf Mißbrauchbarkeit der Partei in ihnen zu wecken, während man gleichzeitig entschlossen ist, diese Erwartung zu enttäuschen, ist nicht nur unfair, sondern auch gefährlich: Am Ende könnte man als betrogener Betrüger dastehen und seine Regierungsfähigkeit beeinträchtigen.

3. Drittens sagen unsere Bildungspolitiker, man müsse Studenten „pädagogisch" behandeln.

Das heißt mit anderen Worten, man darf sie nicht als mündige Bürger betrachten (obwohl man ihnen doch gerade Selbstverwaltungsverantwortung übertragen will). Die tiefste Wurzel der Mißstände scheint die *Übertragung pädagogischer Verhaltensweisen auf die Politik* zu sein. Wer von pädagogischen Prinzipien geprägt ist, legt naturgemäß Wert auf die Gemeinschaft von Lehrenden und Lernenden. Dem Pädagogen, der in die Politik übergeht, fällt es menschlich und sachlich schwer, zu verstehen, daß die innere Zuwendung des Lehrers durch die *Verantwortung des Gesetzgebers* und des Gesetzesverteidigers ersetzt werden muß. Er hat die weitreichenden Konsequenzen des Gesetzes für Staat und Gesellschaft zu überblicken und unberechtigte Ansprüche abzuweisen, mögen sie ihm – vielleicht in Erinnerung an seine eigene Jugend – noch so verständlich sein.

Ein führender Bildungspolitiker erklärt seine Elastizität damit, daß man von der Jugend geliebt sein wolle. Das ist begreiflich. Sobald die Jugend aber merkt, daß sein bildungspolitischer Eros weniger Liebe als Geliebtseinwollen ist, wird er ihre Liebe und außerdem noch ihre Achtung verlieren.

Unsere Bildungspolitiker, die zum großen Teil von der Pädagogik herkommen, haben fast durchweg die Absicht, die *apolitische Tradition* des deutschen Bildungsprinzips zu überwinden. Aber solche Traditionen sind viel tiefer verwurzelt als sie vermuten: sie stecken selbst tief in dieser Tradition.

Alle politische Vernunft fängt damit an, daß einem die elementaren Prinzipien des freiheitlich-demokratischen Rechtsstaates in Fleisch und Blut übergegangen sind. Denn die Bedingung fortschrittlicher Reformen ist, daß das in jahrhundertelangem Kampf an Fortschritt schon Erreichte zunächst einmal begriffen und festgehalten wird. Auf diesem Fundament kann man weiterbauen, umbauen, verändern. Wo aber der schon erreichte Fortschritt nicht verstanden ist, ist die Folge Regression unter der Flagge des Fortschritts.

4. Die Diskussion um einen solchen Gesetzesentwurf, heißt es, würde den langverschleierten *Bewußtseinskonflikt* zwischen Demokraten und Linksautoritären nicht nur unter Studenten, sondern auch unter den Bildungspolitikern, in den Parteien, in der Presse aufbrechen lassen.

Das Aufbrechen dieses politischen Konflikts wäre jedoch nicht nur für die Hochschulen, sondern auch für Staat, Gesellschaft und Parteien heilsam: Es diente der Enttarnung und Isolierung der Linksautoritären. Diese Isolierung ist ohnehin wünschenswert, ja unerläßlich, wenn man die Demokratie stabilisieren will.

Die geplanten Hochschulgesetze bieten die Chance, die Mißstände an den Hochschulen zu korrigieren. Es ist nicht eine Spezialverantwortung der Bildungsexperten, sondern eine Gesamtverantwortung der Parlamente, in den entscheidenden Fragen ehrlich Bilanz zu ziehen und die Konsequenzen der Entscheidung bzw. des Ausklammerns der Entscheidung zu bedenken.

Die Richtlinien für den politischen Unterricht, erlassen vom Kultusminister des Landes Nordrhein-Westfalen 1973, stellen zwei Erziehungsziele in den Vordergrund: „Autonomie" und „Politische Aktivität". Das Erziehungsziel „Autonomie" bedeutet in bezug auf Staat und Recht nach dem Verständnis der Richtlinien Akzeptierung oder Nichtakzeptierung unserer Institutionen und Gesetze aus freier Einsicht und Entscheidung. Das Risiko jeder Freiheit ist dabei impliziert, daß es nämlich nicht zur Akzeptierung kommt, sondern zu Ablehnung, Weigerung, Widerstand, oder daß man auf halbem Wege irgendwo dazwischen stehenbleibt. Ablehnung ist unter Umständen auch erwünscht, dann nämlich, wenn unsere Gesetze der kritischen Prüfung durch den Schüler nicht standhalten.

Die Richtlinien gehen offenbar von der Vorstellung aus, *Autonomie* sei unter den politischen Erziehungszielen das wichtigste. Der politische Mensch soll, ob er nun sich distanziert, kritisch widersteht, Innovationen plant oder sich dem für richtig Befundenen anpaßt, im Denken und Verhalten selbst- und nicht fremdgesteuert sein. Die Hoffnung ist dabei offensichtlich, daß das zu einer Legitimitätsfestigung und nicht Legitimitätserschütterung führte. Der Kultusminister führt dazu aus: „Nur das, was sich in einer offenen Auseinandersetzung als richtig erweist, wird auch als richtig angenommen und gelernt. So allerdings entsteht ein Wissen, das nicht durch bloße Propaganda zu erschüttern ist." Dieser inneren Annahme der Staats- und Rechtsregeln aus dem Wissen heraus, warum diese Regeln gelten, steht als Gegenbild gegenüber der „Untertan", der fremdbestimmte Mensch, der sich entweder in blindem Gehorsam einfügt oder der der Radikalisierung oder auch Entpolitisierung anheimfällt und Material für Rattenfänger werden könnte.

Es geht also um das formale Prinzip rationaler Rechtfertigung der Institutionen als Bedingung ihrer autonomen Akzeptierung. Das Ziel ist nicht Distanz, Weigerung, Widerstand an sich – dieses Risiko wird nur um der Autonomie willen in Kauf genommen. Das Ziel ist auch nicht Intoleranz, wenn auch einige Formulierungen etwas unglücklich und einseitig geraten sind.

Das zweite Erziehungsziel ist der *aktive Bürger*, der seine Rechte wahrnimmt, der gesellschaftlichen Bedürfnissen Priorität vor privaten Interessen gibt, der für die Unterprivilegierten Partei ergreift, der für Entwicklungshilfe eintritt, der für sein eigenes Glück, aber auch für Frieden, Freiheit und Gerechtigkeit in der Welt kämpft und dafür persönliche Nachteile hinnimmt, und zwar sowohl Konsumverzicht als auch das Erdulden von Sanktionen. Das Ziel ist auch hier nicht marxistische Diktatur oder Rätedemokratie oder Verwirklichung sonstiger Alternativideologien zur demokratischen Grundordnung.

Die Frage, ob eine Formulierung der Richtlinien eine Norm des Grundgesetzes oder der Landesverfassung unmittelbar verletzt, ist zu verneinen, jedenfalls bei gutwilliger Auslegung der Richtlinien. Allerdings, das Risiko, daß bei dieser Erziehung im Ergebnis nicht Verfassungsbejahung, sondern, vorsichtig gesagt, *,,Verfassungsfremdheit"* herauskommt, besteht und wird auch bewußt in Kauf genommen. Es ist sehr groß.

In den Richtlinien kommt nämlich ein Geschichtsbild zum Ausdruck, das sich etwas pointiert so formulieren läßt: Fortschritt sei *Emanzipation* von gesellschaftlichen Zwängen und Herrschaftsverhältnissen, soweit diese nicht legitimierungsfähig seien (und das sei die Regel), und dadurch Erweiterung des Freiheitsraumes. *In Wirklichkeit ist Fortschritt aber Schaffung von Regeln und Institutionen, die die Freiheit erst ermöglichen und begründen* und die man deshalb um der Freiheit willen schützen und festhalten muß.

In den Richtlinien wird als Qualifikation 1 gefordert: ,,Fähigkeit und Bereitschaft, gesellschaftliche Zwänge und Herrschaftsverhältnisse nicht ungeprüft hinzunehmen, sondern sie auf ihre Zwecke und Notwendigkeiten hin zu befragen und die ihnen zugrundeliegenden Interessen, Normen und Wertvorstellungen kritisch zu überprüfen." Dazu heißt es erläuternd: ,,,Herrschaftsverhältnisse' meint nicht einfach staatlich-hoheitliche Herrschaftsregelung oder gewaltsames Handeln (Befehl und Befehlsausführung). In den modernen Staaten muß man von einer Durchdringung des Staatlichen mit dem Gesellschaftlichen und Wirtschaftlichen ausgehen."

Hier ist also mit gesellschaftlichen Zwängen und Herrschaftsverhältnissen nicht nur das Staatliche, sondern auch das Gesellschaftliche und Wirtschaftliche gemeint, aber eben doch auch der Staat, die Demokratie, die demokratisch legitimierten Gesetze. Alsdann wird als Lernziel angegeben: „Fähigkeit zum Widerstand gegen nicht akzeptierbare Herrschaftsverhältnisse und gesellschaftliche Zwänge . . . die Kenntnis oder Entwicklung von Innovationsverfahren oder Widerstandstechniken."

Ob die Herrschaftsverhältnisse „akzeptierbar" seien, muß sich aus der „kritischen Überprüfung" ergeben. Darüber entscheiden also die Schüler selbst. Kommt es aber dann nicht darauf an, ihre Urteilsfähigkeit so zu fördern, daß sie nicht auf die jeweils raffiniertesten Agitatoren hereinfallen, sondern zunächst einmal die Vernunft des demokratischen Verfassungsstaates begreifen lernen?

Das Risiko der Verfassungsfremdheit ließe sich ohne Preisgabe der Erziehungsziele des autonomen und aktiven Bürgers vermindern oder umgekehrt: die Chance der Legitimitätsfestigung durch den politischen Unterricht ließe sich wesentlich erhöhen. Die Zusammenstellung der Themen, die zum politischen Unterricht angeboten werden, enthält eine Reihe wesentlicher Lücken. Man kann natürlich immer über die Frage streiten: Was ist wirklich wichtig, was ist das Wichtigste? Für den politischen Unterricht steht lediglich eine Wochenstunde zwei Jahre lang zur Verfügung. Man muß also Themen auswählen. Die Richtlinien sprechen einiges Wichtige an. Es werden Gesichtspunkte hervorgehoben, die in früheren Jahrzehnten unserer Geschichte in der Tat ganz erheblich zu kurz gekommen sind. Heute aber sind es ganz andere Gesichtspunkte, die zu kurz kommen, und deswegen sollte man den Akzent auf andere wichtige Fragen legen. Darum eine Reihe von Verbesserungsvorschlägen in Form von Leitfragen für den politischen Unterricht:

Erste Leitfrage: Inwiefern ist *Autonomie* nur unter den Bedingungen freiheitsschützender Verfassungsinstitutionen möglich?

Zweite Leitfrage: Inwiefern ist auch *Aktivbürgerschaft* im Dienste des Fortschritts in Richtung auf Frieden, Gerechtigkeit, Glücksverwirklichung von der schon institutionalisierten Freiheit abhängig?

Dritte Leitfrage: Inwiefern schließen zentralistische Systeme einschließlich des sog. „demokratischen Zentralismus" Freiheit aus und vernichten damit die *Voraussetzungen für Autonomie und Aktiv-bürgerschaft?* Es wäre sowohl ein Vergleich der Systeme angebracht als auch ein Vergleich zwischen ihrem jeweiligen ideologischen Anspruch und ihrer Wirklichkeit. Etwa im Hinblick auf den soge-nannten „demokratischen Zentralismus": Demokratie ist die Ideo-logie, Zentralismus ist die Wirklichkeit. Im demokratischen Zen-tralismus kann es weder Autonomie noch freie politische Aktivität geben, weil eine Machtelite unumschränkt herrscht. Der letztlich alles dominierende Leitgedanke ist: Festigung und Ausweitung die-ser Herrschaft. Verfassungsbegriffe, die bei uns die Macht be-schränken, werden umgedeutet und funktionalisiert auf das Ziel der Machtfestigung und Machtausweitung hin: Freiheit ist, was der Herrschaft dient, innerer Frieden ist, was der Herrschaft dient, Menschenrechte sind, was der Herrschaft dient usw. Auch das Endziel der Befreiung des Menschen von Herrschaftsverhältnissen ist in diesem Sinne funktionalisiert und dient ausschließlich der Legitimierung der Herrschaft.

Wünschenswert ist auch ein Vergleich mit Systemen der Vergan-genheit und ein Vergleich mit anderen Systemen in der Welt.

Wenn wir hingegen unsere Rechtsordnung nur mit Utopien ver-gleichen, dann erzeugen wir ein Klima von Überdruß, Unzufrie-denheit und Verneinung. Vergleichen wir sie mit den realen Alter-nativen der Vergangenheit und unserer Umwelt, so erzeugen wir eine mindestens relative Zustimmung: sie erscheint dann mit all ihren Schwächen als die relativ beste, auch aus dem Grunde, weil sie in sich selbst die Mechanismen zur Verbesserung enthält.

Vierte Leitfrage: In den Richtlinien heißt es, der „normative Be-zugspunkt für die Konfliktaustragung" sei der „Konsens über die Grundrechte, vor allem über Artikel 1 GG (Würde des Menschen) und Artikel 2 (Entfaltung der Persönlichkeit, Recht auf Leben und Unversehrtheit) – und über die daraus resultierenden Verfassungs-bestimmungen".

Frage: Welche Verfassungsbestimmungen resultieren denn aus den Artikeln 1 und 2 des Grundgesetzes, und was gehört alles an politischen Verfahrenstechniken dazu? Inwiefern bedingen sich *Menschenwürde und demokratischer Verfassungsstaat* gegenseitig?

Fünfte Leitfrage: Inwiefern werden alle diese Verfassungsbestimmungen mitsamt der politischen Rationalität durch eine Steigerung der innenpolitischen *Polarisierung* gefährdet?

Sechste Leitfrage: Warum sind *Gesetze verbindlich,* auch dann, wenn wir sie inhaltlich mißbilligen? Wir müssen von der Voraussetzung ausgehen, daß wir nicht in einer Diktatur leben – die Naziherrschaft war anders zu bewerten –, sondern in der freiheitlich-demokratischen Grundordnung mit der Chance des Einflusses auf die Gesetzgebung. Unter dieser Bedingung ist der oberste Grundsatz jeder Rechtskultur, wie es die Angelsachsen ausdrücken: ,,To censure freely, to obey punctually'': frei kritisieren, pünktlich gehorchen, also m. a. W. reformieren, aber das beschlossene Gesetz so lange, bis es geändert ist, als verbindlich anerkennen, auch dann, wenn wir es inhaltlich mißbilligen. In der Diktatur ist Widerstand gerechtfertigt, im demokratischen Verfassungsstaat nicht.

Siebte Leitfrage: Unter welchen besonderen Ausnahmebedingungen läßt sich eventuell sogar der *Widerstand* gegen demokratische Gesetze moralisch rechtfertigen (wohlgemerkt: moralisch, nicht rechtlich)? Zu denken wäre z. B. an Martin Luther Kings passiven Widerstand. Dann müßte man aber die weiteren Fragen anschließen: Warum dann nur passiver und niemals aktiver Widerstand? Welche Grenzen müssen auch dann eingehalten werden? Warum kommt es nur ganz ausnahmsweise in Betracht? Warum gehört dazu die Inkaufnahme der legalen Sanktionen ohne Weinerlichkeit? Warum bedarf in der heutigen Zeit in diesem Lande – im Unterschied etwa zur Nazizeit – die grundsätzliche Geltung der Gesetze besonderen Nachdrucks, warum bedarf der Widerstand jetzt hier keiner Ermutigung?

Achte Leitfrage: Angenommen, wir verstehen den Sinn eines Gesetzes nicht, wir kennen seine Gründe nicht, wir wissen nicht, ob wir diese annehmen oder ablehnen sollen. Wie sollen wir uns zu einem solchen Gesetz verhalten, sollen wir es innerlich akzeptieren oder nicht? Ist ,,im Zweifel" Vertrauen in die Gesetze begründet, oder ist im Zweifel Verdacht auf mangelnde Rechtfertigungsfähigkeit am Platze? Können wir eine *(widerlegliche) Vermutung zugunsten der Vernünftigkeit unserer Gesetze* anerkennen?[2]

Wir können die Gründe für die Regeln, die uns zwingen, häufig nur erkennen, wenn wir uns auf komplexe Begründungszusammenhänge einlassen und geschichtliche Erfahrungen verarbeiten. Als Rechtslehrer braucht man oft für einen einzigen Paragraphen mehrere Vorlesungsstunden, um ihn wirklich klarzumachen. Sind Lehrer, geschweige denn Schüler, dem Problem gewachsen? Das ist eine sehr wichtige Frage für die innere Akzeptierung. Wenn die Akzeptierung der Gesetze von der inneren Einsicht in die Begründbarkeit abhängig ist, und wenn man diese Einsicht sehr oft praktisch nicht erlangen kann, läuft das darauf hinaus, daß man die Verbindlichkeit der Gesetze in Frage stellt.

Neunte Leitfrage: Bedingungen des Fortschritts. Inwiefern kann nur derjenige die bestehenden Verhältnisse wirklich verbessern, der die für sie sprechenden *Gründe kennt* und sich deshalb sachlich mit ihnen auseinandersetzen kann? Inwiefern kann nur der sie kennenlernen, der grundsätzlich mit der Möglichkeit rechnet, daß es rationale, wenn vielleicht auch unzureichende Gründe für sie gibt? Inwiefern kann nur er argumentieren und rational überzeugen? Inwiefern kann der, der nicht von dieser Voraussetzung ausgeht, zwar eventuell verändern, aber in der Regel dann nur verschlechtern?

Zehnte Leitfrage: Inwiefern kann es rational begründet sein, sich rational überhaupt nicht begründbaren gesellschaftlichen Regeln und Gewohnheiten zu unterwerfen, z. B. Hut abnehmen, Hand aus der Tasche? Gibt es dafür einen Grund? Es gibt keinen anderen Grund als nur den, daß es eben die Regel ist. Es ist aber *rational, diese irrationale Regel zu befolgen.* Pubertäre Trotzreaktionen bedürfen nicht noch der Verstärkung durch Erziehung.

Elfte Leitfrage: In den Richtlinien gibt es eine Passage, die Demokratie gegen Technokratie ausspielt. Es heißt dort, daß politische Entscheidungen sehr oft von wissenschaftlich-technischer Vernunft „scheinbar" zwingend vorgeschrieben werden können. Leitfrage: Wie kann man beurteilen, ob scheinbar oder wirklich? Dazu muß man sehr viel wissen. Wie soll man sich verhalten, wenn man es nicht weiß? Gerade politisch aktive Schüler und Studenten neigen mitunter zu einer Kombination von *Ignoranz und Arroganz.* Wie kann man Lernbereitschaft wecken und diese Tendenz abbauen?

Zwölfte Leitfrage: Zur Interessengebundenheit herrschaftlicher Zwänge, zum „Ideologieverdacht": Ideologieverdacht ist sehr häufig begründet, häufig aber auch nicht. Man kann die allgemeine Erfahrung machen: *je größer die Ignoranz, desto totaler der Ideologieverdacht.* Und auch umgekehrt: Totaler Ideologieverdacht blockiert die Lernfähigkeit. Lernziel: Einerseits Ideologie und Interessengebundenheit entlarven können, andererseits der Borniertheit des übertriebenen Ideologieverdachts entgehen.

Dreizehnte Leitfrage: Welche *psychologischen Motivationen* können zu Distanz, Verweigerung und Widerstand treiben? Wir kennen z. B. aus der Psychologie insbesondere Alfred Adlers, (der übrigens ein bedeutender Sozialdemokrat gewesen ist) die folgenden Motivationsstufen: Aufmerksamkeit auf sich ziehen, in Machtkämpfe verstricken, Vergeltung und Rache üben. Oder auch: Welche Motive begründen die unrealisierbaren abstrakten Utopien? Z. B. richten, verurteilen, abwerten, herabsetzen, und entsprechend sich als elitäre Avantgarde fühlen, Verweigerung als Selbsterhebung usf.

Vierzehnte Leitfrage: Welche Gruppeninteressen und psychologischen Motivationen kann man hinter der *marxistischen* Infragestellung der parlamentarischen Demokratie westlicher Prägung vermuten? Ist das Selbstverständnis glaubwürdig, Gemeininteressen gegen Privatinteressen, Emanzipation gegen Macht durchsetzen zu wollen? Was spricht dafür, was spricht dagegen? Welche sachlichen Gründe werden für Marktwirtschaft und gegen sozialistische Wirtschaft vorgebracht? Sind diese Gründe so unplausibel, daß man sie nur als Ideologie der Kapitalisten verstehen kann? Welche Probleme werden durch die Abschaffung der „privaten Aneignung des Mehrwerts" eigentlich gelöst, welche bleiben ungelöst, und welche werden erst neu geschaffen?

Das ist nur ein Katalog von möglichen Themen, die das Legitimitätsbewußtsein fördern würden.

Fazit: Widerstand ist nur gegen Versuche legitim, die freiheitlich-demokratische Grundordnung zu beseitigen (Art. 20 Abs. 4 GG). Die Legitimität der Verfassung erweist sich geradezu an der inneren Bereitschaft zu diesem Widerstand im Ernstfall. Diese Legitimität kann man unter anderem zum Beurteilungsmaßstab für die Richtlinien für den politischen Unterricht machen. Wird diese Bereitschaft zum Widerstand wirklich gestärkt, wird sie eventuell gar geschwächt, geraten wir da in gleitende Übergänge zwischen „ich weiß nicht, soll ich bejahen, soll ich verneinen?" Nach rechts hin, gegen faschistische Bedrohungen wird selbstverständlich der Widerstand gefördert und gestärkt, aber auch gegen die neototalitären Tendenzen von links? Soweit nicht, wird natürlich durch Polarisierung die latente Bereitschaft gerade erst geweckt, die freiheitlich-demokratische Grundordnung auch von rechts zu bedrohen. Wirksamer Widerstand gegen solche Tendenzen, auch schon in der Schule, setzt eine feste Verwurzelung in der freiheitlich-demokratischen Grundordnung voraus. Ein gründliches Neuüberlegen der Themenauswahl könnte dazu beitragen, sowohl die politische Polarisierung zu mindern als auch die Einsicht in die Legitimationsgrundlagen des demokratischen Verfassungsstaates zu festigen.

Zur Links-Rechts-Polarisierung

WIRTSCHAFTSFREIHEIT UND GRUNDGESETZ

In welchem Umfang läßt das Grundgesetz staatliche Eingriffe in die Wirtschaft zu? Die Frage ist in der öffentlichen Diskussion wieder einmal aktuell. Das Grundgesetz gewährt dem Staat so viel Einfluß auf die Wirtschaft, wie die Grundgesetzgeber ihm gewähren wollten. Auch wenn die Entstehungsgeschichte des Grundgesetzes für seine Auslegung nicht allein bestimmend ist, so hilft sie doch, Zweifelsfragen zu klären. Wie sah der Problemhorizont aus, in dem die Väter des Grundgesetzes diskutiert haben? Welche wirtschaftspolitischen und wirtschaftstheoretischen Vorstellungen waren im Winter 1948/49, im Jahre nach der Währungsreform, als das Grundgesetz beraten wurde, im Schwange?

I. Der Grundkonsens der Verfassungsväter

Im *Parlamentarischen Rat* waren neben einer Reihe kleinerer Parteien die beiden Fraktionen der CDU/CSU und der SPD mit je 27 Mann gleich stark vertreten. Zusammen war ihre Mehrheit so groß (54 von 65), daß nur mit ihrer gemeinsamen Zustimmung Beschlüsse gefaßt werden konnten. Wieviel Macht über die Wirtschaft sollte der Staat nach der Vorstellung dieser beiden Parteien haben?

Um zunächst von der CDU zu sprechen, so lassen sich, wenn für unseren Zusammenhang solche skizzenhaften Vergröberungen erlaubt sind, drei Hauptgruppen unterscheiden: Ein linker, sozialistisch geprägter Flügel, der auf dem Boden des damals geltenden Ahlener Programms der CDU für die britische Zone stand, eine neo-liberal (oder „ordo-liberal") geprägte Gruppe und ein bürgerlich-rechtsliberal geprägter Flügel. Der linke Flügel der CDU ähnelte in seinem wirtschaftspolitischen Programm dem des linken Flügels der SPD. Die Unterschiede zu ihm lagen mehr in den ideologischen Begründungszusammenhängen, die dementsprechend stark herausgestellt wurden, weniger in den praktischen Zielen. Der bürgerlich-rechtsliberale Flügel verfolgte schon damals die Absicht, die Wirtschaft weitgehend ungestört von staatlichen Eingriffen sich selbst zu überlassen. Da beide Standpunkte sich wechselseitig ausschlossen, nahm die mittlere, die neo-liberale Gruppe eine Schlüsselstellung ein. Auch wenn ihre zahlenmäßige Stärke nicht sehr groß war, so waren doch gegen ihren Widerstand kaum Mehrheiten in der CDU-Fraktion und schon gar nicht im Parlamentarischen Rat zu erzielen. Ihrer Position verdient deshalb unser besonderes Interesse.

Die neo-liberale Schule verfolgte das Ziel einer Marktwirtschaft der freien Konkurrenz und verlangte deshalb staatliche *Verhinderung jeder Art von Macht auf dem Markt*. Sie ging davon aus, daß die Wirtschaft, sich selbst überlassen, automatisch zur Bildung von Macht über den Markt führen würde, also zur Bildung von Monopolen und Teilmonopolen. Infolgedessen verlangte sie vom Staat zwar Zurückhaltung gegenüber der Wirtschaft dort, wo das freie Konkurrenzsystem des Marktes wirklich funktionierte, aber einen starken Staat mit erheblichen Eingriffsbefugnissen, wo es galt, die Bildung von wirtschaftlicher Macht zu verhindern, abzubauen oder zu kontrollieren.

Franz Böhm, einer der führenden Köpfe des Neoliberalismus und späterer CDU-Bundestagsabgeordneter, stellte den Grundsatz auf: *,,Wer privatwirtschaftliche Autonomie in Anspruch nimmt, darf auf dem Markt keine Macht besitzen; wer über Marktmacht verfügt, hat keinen Anspruch auf privatwirtschaftliche Autonomie".*[1]

Deshalb forderte er weitreichende Befugnisse der Staatsgewalt zu Eingriffen in die Wirtschaft, insbesondere zur Verhinderung von Konzernen, Monopolen und Oligopolen. Wo es aber doch zur Marktmacht komme, sollte die Aufsichtsbehörde ,,die Befugnis haben, dem beaufsichtigten Unternehmen notfalls die Preise vorzuschreiben, Konzerne zu entschachteln und renitente Unternehmen ihrer Zwangsverwaltung zu unterstellen".

Böhm wandte sich ausdrücklich dagegen, „daß gegen Träger wirtschaftlicher Machtstellungen nur beim nachgewiesenen *Macht-mißbrauch* eingeschritten werden dürfte". Denn die Schädlichkeit wirtschaftlicher Machtstellungen ergebe sich ohne weiteres daraus, „daß das wirtschaftliche Verhalten des Machtträgers zwar an sei-nem privatwirtschaftlichen Rentabilitätsinteresse ausgerichtet, aber nicht durch die Konkurrenz kontrolliert ist".

Seine klassisch gewordene Zusammenfassung fanden die Gedan-ken der Neoliberalen in dem Werk des 1950 verstorbenen Freibur-ger Wirtschaftswissenschaftlers *Walter Eucken* „Grundsätze der Wirtschaftspolitik".[2] Dieses Buch erschien zwar erst nach der Ent-stehung des Grundgesetzes, aber es spiegelt doch die Gedanken, die zur Zeit der Beratungen des Grundgesetzgebers in weiten Kreisen diskutiert wurden, und kann uns deshalb über den Geist Aufschluß geben, in dem damals das Verhältnis von Staat und Wirtschaft erörtert worden ist. Eucken forderte vorbeugende Fusionskontrol-le, striktes Verbot von Preisabsprachen, Verbot von Preisbindun-gen zweiter Hand, ja sogar von Marktartikeln und Patenten, Verbot von Haftungsausschlüssen – er kritisierte z. B. die Gesellschafts-form der GmbH –, Maßnahmen zur Kontrolle der Werbung, insbe-sondere Verbot von Suggestionsreklame und Verzicht auf Wirt-schaftssubventionen. Für den Fall, daß es aber doch zu Marktmacht kommen sollte, forderte er Preiskontrollen durch ein staatliches Preisamt. Wohlgemerkt, es handelt sich nicht um Resolutionen der Jusos, sondern um das klassische Standardwerk des Neolibera-lismus.

Gewiß waren Gedanken dieser Art auch innerhalb der CDU nicht alleinbestimmend, aber sicher ist, daß die CDU/CSU damals dem Staat nicht die Macht vorenthalten wollte, die die Neoliberalen für erforderlich hielten.

Ebensowenig wollte dies natürlich die SPD. Sie hatte kein ein-heitliches Konzept von dem demokratischen Sozialismus, den sie verwirklichen wollte, auch nicht etwa das der zentralgesteuerten Planwirtschaft, die sie durch ihre Zustimmung zum Grundgesetz ausschloß, worauf zurückzukommen ist. Die SPD war sich schlüs-sig über ihren Gegner, nicht aber darin, wie dieser zu bezwingen sei.

Der Gegner war derselbe wie der Gegner der Neoliberalen, nämlich die *wirtschaftliche Macht*. Auch in der SPD wirkten starke neoliberale Ideen, doch hatten sie noch nicht die Dominanz erlangt wie seit 1959. Was die damalige SPD von den Neoliberalen unterschied, waren die Gründe, die sie gegen die wirtschaftliche Macht einzuwenden hatte, und daraus folgend Art und Umfang der gegen sie möglichen staatlichen Maßnahmen. Wirtschaftliche Macht gibt es bekanntlich in dreierlei Richtung: Sie ist einmal Macht über den Markt, also die Möglichkeit, Konkurrenten auszuschließen und die Preise zu diktieren. Sie ist sodann Macht über die Lohnabhängigen, und sie ist drittens unkontrollierter politischer Einfluß, der aus der Erpreßbarkeit der politischen Gemeinschaft durch den Monopolisten und aus dessen Verfügungsmacht über Millionensummen entsteht.

Während die Neoliberalen zwar alle drei Machtgefahren sahen, aber doch die Macht über den Markt deutlich in den Vordergrund rückten, stand für die Sozialdemokraten die Macht über die Lohnabhängigen und über die politische Gemeinschaft stärker im Vordergrund. Die Neoliberalen waren eben in erster Linie Wirtschaftswissenschaftler, die Sozialdemokraten in erster Linie Politiker, die ganz von ihrem isolierten Kampf gegen Hitler geprägt waren und sich erinnerten, welche Rolle z. B. die finanzielle und politische Unterstützung Hitlers durch industrielle Kreise und die Untergrabung der Legitimitätsgrundlagen der Weimarer Republik durch den Hugenberg'schen Pressekonzern gespielt hatten.

Außerdem glaubten sie nicht so wie die Neoliberalen an die Möglichkeit, die Entstehung von Marktmacht von vorneherein zu verhindern. *Kurt Schumacher* hielt die neoliberalen Ideen in der CDU nicht für durchsetzbar und meinte: „Die Linke dieser Partei liefert das agitatorische Vokabularium, und die Rechte macht die Politik".[3] Sozialismus hieß für ihn entweder wirtschaftliche Macht wirklich zu *verhindern* oder, wo das nicht möglich ist, einmal entstandene wirtschaftliche Macht wirksam zu *kontrollieren,* sei es von oben durch den Staat, sei es von unten durch demokratische Selbstverwaltung innerhalb der Wirtschaftsorganisationen. Sozialismus hieß für ihn also nicht, wie seine Gegner ihm unterstellten, das

Eigentum in Gebrauchseigentum und Eigentum an Produktionsmitteln einzuteilen und letzteres zu verstaatlichen. Für ihn war das Problem „nicht schlechthin die Tatsache des Eigentums an Produktionsmitteln . . ., sondern der Umfang, die Intensität und die Anwendung der Eigentumsrechte".[4] Demgemäß forderte er Entprivatisierung der großen Kapitalgesellschaften, was nicht notwendigerweise Verstaatlichung bedeuten mußte; auch andere Formen der Vergesellschaftung wurden in Betracht gezogen. Jedenfalls aber dachte man eher an Entprivatisierung als an Zerstückelung und Entflechtung der großen Kapitalgesellschaften, an deren Durchführbarkeit man nicht glaubte. Es gab innerhalb der SPD sogar eine Tradition, die sich der Konzernbildung von vorneherein nicht entgegenstellen wollte, sondern diese als förderlich ansah, weil sie das Ziel der Wirtschaftsdemokratie, also der Selbstverwaltung der Wirtschaft in der einen oder anderen Form anstrebte. Die Verwirklichung von Wirtschaftsdemokratie aber, so meinte man, würde durch die Entstehung von Großunternehmen begünstigt.

Vor allem aus dieser skeptischen Zurückhaltung der Sozialdemokraten gegenüber dem neoliberalen Ziel der grundsätzlichen Vermeidung von monopolistischen Großunternehmen entstand eine gewisse Gegnerschaft zwischen Neoliberalen und Sozialdemokraten, trotz ihrer Verwandtschaft und ihrer gemeinsamen Frontstellung gegen die Wirtschaftsmacht: Die Neoliberalen wollten die Entstehung von Wirtschaftsmacht in erster Linie *verhindern,* die Sozialdemokraten, die an die Möglichkeiten zur Verhinderung nicht recht glaubten, wollten die Wirtschaftsmacht in erster Linie *bändigen,* sei es durch staatliche Kontrolle, sei es durch Formen der Gemeinwirtschaft, sei es durch Selbstverwaltung und Mitbestimmung.

Diese Skizze des Meinungsstandes in der Bundesrepublik zur Zeit der Entstehung des Grundgesetzes ist gewiß nicht vollständig und kann es schon deshalb nicht sein, weil die wirtschaftspolitischen Zielvorstellungen in allen Parteien uneinheitlich und kaum irgendwo ausgereift waren. Auch sind die Stärkeverhältnisse der verschiedenen Gruppen in den verschiedenen Parteien nur schwer zu schätzen. Alles war noch offen und im Fluß. Der Grundgesetzgeber konnte sich infolgedessen unmöglich auf ein wirtschaftspolitisches Grundkonzept festlegen, sondern mußte verschiedene Möglichkeiten offenhalten, anders wäre die erforderliche Einigung nicht herbeizuführen gewesen. Eines aber läßt sich mit Gewißheit sagen: Was der Grundgesetzgeber sicher nicht gewollt hat, war, dem Staat die Eingriffsmöglichkeiten weitgehend zu beschneiden. *Staatliche Macht sollte wirtschaftliche Macht beherrschen können:* In diesem Ziel waren sich die Sozialdemokraten aller Richtungen und in der CDU zumindest der sozialistische und der neoliberale Flügel einig.

II. Vom „Ordo" zum Besitzindividualismus

Dieser weitgehende *Grundkonsens der Verfassungsväter,* der sich im Grundgesetz niedergeschlagen hat, ist durch die tatsächliche wirtschaftliche Entwicklung in Vergessenheit geraten. Die wirtschaftliche Wirklichkeit steht mit einem geistig-politischen Klima in Zusammenhang, das naturgemäß auch auf Rechtsprechung und Rechtswissenschaft abfärbt. Man versteht deshalb die 25jährige verfassungsrechtliche Diskussion über Wirtschaftsfreiheit und Grundgesetz am besten, wenn man sie in den großen Rahmen der wirtschaftlichen Entwicklung der Bundesrepublik hineinstellt. Diese Entwicklung kann hier nur mit groben Strichen skizziert werden.

Sie ist geprägt von dem frühzeitigen schrittweisen *Übergang von einer ursprünglich „ordoliberalen" zu einer besitzindividualistischen* Wirtschaftsform. Der Staat ist vor der Entstehung neuer wirtschaftlicher Macht immer weiter zurückgewichen und hat diese nicht nur hingenommen, nicht nur gebilligt, sondern gefördert. Ein Kartellgesetz kam spät und war von vornherein so lückenhaft und so schwächlich, daß wirksame, durchgreifende und systematische Kartellkontrollen ausgeschlossen waren. Wachstumsbegrenzungen wurden kaum versucht. Fusionen wurden nicht verhindert, sondern im Gegenteil begünstigt (Umwandlungsgesetz!). Vermögenskonzentrationen enormen Ausmaßes wurden durch Steuerbegünstigungen und Subventionen systematisch gefördert. In jedem Einzelfall gab es honorige Gründe: Gründe der Technik, der Rationalisierung, der Organisation, des Weltmarktdruckes, der Arbeitsplatzsicherung, der Europapolitik usw. *Ernst Benda,* der Präsident des Bundesverfassungsgerichts, findet auch noch andere Motive, nämlich „irrationale und psychologische Faktoren, wie den Kult des Großen".[5] Sicherlich haben auch private Interessen eine Rolle gespielt. Insgesamt wurde *aus der Summe vieler kleiner Einzelentscheidungen ein Systemwandel,* nämlich die Preisgabe des neoliberalen Wirtschaftsmodells zugunsten eines weitgehenden Laissez-faire. Das *Soziale* an der sozialen Marktwirtschaft war ein System der aus Steuern und anderen Abgaben gespeisten öffentlichen *Dienst- und Sozialleistungen* und der Globalsteuerung.

Die ordoliberale Wirtschaftstheorie und ihre Presse waren flexibel genug, sich den jeweiligen tatsächlichen Entwicklungen Schritt für Schritt anzupassen. Hier und da ein warnender Zeigefinger und behutsame, leise Kritik – und dann räumten die Neoliberalen eine Position nach der anderen und rückten schrittweise, aber schweigend von ihrem ursprünglichen Bekenntnis ab. Vor der Wahl, unter Protest eine Niederlage nach der anderen einzugestehen oder alle Welt glauben zu machen, es liefe alles ganz in ihrem Sinne und sie seien die geistigen Väter der Wirtschaftswirklichkeit, zogen sie meistens das letztere vor. So kam es zu der sich immer mehr verschärfenden Diskrepanz zwischen besitzindividualistischer *Wirklichkeit* und ordoliberaler *Ideologie.*

Politisch war das alles möglich, weil sich die SPD-Opposition der 50er Jahre als wirtschaftspolitisch nicht sattelfest erwies und nebulose Vorstellungen anbot, deren praktische Konsequenzen nicht realistisch durchdacht waren. So konnte man ihr Tendenzen zur Zentralverwaltungswirtschaft mit Bezugsscheinsystem unterstellen und sie damit in eine Defensive drängen, die ihre wirtschaftspolitische Opposition unwirksam machte. Der herrschenden Wirtschaftspolitik erschien am „Ordoliberalismus" der Liberalismus wichtiger als der Ordo, und der Ordo fand keine effizienten Verteidiger: Die Opposition machte nicht klar, was sie eigentlich meinte, weil es ihr selbst nicht ganz klar war, und die Warner innerhalb des Regierungslagers waren energielos und anpassungsbereit.

So kam es, daß die *Realalternative:* Besitzindividualismus oder soziale Wettbewerbswirtschaft weder in der politischen noch in der wirtschaftswissenschaftlichen noch in der juristischen Diskussion ausgetragen wurde. An ihre Stelle trat die ideologische *Verbalalternative* „soziale Marktwirtschaft oder sozialistische Planwirtschaft", in Kurzformel: *Freiheit oder Sozialismus,* wobei unter „Sozialismus" großzügig alle ordoliberalen und sozialdemokratischen Positionen mitbegriffen wurden. Unter dem Deckmantel dieser realitätsfernen Ideologie konnten in so großem Umfang wirtschaftliche Macht und Vermögenskonzentration entstehen, daß natürlich endlich auch wieder *Neomarxisten* auf den Plan treten und darin einen Ansatzpunkt finden konnten – hochwillkommen den Ideologen des Besitzindividualismus. Denn diese finden in den Neomarxisten den Gegner, den sie brauchen, um die ideologische Diskussion auf ihre Scheinalternative zu fixieren und unter ihrem Schleier die Wirklichkeit zu bestimmen, nämlich die Tendenz zur *Macht- und Vermögenskonzentration* voranzutreiben und ordoliberale Korrekturen abzuwenden.

Das *Bundesverfassungsgericht* hat bisher beharrlich alle Versuche abgewiesen, das Grundgesetz in den Dienst solcher oder ähnlicher partikularer Ideologien oder Interessen zu stellen; es hat es vielmehr im Sinne des Grundkonsenses von 1949 ausgelegt, der alle demokratischen Parteien umfaßt hat. Es sieht im Grundgesetz den Rahmen, innerhalb dessen die wirtschaftspolitischen Kontroversfragen demokratisch auszutragen sind:

„Die ‚wirtschaftspolitische Neutralität' des Grundgesetzes . . . ermöglicht dem Gesetzgeber, die ihm jeweils sachgemäß erscheinende Wirtschaftspolitik zu verfolgen, *sofern er dabei das Grundgesetz beachtet".* (BVerfGE 4, S. 117f.).

Beide Elemente dieses Grundsatzes – den „Beurteilungsspielraum" des Gesetzgebers und seine „Grenzen" hat das Bundesverfassungsgericht bis in die Gegenwart festgehalten (vgl. z. B. BVerfGE 30, 266). Die Annahme, daß die soziale Marktwirtschaft Erhardt'scher Prägung – weitgehendes Laissez-faire verbunden mit einem Sozialleistungssystem – allein verfassungsmäßig sei, wie z. B. *Roman Herzog* in der Wochenschrift „Die Zeit" vom

29. 3. 1974 meint, ist nicht richtig; aber es ist ebensowenig richtig, daß der wirtschaftspolitische Spielraum praktisch unbeschränkt sei, wie *Hans Schueler* ihm erwidert.

III. Planwirtschaft unter dem Grundgesetz unmöglich

Vielmehr muß man unterscheiden zwischen *Wirtschaftsplanung und Planwirtschaft. Wirtschaftsplanung* geht im Prinzip von einem Marktsystem aus, nutzt aber die zahlreichen Möglichkeiten zur Marktsteuerung, Marktbegrenzung und Marktkontrolle systematisch und planmäßig aus. Der verfassungsrechtliche Rahmen für Wirtschaftsplanung geht bis an die Grenze der Grundrechte und ist in diesem Rahmen verfassungsmäßig.

Anders die *Planwirtschaft,* wenn wir darunter dasselbe verstehen, was *Walter Eucken Zentral-Verwaltungswirtschaft* nannte: Der Mechanismus des Marktes wird ausgeschlossen. Statt dessen wird ein staatlicher Gesamtwirtschaftsplan aufgestellt und sein Vollzug durch einen Verwaltungsapparat kontrolliert. Planwirtschaft macht den arbeitenden und wirtschaftenden Menschen zum Vollstrecker des vorgegebenen Plans.

Als grobe Faustregel läßt sich der Satz aufstellen: *Wirtschaftsplanung ist (weitgehend) verfassungsmäßig, Planwirtschaft verfassungswidrig.* Genauer wäre es, zu sagen: Planwirtschaft ist unter den Voraussetzungen des Grundgesetzes unmöglich. Sie bedarf eines Instrumentariums, das das Grundgesetz nicht vorsieht und das im Rahmen des Grundgesetzes auch nicht hergestellt werden könnte.

Zunächst einmal: Planungen könnten im System des Grundgesetzes nur durch *Gesetz oder Verordnung* verbindlich gemacht werden. Beides geht aus praktischen Gründen nicht. Das ergibt sich von selbst, wenn man sich einmal anschaulich macht, welchen Umfang und welche Flexibilität die Planung in einer Zentral-Verwaltungswirtschaft haben müßte. Der Blick in das Branchenverzeichnis eines Telefonbuches belehrt über die Vielzahl der Branchen in einer einzigen Stadt; ein Blick in einen Angebotskatalog über die Fülle der Waren in einer einzigen Firma. Die Behörde müßte das Wissen all der tausend kleinen, mittleren und großen Unternehmern über den Bedarf und seine Schwankungen in sich aufnehmen, – ohne sich jedoch wie diese an der konkreten Angebots- und Nachfragesituation orientieren zu können, – und zwar im ganzen Bundesgebiet, und sie müßte dies alles noch auf die europäischen und außenwirtschaftlichen Erfordernisse abstimmen. Eine Bundesbehörde, die alles das überschauen und planen soll, muß nicht nur gigantische Ausmaße, sondern auch ein *selbständiges Verordnungsrecht* haben.[6] Die dazu erforderlichen gesetzlichen Pauschalermächtigungen wären jedoch gem. Art. 80 Abs. 1 GG verfassungswidrig. Die Verordnungsermächtigungen müssen jeweils Zweck, Inhalt und Ausmaß der Ermächtigung bestimmen, müssen also selbst hinreichend bestimmt sein: „Art. 80 soll den Gesetzgeber zwingen, die für die Ordnung eines Lebensbereiches entscheidenden Vorschriften selbst zu setzen" (BVerfGE 7, 301). Der Gesetzgeber aber könnte nicht einen Bruchteil der in der Planwirtschaft erforderlichen Aufgabe bewältigen.

Ferner: Die Durchführung der Planungsverordnungen muß kontrolliert und durchgesetzt werden. Dafür kommen nach Art. 83 GG nur die Landesbehörden in Betracht. Daraus aber folgt weiter, daß alle Planungsverordnungen der Zustimmung des Bundesrates bedürfen (Art. 80 Abs. II). Der Bundesrat, der schon seinen Anteil an der Gesetzgebung unmöglich bewältigen könnte, müßte sich also mit jeder einzelnen Verordnung befassen. Das könnte er selbst dann nicht, wenn er in Permanenz tagen würde, was aber ebenfalls unmöglich wäre, da er von den Landesregierungen gebildet wird, die auch ihre Landesaufgaben wahrzunehmen haben.

Wer annimmt, daß sich unter den Verfassungsvätern im Parlamentarischen Rat oder in den Landtagen, die das Grundgesetz annahmen, Verfechter einer Zentral-Verwaltungswirtschaft befunden hätten, muß diesen unterstellen, sie hätten dieses Ziel *gleichzeitig erreichen und unmöglich machen* wollen. Die ganze Gesetzgebungs-, Verordnungs- und Verwaltungsstruktur ist für Planwirtschaft nicht nur ungeeignet, sondern schließt sie aus. Schon deshalb ist es eine absurde Chimäre, unter demokratischem Sozialismus „Planwirtschaft im Rahmen des Grundgesetzes" verstehen zu wollen.

Darüber hinaus würde die Planwirtschaft in vielerlei Hinsicht die *grundrechtlich* geschützte persönliche Freiheit und Sicherheit jedes Einzelnen beeinträchtigen. Wenn z. B. die Zuweisung von Arbeitsplätzen durch den Plan bestimmt wird, so sind die Grundrechte der freien *Berufswahl* und der Freizügigkeit verletzt. Darüber hinaus verbietet das Grundgesetz: „Niemand darf zu einer bestimmten *Arbeit gezwungen* werden". Ohne Zwang zu einer bestimmten Arbeit gibt es aber keine Planerfüllung, ob der Zwang nun durch direkte oder durch indirekte Druckmittel, wie Drohung mit Entzug der Lebensmittelkarte – ausgeübt wird.

Aber auch andere Freiheiten, wie z. B. die *Meinungsfreiheit,* würden vielleicht nicht offen verletzt, aber doch in einer Weise ausgehöhlt, die verfassungsrechtliche Relevanz erlangen könnte. Denn sie setzen voraus, daß der Mensch nicht von einer einzigen Macht uneingeschränkt abhängt und in Furcht und Existenzangst von ihr leben muß. Bildlich gesprochen geht der Mensch nur dann aufrecht und nicht mit gekrümmtem Rückgrat, wenn er weiß: Im äußersten Ernstfall bleibt mir die Möglichkeit, Arbeitgeber und Wohnsitz zu wechseln. Das kann er nicht, wenn der Arbeitgeber überall immer nur derselbe Staat ist. Ferner wären Koalitionsfreiheit, *Tarifautonomie und Mitbestimmung* in der Planwirtschaft unmöglich, weil sie ja immer zu Planstörungen führen könnten.

Ferner würde die Planwirtschaft die Schwelle, die die Sozialbindung des Eigentums von der *Enteignung* trennt, überschreiten. Denn die Sozialbindung setzt voraus, daß der Eigentümer einen gewissen Entscheidungsspielraum darüber behält, wie er mit seiner Sache verfährt. (Nach Art. 14 Abs. 2 soll der Gebrauch des Eigentums durch den Eigentümer „zugleich" dem Wohl der Allgemeinheit dienen.) Ist der Eigentümer nur noch Planvollstrecker, so verliert er das Verfügungsrecht. Nach der „Sonderopfer-Theorie" wäre dies zwar keine Enteignung, wenn alle Eigentümer gleichermaßen betroffen sind. Aber in der Rechtsprechungspraxis ist diese Theorie bisher immer mit dem „Schwere"- oder „Zumutbarkeits"-Kriterium verbunden gedacht worden. Die restlose Entziehung der Verfügungsbefugnis, die mit der Planwirtschaft verbunden wäre, ist deshalb mit Art. 14 nicht vereinbar.

Hat die Planwirtschaft enteignende Wirkung, so ist sie zwar deshalb nicht notwendigerweise verfassungswidrig, aber es muß *entschädigt* werden, und dieses Erfordernis schafft eine *praktisch unübersteigbare Schranke.* Zwar braucht die Entschädigung nicht vollen Wertausgleich zu schaffen; sie ist vielmehr „unter gerechter Abwägung der Interessen der Allgemeinheit und der Beteiligten zu bestimmen" (Art. 14 Abs. 3 Satz 3). Diese von Gesetzgebung und Rechtsprechung weithin unbeachtet gebliebene Vorschrift wurde bewußt in das Grundgesetz aufgenommen. In den Beratungen des Parlamentarischen Rates war nicht weniger als viermal beantragt worden, statt dessen „volle" oder „angemessene" Entschädigung vorzusehen. Doch sollte, wie der Vorsitzende des Grundsatzausschusses, der CDU-Abgeordnete *Dr. v. Mangoldt* feststellte, dem Gesetzgeber in der Entschädigungsregelung ein „freier Spielraum" bleiben.[7] Der „Industriekurier" beschimpfte besonders wegen dieser Regelung das Grundgesetz als „Schrittmacher der Bolschewisierung",[8] doch zeigt sie nur, daß die Verfassungsväter eben nicht besitzindividualistisch dachten, sondern die Interessen des Einzelnen und der Allgemeinheit gerecht abwägen wollten. Diese Klausel ist nun zwar die Voraussetzung dafür, daß die Überführung von Grund und Boden, Naturschätzen und Produktionsmitteln in Gemeineigentum praktisch überhaupt vollziehbar wäre – aber doch immer nur bezogen auf einzelne Objekte, niemals auf „die Industrie und Wirtschaft" im Ganzen. Auch unter Berücksichtigung der Abwägungsklausel wäre das für den Steuerzahler schlechterdings unerschwinglich.

Kurzum, *Planwirtschaft im Rahmen des Grundgesetzes* ist unmöglich. Wer vor ihr Angst hat, muß entweder vor einer Revolution Angst haben. Dann muß er die Kräfteverhältnisse im Lande so einschätzen, daß eine kleine Minderheit von Soziologen, Theologen, Germanisten usw. die Macht besitzt, Industrie, Handel, Gewerkschaften, Presse, Kirchen, Parteien, Verwaltung, Justiz, Bundeswehr sowie die große Mehrheit der Intellektuellen zu überwältigen. Oder er muß fundamentale Grundgesetzänderungen auf legalem Wege befürchten, dann muß er mit der Möglichkeit rechnen, daß Planwirtschaftler erstens die SPD erobern und daß diese dann, zweitens, dennoch gewählt und in Bundestag und Bundesrat die *Zweidrittel-Mehrheit* erhalten würde. – Wir stehen in der Tat vor ernsten, allerdings anderen, wirtschaftlichen und politischen Gefahren, und wir werden ihnen nur dann erfolgreich begegnen können, wenn genügend Bürger übrigbleiben, die Intelligenz und Engagement mit Realitätssinn vereinen.[9]

IV. Der Verfassungsrahmen für Wirtschaftsplanung

Aus alledem ergibt sich die Konsequenz, die z. B. das Grundsatzprogramm der Sozialdemokratischen Partei so zusammenfaßt: „Totalitäre Zwangswirtschaft zerstört die Freiheit . . . *Wettbewerb soweit wie möglich – Planung soweit nötig"* – ein Grundsatz, in dem sich die SPD mit allen verfassungstreuen Parteien einig ist. Strittig ist lediglich, wieviel Wirtschaftsplanung nötig ist und in welche Richtung sie zu gehen hat. Diese Frage hat das Grundgesetz nicht entschieden, sondern der demokratischen Auseinandersetzung überlassen. Nur verbal geht diese Auseinandersetzung um die Frage „Marktwirtschaft oder Planwirtschaft", real geht sie um *Inhalt und Grenzen der Wirtschaftsplanung*. Ein Beispiel, das die realen Frontlinien anschaulich macht, ist die Kartellgesetz-Novelle von 1973, über die sich die Parteien zwar geeinigt haben, die aber Neuerungen bringt, die nach den Vorstellungen der ordoliberalen Verfassungsväter bereits im Jahre 1950 hätten eingeführt werden müssen, z. B. eine „vorbeugende Fusionskontrolle" (die natürlich heute nach den Fusionen nicht so sinnvoll ist, wie sie vorher gewesen wäre) oder Kooperationserleichterungen für kleine und mittlere Unternehmer, Aufhebung der Preisbindung, Verschärfung der Mißbrauchsaufsicht, Kartellverbot auch bei „aufeinander abgestimmtem Verhalten" usw.

Wieviel Wirtschaftsplanung im Rahmen des Grundgesetzes möglich ist, ergibt sich aus den *Grundrechten* und läßt sich negativ nur in verfassungsrechtlichen *Einzelanalysen* abgrenzen. Hier kommt es nur darauf an, daß die Grundrechte weder den Sinn haben, ein Wirtschaftssystem zu stabilisieren, noch dem Einzelnen Vorteile auf

Kosten der Allgemeinheit zu verschaffen, sondern seine Freiheit und Menschenwürde zu schützen. Auch die ökonomisch relevanten Freiheiten – z. B. die Freiheit der Berufswahl, der Freizügigkeit, der Vereinigung, des Eigentums – sind nicht um ihrer Funktion innerhalb des Marktsystems willen, sondern um der individuellen Freiheit willen geschützt und von daher zu interpretieren.

In diesem Sinne ist wohl auch das Bundesverfassungsgericht zu verstehen, das ausdrücklich den Anspruch zurückweist, das Grundgesetz schütze die soziale Marktwirtschaft. Man muß annehmen, daß das Bundesverfassungsgericht mit dieser Feststellung in seiner Entscheidung vom 20. 7. 1954 auf den Vortrag antworten wollte, den H. C. *Nipperdey* am 5. 3. 1954 in Karlsruhe gehalten hat und in dem er die gegenteilige These vertrat.[10] Das Bundesverfassungsgericht hat selbstverständlich nicht infrage gestellt, daß die Grundrechte der Wirtschaftsplanung Grenzen setzen, sondern es wollte die *Funktionalisierung der Grundrechte* im Dienste eines Wirtschaftssystems zurückweisen. Diese Funktionalisierung verleitete Nipperdey zu Interpretationen etwa des Art. 2 I und des Art. 12 I, die das Bundesverfassungsgericht nicht übernommen hat. Die Auslegungen dieser Grundrechte durch das Bundesverfassungsgericht lassen der Gestaltungsfreiheit des Gesetzgebers einen wesentlich weiteren Spielraum als *Nipperdeys* Auslegung. Aber die Dialektik der Sache ist, daß die Grundrechte durch diese Entfunktionalisierung aus der politischen Sphäre der wirtschaftlichen Interessen- und Zweckmäßigkeitsauseinandersetzungen herausgenommen und damit als Schutzwall persönlicher Freiheit nicht geschwächt, sondern gefestigt wurde. Es ist kurzsichtig, gegen diese Grundsatzentscheidung des Bundesverfassungsgerichts immer von neuem anzurennen.[11]

Über die Zweckmäßigkeit der verschiedenen wirtschaftspolitischen Ansätze und Vorschläge kann und muß man diskutieren. Auch können Maßnahmen, die sich nicht bewähren, wieder geändert werden – der demokratische Gesetzgebungsprozeß bleibt offen für Erfahrungen und Zweckmäßigkeitserwägungen. Für die verfassungsrechtliche Auseinandersetzung aber kommt es darauf an, sich bewußt zu bleiben, mit welchen Maßnahmen der Staat in die Wirtschaft eingreifen dürfte. Läßt man sich nicht von jeweils aktuellen

Interessen oder Ideologien, sondern vom Grundgesetz unter Berücksichtigung der Vorstellungen der Verfassungsväter und der Rechtsprechung des Bundesverfassungsgerichts leiten, so sind folgende Gruppen von Maßnahmen verfassungsmäßig, wenn nicht besondere Umstände sie ausnahmsweise verfassungswidrig machen:

Erstens: Maßnahmen zur *Aufrechterhaltung einer Wettbewerbswirtschaft,* also Verbote und Kontrolle von Fusionen, Kartellen, Preisbindungen, Absatzkontingentierungen, vereinbarten Produktionsbeschränkungen, Gebietsaufteilungen, Haftungsausschlüssen, ferner Maßnahmen zur Begrenzung von Wachstum oder zur Kontrolle der Werbung usw. Derartige Maßnahmen wären jedenfalls im Regelfall keine Eingriffe in das Grundrecht der Berufswahl, sondern zulässige Regelungen der Art und Weise der Berufsausübung; sie wären keine Eingriffe in das Eigentum, sondern zulässige Regelungen von Inhalt und Schranken des Eigentums unter Berücksichtigung seiner Sozialbindung; sie wären schließlich keine Eingriffe in das Grundrecht der allgemeinen Handlungsfreiheit, sondern zulässige Beschränkungen, sofern gesetzliche Grundlagen für sie bestehen.

Zweitens: Maßnahmen zur *Kontrolle von trotzdem entstandener wirtschaftlicher Macht,* z. B. Maßnahmen zur Kontrolle von Preisen, wie Transparenz der Preisgestaltung, Genehmigungspflicht von Preiserhöhungen bei marktbeherrschenden Unternehmen, ferner notfalls staatliche Zwangsverwaltung von Unternehmen, ferner Mitbestimmung – die schließlich die Konsequenz daraus ist, daß wirtschaftliche Macht im großen Umfang wieder entstanden ist: Der Grundgesetzgeber wollte wirtschaftliche Macht entweder verhindern oder der Mitbestimmung unterwerfen, und man kann nicht unter Berufung auf das Grundgesetz auf beides verzichten.

Drittens: Maßnahmen zur Überführung von Grund und Boden, von Naturschätzen und Produktionsmitteln in *Gemeineigentum* oder in andere Formen der Gemeinwirtschaft. Dies mag wirtschaftspolitisch unzweckmäßig und überdies unbezahlbar sein. Das Grundgesetz jedoch sieht die Möglichkeit vor (Art. 74 Ziff. 15 und Art. 15 GG), und es ist eine üble Verwilderung des politischen Kampfes, jemanden, der sich darauf beruft, zum Verfassungsfeind zu stempeln. Es ist auch nicht richtig, wenn *Herzog,* a. a. O., meint, es müßten „schwerwiegende Gründe nachgewiesen werden, um die Zulässigkeit der Verstaatlichung darzutun". Zwar ist eine Enteignung nach Art. 14 GG „nur *zum Wohle der Allgemeinheit* zulässig". Ob das der Fall ist, prüft das Bundesverfassungsgericht nach, ohne an die Auffassung des Gesetzgebers gebunden zu sein. Aber es kann sich über Wertungen und Erwägungen des Gesetzgebers „nur dann hinwegsetzen, wenn sie eindeutig widerlegbar oder offensichtlich fehlsam sind oder der Wertordnung des Grundgesetzes widersprechen" (BVerfGE 24, 406). – Soweit die in Art. 15 aufgezählten Gegenstände durch Gesetz sozialisiert werden, entfällt selbst diese Prüfung; der Nutzen für das Wohl der Allgemeinheit wird vielmehr von Verfassungs wegen unterstellt. Hierin liegt der wesentliche Unterschied zwischen den Art. 14 und 15. Diese Unterstellung beruht bei Grund, Boden und Naturschätzen wohl darauf, daß es sich um *nichtproduzierbare Waren* handelt, und insofern steht diese Vorschrift in Übereinstimmung mit der marktwirtschaftlichen Theorie. Denn diese geht davon aus, daß die knappe Ware teuer wird und daß daraus das Interesse wächst, sie zu reproduzieren, wodurch die Nachfrage gedeckt und der Preis wieder gesenkt wird. Dieser Mechanismus versagt bei nichtreproduzierbaren Waren.[12] Wenn im übrigen auch „Produktionsmittel" sozialisiert werden können, so kann dabei immer nur an einzelne Zweige gedacht sein, wie sich aus der Pflicht zur Entschädigung ergibt, die der Verstaatlichung größeren Umfanges praktische Grenzen setzt. Bei der Ermächtigung zur Sozialisierung von Produktionsmitteln war in erster Linie an Fälle gedacht, in denen der Marktmechanismus nicht funktioniert.

Viertens: Maßnahmen zur *Globalsteuerung* der Wirtschaft durch Mittel der Haushalts-, Steuer-, Geld- und Kreditpolitik, der außenwirtschaftlichen Entscheidungen usw. sind heute verfassungsrechtlich unstreitig und zum Teil auch durch grundgesetzliche Ermächtigungen abgesichert.

Fünftens: Die Unterordnung der Wirtschaft unter die Erfordernisse der öffentlichen *Sicherheit und Ordnung* ist an sich ebenfalls unbestritten. Aber es ist darauf hinzuweisen, daß heute diese Begriffe so erweitert interpretiert werden müssen, daß auch den Erfordernissen der Rettung von Luft, Wasser, biologischer *Umwelt,* Klima usw. wirksam Rechnung getragen werden kann.

Sechstens schließlich: Es gibt *langfristige Gemeinschaftsbedürfnisse,* die der Markt, der sich an der Nachfrage und damit am jeweils aktuellen Einzelbedürfnis orientiert, nicht leisten kann, z. B. politische Erfordernisse der Entwicklungshilfe, der Vorbereitung von Autarkie auf Teilmärkten, um internationalen Erpressungen vorzubeugen, Probleme der Energieversorgung, der Infrastruktur, der Regionalstruktur usw. Es ist unvermeidlich, daß der Staat durch *Planungen* und ihren direkten oder indirekten Vollzug in die Wirtschaftsfreiheit eingreifen kann, ohne daß dem ein grundgesetzlich garantiertes Marktsystem entgegengehalten werden könnte.

Es wäre sicherlich unzweckmäßig, wenn der Staat den Ermessensspielraum, den das Grundgesetz ihm zur Verfügung stellt, zu Eingriffen in die Wirtschaft unbedingt und überall ausschöpfen würde. Es spricht viel dafür, die Unternehmer nicht zu verunsichern und *auf den marktwirtschaftlichen Mechanismus, soweit er funktioniert,* zu vertrauen. Es kann aber für uns bei einigen Problemen buchstäblich zu einer Überlebensfrage werden, daß wir uns das Grundgesetz durch die Besitzindividualisten ebensowenig ideologisieren lassen wie durch irgendwelche anderen Gruppen, sondern es juristisch auslegen und uns des Handlungsspielraumes bewußt bleiben, den das Grundgesetz gewährt.

DAS GRUNDGESETZ IM PARTEIENKAMPF

Eine Auseinandersetzung mit Schelsky

I. Die Infragestellung der Friedensfunktion der Verfassung

Werden wir ein „Volk der guten Nachbarn auch im Innern" (*Brandt*), oder treiben wir in einen *„pluralistischen Totalitarismus",* der eines Tages in einen offenen Bürgerkrieg umschlagen könnte? Der Münsteraner Soziologe Helmut *Schelsky* nimmt das letztere an. Er beschreibt seine Erwartungen wie folgt:

„Eine ‚Totalisierung‘ der Politik braucht sich nicht nur in einer Einpartei zu bezeugen, sie kann sich auch in Form eines ‚*pluralistischen Totalitarismus*‘, einer Totalisierung zweier polarer Blöcke zunächst durchsetzen. Wann diese Konfliktpolarisierung totalistischer Art dann in den *offenen Bürgerkrieg* und in die völlige Unterdrückung des ‚anderen Lagers‘ umschlägt, ist eine Frage der politischen Chance des sicheren Übergewichts; sie kann bewußt *verzögert* werden, bis die Konflikttendenz der Polarisierung eindeutige Übermachtssituationen schafft. In dieser Retardierungsphase der im Trend totalitären Politisierung befindet sich nach meinem Urteil jetzt die Bundesrepublik."[1]

Ob sich *Schelskys* düstere Prognose bestätigt, hängt von Umständen ab, die wir in der Hand haben. Es ist keine Frage der Absicht, sondern der Einsicht. Denjenigen, die es rechts und links absichtlich auf die *Polarisierung* anlegen, steht eine breite Mitte gegenüber, die zwar weiß, daß sich keine Seite von der Polarisierung etwas versprechen kann, die aber unabsichtlich in die auseinandertreibenden Strömungen hineingerissen wird. Die in die Eskalation treibenden Energien können nur unwirksam gemacht werden, indem man ihren Ursprung erkennt.

Zunächst: Sie haben ihren Ursprung *nicht in der großen Spannweite* der politischen Meinungen und Interessen in der Bundesrepublik. Zwar hat die Aufnahme der ehemaligen APO in die SPD einen Re-Ideologisierungs-Prozeß eingeleitet, sichtbar zum Beispiel in Amerika-feindlichen Juso-Beschlüssen. Die linke Welle hat eine entsprechende Verängstigung und Re-Ideologisierung auf dem rechten Flügel ausgelöst, sichtbar zum Beispiel in der Umwandlung ehemals liberalkonservativer Zeitungen in parteipolitische Kampfblätter. Aber immerhin: Alle funktionierenden Demokratien der westlichen Welt halten diese Spannweite aus, ohne in feindliche Blöcke auseinanderzubrechen. Ein Blick über unsere Grenzen belehrt uns, daß die Polarisierung bei uns bei weitem nicht dieselbe Schärfe angenommen hat wie etwa in Italien, Frankreich, Belgien,

Großbritannien und den USA. Der demokratische Verfassungsstaat kann schärfere Polarisierungen verkraften. Er hat unter anderem den Sinn, die Auseinandersetzung auch zwischen sehr gegensätzlichen Positionen in ein friedliches Verfahren zu zwingen. Wenn man die zu groß gewordene Spannweite für die Polarisierung verantwortlich machen wollte, so liefe das nicht auf eine fruchtbare Ursachenanalyse sondern auf eine fruchtlose Schuldzumessung hinaus. Und zwar soll jeweils das andere Lager schuld sein: „Ja, wenn es die Klassengegner nicht gäbe . . .“ oder: „Wenn es die Demokratisierungstendenzen nicht gäbe, dann wollten wir uns wohl in den Rahmen der Verfassung einfügen!“ Demokratie aber muß man mit den Bürgern machen, die da sind. Den Rahmen der Verfassung verläßt derjenige, der seine Bereitschaft zur Einfügung von der Bedingung abhängig macht, daß der politische Gegner seine Position aufgibt.

Eine der wichtigsten Ursachen der Polarisierung ist vielmehr die *parteiideologische Funktionalisierung des Grundgesetzes.* Der innere Frieden hängt davon ab, daß das demokratische Verfassungssystem die gemeinsame Konsensgrundlage bleibt, unabhängig von allen noch so gegensätzlichen politischen Anschauungen und Interessen. Diese das Ganze zusammenhaltende Klammerfunktion verliert das Grundgesetz durch eine ideologisierende Verfassungsinterpretation. Wird die jeweilige Parteiideologie in das Grundgesetz hineininterpretiert, so wird damit gleichzeitig der politische Gegner zum Verfassungsgegner uminterpretiert. Wenn beide Seiten das tun, so berufen sich zwar beide auf das Grundgesetz, aber sie berufen sich damit nicht mehr auf gemeinsame, sondern auf gegensätzliche Prinzipien. Das in zwei Parteiideologien aufgelöste Grundgesetz verliert nicht nur seine Friedensfunktion, sondern wird im Gegenteil zum Vehikel des „pluralistischen Totalitarismus“.

„*Das Grundgesetz ist wirtschaftspolitisch neutral*“, sagt das Bundesverfassungsgericht[2] – bis zur Grenze konkreter Verletzung von Grundrechten und anderen Verfassungsprinzipien selbstverständlich. Im gleichen Sinne ist es auch gesellschaftspolitisch, außenpolitisch usw. neutral. Zur Kunst der Verfassungsinterpretation gehört, den politischen Entscheidungen verfassungsrechtlich Grenzen zu ziehen, gleichzeitig aber das Spielfeld der demokratisch-politischen Auseinandersetzung in seiner ganzen Weite offenzuhalten. Das Bundesverfassungsgericht hat den Grundsatz der politischen Neutralität des Grundgesetzes im allgemeinen befolgt; die verfassungsrechtliche Lehre hat das zumindest überwiegend getan; in der politischen Rhetorik beider Lager aber wird dieser Grundsatz zunehmend verletzt.

Ein Beispiel: Die „Demokratisierung" – Mitbestimmung in der Wirtschaft, in den Hochschulen usw. – ist weder ein Gebot des Grundgesetzes noch ist sie, bis zu gewissen Grenzen, verfassungswidrig. Wird aber die „Demokratisierung" als *Vollzug eines Verfassungsauftrages* ausgegeben, so werden die Gegner der Demokratisierung zu Verfassungsgegnern empordämonisiert. Damit ist die Konsensgrundlage des Grundgesetzes aufgekündigt, die politische Auseinandersetzung wird zum Kampf um die Verwirklichung der Verfassung. Auf diese Weise wird der Parteienkampf totalisiert.

Selbst ein so kluger Mann wie *Helmut Schmidt* sprach von dem „Verfassungsbefehl des Grundgesetzes", die Bundesrepublik zu einem sozialen und demokratischen Bundesstaat zu machen. In Art. 20 Abs. 1 des Grundgesetzes heißt es aber: „Die Bundesrepublik Deutschland *ist* ein demokratischer und sozialer Bundesstaat", nicht: Sie soll einer werden. An der Gestaltung des Grundgesetzes war die CDU ebenso beteiligt wie die SPD, und die CDU hatte nicht die Absicht, mit Verfassungsrang festzulegen, daß die sozialdemokratischen Parteiziele verwirklicht werden sollten. Daß die Bundesrepublik demokratischer und sozialer werden solle, ist die freie Entscheidung freier Parteimitglieder, nicht die Entscheidung des Grundgesetzes. Es handelt sich um mündige Bürger, nicht um stramme Soldaten, die einen Verfassungsbefehl ausführen. Die Entscheidung des Grundgesetzes beschränkt sich darauf, einen Rahmen zu schaffen, innerhalb dessen für diese politischen Ziele gewirkt werden kann.

Das Entsprechende gilt spiegelbildlich für die Tendenzen, die sozialdemokratischen Ziele als verfassungsaushöhlend hinzustellen und der CDU zu empfehlen, sich als Partei der Verfassungsverteidigung zu ideologisieren: „Freiheit oder Sozialismus". Damit fördert man weder Freiheit noch Gewaltenteilung, sondern bloß die Polarisierung und auf diese Weise die Verfassungsaushöhlung. Werden also z. B. Demokratisierungstendenzen voreilig als *unvereinbar mit dem Grundgesetz* hingestellt, so schrumpft das Grundgesetz auch auf der anderen Seite zur Parteiideologie. Erklärt sich die Union zur Partei der Verfassung, der Gewaltenteilung, der Freiheit, so werden damit ihre sozialliberalen Gegner als Gegner der Verfassung, der Gewaltenteilung, der Freiheit definiert. Eine so zur Parteiideologie geschrumpfte Verfassung hört auf Verfassung zu sein, sie ist nur noch Parteiideologie. Die Verfassung als Parteiideologie aber zehrt nicht nur die Friedensbasis auf, sondern dient zugleich der Radikalisierung. Im Extremfall wird die zur Parteiideologie umfunktionalisierte Verfassung Waffe im latenten Bürgerkrieg.

Die geschichtliche Erfahrung

Die Partei, die sich mit der Verfassung identifiziert, *identifiziert sich mit dem Ganzen*. Der Gegner des Ganzen aber kann eigentlich keine Rechte innerhalb des Ganzen haben. Wir haben in unserer Geschichte bereits Erfahrungen mit der parteiideologischen Umfunktionierung von Begriffen gemacht, die das Ganze bezeichnen, nämlich mit den Begriffen „Staat" und „Nation": Mit der Spaltung in angeblich „staatserhaltende" und „staatszersetzende" Kräfte wurde das Kaiserreich gesprengt, mit der Spaltung in angeblich „nationale" und „antinationale" Kräfte die Weimarer Republik. Das demokratische Verfassungssystem des Grundgesetzes hat diese Spaltungstendenzen auffangen können. Wenn wir aber denselben Fehler wiederholen und dieses Verfassungssystem selbst parteiideologisch umfunktionieren, dann gibt es nichts mehr, was den Weg in die Totalpolarisierung aufhalten könnte.

Die *jeweilige Opposition* steht meistens stärker in der Versuchung, die Verfassung parteiideologisch aufzuladen. Was sie auf parlamentarischem Wege nicht durchsetzen kann, versucht sie auf dem Wege der *Verfassungsinterpretation* zu erreichen: Sie *weicht aus in die dritte Gewalt*. So entwickelten sich in den beiden ersten Jahrzehnten der Bundesrepublik Tendenzen, die darauf hinausliefen, das Grundge-

setz mit sozialdemokratischen Inhalten aufzufüllen: Den freiheits-
verbürgenden Grundrechten wurden zugleich Ansprüche auf staatliche Leistungen entnommen, den staatsgerichteten Grundrechten
wurde unmittelbare Wirkung gegen Private beigelegt, aus Prinzipien des Grundgesetzes wie Menschenwürde, Freiheit, Gleichheit,
Demokratie, Sozialstaat wurden Verfassungsaufträge abgeleitet, die
politisch zu vollziehen waren. Und umgekehrt entwickelte das
andere Lager Tendenzen, Prinzipien der Erhardschen Marktwirtschaft in das Grundgesetz hineinzudeuten, so daß jeder, der sie in
Frage stellt, als Verfassungsgegner erscheint;[3] oder Demokratisierungstendenzen wurden als Zersetzung der Gewaltenteilung gedeutet oder außen- und deutschlandpolitische Doktrinen in das Grundgesetz hineininterpretiert (zum Beispiel Identitätsthese als verfassungsrechtlicher Ausdruck der Hallstein-Doktrin). Rechtsprechung und Lehre haben solche und ähnliche Bestrebungen im allgemeinen so weit zurückgewiesen, daß sie das Prinzip der Neutralität
des Grundgesetzes bisher nicht gefährden konnten.

Die Tendenzen, das Grundgesetz parteiideologisch zu funktionalisieren, weichen deshalb in die politische Rhetorik aus und vermeiden die Anrufung des Bundesverfassungsgerichts. Als Begründung
wird aufgeführt: Man wolle „das Bundesverfassungsgericht aus
politischen Kontroversen heraushalten". Es kommt aber nicht darauf an, das Bundesverfassungsgericht, sondern das Grundgesetz
herauszuhalten. Zieht man das Grundgesetz in die politischen Kontroversen hinein, so wird das Bundesverfassungsgericht für die
Entscheidung zuständig. Wer eine Maßnahme für verfassungswidrig hält, soll auch klagen. Hält er die Klage für aussichtslos, soll er
nicht die Regierung oder das Parlament in den Geruch verfassungswidriger Maßnahmen bringen. Unser gerichtliches Rechtsschutz-
system ist so lückenlos wie kein anderes in der Welt: Gegen verfassungswidrige Entscheidungen gibt es immer die Möglichkeit, die
Gerichte anzurufen.

Das Verfassungsgericht heraushalten, das Grundgesetz aber
gleichzeitig hineinziehen wollen: Das bedeutet nicht nur das Grundgesetz parteiideologisch zu funktionalisieren, sondern gleichzeitig
der Befriedungsmöglichkeit auszuweichen, die im verfassungsge-

richtlichen Verfahren liegt. Auf diese Weise hält sich die Opposition für alle Zukunft die Möglichkeit offen, die Außen- und Innenpolitik der Regierungsmehrheit als verfassungswidrig hinzustellen.

Für *Schelsky* bedeutet Demokratisierung Zerstörung des Verfassungssystems der Gewaltenteilung. Er sagt: „Gegen diesen Abbau der aus der liberalen Gewaltenteilung fließenden Verantwortung des Staates sind keine Klagen vor irgend einem Verfassungsgerichtshof möglich."[4] Soweit das richtig ist, folgt daraus, daß die angefochtenen Maßnahmen eben nicht verfassungswidrig sind. Dann aber gilt es, den Kampf nicht mit dem Argument der Verfassungswidrigkeit, sondern mit dem Argument der Unzweckmäßigkeit zu führen. Es erzeugt ein Klima der Angst, wenn man den Blick der Bürger auf angebliche Verfassungsfeinde fixiert und verengt und wenn man Verfassungsverletzungen erfindet.

Wen wundert es, wenn unter diesen Umständen das Prinzip, wonach Verfassungsfeinde nicht in den öffentlichen Dienst gehören, ins Schußfeld gerät? Tendenzen zur „Systemüberwindung" sind zum Teil verfassungsfeindlich, zum Teil aber nur auf durchgreifende Reformen des wirtschafts- und gesellschaftspolitischen Systems im Rahmen des Grundgesetzes gerichtet. Man mag solche Systemüberwindung für gefährlich halten und politisch alarmiert sein: Wer aber allen Systemüberwindern unterschiedslos ohne weiteres Verfassungsfeindschaft unterstellt, fügt den Gefahren nur eine weitere hinzu. Er erweckt den Anschein, er wolle verfassungstreuen Demokraten mit mißliebigen politischen Ansichten den Weg in den öffentlichen Dienst versperren. Man versichert, das wolle man nicht, und verlangt Vertrauen, daß der Staat seine Befugnisse nicht mißbrauchen werde. Mit anderen Worten, man wolle verfassungstreue politische Gegner zwar als Verfassungsfeinde bezeichnen, nicht aber als Verfassungsfeinde behandeln. Man verlangt also, zwischen politischer *Rhetorik* und *juristisch korrekter Amtsausübung* zu unterscheiden und die „bloße Rhetorik" als solche zu durchschauen. Ist das nicht zuviel verlangt? Artikulieren dann liberale Bürger ihr Mißtrauen, daß sich die politische Rhetorik in mißbräuchlicher Amtsausübung niederschlagen könnte, so gilt dies als Beweis dafür, daß sie den Staatsdienst für Verfassungsfeinde öffnen wollten. Als

Helfershelfer der Verfassungsfeinde seien sie letztlich ebenfalls Verfassungsfeinde. Solche Argumentation verschärft auf der anderen Seite wiederum das Mißtrauen, und so eskaliert man in die Totalpolarisierung hinein. Wer den demokratischen parteipolitischen Gegner als Verfassungsfeind betrachtet, gerät in die Gefahr, selbst ein Verfassungsgegner zu werden.

II. Wie man Polarisierungen antreibt

Ein Anstoß zur parteiideologischen Umfunktionierung der Verfassung kann von *Schelskys* Theorie des *„pluralistischen Totalitarismus"* selbst ausgehen. Schelsky betont, zum Optimismus bestehe kein Anlaß mehr; es gehe nun unausweichlich bergab – in die wechselseitige totalitäre Bedrohung hinein. Diese Theorie kann als self-fullfilling prophecy wirken und den „pluralistischen Totalitarismus" in der Wirklichkeit tatsächlich herbeiführen. Denn wer an sie glaubt, für den wird die parteipolitische Auseinandersetzung zu einem Kampf um Sein oder Nichtsein. Er sieht sich in einer vermeintlichen *Notwehrlage,* die Notwehrmaßnahmen rechtfertigt, und da die Bedrohung als eine absolute erscheint, müssen die Notwehrmaßnahmen entsprechend sein. Die Demokraten in der Mitte erscheinen naiv, werden entmutigt und isoliert. Alle Institutionen werden ergriffen: Die Entscheidungen werden politisiert und entsachlicht, bei Stellenbesetzungen geht politische Linientreue vor Qualifikation, die Rechtsprechung, die Wissenschaft, die Presse geraten mehr und mehr in den Sog der partei-ideologischen Polarisierung. – Zum Zweck der Abwendung dieser Polarisierung wird die engagierte Parteinahme für die Union empfohlen – wogegen vom Standpunkt des Verfassungsrechts nichts zu sagen wäre, wenn die Begründung nicht fatal wirken würde: Nämlich indem man dieser Partei diene, diene man der Verfassung. Die Verfassung aber ist überparteilich; ihre Identifikation mit einer Partei kann das Verhängnis nicht abwenden, sondern im Gegenteil nur fördern. Kurz, die bloße Behauptung des pluralistischen Totalitarismus kann uns in eben diesen pluralistischen Totalitarismus hineintreiben.

Für diese Wirkung dieser Theorie gibt es ein geschichtliches Vorbild: Schon gegen Ende der *Weimarer Zeit* sprach man von „pluralistischem Totalitarismus". Damals war das noch eher verständlich, weil es rechts und links tatsächlich totalitäre Parteien gab. Trotzdem war diese Theorie auch damals eine maßlose Übertreibung. Sie wirkte *nicht bremsend, sondern treibend.* So formulierte Carl *Schmitt* 1932: Es wachse „die Erkenntnis, daß in der Demokratie die Ursache des heutigen ‚totalen Staates' (gemeint war die Weimarer Republik!), genauer der totalen Politisierung des gesamten menschlichen Daseins zu suchen ist, und daß es, wie Heinz O. *Ziegler* (Autoritärer oder totaler Staat, Tübingen 1932), darlegt, einer stabilen Autorität bedarf, um die notwendigen Entpolitisierungen vorzunehmen und, aus dem totalen Staat heraus, wieder freie Sphären und Lebensgebiete zu gewinnen".[5]

Man zieht heute nicht den Schluß, daß es auch jetzt wieder eines „autoritären Staates" bedarf, der die „notwendigen Entpolitisierungen" vornimmt, um die Freiheit zu retten. Aber diese Folgerung legt sich nahe. Ihre Verwirklichung kann heute praktisch nur darin bestehen, daß das eine Lager das andere politisch auszuschalten versucht. Das jeweils andere Lager wird sich diese Tendenzen kaum gefallen lassen und dann lieber kämpfen als unterdrückt werden. Wer immer den Endsieg erringt: Er kann sich schließlich nur mit Terror behaupten; es kann folglich keinen „autoritären", sondern nur einen totalitären Staat geben.

Wird Schelskys hoffnungslose Perspektive Gemeingut, so drängt sich die weitere Folge auf: Mit dem eigenen Lager schneller, energischer, erfolgreicher zu sein und dem Gegner zuvorzukommen. Dies war jedenfalls die Folgerung, die man 1933 aus der Theorie des pluralistischen Totalitarismus zog: Nur ein verhältnismäßig kleiner Teil der Bevölkerung bestand aus ideologisch überzeugten Nazis. Was trieb die Liberalen und Konservativen aller Schattierungen und beider Konfessionen dazu, den Nazis trotzdem unumschränkte Vollmachten zuzubilligen, die Verfassungsgarantien aufzuheben und die eigenen Parteien aufzulösen? Eine wesentliche Rolle spielte die Vorstellung, *in einem Totalitarismus treibe man ohnehin,* man habe nur zu wählen zwischen rechts und links, und man wählte rechts.

Gewiß, so ist es von *Schelsky* nicht gemeint: Es handelt sich vielmehr um eine Resignationstheorie, gewonnen aus Erfahrungen im Hochschulbereich, übertragen aufs politische Ganze, wo sie nicht paßt. Aber „auf der Suche nach Wirklichkeit" muß man eine solche Theorie in das politische Kräftefeld der Bundesrepublik hineinstellen und überlegen, was politisch daraus werden kann und muß.

Will man die eskalationstreibende Wirkung solcher Theorien neutralisieren, so muß man zunächst das Weltbild unserer Gesellschaftswissenschaftler an der wirklichen Welt unserer Gesellschaft korrigieren:

Schelsky nimmt an, die Polarisierung habe damit begonnen, daß Bundeskanzler Brandt in seiner Regierungserklärung vom 28. 10. 1969 dazu aufgefordert hat, „mehr Demokratie zu wagen". *Mehr Demokratie* aber bedeute *weniger Gewaltenteilung* und damit weniger *Freiheit. Schelsky* veranschaulichte seine These am Beispiele der demokratisierten Hochschule.[6] Indessen wird durch die sogenannte „Demokratisierung der Hochschule" die Gewaltenteilung gar nicht berührt. Die Verfassungsorgane des Staates sind gar nicht betroffen, die Dualität zwischen Staat und Hochschule bleibt erhalten, und es bleibt bei verschiedenen, auf Kooperation angewiesenen Organen innerhalb der Hochschulen. Lediglich die Zusammensetzung dieser Organe ist verändert, und zwar nicht im demokratischen, sondern im ständischen Sinn. Wogegen Schelsky sich im Grunde wendet, ist die größere Beteiligung von politisierten Studenten, die für Verwaltungsorgane ein über ihre rechtliche Zuständigkeit hinausgehendes politisches Mandat in Anspruch nehmen, bei gleichzeitiger Minderung staatlicher Aufsichtsbefugnisse. Und er hätte sich auch gegen die sanktionslose Duldung von Rechtsbrüchen in den Hochschulen wenden können. Gegen alle diese Tendenzen gibt es in der Tat gewichtige Einwände, aber mit dem Schema „Demokratisierung gegen Gewaltenteilung" sind sie nicht zu fassen.

So wenig wie am Beispiel der Hochschule ist auch sonst die Gegenüberstellung von „mehr Demokratie – weniger Gewaltenteilung" überzeugend. *Schelsky* beklagt zum Beispiel das *Bürgerengagement* im Wahlkampf und die hohe *Wahlbeteiligung*. Er hält beides für

Zeichen eines neuen *Irrationalismus*. Dazu ist dreierlei zu sagen: Zunächst: Selbst wenn es nur Irrationalismus wäre, so würde dieser die Gewaltenteilung nicht beeinträchtigen. Er kann Auswirkungen haben auf die Sachlichkeit der Entscheidungen von Beamten, Richtern, Zeitungsredaktionen usw. Dem aber kann man nur entgegenwirken, indem man die Verfassung als gemeinsame Konsensgrundlage betont, anstatt sie selbst in den Strudel der irrationalen Politisierung mit einzubeziehen.

Sodann: Der irrationale und emotionale Charakter des Bürgerengagements und der Wahlbeteiligung ist aber auch selbst eine fragwürdige These. Jede Seite findet die Wahlentscheidung des jeweiligen Gegners irrational, die eigene hingegen rational. In Wirklichkeit betont jede Seite Aspekte, die fast alle zumindest einen rationalen Kern haben. Das Ganze ist das Wahre. Gewiß spielen die *führenden Persönlichkeiten* bei der Wahl eine große Rolle, wie Schelsky betont. Aber das ist weder neu noch ein Beweis für Irrationalität. Man wählt nämlich nicht einfachhin den Sympathischeren – das wäre in der Tat töricht –, sondern den Vertrauenswürdigeren, also den, der einem klüger, problemnäher, weniger emotionalisiert erscheint.

Schließlich: Daß das Bürgerengagement und die hohe Wahlbeteiligung auf die Aufforderung Brandts zurückzuführen sein soll, mehr Demokratie zu wagen, will um so weniger einleuchten, als sich nach *Schelsky* auch *Brandts Gegner* von dieser Aufforderung hätten bestimmen lassen! Auch muß man sich daran erinnern, daß die gegenwärtige Polarisierung zwar stärker ist, als sie zur Zeit der Großen Koalition war, selbstverständlich, aber doch wesentlich milder als etwa zur Zeit Adenauers („Kanzler der Alliierten", „Untergang Deutschlands", „Alle Wege des Sozialismus führen nach Moskau", Rotbuch „Rettet die Freiheit" usw.). Den Ursprung der Polarisierung in Brandts Regierungserklärung zu suchen, bedeutet, die Schuld an ihr einseitig der einen Seite anzulasten. Zur Polarisierung gehören aber zwei. Diese Schuldzumessung erinnert an die Kindergeschichte über den Ursprung eines Streites: „Ich saß ganz friedlich da, und auf einmal hat der Fritz mich zurückgeschlagen." Offenbar fehlt ein Stück im Bericht. Solche Einseitigkeit kann die Polarisierung nicht überbrücken, im Gegenteil: nur vorantreiben.

In dieser Hinsicht erscheint ein Blick in *Schelskys* Artikel *„Die Strategie der Systemüberwindung"*[7] aufschlußreich. Schelsky gibt dort mit einem durch Erbitterung geschärften Blick eine im Kern klarsichtige und treffende Analyse der Methode dieser Strategie und des machtideologischen Charakters ihrer Ideen. Er überzeichnet allerdings in dreierlei Hinsicht. *Zunächst:* Er unterscheidet nicht, wo sich diese Strategie gegen das Verfassungssystem und wo sie sich nur gegen das Marktsystem richtet, und er verkennt folglich auch die berechtigten Aspekte der Vorwürfe gegen ein angebliches Marktsystem, in dem die Euckenschen Forderungen an staatliche Herstellung des Wettbewerbs (konsequente Verhinderung von Konzentrationen, Kartellen, Haftungsbeschränkungen, Preisbindungen, Subventionen, Suggestionsreklame usw.) vernachlässigt worden sind. Bezeichnenderweise ersetzt die FAZ im Vorspann zu *Schelskys* Artikel den Begriff des „Verfassungssystems", auf den es nach Schelsky die Systemüberwinder abgesehen haben, durch den Begriff der *„marktwirtschaftlichen Ordnung"*. Damit wird *Schelskys* These zwar zutreffend korrigiert, seiner Argumentation aber zugleich die Grundlage entzogen. Dies bleibt jedoch in der Schwebe, und der unscharfe Begriff der „Systemüberwinder" erlaubt es, dem Häuflein der Verfassungsüberwinder zugleich alle Kritiker unseres Wirtschaftssystems zuzurechnen. Wirtschaftssystem und Verfassung werden identifiziert, ohne daß dies der Öffentlichkeit so recht bewußt wird.

Zweitens überschätzt *Schelsky* den bewußten Zynismus und unterschätzt die doktrinären, modischen und opportunistischen Komponenten. Und *drittens* überschätzt er aus seiner Hochschul-Perspektive Einfluß und Einflußchancen der Systemüberwinder. Diese haben ja zwar Schlachten gewonnen, aber den Krieg verloren: Zur Machtelite können nur diejenigen werden, die sich ins politische Verfassungssystem integrieren.

Für unseren Zusammenhang bedeutsamer als *Schelskys* Übertreibungen sind jedoch seine Weglassungen: Er scheint nicht zu sehen, welchen ebenfalls machtideologischen Interessen seine Übertreibungen entgegenkommen und wer sie wie und warum zum Zweck der Anheizung der Polarisierung ausnutzt. *Schelsky* schreibt treffend: „*Information* ist das entscheidende Produktionsmittel der modernen Gesellschaft geworden und die Monopolisierung dieses Produktionsmittels ist die aussichtsreichste Form der politischen Herrschaftsdurchsetzung."[8] Sehr wahr! Soll man es aber für möglich halten, daß dem Autor dieses Satzes der Zusammenhang von Pressekonzentration und Polarisierung entgangen ist? Und weiß er zweitens nichts von den Bemühungen, die – teils mit, teils ohne Erfolg – darauf hinauslaufen, die abwägende Mitte aus Rundfunk, Fernsehen und Presse herauszuhalten – unter dem Vorwand, es gäbe nur entweder den rechten Flügel der CDU/CSU oder die Strategien der Überwindung des Verfassungssystems und ihre Helfershelfer?

Solange diese Verdrängung der Mitte aus den Publikationsmedien nicht gelungen ist, hat dasjenige politische Lager die bessere Chance, die wahlentscheidende Mitte zu gewinnen, die das bessere Verständnis für die Friedensfunktion der Verfassung hat. Diese Verdrängung muß also das entscheidende Ziel von beiden an der Polarisierung interessierten Gruppen sein. Der Kampf wird leise, aber unerbittlich geführt. Die Mitte steht zwar in der Defensive, aber sie kann sich noch behaupten. Ihre Chancen verbessern sich in dem Maße, in dem der *Mechanismus des Zusammenspiels von rechten und linken Polarisierern* durchschaut wird.

Schelsky meint nun, eine Krisendiagnose müsse nicht krisentreibend, sie könne auch bremsend wirken.[9] Zugegeben. Aber gilt das auch für seine These von der unaufhaltsamen Totalpolarisierung in der Bundesrepublik? Das ist zu bezweifeln. Denn wenn man die Polarisierung so maßlos übertreibt und sogar den Bürgerkrieg als unabwendbar hinstellt, so begünstigt das die Extremisten und stempelt die Mitte zu Narren. So sieht es *Schelsky* auch selbst: In „Situationen der radikalen Polarisierung widerlegen sich alle Liberalen durch sich selbst; sie können dann nur noch Eigentore schießen".[10] Liberal kann nur bleiben, wer überzeugt ist, daß die Vernunft noch eine Chance hat. Es ist übrigens nicht restlos klar, ob *Schelsky* die polarisierungstreibende Wirkung seiner These wirklich bestreiten oder vielmehr zugestehen, aber damit entschuldigen will, es gehöre nun einmal zur soziologischen Krisenanalyse, „daß durch sie die Krisenlage selbst angeheizt oder gar erst hervorgetrieben würde".[11]

In der Polarisierung rumoren alte, tief ins vorige Jahrhundert zurückreichende Traditionen, die die Weimarer Republik zerstört haben, die aber in der Bundesrepublik bisher im Wesentlichen in grollender Rhetorik fortlebten, in den fünfziger und sechziger Jahren überwiegend auf dem konservativen, seit etwa 1966 nun auch wieder mit großer Intensität auf dem linken Flügel.

Eine andere Sache ist, daß bei linken Verfassungsüberwindern ein an *Rousseau* orientierter Demokratiebegriff (Identität von Herrschenden und Beherrschten) eine Rolle spielt. Daß eine solche „Demokratisierung" in neue Polarisierungen führen müßte, ist richtig. Denn dieser Demokratiebegriff hat tatsächlich verfassungsfeindliche Tendenz.[12] Der Kontroverspunkt ist die Einordnung ins politische Kräftefeld der Bundesrepublik. Die Welt, in der die Verfassungsüberwinder Erfolg gehabt hätten, ist nicht unsere Welt. Begreiflich wäre die These, daß der Kampf gegen die Verfassungsüberwinder eine Polarisierung rechtfertigen würde. *Schelsky* wendet sich aber ausdrücklich dagegen, seine Position durch Heranziehung des Problems der „Systemüberwindung" zu verstärken und besteht darauf, daß der Brandt'sche Demokratiebegriff, der nicht an Rousseau, sondern an skandinavischen und angelsächsischen Erfahrungen orientiert ist, Gewaltenteilung und Freiheit mindere. Das scheint mir gegen alle Evidenz zu sein. „Mehr Demokratie" bedeutet keineswegs automatisch weniger Gewaltenteilung und weniger Freiheit, sondern Gewaltenteilung und Freiheit können völlig stabil und unberührt von „mehr Demokratie" bleiben. Das ist nicht nur überkommene Verfassungstheorie, sondern auch praktische Erfahrung.

Die einseitige Schuldzumessung trifft aber auf einen aufnahmebereiten Boden: Die „Rechte" in der Bundesrepublik macht, wenn sie selbst polarisierend wirkt, gern von der wohlfeilen Entschuldigung Gebrauch, die Sozialliberalen hätten sich das immer und unter allen Umständen selbst zuzuschreiben: denn die gegen sie gerichteten polarisierenden Kampfmethoden dienten letzten Endes der Abwendung der Polarisierung. Die Logik der Sache ist, daß das die Polarisierung nicht bremst, sondern treibt.

Das können wir auch aus der Erfahrung der amerikanischen

Geschichte lernen: Schelskys Gegenüberstellung „mehr Demokratie" oder „mehr Gewaltenteilung" entspricht nämlich fast genau der bald zweihundert Jahre alten ideologischen Differenz zwischen den amerikanischen „*Democrats*"und „*Republicans*", früher „Republicans" und „Federalists". In der Tat ist die ideologische Position der beiden großen Parteien in der Bundesrepublik und in den USA in vieler Hinsicht vergleichbar geworden. Es ist nichts dagegen einzuwenden, die Polarisierung auf die beiden Pole „Demokratie" und „Gewaltenteilung" zu beziehen, die Sache hat ohnehin mehr ideologische, akademische und emotionale als praktische Bedeutung, hier wie in Amerika. Nur kommt es darauf an, das Polarisierungsproblem richtig einzuordnen. Es sind immer beide Seiten beteiligt. Es gab und gibt aber auch drüben schon seit Anfang des vorigen Jahrhunderts die Tendenz, die „Demokratisierer" als allein polarisierend und verfassungsgefährdend hinzustellen. Dies führte lediglich zu einer Fanatisierung der „Gewaltenteiler", vom *Alien-and-Sedition-Act* der „Federalists" bis hin zu den polemischen Tiraden der heutigen „*Conservatives*"auf dem rechten Flügel der Republikaner.

Will man die Verfassungsinstitutionen kräftigen, so kommt es darauf an, nicht ein „verfassungsbewahrendes" gegen ein „verfassungsgefährdendes" Lager ideologisch anzutreiben, sondern die Legitimationsgrundlage der Verfassung als die beide übergreifende Friedensbasis festzuhalten. Zusammenfassend: In die Polarisierung treibt man durch *Eskalation*. Ihre Stufen sind erstens die *parteiideologische Funktionalisierung* der Verfassung und zweitens die Theorie des unaufhaltsamen „*pluralistischen Totalitarismus*". An diese Theorie glauben, heißt, das Feld der politischen Auseinandersetzung allein den beiden in die Polarisierung treibenden Kräften überlassen, heißt kampflos aufgeben oder sich der einen oder anderen Seite anschließen. Hingegen diesen Teufelskreis durchschauen, heißt ihn durchbrechen, den Raum für die politische Vernunft freikämpfen und unsere Demokratie davor bewahren, erneut von den Polarisierern zerrieben zu werden.

VERFASSUNGSFEINDE IM ÖFFENTLICHEN DIENST –
EIN UNLÖSBARES PROBLEM?

Eine Lösung des leidigen „Radikalenproblems" sind wir der
Rechtsstaatlichkeit unserer Verwaltungspraxis und unserer Selbstachtung als freiheitlicher Staat schuldig. Sie ist auch aus Gründen
der Effizienz unserer Verfassungsverteidigung nötig: Je rechtsstaat-
licher die Lösung, desto effizienter die Verfassungsverteidigung.

I. Es gibt keinen „Radikalenerlaß"

Man muß, um Klarheit in dem Problemkreis zu gewinnen, zunächst
einmal Realität und Version unterscheiden. Im In- und Ausland hat
sich folgende Vorstellung ausgebreitet:

Seit 1972 gebe es in der Bundesrepublik einen Rechtsdruck, erkennbar an dem „Radikalenerlaß", mit dem Bundeskanzler Brandt
und die Ministerpräsidenten der Länder ein „Berufsverbot" verhängt hätten. Seither würden nicht konform denkende, „kritische
Demokraten" wieder wie zur Kaiser- und zur Nazizeit einge-
schüchtert und verfolgt. Das Bundesverfassungsgericht, früher ein
Hort der Freiheit, sei in die Hände konservativer Richter gefallen,
die die verfassungswidrige Praxis bestätigten.

In Wirklichkeit gibt es den sogenannten „Radikalenerlaß" überhaupt nicht, sondern lediglich einen Ministerpräsidentenbeschluß
ohne Rechtsqualität, der besagt, daß es bei den bis dahin geltenden
Gesetzen und ihrer Auslegung *weiterhin bleiben solle.* Dieser Beschluß war erforderlich geworden, nachdem man zuvor den Eindruck hatte entstehen lassen, es solle womöglich nicht dabei bleiben. Der Beschluß referiert den Inhalt der seit Beginn der Bundesrepublik geltenden einschlägigen Gesetze und nennt zwei Ausle-
gungsgrundsätze: Jeder *Einzelfall* sei für sich zu prüfen und: Die
Mitgliedschaft in verfassungsfeindlichen *Organisationen* begründe
Zweifel an der Verfassungstreue, die „in der Regel" (wenn also die
Zweifel nicht ausgeräumt werden) zur Ablehnung des Bewerbers
führen.

Damit wurden nur die seit je geltenden Grundsätze bestätigt. In den ersten zwei Jahrzehnten der Bundesrepublik kam es zur Feststellung der mangelnden Verfassungstreue in erster Linie auf die Mitgliedschaft in verfassungsfeindlichen Organisationen an. Schon Adenauers Innenminister *Heinemann* stellte Listen solcher Organisationen auf – verbotener und nicht verbotener –, die zu fördern Zweifel an der Verfassungstreue des Bewerbers für den öffentlichen Dienst begründete. Nicht anders verfuhren die Länder, und man fand auf diesen Listen auch Parteien, gegen die ein Verbotsantrag noch nicht einmal ernstlich erwogen worden war, wie die DFU und die NPD.

Und doch hat sich seit dem Ende der sechziger Jahre einiges zum Schlechten hin verändert, wenn auch nicht durch den Ministerpräsidentenbeschluß. Man muß allerdings die tatsächlichen von den allein reformfähigen rechtlichen Faktoren unterscheiden. Unter den tatsächlichen Veränderungen ist die wichtigste die zahlenmäßige *Zunahme von kommunistischen Tendenzen* vor allem in der Studentengeneration, sichtbar an den Mehrheitsverhältnissen in den studentischen Gremien der Hochschulen. Je mehr Kommunisten sich um Aufnahme in den öffentlichen Dienst bewerben, desto größer wird natürlich die Zahl der Ablehnungsfälle. Die Behauptung, die Praxis sei rigoroser geworden, beruht zum Teil auf einer Verwechslung von Qualität und Quantität.

Dazu kam eine neue Tendenz, die neototalitäre Bewegung in Schutz zu nehmen, die *Jean Revel* in „Die totalitäre Versuchung"[1] so vorzüglich analysiert hat, die sich aber bei uns noch aus besonderen deutschen Motiven speiste: aus dem Bemühen, soviele Anhänger der Studentenrevolte wie möglich in die demokratischen Parteien und in den demokratischen Staat zu integrieren, aus einem pädagogischen Verhältnis zur Politik, aus opportunistischer Rücksichtnahme auf demokratische Sozialisten, die den Totalitären in Sympathie verbunden sind, und auch aus einem Mißverständnis der Ostpolitik. Die Ostpolitik ist zwar nicht mit einem irrationalen, wohl aber mit einem rationalen Antikommunismus vereinbar, ja dieser ist die Voraussetzung für eine realistische und erfolgversprechende Ostpolitik.

Die geistige Verwirrung in diesen Fragen weckte bei der radikalen Linken die Hoffnung, die bis dahin gültigen Prinzipien der *Verfassungsverteidigung aufweichen* zu können. Je unsicherer sich einige führende Persönlichkeiten in Staat und Parteien zeigten, je mehr sie bereit schienen, zurückzuweichen, desto kräftiger wurde mit dem Ziel nachgestoßen, den Grundsatz der Verfassungsverteidigung überhaupt zu Fall zu bringen. Der Ministerpräsidentenbeschluß sollte dem eine Schranke setzen, er war aber so wenig vom geistig-politischen Gesamtklima getragen, daß er als angeblicher „Radikalenerlaß" erst recht provokativ wirkte.

II. Die Meinungsfreiheit ist berührt

Es hat sich aber auch qualitativ etwas verändert. Der *Einschüchterungseffekt* der Verfassungstreueklausel ist in den letzten vier bis fünf Jahren tatsächlich erstens erheblich intensiver geworden und hat zweitens weit über den Kreis der wirklichen Verfassungsfeinde bis tief in die Schichten der demokratischen Linken hinein übergegriffen. Die *Meinungsfreiheit* ist in einer ganz elementaren Weise berührt. Wo es früher freimütige Diskussionen gab, gibt es heute ein Klima des Schweigens, des Sich-Belauerns, des Heuchelns, der geflissentlichen Anpassung. Dieser Trend ist vor allem an den Hochschulen in eklatanter Weise spürbar. Meinungsäußerungen sind riskant geworden, sie könnten einem später bei Einstellungsgesprächen vorgehalten werden und zum Nachteil gereichen.

Wer marxistische Ansichten äußert, riskiert, daß sein Gesprächspartner später als Zeuge gegen ihn auftritt, und das heißt, er setzt seine *Berufsaussichten aufs Spiel*. Er kann sich also auf politische Gespräche außerhalb seiner Gruppe nicht mehr einlassen und wird künstlich in die Borniertheit hineingetrieben. Er diskutiert nur noch in der Gruppe und agiert möglichst anonym. Nach außen herrscht ein Klima des Mißtrauens, der Verstellung, der Verschlagenheit.

Es handelt sich bei dieser Beschreibung nicht um eine theoretische Möglichkeit, sondern um eine Erfahrung, die sicherlich viele Hochschullehrer bestätigen können. Vor einigen Jahren gab es neben dem agitatorischen Kampf auch viel freimütige Diskussion in

Seminaren, Vorlesungen, Vorlesungspausen usw. Man sprach aus, was man meinte, und nahm zur Kenntnis, was der andere zu sagen hatte. Eine ganze Reihe von jungen Leuten, die damals von den neototalitären Ideen fasziniert waren, stehen heute zuverlässig auf dem Boden unserer Verfassungsordnung. Sie sind durch eine geistige Erfahrung hindurchgegangen, haben entdeckt, daß die politischen Konsequenzen ihrer intellektuellen Prämissen ihren moralischen Absichten nicht entsprechen, haben die Prämissen überprüft, relativiert und der Wirklichkeit angepaßt. Ein solcher Prozeß braucht Jahre; man korrigiert seine Ansichten nicht sofort auf einen durchschlagenden Einwand hin, sondern muß die Argumente gewissermaßen mit sich selbst diskutieren, ohne Prestigeverstrickung und Zeitdruck.

Meinungsäußerungen geben oft nicht die wirkliche und endgültige Meinung des Betreffenden wider, sondern werden nur in der besonderen Diskussionskonstellation getan, sei es provokativ, sei es im Affekt, sei es, um zu testen, was darauf erwidert werden kann. Die Hoffnung, daß sich „die Wahrheit durchsetzen wird", wird oft enttäuscht, aber die *Chance der Wahrheit, sich durchzusetzen,* ist je größer, desto unbeschränkter die geistige Freiheit ist.

III. Zur Einstellungspraxis

Wie ist es zu der Einschüchterung gekommen, da sich doch die Gesetze und ihre Auslegung nicht geändert haben? Eine verbreitete Antwort lautet: Die Angst vor der freien Meinungsäußerung habe ihre Wurzeln in einer übertriebenen und zum Teil falschen Berichterstattung über die angeblichen „Berufsverbote". Daran ist zwar etwas Richtiges, aber entscheidend ist, daß es tatsächlich Mißstände gibt, und zwar *zwei Arten von Mißständen:* Die einen beruhen auf Mängeln der Verwaltungspraxis, die anderen auf der Rechtsstellung der verfassungsfeindlichen Organisationen.

Zunächst zu den *Mißständen der Einstellungspraxis.* Häufig weichen die Einstellungsbehörden dem Problem dadurch aus, daß sie die Ablehnung des Bewerbers mit vorgeschobenen Argumenten begründen: Keine freien Stellen, mangelnde Sachqualifikation. Auch gibt es Beispiele dafür, daß die Einstellungsbehörde ihre Zweifel an der Verfassungstreue auf Tatsachen gründet, die vernünftigerweise diesen Zweifel nicht rechtfertigen: Teilnahme an Bürgerinitiativen oder Demonstrationen, passive (zuhörende) Teilnahme an kommunistischen Veranstaltungen und dergleichen. Ferner ist es vorgekommen, daß Bewerbern die Teilnahme an verfassungsfeindlichen Aktivitäten zu Unrecht vorgeworfen worden ist. Auch ist es vorgekommen, daß solche Vorhaltungen zwar zu Recht erfolgten, sich aber auf längst zurückliegende Phasen der jugendlichen Entwicklung beziehen. Mißstände solcher Art werden durch die Grundsätze des Bundeskabinetts vom 19. 5. 1976 wenigstens im Bund und in den sozialliberal regierten Bundesländern abgebaut.

Diese Grundsätze besagen in acht Punkten folgendes: Dem Bewerber zum öffentlichen Dienst seien tatsächliche Bedenken gegen seine Verfassungstreue mitzuteilen, er könne sich hierzu äußern, über ein Anhörungsgespräch werde ein Protokoll geführt, in das er Einsicht nehmen dürfe, er könne sich eines Rechtsbeistandes bedienen, ablehnende Entscheidungen treffe nur der zuständige Minister, diese dürften nur auf gerichtsverwertbare Tatsachen gestützt werden, die Ablehnungsgründe seien mit Rechtsmittelbelehrung mitzuteilen, und es werde sichergestellt, daß die Verfassungsschutzämter den Einstellungsbehörden nur solche Tatsachen mitteilen, die tatsächlichen Zweifel an der Verfassungstreue begründen können.

Durch diese Grundsätze, heißt es, sei der „Radikalenerlaß" zumindest im Bund und in den koalitionsregierten Ländern vom Tisch. Ist er vom Tisch, so bleibt es aber ebenfalls *bei der bis dahin geltenden Rechtslage*. Der Ministerpräsidentenbeschluß von 1972 hat die einschlägigen Regelungen nicht eingeführt, seine Beseitigung konnte sie nicht abschaffen. Insbesondere bleibt es dabei, daß die Mitgliedschaft in verfassungsfeindlichen Organisationen in der Regel Zweifel an der Verfassungstreue begründet.

IV. Feststellung der mangelnden Verfassungstreue von Parteien ohne Verbot

Darf man jedoch solche Organisationen als verfassungsfeindlich betrachten, solange ihre *Verfassungsfeindlichkeit nicht formell festgestellt* ist und sie nicht verboten sind?

Das Bundesverfassungsgericht hat in seinem Beschluß vom 22. 5. 1975[2] entschieden, bei der Beurteilung der Verfassungstreue eines Beamten oder eines Amtsbewerbers könne auch die Zugehörigkeit zu einer politischen Partei bedeutsam sein, „die verfassungsfeindliche Ziele verfolgt, – unabhängig davon, ob ihre Verfassungswidrigkeit durch Urteil des Bundesverfassungsgerichts festgestellt ist oder nicht." Das Bundesverfassungsgericht sagt – und das ist selbstverständlich –, es dürfe „die *Überzeugung* gewonnen und vertreten werden . . ., diese Partei verfolgt verfassungsfeindliche Ziele". Aber es sagt darüber hinaus, *Staatsorgane* dürften mit dieser Überzeugung Maßnahmen begründen, die die Partei und ihre Mitglieder in *rechtlich erheblicher Weise* betreffen. Es kann also die Einstellung eines Parteimitglieds in den Öffentlichen Dienst mit dem Argument abgelehnt werden, seine Partei bekämpfe die freiheitlich-demokratische Grundordnung, vielleicht auch mit dem Argument, seine Partei trete für diese Grundordnung nicht ein.

Die Gefahr liegt nahe, daß die Überzeugung von der Verfassungswidrigkeit einer Partei kurzschlüssig entstanden ist und einer rechtlichen Nachprüfung nicht standhalten würde. Der mißbräuchlichen Durchsetzung von „Überzeugungen" ist Tür und Tor geöffnet. Das Bundesverfassungsgericht behandelt die Verfassungswidrigkeit von Parteien, als sei sie eine Frage der Evidenz, die keiner rechtlichen Formalisierung bedürfe. Es entzieht sich der Problematisierung, indem es ein allzu simples Beispiel wählt, nämlich „eine Partei, die programmatisch die Diktatur des Proletariats propagiert oder das Mittel der Gewalt zum Umsturz der verfassungsmäßigen Ordnung bejaht". So evident aber liegen die Dinge meistens nicht. Verfolgte die Deutsche Friedensunion wirklich verfassungsfeindliche Ziele, wie frühere Regierungen behauptet haben? Ist die NPD wirklich verfassungsfeindlich oder bloß innerhalb des Verfassungsspektrums „rechts"? Das Programm der DKP enthält kein Wort von Diktatur des Proletariats und von gewaltsamem Umsturz; manche meinen, die DKP entwickele sich in Richtung der KPI und diese entwickle sich in Richtung einer demokratisch-sozialistischen Partei. Es besteht Grund, dies zu bezweifeln und vom Gegenteil überzeugt zu sein. Aber die politische Überzeugung eines Privatmannes ist etwas anderes als die rechtlich relevante Entscheidung eines Staatsorgans, die auf dieser Überzeugung beruht. Wo die Verfassungstreue der DKP so nachdrücklich behauptet wird – warum nicht Gründe und Beweismittel dafür und dagegen auf den Tisch legen und die Frage in einem *formellen Verfahren* klären?

Gegen die Entscheidung des Bundesverfassungsgerichts sind drei Bedenken zu erheben: Einmal fehlt den Einstellungsbehörden und den Verwaltungsgerichten für ihre Meinungsbildung über die Verfassungstreue der Organisationen die zureichende *Informationsbasis,* sodann können sich infolgedessen verschiedene Einstellungsbehörden und Gerichte *verschiedene* Meinungen bilden, und schließlich erfolgt diese Meinungsbildung ohne *formalisiertes Verfahren* und konzentrierten gerichtlichen Rechtsschutz. Um diesen Bedenken zu begegnen, sind zwei Lösungen denkbar: Entweder man läßt die „bloße Mitgliedschaft" bei der Beurteilung des Bewerbers *unberücksichtigt,* oder man versucht die Feststellung der Verfassungsfeindlichkeit der Organisationen rechtsstaatlich zu *formalisieren.*

In den vergangenen Jahren gab es starke politische Tendenzen, den ersten Weg zu gehen: In zahllosen Resolutionen und Parteitagsbeschlüssen wurde gefordert, *nicht verbotene Organisationen als verfassungstreu* zu behandeln. Lediglich aus individuellen und verfassungsfeindlichen Aktivitäten sollte der Schluß auf mangelnde Verfassungstreue gezogen werden dürfen, nicht aus der Mitgliedschaft in nicht verbotenen Organisationen. Diese Forderungen haben sich zwar nicht endgültig durchgesetzt, aber die Praxis in vieler Hinsicht beeinflußt. Insbesondere die Verfassungsschutzbehörden haben sich darauf eingestellt, daß sich diese Forderungen möglicherweise durchsetzen werden. Das hat jedoch *folgende Konsequenzen* ausgelöst:

Erstens konnten sich die Verfassungsschutzämter nicht damit begnügen, die Organisationen zu überwachen und ihre Mitglieder festzustellen. Vielmehr mußten sie über die *Aktivitäten jedes einzelnen* möglichen künftigen Bewerbers für den öffentlichen Dienst möglichst umfassend informiert sein. Die Überwachungstätigkeit mußte *ausgeweitet* werden. Jede für sich genommen harmlose politische Aktivität wurde registriert, in der Meinung, daß sie in ihrer Summe ein Mosaik bilden können, das Zweifel an der Verfassungstreue zu begründen vermag. Den Bewerbern wurden infolgedessen bei den Einstellungsgesprächen allerlei Nichtigkeiten vorgehalten, mit der Folge, daß sich das ganze System der Verfassungsverteidigung diskreditiert hat.

Zweitens wurden, schlimmer noch, dem einzelnen *gelegentliche Diskussionsbeiträge* vorgehalten. So wurde z. B. das DKP-Mitglied Götz aus folgenden Gründen nicht zum Richteramt zugelassen: Er soll in privaten Gesprächen u. a. geäußert haben, er mißbillige das jugoslawische Modell, weil es zu sehr den kapitalistischen Systemen angenähert sei, und er bekenne sich zum Mehrparteiensystem, so wie es in der DDR bestehe. Seine Parteimitgliedschaft spielte bei der Ablehnung (angeblich) keine Rolle.

Wenn jemand nicht wegen seiner Organisationszugehörigkeit, sondern wegen seiner Meinungsäußerungen vom öffentlichen Dienst ausgeschlossen wird, ist die logische Folge die oben beschriebene Beeinträchtigung der Meinungsfreiheit.

Drittens verlieren die *Anhörungsgespräche* ihren Informationswert, seitdem die Bewerber von einschlägigen Beratungsstellen ebenso vorbereitet werden, wie es bei den „Gewissensprüfungen" der Kriegsdienstverweigerer der Fall ist. Ehrliche Naive bleiben im Netz hängen, geschulte Verfassungsfeinde schlüpfen durch die Maschen.

V. Nur Organisationen sind gefährlich

Deshalb sollte man die Forderung, „nur den Einzelfall" zu bewerten, aufgeben und wieder *„in erster Linie" auf die Organisationszugehörigkeit abstellen*. Damit dient man nicht nur der Gerechtigkeit, der

Rechtssicherheit und der geistigen Freiheit, sondern auch der Effizienz des Verfassungsschutzes. Denn *gefährlich* für den Verfassungsstaat sind nicht gelegentliche Meinungen und Zweifel einzelner Bürger, sondern erst ihre Verdichtung zur aktiven und dauerhaften verfassungsfeindlichen *Organisationen*. Erst dann entstehen Treuebindungen an die Gruppe, Loyalitäten zur Gruppenführung, planmäßige und koordinierte Aktivitäten und Kaderbildungen, finanzieller und organisatorischer Rückhalt, die Blockade der geistigen Entwicklung und die Unfähigkeit zur Integration in den demokratischen Verfassungsstaat.

Man muß sich noch einmal vergegenwärtigen, warum jeder Angehörige des öffentlichen Dienstes die Gewähr dafür bieten muß, jederzeit für die freiheitlich demokratische Grundordnung einzutreten: Wir müssen uns *auf ihn verlassen* können, und zwar auch in den kritischen Situationen eines Staatsstreichs, einer Revolution, einer Rebellion oder einer äußeren Spannungslage, kurz, dem Ausnahmezustand. Vernünftig ist, den Ausnahmezustand zu vermeiden; gerade zu diesem Zweck darf man seine Möglichkeit nicht ganz aus dem Blickfeld verdrängen. In Normalzeiten würde es in der Regel genügen, daß der Beamte die Rechtsordnung beachtet. Entscheidend ist aber, ob wir darauf vertrauen können, daß er am „Tage X“, wenn es ums Ganze geht, nicht in Loyalitätskonflikte gerät, sondern den Staat unterstützt und den Gegner bekämpft. In der Ausnahmesituation wird die Machtfrage nicht nur durch Polizei und Militär entschieden, sondern man kann sich an vielen Stellen des öffentlichen Dienstes dem Gegner hilfreich erweisen. Einige hundert Angehörige des öffentlichen Dienstes, deren Loyalität nicht der Verfassung, sondern dem Verfassungsfeind gehört, können die Straßen, die Schienenwege, die Informationskanäle blockieren, die Stromversorgung unterbrechen, den Nachschub fehlleiten usw. oder staatliche Gegenmaßnahmen sabotieren. Wie wahrscheinlich die Gefahr einer Ausnahmesituation immer sein mag, der Staat muß auf sie vorbereitet sein, gerade damit sie nicht wahrscheinlich wird.

Potentiell *gefährlich* in diesem Sinne sind, abgesehen von Terroristengruppen, heute wohl nur die *Kommunisten der DDR-Linie,* hinter denen die strategische Planung und Unterstützung des ganzen sowjetischen Imperiums steht und die das Zusammenwirken mit dessen Außen- und Militärpolitik am „Tage X" systematisch vorbereiten. Diese aber wissen, daß sie ohne offene oder getarnte Organisationen ohnmächtig sind, ja sie bekämpfen leidenschaftlicher als die Demokraten ihre eigenen Dissidenten, die sich der Disziplin und autoritären Führung der Organisation nicht unterwerfen. Tarnorganisationen und ihre heimlichen Mitglieder aufzudecken, ist deshalb die wichtigste Aufgabe des Verfassungsschutzes. Der Staat schützt sich am besten, in dem er auf die entdeckte Mitgliedschaft in solchen Organisationen ohne weiteres mit der Entfernung aus dem öffentlichen Dienst reagiert.

Aus gutem Grund spielt die Verwirkung von Grundrechten (Art. 18 GG) keine Rolle und ist unser ganzes Staatsschutzsystem auf die Bekämpfung verfassungsfeindlicher Organisationen ausgerichtet.In erster Linie auf die Organisationszugehörigkeit abzustellen, setzt freilich voraus, daß nicht jede Einstellungsbehörde sich beliebige und verschiedene Meinungen über die Verfassungstreue irgendwelcher unliebsamen Organisationen bildet. Die *Entscheidung über die mangelnde Verfassungstreue muß konzentriert und formalisiert* werden, ohne daß dies jedoch zum Verbot führen müßte.

Der Bundesinnenminister erstattet dem Bundestag jedes Jahr darüber Bericht, welche Parteien und Vereine verfassungsfeindlich sind. Den Betroffenen steht, wie das Bundesverfassungsgericht festgestellt hat, gegen diese Meinungsäußerung des Bundesinnenministers ein Rechtsschutz nicht zu,[3] aber dieser Rechtsschutz ließe sich durch einfache gesetzliche Regelung institutionalisieren.[4] Etwa so: Der Bundesinnenminister beantragt beim *Bundesverwaltungsgericht* die *Feststellung,* daß die Organisation X nicht die Gewähr der Verfassungstreue bietet. Oder der Bundesinnenminister trifft diese Entscheidung durch *feststellenden Verwaltungsakt,* der der betreffenden Organisation mit Rechtsmittelbelehrung zugestellt wird, und diese kann, wenn sie die Feststellung für unberechtigt hält, die Verwaltungsgerichte anrufen, am besten unmittelbar das Bundesverwaltungsgericht, damit nicht durch langwierige Prozesse eine Zwischenphase der Rechtsunsicherheit entsteht. Für Organisationen, die sich nur auf das Gebiet eines Landes erstrecken, würde sich die entsprechende Regelung auf den Landesinnenminister und das obere Verwaltungsgericht des Landes beziehen. Durch die Feststellung der mangelnden Verfassungstreue wird *weder die Verbotsfolge ausgelöst noch die Organisation in sonstiger Weise rechtlich benachteiligt.* Die Einstellungsbehörden können aber, wenn sich Mitglieder der Organisation bei ihnen bewerben, rechtliche Konsequenzen *aus diesem Beschluß,* nicht aus ihren persönlichen Meinungen ziehen. Das Gesetz kann auch vorsehen, daß sie *verpflichtet* sind, diesen Beschluß zugrunde zu legen, wenn nicht neue oder neu bekannt gewordene Tatsachen eine abweichende Beurteilung rechtfertigen.

Alsdann käme man zu einer Praxis, die der Beurteilung der Verfassungstreue eines Bewerbers „in erster Linie" die Mitgliedschaft oder Förderung verfassungsfeindlicher Organisationen zugrunde liegt, ohne daß dagegen noch rechtsstaatliche Bedenken erhoben werden könnten.

Der Staat braucht natürlich auch *keinen Einzelnen* zum öffentlichen Dienst zulassen, der, obwohl nicht organisiert, die Gewähr der Verfassungstreue nicht bietet. Aber da er mit der Überprüfung der Organisationen die wirklich gefährlichen Verfassungsfeinde schon erfaßt hat, kann er sich bei der Einzelprüfung auf Fälle beschränken, in denen *besondere Umstände konkreten Anlaß* dazu geben. Auf diese Weise läßt sich die ausgeuferte Überprüfungspraxis eingrenzen und auf das Maß zurückführen, dessen Unerläßlichkeit jedem Demokraten einleuchtet.

VI. Einige Einwände

Dieser Vorschlag wirft allerdings einige juristische und politische Fragen auf, auf die kurz einzugehen ist. Ein naheliegender juristischer Einwand ist, daß die Verfassungsfeindlichkeit von Parteien und Organisationen, deren Verbot man aus politischen Ermessenserwägungen nicht will, im Zwielicht bleiben müsse, weil bei Klärung der Verfassungsfeindlichkeit die *Verbotsfolge unvermeidlich* würde. Denn im Grundgesetz heiße es: Verfassungsfeindliche Vereinigungen „sind verboten" (Art. 9 II), verfassungsfeindliche Parteien „sind verfassungswidrig" (Art. 21 II). Sie sind, materiellrechtlich gesehen, in der Tat verfassungswidrig und deshalb verboten, übrigens auch schon nach der gegenwärtigen Rechtslage. Dieses Verbot bedarf jedoch aus Gründen der Rechtssicherheit der Konkretisierung in einem Verwaltungsakt, ehe es vollzogen werden kann. Aber auf diese Konkretisierung („Verbot" i. e. S.) kann nach den allgemeinen Grundsätzen des Polizei- und Ordnungsrechts aus Gründen der Opportunität, wie z. B. der leichteren Kontrollierbarkeit, verzichtet werden, ebenso wie auf den Antrag zur verfassungsgerichtlichen Feststellung der Verfassungswidrigkeit einer Partei verzichtet werden kann.

Ferner ist eingewandt worden, jede rechtlich erhebliche Qualifizierung der Verfassungsfeindlichkeit von Parteien (nicht von Vereinen) bleibe trotz der gegenteiligen Entscheidung des Bundesverfassungsgerichts *beim Bundesverfassungsgericht monopolisiert*. Das Bundesverfassungsgericht habe nämlich nur zugelassen, daß der Hinweis auf die nicht verfassungstreue Organisation nur implizit in den Entscheidungsgründen über die Ablehnung eines individuellen Bewerbers enthalten sein dürfe. Das ist nicht richtig. Dem Einwand ist folgendes entgegenzuhalten: Wenn eine solche Implizitfeststellung zulässig ist, dann *erst recht* eine Explizitfeststellung, die ja die Rechtsstellung der betroffenen Partei verbessert, und zwar in zweierlei Hinsicht:

Einmal: Bei der Explizitfeststellung ist die Entscheidung über die Verfassungsfeindlichkeit beim Innenminister *konzentriert und antezipiert*. Die Implizitfeststellung wird dagegen von der jeweiligen Entscheidungsbehörde dezentral getroffen und demgemäß wahrscheinlich auch von Fall zu Fall verschieden ausfallen.

Sodann: Die Explizitfeststellung wird in einem formalen Verfahren getroffen, das *rechtliches Gehör* vor der Entscheidung und *verwaltungsgerichtliche Kontrolle* nachher gewährleistet. Die Implizitfeststellung ist entweder auch nur implizit im Verwaltungsgerichtsverfahren überprüfbar, oder aber sie wird in den Ablehnungsgründen verschwiegen und unterliegt dann überhaupt keiner gerichtlichen Kontrolle.

Ferner ist zu erwidern, daß es einer Feststellung der *„Verfassungs-*

feindlichkeit" gar nicht bedarf, da es genügt, festzustellen, daß die Partei *„nicht die Gewähr der Verfassungstreue bietet".* Eine solche Feststellung kann das Monopol des Bundesverfassungsgerichts von vorneherein nicht berühren.

Ein anderer, praktischer Einwand besagt: Ständige *Neugründungen* verfassungsfeindlicher Organisationen können dazu führen, daß ihre Mitglieder in den öffentlichen Dienst schlüpfen, ehe die Verfassungsfeindlichkeit festgestellt ist. Diesem Mißstand kann man vielleicht dadurch begegnen, daß man das Feststellungsverfahren nicht einmal, sondern *zweimal jährlich* durchführt. Im übrigen kann ein Beamter, der sich nachträglich als Verfassungsfeind herausstellt, auch wieder aus dem öffentlichen Dienst entfernt werden.

Fragebögen über die Einstellung des Bewerbers zur freiheitlich-demokratischen Grundordnung sind nicht verfassungswidrig, wenn sie nicht über die Verfassungstreue hinaus auch nach der politischen Grundeinstellung fragen. Angesichts der bekannten Begriffsvertauschungen von „Freiheit", „Demokratie" usw., mit deren Hilfe Kommunisten sogar einen Amtseid aufs Grundgesetz mit gutem Gewissen ablegen, wäre es freilich zweckmäßig, die Fragen so präzise zu stellen, daß solche Rabulistik im Rahmen des Möglichen ausgeschlossen wird. Irreführende Angaben werden dann als arglistige Täuschung zu werten sein, die die Rücknahme der Beamtenernennung zur Folge hätte. Die Neueinstellung von Beamtenbewerbern von einem „wasserdichten" Bekenntnis zu den Verfassungsprinzipien abhängig zu machen, könnte den Staatsdienst gegen das Einsickern von Verfassungsfeinden verhältnismäßig wirksam abschirmen.

Der hier erhobene Vorschlag stößt gelegentlich auch auf eine gewisse politische Reserve, die sich aber nicht klar artikuliert. Will man ihr auf den Grund gehen, stellt sich die Frage: Wer hat eigentlich ein *Interesse daran,* daß die Formalisierung der Entscheidung über die Verfassungstreue von Parteien und Vereinigungen unterbleiben soll, sei es auch auf Kosten der Rechtsstaatlichkeit? Dieses Interesse haben diejenigen, denen es nützt, wenn die *mangelnde Verfassungstreue einer Organisation im Zwielicht* bleibt. An diesem Zwielicht sind zwei Kategorien von Leuten interessiert: einmal diejenigen, die bestimmten Parteien und Organisationen den Stempel der Verfassungsfeindlichkeit aufprägen wollen, obwohl sie keineswegs gewiß sind, daß der Verdacht, den sie ausstreuen, zu Recht besteht. Dieses Motiv ist leider sehr verbreitet. Es besteht nicht nur bei jenen Konservativen, denen grundsätzlich alles „Linke" und „Sozialistische" verfassungsfeindlich erscheint. Es besteht auch bei denen, die – vielleicht nur aus Gründen der politischen Balance – die NPD auch dort ohne weiteres als verfassungsfeindlich behandeln, wo sie vielleicht nur rechtskonservative Ziele verfolgt oder wo man jedenfalls ohne genaue Prüfung keine Gewißheit darüber hat. Wenn man glaubt, nicht genügend Beweismaterial zum Beleg der mangelnden Verfassungstreue zu haben, dann ist es rechtlich und moralisch unverantwortlich, die jeweils unliebsame Organisation „dennoch" ins verfassungsrechtliche Abseits stellen zu wollen.

Zum anderen aber und in erster Linie sind die verfassungsfeindlichen Organisationen und ihre Sympathisanten selbst an der Aufrechterhaltung des Zwielichts interessiert, solange ihnen nämlich daran liegen muß, ihre *Ziele zu verschleiern* und uns darüber zu täuschen. Angenommen, die Bundesregierung mache sich den erhobenen Vorschlag zu eigen und lege einen entsprechenden Gesetzesentwurf vor. Dann darf man gespannt sein, welche der Parteien und Vereinigungen, die im öffentlichen Verdacht der Verfassungsfeindlichkeit stehen, diesen Gesetzentwurf unterstützen werden. Werden sie für die Einführung eines Verfahrens sein, das ihnen Gelegenheit gibt, sich von dem Verdacht zu befreien? Oder werden sie einwenden, unsere Behörden und Verwaltungsgerichte seien so sehr Marionetten des Systems, daß von ihnen ohnehin nur undemokratische Entscheidungen zu erwarten seien?

Die amtliche und gerichtliche Feststellung der mangelnden Verfassungstreue wird für die Partei oder Vereinigung *auch ohne Verbot Folgen* haben: Naive, im Grunde verfassungstreue Mitglieder werden austreten, ebenso die Mitläufer, die sich in der Prognose der Entwicklung der Machtverhältnisse in der Bundesrepublik vertan haben. Die Mitgliedschaft schrumpft auf den Kernbestand der Überzeugten, die bereit sind, für ihren revolutionären Kampf auf einen gesicherten Beamtenstatus mit Pensionsanspruch zu verzichten. Die Wahlchancen von Vereinigungen, die ihre verfassungs-feindlichen Ziele nicht mehr verschleiern können, werden auch an den Hochschulen geringer werden, ebenso ihre Koalitionschancen in den studentischen Körperschaften. Doch unsere Selbstlosigkeit gegenüber der neototalitären Jugendbewegung braucht nicht so weit zu gehen, daß wir sorgfältig darauf bedacht sein müßten, solche Nebenwirkungen zu vermeiden.

Ein ernstes Problem hingegen ist die *Unterwanderung der großen Parteien* durch Verfassungsfeinde, die sich um ihrer Berufschancen willen durch die Mitgliedschaft in einer demokratischen Partei tarnen wollen. Dieses Problem wird sich möglicherweise weiter verschärfen, und zwar, das ist zu betonen, nicht durch den hier vertretenen Vorschlag, sondern durch die grundsätzliche Entscheidung des Bundesverfassungsgerichts, daß die Mitgliedschaft in nicht verbotenen verfassungsfeindlichen Parteien den Zugang zum öffentlichen Dienst versperren kann. Die formalisierte Feststellung der Verfassungswidrigkeit von Vereinigungen könnte im Gegenteil dazu beitragen, die Abwehr der Unterwanderung zu erleichtern. Denn die Mitgliedschaft in einem Verein, dessen mangelnde Verfassungstreue im förmlichen Verfahren festgestellt worden ist, wird von den demokratischen Parteien als unvereinbar mit der Mitgliedschaft in der Partei angesehen werden.

Als letztlich entscheidender Einwand gegen den Vorschlag, die Feststellung der mangelnden Verfassungstreue rechtsstaatlich zu formalisieren, hat sich der folgende herausgestellt: Wird die Feststellung der mangelnden Verfassungstreue beim Innenministerium konzentriert, so *konzentriert sich auch die Gegenwehr.* Insbesondere die DKP vermöge dann noch mehr als bisher ihre Sympathisanten zu mobilisieren. Dieser Herausforderung seien wir politisch nicht gewachsen, denn sie fände eine zu mächtige „liberale" Unterstützung bis in die führenden Ränge der Parteien und der Publizistik hinein. Deshalb sei es politisch klug, ihr aus dem Wege zu gehen. Dieser Einwand führt uns in das politisch aktuelle Grundsatzproblem unserer Jahre, nämlich das Legitimitätsproblem. Wir werden der neototalitären Herausforderung tatsächlich nicht gewachsen sein, wenn wir sie nicht annehmen. Die weitverbreiteten Ängste der

Bürger, die sich in der Bundesrepublik nicht mehr sicher fühlen, sind dann berechtigt. Das Problem liegt nicht darin, daß eine Anzahl von Verfassungsfeinden im öffentlichen Dienst unsere Grundordnung erschüttern könnte. Daß eine starke und von sich überzeugte Demokratie sie verkraften kann, das wissen die Bürger auch. Das Problem liegt nicht bei einzelnen kommunistischen Lehrern und Straßenbahnschaffnern, sondern bei den *demokratischen Politikern*, die dem Innenminister den Rückhalt verweigern und die Verfassungslegitimität lieber mit rechtsstaatlich bedenklichen Mitteln durch untergeordnete Verwaltungsbehörden verteidigen und im übrigen die Dinge treiben lassen wollen, als selbst das Steuer in die Hand zu nehmen, wie es ihres Amtes wäre.

Recht und Politik im Verfassungsrecht

GRUNDRECHTE ALS VERFASSUNGSAUFTRAG

Zum Urteil betr. § 218 StGB[1]

Das Urteil des Bundesverfassungsgerichts zu § 218 hat nicht nur weitreichende Konsequenzen für die Reform des § 218, sondern auch für die *Kompetenzverteilung zwischen Bundesverfassungsgericht und Gesetzgeber*. Es wird als Präzedenzfall im Guten wie im Schlechten eine bedeutende Rolle in der künftigen Verfassungsrechtsprechung spielen. Sowohl das Urteil als auch das Sondervotum weisen Stärken und Schwächen auf, voll zu befriedigen vermögen beide nicht, ebensowenig wie das beurteilte Gesetz. Hier kann nur auf einige ausgewählte verfassungsrechtliche Aspekte eingegangen werden.

1. Vorab eine Bemerkung zum *Sondervotum,* das in seiner gedanklichen Schärfe und seinem leidenschaftlichen Engagement für politische Zurückhaltung des Gerichts an die Tradition der großen amerikanischen Dissenters erinnert. Die Grundsätze über den Respekt vor der Gestaltungsfreiheit des Gesetzgebers, die das Sondervotum unter A I darlegt, können nicht nachdrücklich genug unterstrichen werden. Die befriedende und freiheitsschützende Funktion des Bundesverfassungsgerichts kann nur bewahrt bleiben, wenn die Grundsätze der Verfassungsinterpretation an dem Prinzip der Unparteilichkeit ausgerichtet bleiben. Hervorzuheben ist aber auch, daß das Sondervotum nicht dem Dogmatismus verfällt, wonach Grundrechte ausschließlich der Abwehr staatlicher Eingriffe dienen.[2] Vielmehr gesteht es zu, daß die Grundrechte den Gesetzgeber auch zu „fördernden Maßnahmen für die Effektuierung der Grundrechte" verpflichten können, – wenngleich das Verfassungsgericht dabei mit sehr viel Behutsamkeit und Zurückhaltung vorgehen muß.

Hat das Sondervotum dies aber zugestanden, und hat es ferner die verfassungsrechtliche Pflicht zum Schutz des ungeborenen Lebens schon in den einleitenden Sätzen mit Nachdruck betont, so ist eine Pflicht, ein so fundamentales grundrechtliches Rechtsgut wie das Leben notfalls auch durch ein Strafgesetz zu schützen, nicht so undenkbar, wie es das Sondervotum unter A II darstellt. Der richtige Kern dieser Darlegung ist die Zurückweisung einer *Pflicht zu Strafgesetzen,* die möglicherweise nicht wirklich Schutz bringen, ja die u. U. wirksamere Schutzmaßnahmen behindern. Aber das Sondervotum zielt das Problem auf einer zu grundsätzlichen Ebene an, wenn es jede Verfassungspflicht zum Grundrechtsschutz mit den Mitteln des Strafrechts ausnahmslos von der Hand weisen will. Wie, wenn kriminologisch erwiesen wäre, daß ein bestimmtes Strafgesetz ein geeignetes und vielleicht sogar das einzig geeignete Mittel zum Schutz des Lebens wäre? Soll es dem Gesetzgeber auch dann gestattet sein, die Abtreibung auch nach dem dritten Monat straffrei zu lassen? Darf er auch die Strafe für Kindstötung nach der Geburt aufheben? Darf er die Tötung Behinderter erlauben? Darf er den Gnadentod für Leidende zulassen?

Die Warnung, Grundrechte dürften nicht „zur Grundlage einer Fülle von freiheitsbeschränkenden Reglementierungen" werden, ist ernst zu nehmen. Aber die Freiheit des einen kann mit der Freiheit des anderen unter Umständen nur auf der Grundlage von Reglementierungen zusammen bestehen, und wenn die ganz fundamentalen Rechtsgüter, deren Bestand die Voraussetzung für alle weitere Rechtsverwirklichung ist, nicht anders zu bewahren sind als durch freiheitsbeschränkende Reglementierungen, so bedeutet der Verzicht auf die Reglementierung das Inkaufnehmen der Vernichtung dieser fundamentalen Rechtsgüter. Wenn das BVerfG die Funktion hat, das Leben zu schützen, so kann es sich der Konsequenz nicht entziehen, die Verpflichtung zu Strafgesetzen auszusprechen, vorausgesetzt, es steht fest, daß diese ein geeignetes und erforderliches Mittel zum Schutz des Lebens sind.

Dem Sondervotum ist aber darin zuzustimmen, daß die entscheidenden verfassungsrechtlichen Probleme die Fragen sind: Erstens, stellt die Strafdrohung des § 218 auf der Grundlage einer Indika-

tionsregelung den *besten Schutz des werdenden Lebens* dar, oder läuft
die Strafdrohung nicht leer und macht lediglich das Beratungsangebot illusorisch, so daß sie das werdende Leben eher gefährdet als
schützt? Und zweitens: Wer hat, wenn diese Fragen ungeklärt sind,
Begründungspflicht und Argumentationslast?

2. Die Mehrheit des Senats hat diese Fragen in den zweiten Rang
verwiesen. Der Kerngedanke des Urteils scheint auf den ersten
Blick nicht zu sein, daß der Gesetzgeber das ungeborene *Leben* so
gut wie möglich schützen, sondern daß er die *ethische Mißbilligung*
der Abtreibung im Gesetz zum Ausdruck bringen müsse. Das
BVerfG versteht das Strafgesetzbuch als Volkslehrbuch des ethischen Minimums und fürchtet, daß der „gefährliche Schluß von der
rechtlichen Sanktionslosigkeit auf das moralische Erlaubtsein" die
„in der Bevölkerung herrschenden Auffassungen von ‚Recht' und
‚Unrecht' verwirren" müsse. Eine mehr „sozialtechnische" Verwendung des Gesetzes „als einer gezielten Aktion des Gesetzgebers
zur Erreichung eines bestimmten gesellschaftspolitisch erwünsch-
ten Zieles, der ‚Eindämmung der Abtreibungsseuche'" liege eine
Auffassung zugrunde, die „dem Wesen und der Funktion des Strafrechts nicht gerecht" werde.

Wenn das BVerfG das Ziel einer „Eindämmung der Abtrei-
bungseuche" als eine sekundäre Frage hinzustellen scheint, so sind
diese Bemerkungen erstens mißverständlich und zweitens unverbindlich. Sie sind *mißverständlich:* Denn wenn es um den Schutz des
Lebens geht, so ist die „Eindämmung der Abtreibungsseuche"
nicht eine sekundäre, sondern die einzig entscheidende Frage. Wenn
wir verfassungsrechtlich zum Schutz des Lebens verpflichtet sind,
so haben wir nicht das Recht, ein abstraktes Prinzip als Moloch zu
etablieren, dem Hekatomben ungeborener Kinder geopfert werden
dürften. Das BVerfG sagt: „Der Effizienz der Regelung im ganzen
darf der Grundrechtsschutz im einzelnen nicht geopfert werden."
Der Grundrechtsschutz im einzelnen wird aber nur durch die Effizienz der Regelung im ganzen vermittelt. Die Forderung, über das
Effizienzproblem hinwegzugehen, ist unzumutbar für Politiker,
deren tiefstes Motiv nicht die Liebe zu abstrakten Prinzipien und
Ideen, sondern zu konkreten Menschen ist. Eine solche Forderung

wäre aber auch verfassungswidrig. Sie kann deshalb vom BVerfG so nicht gemeint sein.

Das BVerfG hat nicht darüber zu richten, wie das „Wesen und die Funktion des Strafrechts" aufzufassen seien. Das wäre keine Verfassungsfrage. Das BVerfG will aber das Grundrecht des Art. 2 II anwenden, und dieses schützt nicht das sittliche Bewußtsein von der Schutzwürdigkeit des Lebens, sondern das Leben. Das BVerfG wollte aber doch wohl diese Einsicht nicht verleugnen, sondern das *Leben durch die Festigung des sittlichen Bewußtseins schützen*. Die Frage, ob der effektive Schutz des Lebens oder das Bewußtsein von der Schutzwürdigkeit des Lebens Vorrang habe, hat sich das BVerfG gar nicht gestellt. Der Kontext der Urteilsgründe macht deutlich, daß das BVerfG den Schutz des Lebens zur Leitmaxime aller seiner Erwägungen gemacht hat. Wenn man die mißverständlichen Passagen in ihrem weiteren Zusammenhang interpretiert, so meint das BVerfG: Die Strafdrohung sei erforderlich, weil (und nur unter der Voraussetzung, daß) sie letztlich doch zu einem besseren Schutz des Lebens führe als die Fristenlösung. Das BVerfG bezweifelt nicht, daß diese Voraussetzung gegeben sei. Diese seine Überzeugung gilt gegenüber dem zur Entscheidung anstehenden Gesetz, über das allein zu richten war, nicht gegenüber einer denkbaren anderen Regelung, für die sich das BVerfG ein Urteil weder anmaßen konnte noch wollte.

Selbst aber wenn das BVerfG seine Darlegungen generell verstanden wissen wollte, so wären diese insofern *unverbindlich*. Denn Verbindlichkeit hat nur die „Entscheidung", und zu entscheiden war ausschließlich über das dem BVerfG vorliegende Gesetz. Eine solche Entscheidung verbietet zwar dem Gesetzgeber zugleich, ein neues Gesetz wesentlich gleichen Inhalts, nicht aber ein in wesentlichen Zügen anderes Gesetz zu erlassen. Einer anders ausgestalteten Fristen- und Beratungsregelung, die nicht auf die freie Entscheidung der Frau, sondern auf den Schutz des Lebens abstellt, stünde das Urteil nicht entgegen.

Daran ändert sich auch nichts, wenn sich das Gericht im Tenor der Entscheidung auf die „Gründe im Sinne der Entscheidungsgründe" bezieht: Denn auch mit dieser Formel gehen selbstverständlich nur die „tragenden" Entscheidungsgründe in die Verbindlichkeit des Tenors ein.[3] Diese Formel kann obiter dicta nicht verbindlich machen, weil das BVerfG Verbindlichkeit nur im *Rahmen seiner Entscheidungskompetenz* schaffen kann, und diese Kompetenz beschränkt sich im Normenkontrollverfahren auf die Entscheidung über das vorgelegte Gesetz. Obiter dicta kann man zwar heranziehen, um künftige Entscheidungen des BVerfG zu prognostizieren. Aber man muß sich von ihnen nicht entmutigen lassen, wenn eine nicht entschiedene Frage überhaupt noch nicht ernstlich zum Gegenstand der verfassungsrechtlichen Diskussion geworden ist, und wenn man glaubt, daß eine gründliche und sachliche Argumentation Überzeugungskraft entfalten wird.

3. Das BVerfG hat seine Kompetenz nicht damit überschritten, daß es das werdende Leben in den verfassungsrechtlichen Schutz einbezieht, daß es grundsätzlich positive Schutzpflichten des Gesetzgebers für möglich hält und daß es als ultima ratio auch eine Verpflichtung zum Erlaß von Strafgesetzen nicht ausschließt. Problematisch ist aber, daß das BVerfG dem Gesetzgeber ohne Begründung vorschrieb, daß und in welcher Ausgestaltung eine Strafdrohung als ein *geeignetes Mittel* zum Schutz des werdenden Lebens zu gelten habe, obwohl die politisch kontroverse Frage gerade war, ob sie tatsächlich ein geeignetes Mittel ist. Bisher hat sich das BVerfG das Urteil über die „Geeignetheit" eines Gesetzes so lange nicht angemaßt, als sie zweifelhaft war. „Im Zweifel" galt die Vermutung zu Gunsten der Verfassungsmäßigkeit des Gesetzes. Nur wenn der Gesetzgeber die behauptete Geeignetheit nicht dartun konnte und die strittige Maßnahme evident ungeeignet war, erklärte das BVerfG sie für verfassungswidrig, und wenn es um das Unterlassen des Gesetzgebers ging, so kam eine positive Verpflichtung zum Erlaß einer bestimmten Maßnahme nur dann in Betracht, wenn nur eine einzige Maßnahme denkbarerweise geeignet erschien. Anderenfalls überließ das BVerfG dem Gesetzgeber die Wahl der geeigneten Maßnahme.

Das Urteil unterscheidet sich von der bisherigen Rechtsprechung in zwei Punkten: Einmal entscheidet es nicht nur über die „Ungeeignetheit" einer Maßnahme, sondern positiv über die Geeignetheit des Strafgesetzes zum Schutz des Lebens, obwohl zu diesem Schutz mehrere verschiedenartige Maßnahmen denkbar sind. Zum anderen, noch gravierender, trifft es, diese Entscheidung im Gegensatz zur Meinung des Gesetzgebers, ohne sich mit dessen entgegengesetzter Ansicht argumentativ auseinanderzusetzen. Bisher galt: Wenn die Frage der Geeignetheit eines Gesetzes politisch kontrovers war, so mußte das BVerfG von Zweifeln wenigstens ausgehen und konnte diese allerdings durch ein Eingehen auf die Sachfragen, evtl. durch Beweiserhebung und jedenfalls durch eingehende Argumentation zu Lasten des Gesetzgebers ausräumen. Nunmehr erwähnt das BVerfG kaum, daß der Gesetzgeber die Geeignetheit der Indikationenregelung zum Schutz des Lebens ausdrücklich und mit ernstzunehmenden Argumenten bezweifelt hat, sondern setzt sich ohne ein Wort der Begründung über alle Einwände mit der Behauptung hinweg, durch die Aufhebung der Strafbarkeit sei „eine Schutzlücke" entstanden. Die *Behauptung, das Strafgesetz schütze* und seine Aufhebung beseitige den Schutz, hat zwar im politischen Kampf gegen die Fristenregelung eine große Rolle gespielt. Aber in diesem Kampf galt nicht nur auf der emanzipatorischen, sondern auch auf der konservativen Seite das Prinzip der Simplifikation und nicht das der Problematisierung. Das Verfassungsstreitverfahren erfüllt seine befriedende und legitimierende Funktion gerade dadurch, daß die Auseinandersetzungen auf die sachlich-argumentative Ebene gehoben werden.

4. An dem Problem der Geeignetheit hängt die Frage, ob ein *Unterlassen des Gesetzgebers* verfassungswidrig sein kann. Das BVerfG war in dieser Frage bisher deshalb so zurückhaltend, weil die Wahl des jeweils geeigneten Mittels als eine politische Frage galt, die der Gestaltungsfreiheit des Gesetzgebers überlassen blieb. Das BVerfG hat deshalb bisher lediglich von Zeit zu Zeit die grundsätzliche Verpflichtung des Gesetzgebers ausgesprochen, einen Verfassungsauftrag zu erfüllen. Durch das Urteil zu § 218 gewinnt jedoch das Problem der Verfassungsklage gegen ein Unterlassen des Gesetzgebers eine völlig neue Dimension – insoweit ist dem Sondervotum uneingeschränkt zuzustimmen. Zwar hat das BVerfG formal gesehen nur eine gesetzliche Vorschrift für verfassungswidrig und

nichtig erklärt. Aber diese Vorschrift regelt eine Ausnahme von einem Strafgesetz, und das bedeutet: Das Grundrecht aus Art. 2 II „verbietet nicht nur . . . Eingriffe, sondern gebietet dem Staat auch, sich schützend und fördernd vor dieses Leben zu stellen." Von nun an haben wir also in den Grundrechten nicht nur Eingriffsverbote, sondern an den Gesetzgeber gerichtete *Handlungsgebote* zu sehen, Gebote, die ihn nicht nur grundsätzlich anweisen, ein Ziel zu verfolgen, sondern auch, welche Mittel er dabei zu wählen hat.

Das bedeutet einen überraschenden Durchbruch für die Lehre, daß der Gesetzgeber auch durch ein Unterlassen Grundrechte verletzen und daß er *zum Erlaß grundrechtsschützender Gesetze verurteilt* werden könne. Diese Lehre verstand sich selbst stets als „progressiv": alle drei Gewalten sollten zur Herstellung der Realbedingungen der Freiheit eingesetzt werden. So gesehen argumentieren in der Diskussion um das Urteil des BVerfG „konservative" Befürworter und „progressive" Kritiker des Urteils gewissermaßen mit vertauschten Fronten.

Um das Ausmaß dieses Durchbruchs zu ermessen, muß man sich noch einmal vergegenwärtigen, wie *behutsam und zurückhaltend* das BVerfG bei der Erteilung von Aufträgen an den Gesetzgeber bisher vorgegangen ist. Zwar hat das BVerfG schon mit dem Lüth-Urteil die Grundrechte im Zusammenhang eines objektiven Wertsystems gesehen, das auch den Gesetzgeber bindet und verpflichtet. Aber es war doch stets darauf bedacht, nicht in die Gestaltungsfreiheit des Gesetzgebers einzugreifen. Im Lüth-Urteil hieß es noch vorsichtig, der Gesetzgeber empfange aus der verfassungsrechtlichen Grundentscheidung „Richtlinien und Impulse" (BVerfGE 7, 205). Die praktische Konsequenz war die *„mittelbare Drittwirkung"* der Grundrechte durch verfassungskonforme Auslegung des bestehenden Zivilrechts, nicht die Anordnung, Zivilrecht bestimmten Inhalts neu zu schaffen. In einer solchen Anordnung hätte das BVerfG „eine vom Grundgesetz schwerlich gewollte Schwächung der gesetzgebenden Gewalt" gesehen (BVerfGE 1, 100). Bei der Feststellung von verfassungswidrigem Unterlassen gemäß § 91 I BVerfGG „kann es sich regelmäßig nur um die Unterlassung von Handlungen der verwaltenden und der rechtsprechenden Instanzen handeln, nicht um ein Unterlassen des Gesetzgebers" (ebda). Eine Ausnahme galt bei ausdrücklichen Verfassungsaufträgen an den Gesetzgeber, jedoch konnte in solchen Fällen nur die Feststellung der Grundrechtsverletzung getroffen, aber nicht die Anweisung wie sie zu beheben sei, erteilt werden (BVerfGE 6, 265). Dasselbe galt nach ständiger Rechtsprechung, wenn der Gleichheitssatz dadurch verletzt wurde, daß ein Gesetz eine Gruppe von einer Begünstigung ausschloß. Im Spiegel-Urteil ging das Gericht weiter und erwog, es ließe sich „an eine Pflicht des Staates denken, Gefahren abzuwehren, die einem freien Pressewesen aus der Bildung von Meinungsmonopolen erwachsen könnten" (BVerfGE 20, 176); doch handelte es sich dort noch um ein folgenlos gebliebenes obiter dictum.

Erst im Jahre 1972 hat sich, allerdings noch zurückhaltend, ein Wandel angebahnt. Der Strafvollzugsbeschluß stellte „den Gesetzgeber vor die Aufgabe, den Strafvollzug in angemessener Frist gesetzlich zu regeln" und setzte ihm dafür eine Frist (BVerfGE 33, 12 f.). Im Facharztbeschluß hat das BVerfG festgestellt, daß der Gesetzgeber die Regelung des fachärztlichen Status nicht der autonomen Satzungsgewalt der Ärztekammer überlassen dürfe, sondern selbst treffen müsse. Doch beschränkte es sich auf die grundsätzliche Feststellung, „daß der Gesetzgeber . . . seinen Einfluß auf den Inhalt der von den körperschaftlichen Organen zu erlassenden Normen nicht gänzlich preisgeben darf" (BVerfGE 33, 158). Im Numerus-clausus-Urteil schließlich hat das BVerfG die Frage aufgeworfen, ob aus Art. 12 „ein objektiver sozialstaatlicher Verfassungsauftrag zur Bereitstellung ausreichender Ausbildungskapazitäten" folgt. Doch hat es die Frage dahingestellt sein lassen und darüberhinaus hinzugefügt, verfassungsrechtliche Konsequenzen kämen „erst bei evidenter Verletzung jenes Verfassungsauftrags in Betracht" (BVerfGE 33, 332). Diese Entscheidungen des 33. Bandes erschienen noch als behutsam gehandhabte und besonders begründete *Ausnahmen* von der Regel, daß das BVerfG die Gestaltungsfreiheit des Gesetzgebers respektiert. Unter dieser Voraussetzung waren die Entscheidungen nicht zu beanstanden und fanden auch im allgemeinen mehr Zustimmung als Kritik.

Das BVerfG ging aber Schritt für Schritt weiter. Im Hochschul-

Urteil heißt es, die Wissenschaftsfreiheit „bedeutet nicht nur eine Absage an staatliche Eingriffe", sondern verpflichtet den Staat, „sein Handeln positiv darnach einzurichten, d. h. schützend und fördernd einer Aushöhlung dieser Freiheitsgarantie vorzubeugen" (BVerfG 35, 114). Was im Numerus-clausus-Urteil noch Frage war, ist jetzt Feststellung: „Der Staat hat die Pflege der freien Wissenschaft . . . durch Bereitstellung von personellen, finanziellen und organisatorischen Mitteln zu fördern." Das BVerfG läßt es nicht bei dieser grundsätzlichen Feststellung, sondern stellt detaillierte Bedingungen auf, denen die Hochschulorganisation genügen müsse.

Mit dem Abtreibungsurteil festigt sich der Anspruch des BVerfG, den Gesetzgeber zu positiven Maßnahmen zu verurteilen, über die Geeignetheit der Maßnahmen zu befinden und die *argumentativen* Einwände des Gesetzgebers *autoritativ* abzuweisen.

Die gemeinsame ratio decidendi des Hochschul- und des Abtreibungsurteils ist: aus den Grundrechten ergibt sich die *Verpflichtung des Gesetzgebers,* die sozialen, finanziellen, organisatorischen und selbst bewußtseinsmäßigen Realbedingungen der Freiheit herzustellen und zu schützen. Diesen Grundsatz durchzusetzen, war eines der wesentlichen Anliegen der „progressiven" Schule der Verfassungsrechtswissenschaft. Diese wird nun mit Sicherheit darauf bestehen, daß die Maxime *unparteilich* angewandt wird und nicht nur zu dem besonderen Zweck, sogenannte „progressive" Gesetze zu Fall bringen. Sind also folgende Folgerungen zu ziehen: Der Gesetzgeber sei aus Art. 2 II verpflichtet zu strafrechtlichen Sanktionen gegen Umweltverschmutzer und gegen Autohersteller, denen „styling" vor Sicherheit geht, aus Art. 5 zu Strafgesetzen gegen Informationsunterdrückung und -verfälschung, aus Art. 14 zu Strafgesetzen gegen Wirtschaftskriminalität, und wenn schon zu solchen Strafgesetzen, dann (argumentum e fortiori) erst recht aus Art. 5 zu Maßnahmen gegen Meinungsmonopole, aus Art. 7 IV 1 zur finanziellen Unterstützung von Privatschulen, aus Art. 12 zum Vorrang vor Arbeitsplatzsicherung vor anderen Zielen der Wirtschaftspolitik, usw.?

Wenn dem BVerfG solche und ähnliche Forderungen präsentiert

werden – und das ist als Folge der neueren Rechtsprechung zu erwarten – und wenn es dann die Forderungen zurückweisen sollte, so wird der Geruch der Parteilichkeit, wenn es ihnen aber stattgibt, der Dauerkonflikt mit dem (jeweiligen) Gesetzgeber seine Autorität gefährden.

Für das *Normenkontrollverfahren* ist zwar weiterhin Voraussetzung, daß dem BVerfG ein beschlossenes Gesetz zur Prüfung vorgelegt wird, nach dem Abtreibungsurteil aber kann das BVerfG aktiv werden, sobald der Gesetzgeber seiner Regelungspflicht teilweise (oder inhaltlich ungenügend) nachkommt. Angenommen, der Gesetzgeber beschließt ein Strafgesetz gegen Umweltkriminalität, das mit einer strafrechtlichen Generalklausel beginnt und alsdann tatbestandliche Ausnahmen oder Rechtfertigungs- und Entschuldigungsgründe regelt. Dann kann das BVerfG das Gesetz insoweit für nichtig erklären, als das Gesetz schädigende Emissionen auch dann von der Strafbarkeit ausnimmt, wenn keine im Sinne der Entscheidungsgründe verfassungsrechtlich vertretbare Rechtfertigung für die Ausnahme vorliegt. In den Urteilsgründen kann er darlegen, wer wann unter welchen Voraussetzungen zu bestrafen sei. Und damit nicht alles beim alten bleibt und der Gesetzgeber zum Erlaß des angeordneten Strafgesetzes auch wirklich gezwungen wird, kann das BVerfG gem. § 35 BVerfGG als ,,Vollstreckungsmaßnahme‘‘ seine wesentlichen Gesichtspunkte in einer Übergangsregelung verbindlich machen.

Da die Grundrechte nicht nur eine objektive Wertordnung bilden, sondern zugleich *subjektive Rechte* sind, wird alsbald die Frage auftauchen, warum die aus den Grundrechten folgende Pflicht nicht auch mittels der *Verfassungsbeschwerde* soll durchgesetzt werden können. Wer durch ein ungenügendes Umweltschutz-Strafgesetz in seinem Grundrecht auf Leben und körperliche Unversehrtheit selbst, unmittelbar und gegenwärtig betroffen ist – mit welchem Argument könnte man ihm die Verfassungsbeschwerde verwehren? Kann man das subjektive Recht auf einen Teil des objektiven Rechts beschränken, ohne das Grundgesetz zu verletzen? Bringt man aber den Umfang des objektiven und des subjektiven Rechts zur Deckung, so kann man sich der Fülle der zu erwartenden Verfassungsbeschwerden nur erwehren, indem man die Grundrechte in ihrem sachlichen Gehalt so einschränkend wie möglich interpretiert. Was man auf der einen Seite zuviel gegeben hat, muß man auf der anderen wieder zurücknehmen: Ergibt sich aus den Grundrechten die positive Pflicht des Gesetzgebers zu Schutzgesetzen, so kann man eine Ausuferung nur noch verhindern, indem man die Grundrechte allgemein enger auslegt. In der Bilanz erweist sich dann, daß man die Effizienz des Grundrechtsschutzes nicht erhöht, sondern vermindert und obendrein die Autorität des BVerfG beeinträchtigt. Diesen unerquicklichen Konsequenzen kann das BVerfG nur entgehen, wenn es sich nach diesem Stoßtrupp-Unternehmen in das Gelände des Gesetzgebers wieder hinter die bis zum 33. Band eingehaltene Frontlinie zurückzieht, wenn es also den Gesetzgeber zwar zum positiven *Grundrechtsschutz verpflichtet,* ihm aber die Freiheit läßt, die *Mittel* unter den Gesichtspunkten der Geeignetheit zu wählen.

5. Eine Bemerkung ist zu dem Umgang des BVerfG mit der *Entstehungsgeschichte* des Grundgesetzes zu machen. Die Entstehungsgeschichte lehrt, welche Kontroversfragen abgeschnitten und entschieden werden sollten und welche entweder nicht erörtert oder künftiger politischer oder verfassungsrichterlicher Entscheidung überlassen bleiben sollten, m. a. W., in welchen Fragen Konsens erzielt wurde und in welchen nicht. Insofern kann die Entstehungsgeschichte im Einzelfall ein wichtiges Auslegungsmittel sein, das Zweifel wirklich beheben kann und das deshalb verdienen würde, nicht nur allenfalls „zur Bestätigung" einer anderweitig gewonnenen Auslegung herangezogen zu werden (so aber BVerfGE 1, 312; 6, 75). Das BVerfG hat mit seiner Auffassung von „objektiver" Auslegung bisher die Linie verfolgt, die Entstehungsgeschichte dann heranzuziehen, wenn sie das gefundene Ergebnis bestätigt, und sie zu ignorieren, wenn sie es nicht bestätigt. Nunmehr geht das BVerfG einen neuen Weg: Es zieht die Entstehungsgeschichte heran, obwohl sie das anderweitig gefundene Ergebnis nicht bestätigt, und leitet daraus eine Bestätigung ab.

Im Hauptausschuß des Parlamentarischen Rates waren sich zwar die Vertreter von CDU CSU und DP darin einig, daß der heutige

Art. 2 II das keimende Leben mit umfassen solle, aber der Vertreter der SPD widersprach dem „für die sehr große Mehrzahl" seiner Fraktion. Es kam also in dieser Frage *kein Konsens* zustande. Der schriftliche Bericht des Hauptausschusses referierte demgemäß auch nur die „im Ausschuß vorherrschende Meinung". Daß dennoch ein Konsens entstanden sei – diese Behauptung leitet das BVerfG ausschließlich daraus ab, daß die SPD ihren Widerspruch im Plenum gegenüber der wiederholten Meinungsbekundung der Vertreter von CDU/CSU und DP nicht auch noch einmal ausdrücklich wiederholt hat.

Daß Schweigen im Gesetzgebungsverfahren als Zustimmung zu gelten habe – dieser Lehrsatz ist neu. Das BVerfG hätte ihm bisher entgegengehalten, es komme bei der Entstehungsgeschichte auf Einzeläußerungen von Parlamentariern nicht an. Denn es kommt auf den tatsächlich hergestellten Konsens an! Nunmehr jedoch wird sogar der weitergehende Lehrsatz eingeführt, die Nichtwiederholung einer ausdrücklich zu Protokoll gegebenen Meinung gelte als Preisgabe dieser Meinung und als Zustimmung zur entgegengesetzten Auffassung. Derartige Lehrsätze sind unter dem Gesichtspunkt zu beurteilen, ob sie nur *ad hoc* aufgestellt werden oder ob sie geeignet sind, in der zukünftigen Rechtsprechung nach allen Richtungen hin unparteilich angewendet zu werden.

Das einzige, was sich aus der Nichtwiederholung hätte ableiten lassen, ist, daß die SPD-Fraktion in der Frage, ob der Schutz des Lebens den Schutz des ungeborenen Lebens einschließen soll, möglicherweise keine endgültige Meinungsbildung herbeigeführt und keine Entscheidung getroffen hat. Daraus läßt sich verfassungsrechtlich höchstens der Schluß ziehen, daß das Grundgesetz die Streitfrage *offen gelassen* und eine künftige Rechtsfortbildung nicht abgeschnitten hat. Das BVerfG konnte deshalb den Schutz des ungeborenen Lebens nach den Regeln der „objektiven Auslegung" in Art. 2 II einbeziehen: Aus dem Grundsatz der Grundrechtseffizienz, aus der Überlegung, daß staatlichen Eingriffen in das keimende Leben präjudiziell vorgebeugt werden müsse, und aus dem nachträglich entstandenen verfassungsrechtlichen Konsens über die objektive Grundsatzentscheidung des Grundgesetzes zugunsten des

werdenden Lebens. Dieser Konsens tritt in den Schriftsätzen aller
Seiten zum Verfassungsstreitverfahren um § 218 zutage.

Es bestand also gar kein Grund dazu, der SPD des Parlamentarischen Rates eine Auffassung zu unterstellen, die sie nach Ansicht des
BVerfG anständigerweise hätte haben sollen. Dazu bestand umso
weniger Anlaß, als das BVerfG zuvor betont hat, das Recht auf
Leben habe eine besondere Stoßrichtung gegen den Nationalsozialismus. Anscheinend will das BVerfG die Gedankenverbindung
nahelegen, ein Engagement für den verfassungsrechtlichen Schutz
des ungeborenen Lebens sei Ausweis für anti-nationalsozialistische
Haltung, und wer darüber anders denke, setze prinzipiell die Nazi-
tradition fort. Man unterdrückt mit Mühe die naheliegenden Einwände aus der deutschen Geschichte, die hier zu erinnern wären. Es
genügt der Hinweis auf die umliegenden westlichen Kulturnatio-
nen, deren Verfassungen zum Teil auch erst nach dem Zweiten
Weltkrieg entstanden sind und die dennoch die Abtreibungsfrage
nicht verfassungsrechtlich regeln wollten. Die Ausdehnung des
Lebensrechts auf das ungeborene Leben trägt seine moralische und
rechtliche Überzeugungskraft in sich selbst und gewinnt nichts
durch die Unterstützung mit politisch, moralisch und historisch
anfechtbaren Argumenten, in denen sich die parteipolitische Polarisierung ausdrückt. Die Autorität des Bundesverfassungsgerichts
aber gewänne durch mehr unparteiliche Argumentationsbereit-
schaft und absolute Methodenehrlichkeit.

§ 218 StGB nach dem Urteil des Bundes-
verfassungsgerichts

In der politischen Diskussion um die Reform des § 218 gibt es nicht
zwei, sondern drei verschiedene Motivationsströme: Einen *ethisch-
pragmatischen,* der den bestmöglichen Schutz des werdenden Lebens
anstrebt und dieses Prinzip unter Berücksichtigung kriminologi-
scher Erfahrungen auf die Realität bezieht; einen *emanzipatorischen,*
der ein Lebensrecht des Embryo nicht grundsätzlich anerkennt oder
es jedenfalls ganz hinter ein ,,Selbstentscheidungsrecht" der Frau
zurücktreten läßt; und einen *konservativen,* der auf das Prinzip des

Lebensrechts pocht, aber seine Realisierungsbedingungen nicht ernst nimmt.

Bei der Reform des § 218 stand die ethisch-pragmatische Motivation am Anfang der Debatte.[1] Sie ging von der Erfahrung aus, daß es bei realistischer Beurteilung keinen Schutz für das werdende Leben gebe, wenn die Mutter das Kind nicht innerlich annähme, daß man ihre Bereitschaft durch Beratung stärken könne, daß aber die Strafdrohung den Schutz nicht schaffe, sondern im Gegenteil erschwere, weil sie den Zugang zur Schwangeren verschließe. Dieses Motiv ist jedoch im Laufe der gesetzgeberischen Beratungen mit der emanzipatorischen Strömung in einer Weise zusammengeflossen, die schließlich zu einem Gesetz führte, das die ethisch-pragmatische Begründung, die am Schluß der Debatte wieder in den Vordergrund rückte, nicht mehr voll glaubwürdig erscheinen ließ. Es war nicht mehr klar: wollte der Gesetzgeber den menschlichen Embryo wirklich schützen oder zur Tötung freigeben?

In dem Maße, in dem die emanzipatorische Motivation vorgedrungen war, hatte sich natürlich dialektisch die konservative Antithese verstärkt, die schließlich die Urteilsgründe des BVerfG streckenweise beeinflußt hat. Das BVerfG entschied in einem Klima geistig-politischer Polarisierung, das *Robert Spaemann* mit dem Hinweis darauf ausgedrückt hat, ,,daß alle, die dem ungeborenen Kind das Menschsein absprechen, die Fristenlösung der Indikationenlösung vorziehen, dagegen alle, die die Fristenlösung ablehnen, dem Ungeborenen Menschenrechte zuerkennen" (ZRP 1975, 22). Es schien also zu diesem Zeitpunkt nur noch die emanzipatorische und die konservative Strömung zu geben. Die ethisch-pragmatische derer, die dem Ungeborenen Menschenrechte zuerkennen und eben deshalb für eine (allerdings bessere) Fristenregelung eintreten, hat sich im Gesetzgebungsverfahren nicht überzeugend durchgesetzt und wurde deshalb übersehen und überhört. Sie schien sich auf den rabulistischen Sophismus ,,schützen durch Schutzlosstellung" zu reduzieren.

In der Tat hat das BVerfG nicht über *mögliche* Gesetze zu entscheiden, sondern lediglich über das Gesetz, das ihm zur Entscheidung vorliegt. Wenn es die ethisch-pragmatische Begründung des

Gesetzes für vorgeschoben hielt, so war das angesichts der Ausgestaltung des Beratungsparagraphen 218 c und angesichts der Bedingungslosigkeit der Straffreiheit, wie sie § 218 a regelte, nicht ganz unbegreiflich. Unter diesen Umständen glaubte das BVerfG, es brauche sich auf eine Auseinandersetzung mit den ethisch-pragmatischen Argumenten gar nicht einzulassen, seine Hoffnung auf eine general-präventive Wirkung des Strafgesetzes gegenüber gegenteiligen kriminologischen Erfahrungen nicht zu verteidigen, das Argument, die Strafdrohung könnte die an sich viel effizientere Beratung vereiteln, nicht zu würdigen. Vielmehr vermochte das BVerfG angesichts des Gesetzes, das ihm zur Beurteilung vorlag, die Fristenregelung gar nicht vom emanzipatorischen Motiv getrennt zu denken. Der Respekt vor gesetzgeberischen Prognosen endet nach ständiger Rechtsprechung da, wo diese Prognose *„evident falsch"* erscheint. Die Prognose, daß die Fristenregelung auf die Dauer einen besseren Schutz des werdenden Lebens bieten könnte als die Indikationsregelung, erscheint dem BVerfG aber evident falsch und nur als die vordergründige Rechtfertigung eines offensichtlich anders motivierten Gesetzes: „Daß von der Fristenlösung eine auch nur quantitative Verstärkung des Lebensschutzes ausgehen könnte, ist jedenfalls nicht ersichtlich."

Diese und andere Aussagen beziehen sich auf die Fristenregelung, so wie der Gesetzgeber sie getroffen hat. Haben sie darüber hinaus auch *Verbindlichkeit für den künftigen Gesetzgeber* und wieweit? Hindert das Urteil des BVerfG nur eine „emanzipatorische" Fristenregelung? Würde sie eine ethisch-pragmatische zulassen, *wenn* gewährleistet wäre, daß die Ausgestaltung der Beratung, die Bedingung der Straflosigkeit und die gesetzliche Anerkennung der Schutzwürdigkeit des werdenden Lebens in den gesetzlichen Regelungen im einzelnen ihren Niederschlag finden und glaubwürdig und überzeugend vertreten werden können? Ist der Gesetzgeber zur Indikationenlösung verpflichtet? Wo liegen die Grenzen seiner Gestaltungsfreiheit? (Es versteht sich von selbst, daß die Darstellung der äußersten Grenzen des Spielraumes, den das Urteil läßt, nicht die Empfehlung impliziert, diesen Spielraum unter allen Umständen auszuschöpfen.)

I. Der Umfang der Verbindlichkeit verfassungsgerichtlicher Entscheidungen

1. Bindung in Folgefällen

Verbindlich ist die „Entscheidung" des BVerfG, nicht jede Aussage in den Entscheidungsgründen[2] (§ 31 I BVerfGG: *„Die Entscheidungen des Bundesverfassungsgerichts binden die Verfassungsorgane des Bundes und der Länder sowie alle Gerichte und Behörden"*.). Die Entscheidung bezieht sich erstens auf die Verfassungswidrigkeit des Gesetzes, das Gegenstand des Normenkontrollverfahrens *war* und erwächst insoweit in Gesetzeskraft (§ 31 II BVerfGG). Die Entscheidung bezieht sich zweitens auf die *künftige* Gesetzgebung insofern, als sie den Gesetzgeber von vornherein an einem Gesetz hindert, das das BVerfG nicht für verfassungsmäßig erklären könnte, ohne seiner früheren Entscheidung zu widersprechen: d. h. die Entscheidung schafft *präjudizielle Verbindlichkeit* (§ 31 I BVerfGG).[3] Der Gesetzgeber darf m. a. W. nicht ein Gesetz erlassen, das dem für verfassungswidrig erklärten Gesetz wesentlich gleicht.

Zwar ist diese Auslegung des § 31 I BVerfGG in der Wissenschaft nicht unbestritten. Es wird hin und wieder auch die Auffassung vertreten, die Bindungswirkung beschränke sich auf die Rechtskraft der konkreten Entscheidung und beziehe sich nicht auf *Folgefälle*.[4] Wenn das BVerfG also z. B. einen Steuerbescheid als verfassungswidrig aufgehoben habe, so dürfe das Finanzamt einem andern oder auch demselben Bürger gegenüber den gleichen Steuerbescheid erneut erlassen. Dieser Auffassung kann schon deshalb nicht zugestimmt werden, weil sie der Sonderstellung des BVerfG als dem zur verbindlichen Verfassungsinterpretation berufenen Verfassungsorgan nicht gerecht wird. In der Praxis könnte sie zur Funktionsunfähigkeit des Gerichts führen und einem Verfassungszynismus die Tore öffnen: hartnäckig-eigenwillige Behörden könnten das BVerfG vor die Alternative stellen, sich entweder mit ihrer Grundgesetzinterpretation abzufinden oder mit Tausenden von Verfassungsbeschwerden in gleichliegenden Sachen überschwemmt und dadurch arbeitsunfähig zu werden. Aber auch Gründe der kontinu-

ierlichen Rechtsentwicklung, der Gleichbehandlung, des Rechts-
friedens, der Information über das, was verfassungsrechtlich gilt,
sprechen gegen diese Auffassung.[5]

Unabhängig vom wissenschaftlichen Theorienstreit über die
Auslegung des § 31 I BVerfGG aber ist es für den Gesetzgeber
tunlich, sich in dieser Frage an der Rechtsprechung des BVerfG zu
orientieren, da dieses Gericht in einem erneuten Verfassungsstreit
um ein verändertes Gesetz zur Reform des § 218 wiederum letztin-
stanzlich zu entscheiden haben würde. Das BVerfG aber leitet aus
§ 31 I die *präjudizielle Bindung* seiner Entscheidungen ab. Der verfassungsgerichtliche Ausspruch „bindet mit den ihn tragenden Entscheidungsgründen außerdem alle Verfassungsorgane des Bundes
gem. § 31 I BVerfGG derart, daß ein Bundesgesetz desselben Inhalts nicht noch einmal . . . beschlossen werden kann" (BVerfGE 1,
37). Gemeint ist offenbar, daß „ein solches", ein wesentlich „glei-
ches" Gesetz nicht noch einmal beschlossen werden kann.[6]

2. Was sind „tragende Gründe"?

Die entscheidende Frage ist also, welcher Gesetzesinhalt „gleich"
wäre. Die Frage ist nicht leichter, aber auch nicht schwieriger als in
allen Fällen, in denen das Gleichheitsprinzip anzuwenden ist: es
kommt darauf an, welche Unterschiede „wesentlich" oder „erheblich" sind, hier angesichts des grundrechtlichen Lebensschutzes.
Die Entscheidung darüber trifft der Gesetzgeber, und falls es zu
einem erneuten Normenkontrollverfahren kommt, das BVerfG.
Das bedeutet: Das BVerfG *wird* diese Entscheidung im erneuten
Verfahren treffen müssen, es *hat* sie nicht etwa schon mit dem
vorliegenden Urteil getroffen. Und zwar können die Entscheidungsgründe deshalb keine verbindliche Auskunft über die Verfassungsmäßigkeit eines veränderten Neuentwurfs geben, weil sie sich
nur auf das Gesetz beziehen, das Streitgegenstand war, nicht auf
allerlei denkbare andere Gesetze. Überdies wird eine Entscheidung
häufig von unterschiedlichen oder sogar entgegengesetzten Gründen „getragen" (so auch hier: s. u. II 1).

Aber auch wenn die Entscheidungsgründe keine verbindliche

Auskunft geben können, so geben sie doch Hinweise und Anhaltspunkte dafür, auf welche Gesichtspunkte es bei der Beurteilung des
neuen Gesetzes ankommen könnte. Das ist der Sinn der Formel,
wonach die getroffene Entscheidung „mit den sie *tragenden Gründen*" bindet, mit den Gründen, die „für den Entscheidungstenor
erheblich sind", den Gründen, die „nicht hinweggedacht werden
können, ohne daß sich das Ergebnis ändert" (BVerfGE 1, 37; 19,
292; 20, 87; Leibholz-Rupprecht, § 31 Anm. 2). Das ist aber zugleich auch die Erklärung dafür, warum die Frage, was unter „tragenden Gründen" zu verstehen und wie sie von „dicta" abzugren-
zen sind, nicht abstrakt geklärt werden kann.[7] Die Frage kann nicht
abstrakt geklärt werden, weil sie sich überhaupt erst im Blick auf
einen neuen Fall, z. B. ein neues Gesetz oder einen neuen Gesetzes-
vorschlag, stellt, auf den die Entscheidungsgründe nur bedingt
passen. Erst angesichts des neuen Falles wird sichtbar, inwiefern
jene Entscheidungsgründe zu relativieren, mit Vorbehalten zu denken, einschränkend oder ausdehnend auszulegen sind.

Man kann also die Ausführungen in den Entscheidungsgründen
nicht in „tragende" und „nichttragende" aufteilen und die „tragenden" als verbindlich anerkennen. Vielmehr bedürfen die Entscheidungsgründe *im Blick auf ihre präjudizielle Verbindlichkeit für den
neuen Fall der Interpretation:* was erweist sich, im Licht des neuen
Falles gesehen, als die *ratio decidendi* jener Entscheidung? Man muß
in diesem Zusammenhang gedanklich die Leitmaxime (in der angelsächsischen jurisprudence: „principle") unterscheiden von ihrer
Darstellung in den Urteilsgründen („rule"): die Leitmaxime entschied über die rein normative Frage, welche tatsächlichen Gesichtspunkte für die Auslegung der Verfassung als *relevant* galten; den
rules lag die Annahme der Richter zu Grunde, daß die relevanten
tatsächlichen Umstände *gegeben* oder nicht gegeben waren. Nur die
Leitmaxime ist präjudiziell verbindlich.[8]

Es ist wichtig, festzuhalten, daß die Annahme der Verfassungsrichter, gewisse *tatsächliche* Umstände seien gegeben oder nicht
gegeben, nicht generell an der Verbindlichkeit teilhaben können.
Denn sie können sich als irrig erweisen. Sie können deshalb nur
unter der Bedingung verbindlich sein, daß sie explizit Gegenstand

des Verfahrensstreits, evtl. einer Beweisaufnahme gewesen sind und das Gericht im Rahmen seiner Kompetenz über einen empirischen Sachverhalt zu entscheiden hatte. Die bloße „Meinung" der Verfassungsrichter darüber, welche Prognosen des Gesetzgebers begründet oder nicht begründet seien – Meinungen die nicht Gegenstand des Verfahrensstreites waren, sondern vom Gericht vorausgesetzt und zugrunde gelegt werden –, wirken zwar ursächlich auf die Entscheidung ein, zwingen aber deshalb den Gesetzgeber, dem diese Meinungen falsch oder unwahrscheinlich oder unbegründet erscheinen, nicht, sie sich zu eigen zu machen. Das Verfassungsrecht beugt nicht den Verstand; der Respekt vor dem BVerfG gebietet uns nicht, mit dem Hut zugleich den Kopf abzunehmen.

Wieviel von den Entscheidungsgründen an der Verbindlichkeit teil hat, wird also davon abhängen, wieviel von den dort vorgetragenen „Meinungen" Bestand haben werden, wenn sie sie in einem künftigen Verfassungsprozeß explizit zum Gegenstand des Verfahrens werden. Können die Verfassungsrichter ihre früheren Meinungen nicht mehr als „evident" oder als „erwiesen" aufrechterhalten, so schrumpft die Verbindlichkeit jener Entscheidungsgründe gegebenenfalls bis auf ihren normativen Kern, die Leitmaxime. M. a. W.: die Verbindlichkeit der „rules" hängt von der Gegebenheit oder Nichtgegebenheit der vorausgesetzten Tatsachen ab und ist insofern bedingt und so abgestuft, wie die Bedingungen abgestuft sind.

Diese abgestufte Verbindlichkeit der Entscheidungsgründe läßt sich im Hinblick auf das Urteil zu § 218 etwa wie folgt skizzieren:

1. Das ungeborene Leben ist in nichtindizierten Fällen so wirksam wie möglich zu schützen: das ist die *unbedingt* verbindliche Leitmaxime.

2. Der Unrechtscharakter der Abtreibung muß durch ein Strafgesetz zum Ausdruck kommen, weil (und *unter der Voraussetzung,* daß) dadurch das Leben besser geschützt wird als durch andere Maßnahmen.

3. Die Strafdrohung darf auch nicht bedingt befristet zurückgenommen werden, *es sei denn,* dadurch würde ein wirksamerer Le-

bensschutz gewährleistet (aber auch dann nur, soweit zu diesem Zweck erforderlich).

Daraus ergeben sich folgende Überlegungen:

II. Beratung und Befristung

1. Bedingte Verbindlichkeit der Entscheidungsgründe

Der unbedingt verbindliche Leitgesichtspunkt für den Gesetzgeber ist die Frage, wie das ungeborene Leben am besten zu schützen ist. Die Rechtsmeinung hingegen, das ungeborene Leben sei kein schützenswertes Rechtsgut oder trete hinter der Entscheidungsfreiheit der Frau zurück, kann die Gestaltung des Gesetzes nicht beeinflussen, ohne es erneut verfassungsrechtlich zu gefährden.

Dieser Ausgangspunkt schließt die befristete Zurücknahme der Strafdrohung gegen nichtindizierte Abtreibungen nicht von vornherein aus, *wenn* sie sich als ein geeignetes Mittel zum Zweck des Lebensschutzes erweisen sollte. Nicht jedoch kann man zwei entgegengesetzte Ziele gleichzeitig verfolgen und sowohl der Schutzwürdigkeit als auch dem Mangel an Schutzwürdigkeit des ungeborenen Lebens Rechnung tragen. Die Fraktionen der SPD und FDP haben die „emanzipatorische" Motivation der Fristenregelung schon in ihrem Entschließungsantrag v. 26. 4. 1974 zurückgewiesen und ihren Konsens über die Schutzwürdigkeit des ungeborenen Lebens bekräftigt (Ziff. 6). Einige Reaktionen auf das Urteil des BVerfG haben jedoch deutlich gemacht, daß dieser Konsens nicht auch „an der Basis" allenthalben besteht. Die Frage, ob eine Regelung auf Koalitionsebene oder auf breiterer Grundlage angestrebt werden oder ob sie lieber einstweilen ganz unterbleiben sollte, muß danach entschieden werden, wie weit die Mitglieder der Koalitionsfraktionen bereit und in der Lage sind, den Konsens ihres Entschließungsantrags gegenüber der Basis zu vertreten, und zwar ehrlich, nicht taktisch. Es ist besser, eine neue Regelung in Ruhe reifen zu lassen oder auf eine breite Grundlage zu stellen, als mit schlechtem Gewissen ein schlechtes Gesetz zu machen.

Die Ausführungen des BVerfG darüber, daß der Unrechtscharakter der Abtreibung durch ein *Strafgesetz* zum Ausdruck gebracht werden müsse, haben an der Verbindlichkeit der Entscheidung teil, *sofern* der Bundestag nicht mit überzeugenden Gründen dartun kann, daß der Schutz des Lebens dadurch eher behindert als gefördert würde.

In den Entscheidungsgründen gibt es allerdings Passagen, die den Eindruck erwecken, als sei die strafgesetzliche Regelung die primäre und der Schutz des Lebens eine sekundäre Frage.[10]

Diesen Ausführungen widersprechen jedoch andere, die die Strafdrohung ausschließlich unter dem Gesichtspunkt ihrer Eignung für den Schutz des Lebens sehen: „. . . wäre die Einschränkung der Strafbarkeit verfassungsrechtlich nicht zu beanstanden, wenn sie mit anderen Maßnahmen verbunden wäre, die den Wegfall des Strafschutzes in ihrer Wirkung zumindest auszugleichen vermöchten."[9]

Nur diese letztere Auffassung ist verbindlich. Sie findet sich in der zusammenfassenden Würdigung und bezieht sich auf den Ausgangssatz, wonach Art. 2 II 1 GG „das sich im Mutterleib entwickelnde Leben als selbständiges Rechtsgut" (und nicht „das Wesen und die Funktion des Strafrechts") schützt. Bei den erstgenannten Ausführungen handelt es sich um theoretische Erwägungen, die verfassungsrechtlich nur unter der vorausgesetzten Prämisse an der Verbindlichkeit teilhaben, daß das Strafrecht einen effizienteren Lebensschutz schaffe als jede denkbare „sozialtechnische" Regelung.

2. Warum ein Strafgesetz?

Das BVerfG hat seine Forderung, das Gesetz müsse den Unrechtscharakter der Tötung des Embryo durch eine Strafdrohung zum Ausdruck bringen, doppelt begründet: mit der Abschreckungswirkung der Strafdrohung und mit dem sittlichen Symbolwert des Strafgesetzes.

Die *Abschreckungswirkung* erscheint dem BVerfG evident: „Das Wissen um die Rechtsfolgen im Falle ihrer" (der Strafgesetze)

„Übertretung bildet eine Schwelle, vor deren Überschreitung viele zurückschrecken." Das ist einer der schwächsten Punkte der Urteilsbegründung. Denn gerade im Fall des § 218 ist erstens das Risiko einer Entdeckung minimal und wird zweitens die Tat nur als Bagatelldelikt geahndet.

Das BVerfG macht sich Gedanken darüber, wie es wäre, „wenn der Staat diese (nichtindizierten Abtreibungs-)Fälle nicht nur für strafbar erklärt, sondern sie auch in der Rechtspraxis verfolgt und bestraft". Ja, wenn. Das BVerfG hat keine verfahrensmäßige Möglichkeit, dies durchzusetzen. Die *Dunkelziffer* liegt nach seriösen Schätzungen bei 99–99,5%.[11] Wenn die Tat nicht durch private Racheakte oder Erpressungen zu Kenntnis der Staatsanwaltschaft gelangt (und mit diesem Risiko rechnet man nicht ohne besonderen Anhaltspunkt), wird sie nicht bekannt. Staatsanwaltschaft und Polizei zeigen auch in der Regel kein Engagement, sie zu verfolgen. Sie übersehen selbst öffentliche Selbstanzeigen geflissentlich und meinen, Wichtigeres zu tun zu haben. Wird die Tat aber – lustlos und widerwillig – doch angeklagt, so kommt es meist zu geringfügigen Geldstrafen oder zu ganz kurzfristigen Freiheitsstrafen, die zur Bewährung ausgesetzt werden.

Für die abtreibungswillige Frau stellen sich die Risiken also so dar: die Rechtsfolgen der Abtreibung sind ganz unwahrscheinlich und im Falle ihres Eintretens geringfügig. Die Folgen der Schwangerschaft hingegen sind gewiß und schwerwiegend. – Bei der Annahme einer „Abschreckungswirkung" des Strafgesetzes handelt es sich nicht um einen rechtskräftig festgestellten Sachverhalt, sondern um eine „Meinung" der Verfassungsrichter, die den Gesetzgeber, wenn er sie für lebensfremd hält, nicht binden kann.

Sehr viel mehr Gewicht hat die Annahme des BVerfG, daß das Strafgesetz die *Sittlichkeit prägen* oder zumindest bestätigen und festigen könne, und daß „der gefährliche Schluß von der rechtlichen Sanktionslosigkeit auf das moralische Erlaubtsein" die „in der Bevölkerung herrschenden Auffassungen von ‚Recht' und ‚Unrecht' verwischen" müsse. Evident ist der weitere Schluß, daß die *sittliche Vorstellung* von Recht und Unrecht in manchen Fällen die Entscheidung über die Tötung des Embryo maßgeblich beeinflussen und daß deshalb auf diesem Umweg das Strafgesetz trotz seiner mangelnden Abschreckungswirkung dennoch zum Schutze des Lebens beitragen könne. Zwar läßt sich das schwer beweisen und mit Zahlen belegen. Aber es läßt sich auch nicht widerlegen und ist dem Common sense so einleuchtend, daß der Gesetzgeber diesem Gedanken in einem erneuten Verfassungsprozeß schwerlich überzeugend wird entgegentreten können. Auch also wenn diese Meinung ebenfalls nur bedingt an der Verbindlichkeit teilhat, so ist doch diese Bedingung gegeben und kaum zu erschüttern.

3. Bessere Beratung

Wohl aber ist sie zu relativieren und mit anderen, ebenfalls gewichtigen Überlegungen abzuwägen, insbesondere mit der, daß die Strafdrohung einen viel effektiveren Schutz durch ein Beratungsangebot illusorisch machen kann. Um beiden Gesichtspunkten – Sittlichkeitsprägung und Effizienz – Rechnung zu tragen, ließe sich die Konstruktion eines persönlichen Strafausschließungsgrundes, wie sie der *Müller-Emmert*-Entwurf vorsah, verfassungsrechtlich vertreten. Denkbar wäre auch ein strafprozessuales Verfolgungsverbot: „Die Tat wird nicht verfolgt, wenn sie in den ersten drei Monaten der Schwangerschaft begangen wird, nachdem die Schwangere eine Beratungsstelle konsultiert hatte." Diese letzte Konstruktion läßt nicht nur die Rechtswidrigkeit, sondern auch die Schuld unberührt und schafft zudem eine zusätzliche Motivation zum Besuch der Beratungsstelle.[12] Vor allem aber *ermöglicht* sie der Frau den Zugang zur Beratungsstelle und läßt gleichzeitig das grundsätzliche rechtsethische Unwerturteil in seinem sittlichen Symbolwert, wenn auch geschwächt, bestehen. Allerdings müßte die Befristung dann vier Bedingungen genügen:

1. die Straffreiheit hängt davon ab, daß die Schwangere die Beratungsstelle konsultiert hat;

2. sie beschränkt sich auf die Schwangere selbst;

3. die Straffreiheit des Arztes, der den Schwangerschaftsabbruch vornimmt, setzt voraus: das Vorliegen einer Indikation, den Nachweis der Konsultation der Beratungsstelle durch die Frau (und

evtl. eine Bescheinigung der Beratungsstelle über das Vorliegen der Indikation);

4. vor allem: die Beratung läßt einen effizienteren Lebensschutz erwarten.

Diese vierte Bedingung würde eine *wesentlich bessere Ausgestaltung der Beratung* voraussetzen, als sie der jetzige § 218 c vorsieht. Es könnte z. B. gewährleistet sein, daß die Schwangere mit allen allgemeinen und individuellen Argumenten, die gegen die Abtreibung sprechen, konfrontiert wird (evtl. durch schriftliche Information, die dem Gespräch vorangeht), daß sie also hingewiesen wird auf die staatlichen, kirchlichen und privaten Hilfsmöglichkeiten, die verbesserte rechtliche und gesellschaftliche Stellung des unehelichen Kindes und der ledigen Mutter, die Adoptionsmöglichkeiten, die schweren gesundheitlichen Risiken jeder Abtreibung, die moralischen Probleme und ihre Folgewirkungen usw. – Es müßte gewährleistet sein, daß nicht einfach „ein Arzt" die Beratung vornehmen kann; denn Ärzte haben oft wenig Zeit, und es könnte sich auch um den geschäftstüchtigen Betreiber eines Abtreibungsinstitutes handeln. In den Beratungsstellen können Ärzte beschäftigt sein, aber es muß sich um besonders ermächtigte Stellen handeln. – Die Attraktivität der Beratungsstellen würde erhöht, wenn sie über *Hilfsangebote* verfügen könnten. – Ihre Effektivität würde erhöht, wenn eine dreitägige *Bedenkzeit* zwischen Beratung und Abtreibung obligatorisch gemacht würde. Und es müßte für die erforderliche sachliche und personelle Ausstattung Sorge getragen werden.

III. Soziale Indikation

Eines der schwierigen übrigbleibenden Probleme betrifft die Frage nach der sozialen Indikation, nachdem das BVerfG die Fortsetzung der Schwangerschaft bei „*schwerwiegender Notlage*" als „*unzumutbar*" gelten lassen will. Wie weit reicht der verfassungsrechtliche Spielraum? Sollte man die Frage durch Enumeration, durch eine Generalklausel oder durch eine Generalklausel mit Beispielen regeln? Wer soll über das tatbestandsmäßige Vorliegen der sozialen

Indikation verbindlich entscheiden: ein Gutachtergremium vor der Abtreibung oder nachträglich der Strafrichter?

1. Recht, Sittlichkeit und Moral

Ein Ansatz zur verfassungskonformen Lösung dieser und ähnlicher Fragen ergibt sich aus einer Erwägung des *hinter der Zumutbarkeitsfrage* stehenden rechtsphilosophischen Grundproblems, nämlich des Verhältnisses von Recht, Sittlichkeit und Moral. Das BVerfG hat sich wegen seiner Aussagen zu den Indikationen den Widerspruch u. a. der Bischöfe zugezogen. Vom Prinzip „Recht auf Leben" her wäre in der Tat jede Indikation außer der medizinischen unzulässig, und auch die medizinische nur bei Gefahr für das Leben, nicht für die Gesundheit der Mutter.[13] Selbst die Güterabwägung zwischen dem Leben von Mutter und Kind wurde moral-theologisch nicht anerkannt.[14] Auch die 14-Tage-Frist ist nicht zu rechtfertigen, wenn man auf den biologischen Lebensbeginn abstellt.

Das Recht darf sich jedoch nicht an der „Moral", sondern muß sich an der Sittlichkeit orientieren. *Hegel* unterschied *Sittlichkeit:* die in den Gemeinschaften wirklichen, lebendigen Verhaltensregeln – und *Moral*: die abstrakte, aus Prinzipien abgeleitete, vom Volk aber nicht akzeptierte, in die Sittlichkeit nicht eingegangene Forderung.

Seit altersher galt es als einer der wesentlichen Gründe für die Demokratie, daß sie die Übereinstimmung der Gesetze mit der herrschenden Sittlichkeit herbeizwingt. Es galt als Kennzeichen der Tyrannei, moralische Forderungen durchzusetzen, die vom Volk nicht verstanden und innerlich akzeptiert werden. Auch die *Verfassung* verdankt ihre Legitimität nicht ihrer moralphilosophischen, naturrechtlichen oder religiösen Qualität, sondern der *demokratischen* Zustimmung. Demgemäß kann das Verfassungsgericht nicht abstrakte Moral, sondern nur die lebendige Sittlichkeit, soweit sie sich in der Verfassung kristallisiert, durchsetzen.

Denn *Recht und Sittlichkeit* stehen in einem Wechselverhältnis zueinander: Das Recht kann zwar die Sittlichkeit (in beschränktem Umfang) beeinflussen. Andererseits aber ist es selbst auf seine weitgehende Übereinstimmung mit der herrschenden Sittlichkeit angewiesen. Erhebt das Recht einen moralischen Anspruch, der von der herrschenden Sittlichkeit nicht mitgetragen wird, so schadet das der Legitimität des Rechts mehr als es der Sittlichkeit nützt.

Es geht in diesem Zusammenhang nicht in erster Linie um die hohe Dunkelziffer. Gewichtiger als die Tatsache, daß das Abtreibungsverbot nicht *befolgt* wird, ist die Tatsache, daß das Strafgesetz von Staatsanwälten und Richtern kaum *angewendet* wird. Es ist nichts mit der Entrüstung darüber gewonnen, daß die Öffentlichkeitskampagne zur Verunsicherung von Staatsanwälten und Richtern beigetragen habe. Die Nichtanwendung ist seit Beginn des Jahrhunderts nachweisbar und ein in allen westlichen Ländern zu beobachtende Tatsache, die sich weder durch einen moralischen Aufschwung noch durch einen verfassungsrechtlichen Spruch noch durch ein neues Strafgesetz hinwegentrüsten läßt. Sie hat ihren tieferen Grund darin, daß die tatsächlich gelebte Sittlichkeit ein Eigenleben führt, das vom Recht nur wenig beeinflußt und gesteuert wird.

Die Sittlichkeit bringt einerseits ganz unabhängig von den Gesetzen hohe moralische standards hervor: Verhaltensregeln der Partnertreue, der nachbarlichen Hilfsbereitschaft, der fairen Diskussion, des sozialen Engagements, des anständigen Geschäftsgebarens usw. Sie verschiebt sich andererseits auf anderen Gebieten ganz *unabhängig vom Fortbestand der Gesetze,* und das Pochen aufs Gesetz vermag sie nicht festzuhalten.

2. Die Differenz zwischen Moral und Sittlichkeit

Die Sittlichkeit ist in Fragen der Tötung des Embryo zwar nicht mehr einheitlich, sondern pluralistisch gebrochen. „Im großen und ganzen" läßt sich jedoch noch ein Grundkonsens über einen Mindeststandard feststellen, der sich in den beiden Sätzen zusammenfassen läßt:

1. auch der menschliche Embryo hat grundsätzlich ein Recht auf Leben,

2. das Lebensrecht des Ungeborenen ist zumindest im Anfangsstadium dem Lebensrecht des Geborenen nicht gleichwertig. Gälte

es als dem Geborenen gleichwertig, so gäbe es keine „Unzumutbarkeit" und auch keine Indikationenlösung.

Beide Elemente dieses Befundes lassen sich in der öffentlichen Diskussion um die Abtreibungsreform nachweisen. Einerseits wird das *Lebensrecht* des Ungeborenen auch von den Befürwortern der Fristenregelung ausdrücklich anerkannt, ja, sie erklären sogar, dieses Recht besser schützen zu wollen. Eine andere Auffassung würde als zynisch empfunden und läßt sich öffentlich von einem Gesetzgeber, der Anspruch auf Respekt und sittliche Autorität erhebt, nicht vertreten. Abtreibungen geschehen heimlich, nicht nur aus Furcht vor Strafverfolgung, mit der man ernstlich kaum zu rechnen braucht, sondern weil man sich der Tat aus Gründen der allgemeinen Sittlichkeit schämt. Auch wer in der öffentlichen Diskussion die Fristenregelung nicht im Interesse des besseren Lebensschutzes, sondern aus *emanzipatorischen* Gründen fordert („Kinder oder keine, entscheiden wir alleine"), meint dies nicht ohne weiteres zynisch. Freiheit wird immer mißbraucht und mitunter sicherlich eigens zum Zweck des Mißbrauchs gefordert. Aber es gibt neben den rüden Hetzern, Kirchenbeschmierern und Bombenlegern, die jeden ethischen Anspruch von vornherein selbst dementieren, auch viele durchaus verantwortungsbewußte und oft sehr aufopferungsvoll lebende Frauen und Mütter, die Ehrfurcht auch vor dem werdenden Leben haben und auch bekennen, die aber meinen: Gutachtergremien oder Strafrichter könnten die Abwägung nicht konkret oder lebensnahe genug vollziehen, Männer vermöchten sich nicht in die Probleme der Frau einzufühlen, die Entscheidung könnte abstrakten Moralisten oder akademischen Prinzipienreitern in die Hände fallen und sei unberechenbar usw., und *deshalb* „entscheiden wir alleine".

Andererseits stellen selbst die Bischöfe das Lebensrecht des Ungeborenen dem des Geborenen nicht konsequent gleich, und auch das BVerfG macht erhebliche Konzessionen und schließt auch die soziale Indikation nicht aus. Erst recht wird die Tat im Volk als verhältnismäßig „harmlos" empfunden. Eine Mutter, die die ihr lästig werdenden Kinder tötet, löst nicht nur energische Strafverfolgung, sondern auch gesellschaftliche Entrüstung aus. Es wäre völlig undenkbar, daß die Polizei die Sache geflissentlich übersieht, daß der Staatsanwalt ein Auge zudrückt und daß Frauenorganisationen Resolutionen fassen, die den Gesetzgeber zur Aufhebung der Strafbarkeit auffordern. Wer hingegen mit einem konkreten Fall der Abtreibung konfrontiert wird, wird meistens, ohne die grundsätzliche Mißbilligung aufzugeben, mehr Trauer und Mitleid als Entrüstung empfinden. Staatsanwälte und Richter sind nicht nur Gesetzesvollzieher, sondern auch Mitglieder der Gesellschaft und haben an ihren sittlichen Wertvorstellungen teil. Ein Staatsanwalt, den die Tat, die er zu verfolgen hat, innerlich nicht zu entrüsten vermag, ist in seiner Initiative wie gelähmt: Die *herrschende Sittlichkeit ist stärker als das Gesetz* und mächtiger als die moralische Forderung von Moraltheologen und Ethikern.

Sucht man eine Erklärung für diese Differenz zwischen Moral und Sittlichkeit, so führt ein Hinweis von *Peter Lerche* und *Benno Erhard* in ihrem Schriftsatz vom Juli 1974 zur Begründung der Verfassungsklage auf eine Spur: Danach sollen Ärzte berichtet haben, daß die übergroße Zahl von abtreibungswilligen Frauen von ihrem Wunsch nach Abtreibung Abstand nehmen, wenn sie die Herztöne ihres Kindes mit einem Ultraschallmeßgerät gehört haben. Das Kind ist offenbar für die Mutter da, sobald es sinnlich wahrnehmbar ist. Vorher hat es für sie noch kein „Dasein", wird noch nicht „erwartet". *Die Sittlichkeit knüpft an die Anschauung, und diese knüpft ans Konkrete an.* Moraltheologen, Ethiker und Strafrechtsdogmatiker sind Intellektuelle, für die der Unterschied zwischen Konkretem und Abstraktem nicht die gleiche Bedeutung hat wie für andere, weil die Welt, von der sie sprechen, ohnehin durch Bücher vermittelt und aufs Abstrakte hin reflektiert ist. Manche können sich nur schwer vorstellen, daß im Volk das Wissen um den Chromosomensatz und den genetischen Code niemals so gewichtig sein wird wie die unmittelbar gehörten Herztöne.

3. Generalklausel oder Enumeration?

Aus alledem ergeben sich für den Gesetzgeber folgende Überlegungen: Würde der Gesetzgeber die soziale Indikation ausschließen oder sehr eng definieren, so wäre die Konsequenz, daß das *Recht die herrschende Sittlichkeit moralisch überfordern* würde. Das aber hieße: Das Gesetz würde wiederum nicht befolgt und, schlimmer noch, von den Strafverfolgungsbehörden nicht angewendet. Der Gesetzgeber steht aber vor der Aufgabe, ein Gesetz zu schaffen, das nicht nur (normativ) gilt, sondern auch (empirisch) wirksam ist. Andererseits würde er durch eine zu weit gefaßte Indikationenregelung seine *Verantwortung gegenüber dem sittlichen Konsens* verfehlen und sich in der Rolle eines opportunistischen Mitläufers kleiner, aber organisierter und öffentlichkeitswirksamer Randgruppen begeben.

Soll das Gesetz also Ausdruck der lebendigen Sittlichkeit sein, so stellt sich die weitere Frage, wo man die Grenzen der „Unzumutbarkeit wegen schwerer sozialer Notlage" zieht. Das Mädchen steht vor dem Examen, der Erzeuger droht mit Verlassen, die Wohnung ist zu klein, ein geplanter Auslandsaufenthalt würde scheitern, das Bekanntwerden der außerehelichen Beziehung würde die Ehe gefährden, die Ehefrau muß verdienen, weil man sich verschuldet hat, weil der Mann noch im Studium steht, weil man noch keine Wohnungseinrichtung hat . . . usw.: Sollen solche Fälle ausdrücklich anerkannt, sollen sie ausdrücklich ausgeschlossen werden und wieweit?

Dem Gesetzgeber ist dringend zu raten, diese Frage bewußt unentschieden zu lassen und sich mit der Klausel zu begnügen: *„unzumutbar wegen schwerer sozialer Notlage".* Die Konkretisierung bleibt Sache der Rechtsprechung. Das ist nicht Drückebergerei, sondern die Konsequenz aus der Einsicht, daß das Recht von der Sittlichkeit getragen werden muß und daß die lebendige Sittlichkeit nur angesichts des konkreten Falles anschaulich wird. Der Gesetzgeber muß auch anerkennen, daß sich die Sittlichkeit zeitlich und regional verschieben kann. Der Gesetzgeber hat die Ausführung dessen, was als „unzumutbar" galt, stets bis zu einem gewissen Grade der Rechtsprechung überlassen. Das schließt nicht aus, daß zu einem späteren Zeitpunkt der judizielle Niederschlag der sittlichen Erfahrung gesammelt, kodifiziert und nötigenfalls gesetzgeberisch korrigiert wird.

Die damit verbundene gewisse Rechtsunsicherheit kann der Gesetzgeber ohnehin auf keine Weise ausschließen. Sie ist nicht größer als in anderen vergleichbaren Tatbeständen des Strafgesetzbuches und nicht so groß, daß sie schon zur Verfassungswidrigkeit des Gesetzes wegen „Unbestimmtheit" führen müßte.

Die Letztentscheidung der Rechtsprechung zu überlassen, hätte zugleich den Vorteil, die verbindliche Entscheidung von Gutachter-gremien überflüssig zu machen. Bei diesen Gremien wäre die Un-gleichheit und damit die Unkalkulierbarkeit der Entscheidung si-cherlich wesentlich größer.[15] Das hätte zur weiteren Folge, daß die abtreibungswillige Frau sich dem Gutachtergremium von vornher-ein nicht stellen würde. Bliebe aber das Abtreibungsgeschäft wei-terhin in den Untergrund verbannt, so würde die *Beratung illusorisch* und damit der Hauptzweck der gesetzgeberischen Reform verfehlt.

RECHT UND POLITIK
IN DER VERFASSUNGSRECHTSPRECHUNG

I. Zum Problem des „judicial self-restraint"

Judicial self-restraint bedeutet: Richterliche Selbstzügelung, Zurück-haltung, Bescheidung. Der Ausdruck will an das Ethos des Verfas-sungsrichters appellieren: Er soll der Verführung standhalten, sei-nen persönlichen politischen Präferenzen statt dem Verfassungs-recht zum Siege zu verhelfen. Es geht erstens um den juristischen und nicht politischen Charakter der Verfassungsrechtsprechung, zweitens um eine Frage der Gewaltenteilung, nämlich um den ge-nauen Umfang und die Begrenzung der Richtermacht im Verhält-nis zu den anderen Gewalten, drittens damit um die Unparteilich-keit des Verfassungsgerichts und viertens um die Verantwortung für die politischen Konsequenzen, die richterliche Entscheidungen haben können und um die Frage, wieweit sich das Gericht bei politisch brisanten Fragen zurückziehen könnte oder sollte.

In jüngerer Zeit wird dem BVerfG wieder häufiger die Lehre vom „judicial self-restraint" vorgehalten. Teils wird ihm vorge-worfen, die Tugend des self-restraint vermissen zu lassen, so in bezug auf das Hochschulurteil,[1] das Grundvertragsurteil,[2] den Europabeschluß,[3] das Abtreibungsurteil[4] und das Diätenurteil.[5] Teils wird ihm aber auch vorgeworfen, es habe den Gedanken des self-restraint zu weit ausgedehnt und verfassungswidrige Maßnahmen geduldet, so zum Beispiel in bezug auf das Spiegelurteil,[6] das Abhörurteil,[7] den Mephistobeschluß[8] oder den Radikalenbeschluß.[9]

Der Vorwurf erhebt den Anspruch einer grundsätzlichen Methodenkritik. Aber die Maßstäbe schwanken, und zwar weniger nach dem politischen Standort als vielmehr ad hoc je nach der Situation des jeweiligen Verlierers oder Gewinners. So wie früher, etwa beim Fernsehurteil aus dem Jahre 1961, Kanzler *Adenauer* mehr self-restraint verlangte, so sind es heute die Sozialliberalen, wenn ihre Gesetze für verfassungswidrig erklärt werden. Aber gleichzeitig verlangen beide Seiten auch mehr zupackende Aktivität vom BVerfG, wenn es um die Sicherung von Freiheiten geht, die sie jeweils von der anderen Seite bedroht sehen. Die Frage ist, ob sich nicht unter Verfassungsjuristen gewisse unparteiliche Beurteilungsgesichtspunkte erarbeiten lassen, wenn man das Problem auf der grundsätzlichen Ebene angeht.

Man muß zunächst unterscheiden zwischen *Unparteilichkeit* und *Neutralität*.[10] Der Richter soll unparteilich, aber nicht neutral sein. Er soll schließlich entscheiden, daß der eine Recht und der andere Unrecht hat. Konsequentes self-restraint würde konsequente Neutralität bedeuten. Das aber bedeutet: Kompetenzverzicht des BVerfG und damit *Parteinahme für den jeweiligen Machthaber* und gegen die Wirksamkeit der Grundrechte. Unparteilichkeit verlangt nicht Neutralität, sondern *Entscheidung nach Maximen*, die unabhängig vom Wechsel der jeweiligen politischen Machtverhältnisse oder gar von ad-hoc-Situationen gelten. Der Versuch, über solche Maximen einen gewissen Minimalkonsens herzustellen, läßt sich naturgemäß nur bis zu einem gewissen Grade verwirklichen, weil die Verfassungsinterpretation nicht in einer methodischen Technik aufgeht, die eindeutige Ergebnisse erlaubt. Aber es lassen sich doch vielleicht immerhin rationale, mehr oder weniger evidente, plausible oder vertretbare unparteiliche Gesichtspunkte diskutieren.

Alle Einwände gegen die Verfassungsrechtsprechung, die sich unter dem Stichwort „judicial self-restraint" zusammenfassen lassen, laufen in eine Forderung zusammen: Im Verfassungsrecht *nicht politisch, sondern juristisch* zu urteilen. Diese Forderung gilt allerdings auch für den *Kritiker* selbst. Ad hoc aufgestellte Forderungen, die nicht unparteilich und generell durchgehalten werden können, haben offenbar selbst politischen Charakter. Recht läßt sich von Politik zwar nicht so einfach abgrenzen, wie manche dieser Kritiken es erscheinen lassen,[11] aber ein Element ist für das Recht jedenfalls unverzichtbar: Die *Orientierung an Regeln und Maximen,* die zwar verfeinert, mit Ausnahmen und Vorbehalten versehen sein mögen, die aber jedenfalls mit allen ihren Abstufungen verallgemeinerbar sein müssen. Auch die Kritik an der Rechtsprechung des BVerfG kann nur dann als juristische gelten, wenn der Kritiker wollen kann, daß *die Maxime seiner Kritik zur generellen Maxime* werde. Dies ist eine zwar nicht erschöpfende, aber notwendige Bedingung der Unparteilichkeit, der Reziprozität, der Gleichbehandlung, der objektiven Vernünftigkeit. Angesichts dieses Maßstabes ist mitunter auch den Kritikern des BVerfG mehr self-restraint nahezulegen.

Es sind drei Problemkreise zu diskutieren: Grundsatzprobleme (II), eine Reihe formeller Einzelfragen (III) und der Umfang des politischen Gestaltungsspielraums, insbesondere der wirtschaftspolitischen Neutralität des Grundgesetzes (IV).

II. Grundsatzprobleme der Verfassungsrechtsprechung

Die Grundsatzkritik an der Verfassungsrechtsprechung, wie sie in jüngster Zeit etwa durch das Abtreibungsurteil wieder aktuell geworden ist, gibt es in einer radikalen und einer gemäßigten Variante.

1. Radikale Variante

Die radikale Variante beruft sich auf die *Volkssouveränität* und läuft darauf hinaus, daß das BVerfG Mehrheitsentscheidungen des demokratischen Gesetzgebers grundsätzlich nicht korrigieren solle. Diesem Gedanken wird durch Demonstrationen und Unterschriftssammlungen Nachdruck verliehen, die eine Volksabstimmung über § 218 StGB fordern. Dem eine grundsätzliche Verteidigung des Verfassungsstaates entgegenzuhalten, ist hier nicht der Ort.[12] Es genügt der Hinweis, daß sich die Verfassung der Volkssouveränität verdankt und daß es deshalb gerade der Respekt vor der Volkssouveränität ist, der den Respekt vor der grundgesetzlichen Kompetenzverteilung erheischt. Der Volkssouverän hat im Akt der Verfassungsgebung entschieden, daß der parlamentarische Gesetzgeber nicht souverän ist, sondern verfassungsmäßige Kompetenzen im Rahmen der Verfassungsordnung und unter Kontrolle des BVerfG wahrnimmt und daß Volksabstimmungen nur in besonderen Ausnahmefällen vorgesehen sind. Diese Grundsatzentscheidung hat den Grund, daß zusammen mit dem Verfassungsstaat auch die Realbedingungen der Demokratie entfielen. Konkret gesprochen würden sich auch jene Agitatoren selbst ihrer Demonstrationsfreiheit vielleicht nicht mehr sehr lange erfreuen, wenn diese zur Disposition von Volksabstimmungen gestellt würde.

2. Gemäßigte Variante

In ihrer gemäßigten Variante besagt die Grundsatzkritik, das BVerfG solle nicht im eigentlichen Sinne *Entscheidungen* treffen, sondern lediglich den Entscheidungen Geltung verschaffen, die der Grundgesetzgeber schon getroffen habe, und seine Urteile mit einer „rein juristischen Methode" aus dem Grundgesetz „ableiten". Dieser häufig erhobene Einwand führt uns in Grundfragen der juristischen Methodenlehre, die eine eingehende Erörterung verdienen würden, aber ein Thema für sich bilden. An dieser Stelle genügt der Hinweis, daß sich das Element der „Entscheidung" schlechterdings nicht aus der Verfassungsrechtsprechung verbannen läßt.[13]

Die Forderung, das juristische Ergebnis durch eine methodisch richtige intellektuelle Operation, *d. h. ohne Entscheidungsverantwortung,* zu gewinnen, wird zwar immer wieder ad hoc aufgestellt, um bestimmte Entscheidungen zu diskreditieren, von den Kritikern selbst aber in anderen Sachzusammenhängen keineswegs selbst beachtet. Was an den Kritikern zu kritisieren ist, ist aber nicht, daß sie ihre Forderung selbst nicht beachten, sondern daß sie sie überhaupt aufstellen. Denn sie fordern etwas Unmögliches (und übrigens auch gar nichts Wünschenswertes). Die Grenzlinie zwischen Recht und Politik ist nicht gekennzeichnet durch den Gegensatz: Hier methodische Ableitung, dort Entscheidung, sondern durch den Gegensatz: Hier juristisch begründbare Entscheidung, dort nur politisch begründbare Entscheidung.[14]

Auch die juristisch begründbare Entscheidung ist *Entscheidung:* Der Meinungsstreit zwischen seriösen Verfassungsrechtlern, insb. auch die Sondervoten machen anschaulich, daß verschiedene Entscheidungen juristisch begründbar wären. Dies setzt ja auch das Grundgesetz voraus, wenn es von „Zweifeln und Meinungsverschiedenheiten" spricht, ja, man kann sagen: Eben deshalb, weil es immer Zweifel und Meinungsverschiedenheiten in Verfassungsfragen geben kann, bedarf es einer Instanz, die sie verbindlich entscheidet. Ob z. B. der Embryo ein „jeder" i. S. von Art. 2 II GG ist und an der Menschenwürde des Art. 1 I GG teilhat, hat der Grundgesetzgeber (übrigens entgegen der Annahme des 1. Senats) weder positiv noch negativ entschieden, sondern offen gelassen, und eben deshalb bedurfte diese Zweifelsfrage der richterlichen Entscheidung.

Wer folgert, eine nicht vom Grundgesetzgeber vorentschiedene Frage könne nur vom Gesetzgeber, nicht vom BVerfG entschieden werden, müßte diese Forderung zumindest *konsequent durchhalten* und dann z. B. ebenfalls kritisieren, daß das BVerfG mit Art. 5 GG die Pflicht zur politischen Pluralität von Rundfunk- und Fernsehanstalten oder die Pflicht zur Abwehr von Gefahren aus der Pressekonzentration begründet.[15] Anderenfalls trägt sein Einwand den Stempel der Parteilichkeit und richtet sich selbst. Hält der Kritiker seinen Einwand aber tatsächlich konsequent und unparteilich durch, so bedeutet das *Parteinahme für den jeweiligen Machthaber.* Nicht nur das angefochtene Gesetz bleibt bestehen, auch das angefochtene Urteil wird vollstreckt, der angefochtene Verwaltungsakt wird vollzogen, die Länderkompetenzen werden zugunsten des Bundes ausgehöhlt, die Pflichten der Bundestreue sind nicht formulierbar, die Chancengleichheit der Parteien ist nicht durchsetzbar usw. Kurzum, die allerdings weit verbreitete theoretische Naivität in Grundfragen der verfassungsjuristischen Methodik, die sich in diesem Einwand ausdrückt, führt entweder zu parteilicher ad-hoc-Kritik oder zu einer Infragestellung des gesamten Verfassungssystems.

III. Formelle Einzelfragen

1. Präjudizielle Wirkung und Bindungskraft

Unter den formellen Einzelfragen ragt die Forderung hervor, das BVerfG solle sich in seinem Selbstverständnis darauf beschränken, das Verfassungsrecht auf konkrete Einzelfälle anzuwenden, nicht aber *Präjudizien* mit verbindlicher Kraft für Folgefälle zu schaffen. Diese Forderung ist jüngst wieder aktuell geworden durch den Beschluß vom 10. 6. 1975 (BVfG 40, 88, 93f = NJW 1975, 1355), in dem sich das BVerfG zu der Auslegung des § 31 I BVerfGG geäußert hat, der lautet: Die Entscheidungen des BVerfG binden die Verfassungsorgane des Bundes und der Länder sowie alle Gerichte und Behörden. Die Frage ist: Bindet lediglich die *Rechtskraft* der konkreten Entscheidung auch die nichtverfahrensbeteiligten Organe oder bindet die Entscheidung *präjudiziell, also auch in Folgefällen?*

Das BVerfG läßt keinen Zweifel daran, daß es die Verbindlichkeit seiner Entscheidungen nicht nur auf die konkrete Rechtskraft, sondern auch auf die präjudizielle Wirkung bezieht,[16] und auch darin ist es gegenüber seinen Kritikern im Recht,[17] zumal es für sich selbst, ebenfalls richtig, die Präjudizienbindung, die für alle anderen Organe gilt, auf eine bloße *Präjudizienvermutung* reduziert[18] und sich damit die Möglichkeit der Korrektur seiner Rechtsprechung offenhält. Verfassungsrechtsprechung ist nicht nur Subsumtion des Einzelfalls unter das Grundgesetz, sondern zugleich auch, bei Gelegenheit der Entscheidung des Einzelfalls, Präzisierung dessen, was allgemein als Verfassungsrecht gilt. Ein Gericht, das die künftige präjudizielle Wirkung seiner Entscheidung bedenken muß, wird dadurch gezwungen, seinen Blick von ad-hoc-Erwägungen des Einzelfalls weg auf die Entscheidungsmaxime zu lenken, von der er wollen kann, daß sie zur allgemeinen Maxime werde. Darin liegt ein wesentliches und notwendiges Element der juristischen im Unterschied zur politischen Betrachtungsweise. Der Blick auf die *präjudizielle* Wirkung gewährleistet das erreichbare Maß an *Kontinuität, Rechtssicherheit, Gleichbehandlung und Unparteilichkeit.*[18a]

Die präjudizielle Verbindlichkeit beschränkt sich gem. § 31 I BVerfGG auf die „Entscheidung". Dazu gehört nicht nur der Tenor, sondern auch die ihn tragenden Entscheidungsgründe. *Welche Gründe aber tragend* sind und welche als bloße „obiter dicta" an dieser Verbindlichkeit nicht teilhaben – diese Frage allerdings kann das BVerfG nicht gleich mitentscheiden. Diese Frage wird vielmehr *erst später entschieden,* dann nämlich, wenn in einem Folgefall das Präjudiz als Präjudiz herangezogen wird. Erst angesichts des neuen Falles nämlich wird anschaulich, inwieweit das Verfassungsrecht weiterer Präzisierung bedarf, mit welchen Vorbehalten, Ergänzungen und Einschränkungen die präjudiziellen Entscheidungsgründe von damals nunmehr gelten. Dieses Verhältnis von *Maximenbindung und flexibler Maximeninterpretation* ist nicht nur nötig, um das Verfassungsrecht veränderten tatsächlichen Gegebenheiten gegenüber reaktionsfähig, sondern auch um es bei gleichbleibenden Gegebenheiten der Korrektur durch bessere Einsicht offenzuhalten. Nur so ist es möglich, der öffentlichen und insbesondere auch der rechtswissenschaftlichen Kritik an der Rechtsprechung Rechnung zu tragen. Wenn also das BVerfG in den Gründen des Grundvertragsurteils feststellt, es gebe dort keine obiter dicta, sondern nur tragende Gründe,[19] so ist diese Feststellung selbst ein unverbindliches obiter dictum. Die präjudizielle Verbindlichkeit der Entscheidung folgt aus dem Gesetz, nämlich aus § 31 BVerfGG, und danach ist lediglich die Entscheidung und sind nicht alle ihr beigegebenen Gründe verbindlich. Der Versuch des BVerfG, insofern seine Kompetenz zu überschreiten, läßt den Ruf nach mehr self-restraint berechtigt erscheinen.

2. Obiter dicta

Häufig wird auch die Forderung erhoben, das BVerfG solle nicht mehr entscheiden, als angesichts des konkreten Falles notwendig ist. Z. B.: Da es sich bei dem Radikalenbeschluß[20] auf die Erörterung der besonderen Probleme des Art. 12 GG hätte beschränken können, hätte es sich auch darauf beschränken sollen und besser daran getan, alle übrigen Rechtsfragen dahingestellt sein zu lassen. Die *Beschränkung auf das Entscheidungsnotwendige* gehört nun zwar zu den allgemeinen Regeln der Richterkunst, aber zu den Regeln, die mit dem Vorbehalt gelehrt und empfohlen werden, daß nicht besondere Gründe eine Kumulation von tragenden Entscheidungsgründen über das unentbehrliche Minimum hinaus zweckmäßig erscheinen lassen. Solche Ausnahmegründe können gerade im Verfassungsrecht mitunter gegeben sein, insbesondere dann, wenn die politischen Organe die präjudizielle Klärung einer Rechtsfrage erwarten und ein anstehender Fall dazu Gelegenheit gibt. Man sollte dann allerdings wünschen, erstens, daß das BVerfG die über das Entscheidungsnotwendige hinausgehenden Gründe so klar formuliert, daß nicht alsbald der Streit um ihre Auslegung ausbricht und die Sache so unentschieden ist wie zuvor, und zweitens, daß die obiter dicta so reiflich überlegt sind, daß sie der Prognose künftiger Entscheidungen zugrunde gelegt werden können. Es ist zwar nicht die Verantwortung des BVerfG, wenn obiter dicta von den politischen Organen wie „urbiter et orbiter apodicta" angesehen werden und wenn sich das politische Handeln an ihnen orientiert. Aber dies ist ein Faktum, dem das BVerfG Rechnung tragen muß, um nicht begründetes Vertrauen zu enttäuschen.[21]

3. Regelung der Vollstreckung

Mitunter wird verlangt, das BVerfG solle sich Zurückhaltung bei der Anwendung der Generalvollmacht auferlegen, im Einzelfall *Art und Weise der Vollstreckung* seiner Entscheidungen zu regeln. So wird z. B. gerügt, daß das BVerfG im Zusammenhang mit dem Abtreibungsurteil einen ganzen Indikationenkatalog aufgestellt, gewissermaßen ein Übergangsgesetz erlassen habe. Dies wäre jedoch nur um den Preis vermeidbar gewesen, daß das BVerfG außer § 218 a auch die §§ 218 b bis 219 aufgehoben und es bei der allgemeinen Strafbarkeit des § 218 belassen hätte. Das BVerfG hat mit Recht vorgezogen, dann lieber die eigentliche Sachentscheidung auf das Minimum der Nichtigerklärung des § 218 a zu beschränken. Die Vollstreckungsregelung hat es ihm ermöglicht, den Intentionen des Gesetzgebers soweit wie möglich Rechnung zu tragen. Auf diese Weise hat das BVerfG mehr self-restraint geübt, als wenn es auf die Übergangsregelung verzichtet und die ganze Neuregelung insgesamt für nichtig erklärt hätte. Generell läßt sich der Grundsatz aufstellen, daß sich die Vollstreckungsmaßnahmen auf das Erforderliche beschränken sollten. Aber es läßt sich nicht vermeiden, daß der Rahmen des Erforderlichen mitunter sehr weit gespannt ist. Das BVerfG hat ihn bisher nicht überschritten.

4. Einstweilige Anordnung

Dem BVerfG sind heftige Vorwürfe gemacht worden, als es im *Verfahren um den Grundvertrag* die Anträge auf Erlaß einer einstweiligen Anordnung abgelehnt hat.[22] Beim Erlaß einer einstweiligen Anordnung kommt es darauf an, ob die Maßnahme „zur Abwehr schwerer Nachteile . . . zum gemeinen Wohl dringend geboten ist". Zu Recht wägt das BVerfG die drohenden Nachteile gegen die Nachteile ab, die gerade aus dem Erlaß der einstweiligen Anordnung erwachsen können. Die Nachteile, die im Grundvertragsverfahren von einer einstweiligen Anordnung zu erwarten gewesen wären, waren folgende: Eine einstweilige Anordnung hätte den Notenaustausch und damit das Inkrafttreten des Grundvertrages verzögert, und zwar bis zu einem Zeitpunkt nach Beginn der KSZE in Helsinki unter Teilnahme der DDR und nach der Entscheidung des Weltsicherheitsrates über die Anträge beider Deutscher Staaten auf Aufnahme in die UNO. Diese beiden Termine aber bedeuteten den Durchbruch der DDR zur internationalen Anerkennung. Die *Verklammerung von Grundvertrag und unserer Deblockade der internationalen Anerkennung* der DDR wäre damit aufgehoben worden. Diese Verklammerung hing von einer Terminplanung ab, die erfolgt war, nachdem die Opposition der Bundesregierung signalisiert hatte, sie wolle die Auseinandersetzung um den Grundvertrag nur politisch, nicht verfassungsrechtlich führen. Hätte aber die DDR die internationale Anerkennung vor dem verzögerten Inkrafttreten des Grundvertrages erlangt, so hätte sie möglicherweise ihr Interesse am Grundvertrag verlieren und das Verfassungsgerichtsurteil als Vorwand benutzen können, um den Notenaustausch zu verweigern. Damit wären die durch den Grundvertrag begründeten *Statusvorbehalte, menschlichen Erleichterungen und Folgeverträge entfallen*. Die DDR hätte alle ihre Ziele erreichen und überdies ihre Abgrenzungspolitik verschärfen können, während die Bundesrepublik alles verloren hätte, was sie in mühsamen Verhandlungen erreicht hatte. Deshalb hat das BVerfG die einstweilige Anordnung abgelehnt. Die Kritik an dieser Entscheidung des BVerfG beruhte auf einer fast vollständigen Desinformation der deutschen Öffentlichkeit über Zusammenhänge und Hintergründe der politischen Konstellation, aus der Verfassungklage und Anträge auf einstweilige Anordnung zu verstehen waren.[22a]

IV. Der Umfang des politischen Gestaltungsspielraums

Nun zum dritten und wesentlichsten Themenkreis: Dem Umfang des Gestaltungsspielraums der anderen Verfassungsorgane. Kontrovers sind vor allem zwei Probleme; der Gestaltungsspielraum im Bereich der *Außenpolitik* und die *wirtschaftspolitische Neutralität* des Grundgesetzes und die damit zusammenhängenden Probleme.

1. Die Zuständigkeit des BVerfG in außenpolitischen Fragen

Die weitgehende Zurückhaltung des BVerfG in außenpolitischen Fragen ist ein Grundsatz, den der 1. Senat jüngst in dem Ostverträge-Beschluß vom 7. 7. 1975 erneut nachdrücklich unterstrichen hat.[23] Die Respektierung dieses Grundsatzes ist im deutschen Verfassungsrecht vor allem deshalb wichtig, weil wir im Unterschied zu den USA die Rechtsfigur der „political questions"[24] nicht kennen

– d. h. der Rechtsfragen, die der Supreme Court wegen ihrer politischen Implikationen ausdrücklich unentschieden läßt. Im deutschen Verfassungsrecht ist eine Maßnahme immer entweder verfassungswidrig oder verfassungsmäßig. Wenn sie nicht verfassungswidrig ist, wird ihre Verfassungsmäßigkeit vermutet und im Fall eines Rechtsstreits vom BVerfG bestätigt. Die *Friedensfunktion des Verfassungsrechts* bewährt sich darin, daß Verfassungsstreitigkeiten wirklich entschieden werden – durch Nichtigerklärung der strittigen Maßnahmen oder durch ihre ausdrückliche Legitimierung. Diese Legitimierungsfunktion würden wir einbüßen, wenn das BVerfG der häufig erhobenen Forderung nach Verengung des außenpolitischen Gestaltungsspielraums nachgeben würde. Wenn sich nämlich das BVerfG bewußt würde, daß es die möglichen außenpolitischen Konsequenzen seiner Entscheidungen dann nicht verantworten könnte, müßte es, wie der Supreme Court, zur Figur der „political questions" Zuflucht nehmen.

Allerdings hat das BVerfG in jüngerer Zeit seinen eigenen Grundsatz, in außenpolitischen Fragen judicial self-restraint walten zu lassen, mindestens im *Grundvertragsurteil* verletzt,[25] wenn es verlangt, daß deutsch-deutsche Folgeverträge, etwa im Bereich des Postverkehrs, grundgesetzlichen Ansprüchen auch im Hinblick auf Bürger der DDR genügen müßten. Wenn diese Forderung das Zustandekommen blockiert hätte, wäre ein Zustand, der näher beim Grundgesetz wäre, verhindert worden. Das BVerfG ließ sich offenbar von der *Präventivfunktion* leiten, die verfassungsrechtliche Entscheidungen in der Tat auch haben und die oft wichtiger sind, als die Funktion der nachträglichen Korrektur verfassungswidriger Maßnahmen. Das BVerfG wollte die Bundesregierung nicht nur an Verfassungsgrundsätze in ihrer Außenpolitik binden, sondern ihr auch eine stärkere Verhandlungsposition für ihre Verhandlungen mit der DDR verschaffen. Dieser Absicht, so begreiflich sie ist und so hilfreich sie vielleicht im Einzelfall tatsächlich sein kann, ist dennoch die Forderung nach mehr self-restraint entgegenzuhalten. Denn wenn die erhoffte Präventivfunktion versagt und die deutsch-deutschen Verträge nicht zustande kommen, kann ein Schaden entstehen, dessen Inkaufnahme oder Nichtinkaufnahme eine Frage politischer Abwägung ist, die nur im Einzelfall von den dazu zuständigen Organen getroffen werden kann. Diese Abwägung an sich zu ziehen und pauschal zu antizipieren, übersteigt die Kompetenz des BVerfG.

Nicht ganz so zweifelsfrei ist die Verletzung des Grundsatzes der richterlichen Zurückhaltung im *Europabeschluß* vom 29. 5. 1974,[26] wo das BVerfG grundrechtsverletzendes Gemeinschaftsrecht für in der Bundesrepublik unanwendbar erklärt. Zwar kann auch diese Entscheidung die europäische Rechtseinheit gefährden oder das Zustandekommen einzelner europäischer Richtlinien verhindern. Aber die Sache liegt insofern anders als im Grundvertragsurteil, als im Rahmen der EG eine gewisse politische Homogenität in den Grundfragen der politischen Kultur besteht. Während es in der Deutschlandpolitik darum geht, einem totalitären Regime menschliche Erleichterungen abzuringen, geht es in der EG um die Rechtsbildung in einer Gemeinschaft, in der jedes Mitglied die verfassungsrechtlichen Besonderheiten der Partner berücksichtigen kann und muß. Wenn die Bundesregierung ihre Zustimmung zu europäischen Richtlinien davon abhängig machen muß, daß diese keine Grundrechte verletzen, so wird weder ihr noch den Partnerstaaten etwas Unzumutbares und Undurchsetzbares abverlangt.

Es hat übrigens auch schon Beispiele dafür gegeben, daß die Bundesregierung verfassungsrechtliche Bedenken gegen einen Gesetzentwurf zu überspielen versuchte, indem sie an europäischen Richtlinien mitwirkte, die sie zum Erlaß verfassungsrechtlich bedenklicher Gesetze verpflichteten, und daß sie alsdann erklärte, sie könne den verfassungsrechtlichen Bedenken nicht Rechnung tragen, weil sie sich sonst europarechtlichen Verpflichtungen entziehen müßte.[27] Das Europaurteil des BVerfG kann dazu beitragen, solche illoyalen Versuche in Zukunft von vornherein illusorisch zu machen.

2. Die wirtschaftspolitische Neutralität des Grundgesetzes

Nun endlich zum letzten und wichtigsten Problemkreis, der auch in den USA den Kern der Diskussion um judicial self-restraint ausgemacht hat:[28] Die *wirtschaftspolitische Neutralität* des Grundgesetzes.[29] Genaugenommen besagt dieser Grundsatz: Die Grundrechte schützen unmittelbar überhaupt nicht das Marktsystem oder irgendeine andere Wirtschaftsordnung, sondern nur persönliche Freiheiten.[30] Sie schützen die persönlichen Freiheiten aus zwei Hauptgründen: Einmal um ihrer selbst, um der *Menschenwürde* willen, zum anderen um der *freiheitlich-demokratischen Grundordnung* willen, zu deren Realbedingungen die persönliche Freiheit gehört. Die Grundrechte schützen die persönlichen Freiheiten aber nicht drittens auch noch um des *Marktsystems* willen. Zwar haben die um ihrer selbst willen geschützten persönlichen Freiheiten zum Teil auch ökonomische Relevanz, insbesondere Eigentum, Berufsfreiheit, Freizügigkeit, Freiheit zu Zusammenschlüssen usw. Insofern kommt der Schutz der persönlichen Freiheit mittelbar der Marktwirtschaft zugute. Eine Plan- oder Zentralverwaltungswirtschaft würde so viele persönliche Freiheiten verletzen, daß die zu ihrer Einführung erforderlichen Gesetze zweifellos verfassungswidrig wären. Aber der Streit geht nicht nur um die Planwirtschaft, sondern auch um Gesetze der Wirtschaftslenkung, Steuererhebungen und Sozialgestaltung. Hierzu meint das BVerfG: Die *Relevanz der persönlichen Freiheiten für die Marktwirtschaft ist mittelbare Folge und nicht Zweck der Grundrechte.* Wenn also, was ja häufiger vorkommt, ein wirtschaftslenkendes Gesetz grundrechtswidrig ist, dann ausschließlich deshalb, weil es die persönliche Freiheit, nicht weil es das ökonomische System verletzt. Das ist der immer wieder betonte Kern des vom BVerfG in ständiger Rechtsprechung festgehaltenen Grundsatzes, das Grundgesetz sei wirtschaftspolitisch neutral „im Rahmen der Grundrechte". Dieser Grundsatz ist schon in den fünfziger Jahren, insbes. von *Nipperdey*[31] angegriffen und in den letzten Jahren erneut so nachdrücklich in Frage gestellt worden,[32] daß es an der Zeit ist, noch einmal seine Tragfähigkeit zu prüfen.

Um das Problem aus dem Horizont des bloß politischen Meinens heraus in den Horizont juristischer Analyse zu führen, muß man es in den Gesamtzusammenhang des Problems der Abwägung zwischen Grundrechten und Grundrechtsschranken stellen. Zu diesem Zweck ist eine wenigstens skizzenhafte Bestandsaufnahme der

Rechtsprechung des BVerfG zu dieser Abwägung unerläßlich. Nach dieser Rechtsprechung kommt es nicht nur darauf an, ob das Grundrecht im Text des Grundgesetzes mit Schranken oder mit einem Gesetzesvorbehalt versehen ist und welchen Inhalt diese genau haben, sondern auf zwei Gesichtspunkte: Einerseits auf die Bedeutung des jeweiligen Freiheitsrechts für die Wahrung der *Menschenwürde,* andererseits auf die *Schwere* der Freiheitsbeeinträchtigung. Ich will diese These an Hand dreier Beispiele illustrieren: An der Frage der Beweislast, der Frage, ob Grundrechte als Verfassungsaufträge interpretiert werden können und am Umfang der Nachprüfung gerichtlicher Entscheidungen.

a) Zunächst zur *Beweislast.* Es gibt zwar im Verfassungsrecht keine formelle, aber doch das Problem der materiellen Beweislast, das entsteht, wenn für die Entscheidung erhebliche Tatsachen ungeklärt bleiben. Sie bleiben vor allem im Normenkontrollverfahren häufig ungeklärt, wenn es um die voraussichtlichen Auswirkungen eines Gesetzes geht und die dabei erforderlichen Prognosen nur mit einem mehr oder minder hohen Grad von Wahrscheinlichkeit gestellt werden können.[33] In der Rechtsprechung des BVerfG findet sich eine ganze Skala von abgestuften Vermutungsregeln.[34]

So ist z. B. bei den *fundamentalsten Freiheitsrechten,* wie Leben und persönliche Freiheit, ein Eingriff nur zulässig, wenn erwiesen ist, daß der Eingriff zu einem aus der Verfassung ableitbaren Zweck erfolgt, daß er zur Erreichung dieses Zwecks erforderlich, geeignet und nicht außer Verhältnis und deshalb unzumutbar ist. Bei einer *zweiten Gruppe von Freiheitsrechten* übt das BVerfG etwas mehr self-restraint, aber nicht ohne weiteres so, daß sich die Beweislast einfach umkehrt. Vielmehr gibt es Abstufungen. Bei den Grundrechten, die zwar die Person und ihr Privatleben betreffen, aber nicht so fundamental wie Leben und Bewegungsfreiheit, muß der Zweck des Eingriffs nicht ein von der Verfassung geforderter sein. Es genügt, daß der Gesetzgeber nachweist, daß ein gewichtiges Interesse der Allgemeinheit auf dem Spiele steht und daß der Eingriff geeignet und erforderlich ist, um, wenn nicht nachweisbare, so doch sehr wahrscheinliche Gefahren für diese Interessen abzuwehren. Dies gilt etwa für das Grundrecht der körperlichen Unversehrt-

heit, für das Postgeheimnis, die Freizügigkeit, die Freiheit der Wohnung oder die Freiheit der Berufswahl, soweit sie durch objektive
Zulassungsvoraussetzungen beeinträchtigt wird. Bei einer *dritten*
und vierten Gruppe von Freiheitsrechten trägt die Beweislast derjenige, der die Verfassungswidrigkeit des Gesetzes behauptet. Aber
auch hier gibt es Unterschiede: Bei einigen ist das Gesetz verfassungwidrig, wenn die tatsächlichen Annahmen des Gesetzgebers
eindeutig widerlegbar oder offensichtlich fehlsam oder evident
falsch sind. Das gilt z. B. bei Eingriffen in das Eigentum oder in die
Freiheit der Berufswahl, soweit subjektive Zulassungsvoraussetzungen geregelt werden. Bei der *vierten* Gruppe von Freiheitsrechten wiederum beschränkt sich die verfassungsgerichtliche Kontrolle
auf die Grenzen der Willkür, d. h. sie läßt jede gesetzliche Regulierung zu, solange sich nur überhaupt sachlich vertretbare Gründe zu
ihrer Rechtfertigung vorbringen lassen. Dies gilt insbesondere für
den Gleichheitsgrundsatz, für die Freiheit der Berufsausübung und
für die aus der allgemeinen Handlungsfreiheit abgeleiteten wirtschaftlichen Tätigkeiten, wie Unternehmerfreiheit, Vertragsfreiheit
usw.

Bemerkenswert ist, daß sich die einzelnen Grundrechte nicht auf
die verschiedenen Stufen verteilen lassen, sondern daß innerhalb ein
und desselben Grundrechts verschiedene Regeln gelten, je nachdem, bis zu welchem Grade die Person existenziell in ihrer Würde
und personalen Entfaltung betroffen ist, oder wie sich das BVerfG
ausdrückt, wieweit der „unantastbare Bereich *privater Lebensgestaltung*" beeinträchtigt wird[35].

So z. B. bei der allgemeinen Handlungsfreiheit des Art. 2 I GG:
Sie umfaßt zwar die wirtschaftliche Unternehmensfreiheit. Doch
haben wirtschaftslenkende Gesetze, die die Unternehmensfreiheit
berührten, dieses Grundrecht bisher nicht verletzt. Hingegen setzte
sich das Grundrecht durch, als es um die Beiziehung von Ehescheidungsakten in einem Disziplinarverfahren ohne Einverständnis des
Ehegatten[36] oder um die Beschlagnahme eines ärztlichen Krankenblattes in einem Strafverfahren ging[37]. Ähnlich motiviert ist die
bekannte Abstufung im Bereich der Berufsfreiheit: Objektive Berufszulassungsbeschränkungen, die jemandem den von ihm ge

wählten Beruf grundsätzlich und bedingungslos verschließen, unterliegen einer anderen Grundrechtsschranke als subjektive Zulassungsvoraussetzungen, und erst recht als Berufsausübungsregeln,
die man dulden muß, solange sich irgendwelche rechtfertigenden
Gründe dafür vorbringen lassen.[38] Aber selbst noch diese Abstufung wird relativiert. Wenn z. B. Berufsausübungsregelungen die
Berufswahl mittelbar beeinträchtigen,[39] wenn also schwere Beein-
trächtigungen der eigentlichen Persönlichkeitssphäre vorliegen, so
muß sich auch die Berufsausübungsregelung durch nachweisliche
schwere Gefahren für ein wichtiges Gemeinschaftsgut rechtfertigen
lassen.

b) Eine ähnliche Abstufung wie im Problembereich der Beweislast scheint sich bei der Auslegung der Grundrechte als *Verfassungsaufträge* anzubahnen.[40] Es gilt der Grundsatz, daß es keine unmittelbare Drittwirkung der Grundrechte gibt.[41] Die Frage ist aber: Kann
aus den Grundrechten ausnahmsweise die Verpflichtung des Gesetzgebers erwachsen, Gesetze zu erlassen, die die grundrechtliche
Freiheit des einzelnen nicht nur gegenüber dem Staat, sondern auch
gegenüber privaten Dritten sichern? Das BVerfG hat sich bei der
Erteilung solcher Verfassungsaufträge bekanntlich sehr zurückgehalten, soweit es sich nicht um grundgesetzlich ausdrücklich formulierte Verfassungsaufträge, wie z. B. im Bereich der unehelichen
Kinder handelte.[42] Aber es hat diese Zurückhaltung in jüngerer Zeit
in einigen Fällen aufgegeben, insb. etwa im Urteil zu § 218.[43] Der
Gesetzgeber ist verpflichtet, sagt das BVerfG, Gesetze zu erlassen
oder zu bewahren, die einen optimalen Schutz des Embryo herbeiführen, als ultima ratio auch zu Strafgesetzen. Ähnlich äußert
sich das BVerfG zumindest andeutungsweise im Hochschulurteil:
Hochschulgesetze müssen die Freiheit der Lehre und Forschung
schützen,[44] oder im Numerus-clausus-Urteil: Der Staat ist, solange
er die Berufsausbildung in Händen hält, verpflichtet, die Realbedingungen für die freie Berufswahl im Rahmen des Möglichen zu
gewährleisten.[45] Im Spiegelurteil aus dem Jahre 1966 erwog das
BVerfG die Pflicht des Staates, Gefahren abzuwehren, die einem
freien Pressewesen aus der Bildung von Meinungsmonopolen erwachsen können.[46]

Im Bereich der Verfassungsaufträge kann man noch nicht, wie in der Frage der Beweislastverteilung, von einer ständigen und gefestigten Rechtsprechung reden. Aber immerhin zeichnen sich drei Grundsätze ab:

– Verfassungsaufträge können aus den Grundrechten nur ganz *ausnahmsweise* entnommen werden;

– dies kommt je eher in Betracht, desto *fundamentaler* die in Frage stehenden persönlichen Freiheiten sind;

– es muß sich um ernste und *schwere Gefahren* handeln, also z. B. um den Totalentzug eines fundamentalen Rechts, wie bei der Abtreibung des Rechts auf Leben.

c) Und noch ein drittes Beispiel: Wenn das BVerfG gerichtliche Entscheidungen unter dem Gesichtspunkt überprüft, ob sie Grundrechte verletzen, so respektiert es einen gewissen *Beurteilungsspielraum der Instanzgerichte.* Es beschränkt sich darauf, festzustellen, ob die angefochtene Entscheidung auf einer „grundsätzlich unrichtigen Anschauung vom Umfang des Schutzbereichs der Grundrechte" beruht und nicht willkürlich ist.[47] Die Formel „grundsätzlich unrichtige Anschauung vom Schutzbereich" ist freilich elastisch interpretierbar: Wenn das Instanzgericht die durch die Präjudizien des BVerfG geprägte Formel zur Umgrenzung dieses Schutzbereichs richtig wiedergibt, so kann sich das BVerfG damit zufriedengeben und darauf verzichten, die Anwendung auf die konkreten Umstände des Einzelfalls zu überprüfen.[49] Es kann aber auch aus der Art und Weise, wie das Instanzgericht das Grundrecht konkret angewandt hat, den Schluß ziehen, daß die Formeln zwar richtig wiedergegeben, aber inhaltlich nicht wirklich verstanden oder gewürdigt worden sind. Denn erst in der konkreten Anwendung gewinnen sie Leben und Bedeutung, und nur im Hin- und Herwandern des Blicks zwischen Grundrecht und Lebenssachverhalt zeigt sich, ob die Entscheidung auf einer grundsätzlich unrichtigen Anschauung des grundrechtlichen Schutzbereichs beruht.

Wie tief das BVerfG in die grundrechtliche Würdigung des Einzelfalls eindringt oder wieweit es darauf verzichtet, dafür scheint es auf den ersten Blick keine feststehenden Regeln zu geben: Es schwankt von Fall zu Fall. Eine vergleichende Bestandsaufnahme führt jedoch zu folgendem Ergebnis: In den Entscheidungen, die das BVerfG umfassend überprüft hat, ging es um ganz *fundamentale Freiheitsrechte,* u. a. um den Schutz gegen Freiheitsentziehung aus Art. 2 II und 104 II GG und um die Meinungs-, Informations- und Pressefreiheit.[49] Bei anderen Grundrechten übt das BVerfG mehr Zurückhaltung.[50] Es begründet diese Differenzierung damit, daß die einen Grundrechte fundamentaleren Interessen dienen als die anderen. Zu Art. 2 II und 104 GG sagt es: „Die persönliche (körperliche) Freiheit" sei „die erste Voraussetzung für jede freiheitliche Betätigung des Menschen überhaupt",[51] und zu den Grundrechten aus Art. 5 heißt es immer wieder, sie seien für eine freiheitlich demokratische Staatsordnung „schlechthin konstituierend", sie seien „die Grundlage jeder Freiheit überhaupt".[52] Das BVerfG zitiert in diesem Zusammenhang den amerikanischen Supreme-Court-Richter Cardozo, der von der Meinungsfreiheit gesagt hat, sie sei „the matrix, the indispensable condition of nearly every other form of freedom".[53]

Die drei Beispiele, die sich um weitere ergänzen ließen,[54] zeigen, daß der Grundsatz der wirtschaftspolitischen Neutralität nur ein Ausschnitt aus einem komplexeren Problemzusammenhang ist. Was das BVerfG die „Wertordnung der Grundrechte" zu nennen pflegt, ist in Wirklichkeit ein durchaus *rational abgestuftes* System fudamentaler Freiheiten und abhängiger Freiheiten, orientiert an der Menschenwürde und an der Stabilität des demokratischen Verfassungsstaates. Es handelt sich um einen ähnlichen Gedanken, wie er in den USA sehr mißverständlich unter dem Stichwort „preferred freedoms" diskutiert worden ist.[55] Dieser Ausdruck ist mißverständlich, weil es sich nicht darum handelt, beliebig die einen Freiheiten anderen vorzuziehen. Vielmehr geht es um die vernünftige Einsicht in die geschichtlich gewachsene Idee und Wirklichkeit des Verfassungsstaates selbst, um die Grundlagen und Voraussetzungen, von denen alle Freiheit abhängt. Marktwirtschaft gibt es auch in Diktaturen mit brainwash- und Foltersystem. Sie ist nicht das Fundament, sondern eine Ergänzung der verfassungsrechtlichen Freiheit.[56] Auch historisch ist längst erwiesen, daß die Idee der Verfassungsrechtsprechung ihre Wurzel in der Idee der Menschen-

würde und des sie bedingenden und durch sie bedingten gewalten-
teilenden Verfassungsstaates hat, und nicht im Wirtschaftsliberalismus, wie marxistische Kritiker unter ziemlich willkürlicher Fak-
tenauswahl und Interpretation der Verfassungsgeschichte unterstellen.[57]

Die Redeweise von „preferred freedoms" ist nur historisch aus
der Entwicklung zu verstehen, die die amerikanische Verfassungsrechtsprechung seit der Dred-Scott-Entscheidung aus dem Jahre
1857 und endgültig seit den achtziger Jahren des vorigen Jahrhunderts genommen hat. Damals wurde die due-process-Klausel aus
einem Grundrechtsschutz der Menschenwürde in ein Grundrecht
zum Schutz des Laissez-faire-Liberalismus uminterpretiert, mit der
Folge einer bis 1937 andauernden Blockade der Entwicklung des
Sozialstaats.[58] Als der Harvard-Professor James B. Thayer 1893 die
Theorie des judicial self-restraint entwickelte und diese in der nach-
folgenden Juristengeneration zur herrschenden Lehre in der amerikanischen Verfassungsrechtswissenschaft wurde, ging es in erster
Linie um die Abwehr dieses Mißbrauchs der Verfassungsrechtsprechung und um die Wiederherstellung ihres eigentlichen Sinnes. Der
Supreme-Court-Richter Holmes faßte die Kritik in dem Satz zusammen: „Die due-process-Klausel hat nicht Herbert Spencers ‚So-
cial Statics' zum Gesetz erhoben." Es ging, so paradox das klingt,
darum, daß überhaupt die Verfassung anzuwenden sei und nicht die
damals herrschende nationalökonomische Theorie und sozialdar-
winistische Philosophie. Aber im Laufe der Jahrzehnte wurde durch
neue Präjudizienketten eine neue Wirklichkeit verbindlichen Rechts
geschaffen. Hinzu kam, daß man die weite Auslegung der due-process-Klausel inzwischen auch zum Schutz persönlicher Freiheiten
wie dem Recht der Freizügigkeit und der Schulintegration im Di-
strict of Columbia herangezogen hatte. So konnte man sich gegen
den Mißbrauch der Verfassungsrechtsprechung nicht mehr mit
dem Verweis auf den ursprünglichen Sinn der Verfassung, sondern
nur noch mit einer generalisierten Forderung nach self-restraint
wehren, stellte damit aber zugleich die Effizienz der Grundrechte
überhaupt in Frage. Man müsse nun konsequent und unparteilich
self-restraint üben, meinte z. B. *Felix Frankfurter.* Wenn der Supre-

me Court dem Gesetzgeber das Recht zubillige, Eigentum und Vertragsfreiheit zu beschränken, so müsse er sich konsequenterweise auch mit McCarthyismus, Rassendiskriminierung und unfairen Prozeßmethoden abfinden.[59] Dagegen wandte sich die preferred-freedoms-Doktrin. Aber sie stand nun im Ruch politischer Parteilichkeit, während ihr doch eigentlich die Würde zukommt, die Wahrheit des Verfassungsstaates gegen parteiliche Ideologisierung verteidigt zu haben.

Für uns in der Bundesrepublik geht es nur darum, trotz mancher Kritik im einzelnen die ständige Rechtsprechung des BVerfG in Fragen des Gestaltungsspielraums festzuhalten und fortzusetzen. Wenn man die Forderung erhebt, den Grundsatz aufzugeben, daß das Grundgesetz im Rahmen der Grundrechte wirtschaftspolitisch neutral ist, so muß man sich im klaren darüber sein, was damit auf dem Spiel stünde:

(1) Die *Kontinuität* der Verfassungsrechtsprechung in einem differenzierten, wohlabgewogenen, fein abgestuften Bau von Entscheidungsregeln, und damit ein gutes Stück an Rechtssicherheit und an Autorität des Verfassungsgerichts.

(2) Die *Friedensfunktion* der Verfassung als eine alle politischen Parteien und Gruppen übergreifende Konsensgrundlage.

(3) Die *Effizienz der Grundrechte*. Denn man muß bedenken, daß die Gleichstellung der wirtschaftlichen Freiheit mit den fundamentalen persönlichen Freiheiten auf die Dauer unmöglich in der Weise durchgehalten werden kann, daß die wirtschaftliche Freiheit einen gleich starken Grundrechtsschutz genießt wie jetzt die persönlichen Freiheiten. Vielmehr würde im Gegenteil die Gleichstellung auf die Dauer dazu führen, daß umgekehrt die persönlichen Freiheiten auf das Maß herabgestuft würden, in dem heute die wirtschaftliche Freiheit geschützt wird. Die amerikanische Erfahrung belehrt uns über die Zwangsläufigkeit dieser Entwicklung. Wird aber die Effizienz derjenigen Grundrechte geschwächt, die für die Menschenwürde und für die Stabilität des Verfassungssystems fundamental sind, so kann das weitreichende Folgen haben, deren Tragweite wir noch nicht überblicken können.

Deutschlandpolitik –
Selbstanerkennung der Bundesrepublik

„DEUTSCHLAND" ALS RECHTSBEGRIFF[1]

Wenn wir den Streit um die Rechtslage Deutschlands und die Anerkennung der DDR juristisch und politisch analysieren wollen, müssen wir zunächst die verschiedene Ausgangs- und Interessenlage ins
Auge fassen.

Rein formal und äußerlich geht es um die Frage: Gibt es Deutschland als Rechtsbegriff? Genauer: Ist ein Rechtssubjekt Deutschland
in irgendeiner Weise Zuordnungssubjekt von Rechten, Pflichten
oder Belastungen?

Für die Bundesregierung sind Bundesrepublik und DDR *„zwei
Staaten in Deutschland"*. Für die DDR sind sie zwei Staaten, aber
nicht „in Deutschland", denn „Deutschland" gebe es nicht mehr.
Auch für uns sind beide Staaten gleichberechtigt, und besitzen die
Abmachungen zwischen ihnen uneingeschränkte rechtliche Verbindlichkeit. Doch steht ihre Subsumption unter das Völkerrecht
unter dem Vorbehalt der Besonderheit der Situation in Deutschland, die von den Kategorien und Typen des Völkerrechts nicht
restlos vorgeprägt ist. Vorbehaltlose völkerrechtliche Anerkennung der DDR durch uns könnte, bei Zugrundelegung herkömmli-
cher völkerrechtlicher Begriffe, der einmaligen und diffizilen Besonderheit der deutschen Lage nicht gerecht werden.

Die DDR ist in diesem Dissens in mehrerer Hinsicht im Vorteil:

Zunächst propagandistisch, weil die Nichtexistenz Deutschlands
prima vista evident zu sein scheint, während sich die Position der
Bundesregierung nur dem verständlich machen läßt, der sich auf
komplexere Begründungszusammenhänge einläßt.

Dann aber auch tatsächlich, weil sich positive Beziehungen zwischen zwei Staaten wie zwischen zwei Menschen nur im Zusam-

menwirken beider herstellen lassen, während *über die Trennung einer allein entscheiden* kann. Wenn die Versuche, den Zusammenhalt der Nation in besonderen innerdeutschen Beziehungen zum Ausdruck zu bringen, solche Sonderbeziehungen zu erhalten und weiterzuentwickeln, zum Konfliktstoff werden, können sie die Trennung verschärfen, statt sie zu mildern.

Greifen wir tiefer, so zeigt sich, daß sich der Dissens nicht nur auf die Sachfrage beschränkt, ob Deutschland als Rechtssubjekt noch besteht. Er wurzelt letztlich in den *grundsätzlichen politischen Gegensätzen.* Diese Gegensätze ungeschminkt ins Auge zu fassen, dient nicht antikommunistischer Polemik, sondern der Klarheit über den Dissens, die Grundlage des nüchternen politischen Kalküls sein muß. Aus unserer Sicht stellt sich dieser Gegensatz so dar:

Hier: Brückenschlag, dort Abgrenzung; hier Mut zum Wettbewerb der Systeme, dort Angst davor; hier *Menschenrechte,* die die Staatsgewalt binden, dort Selbstinterpretation der Staatsgewalt als Trägerin des Fortschritts und als Instrumentalisierung des Rechts und damit Nichtrealisierbarkeit der Menschenrechte; hier Vertrauen in den Satz: Die Wahrheit wird sich durchsetzen, dort Furcht, das Dogma könnte den Test der dialektischen Auseinandersetzung nicht bestehen; hier Bereitschaft zu innerdeutscher Freizügigkeit, dort *Emigrationsverbot,* während selbst die absolutistischen Monarchien die Emigration erlaubten – mit der Ausnahme Frankreichs nach der Aufhebung des Edikts von Nantes, eine Ausnahme, die in Europa als Skandal ersten Ranges empfunden wurde und die entscheidende Impulse zur Ausbildung der naturrechtlichen Menschenrechte gab.

Die Folge dieses Gegensatzes ist, daß die DDR alle *Kontakte zum Westen als Gefahr* empfindet. Die weitere Folge ist, daß Westberlin, seine Lebensweise und seine Wahlergebnisse eine so unerträgliche Herausforderung bedeuten, daß die Einverleibung Berlins in den Machtbereich der DDR Ziel der DDR bleiben muß. Alle Rechtsdarlegungen der DDR zu Berlin sind strategisch auf dieses Ziel hin ausgerichtet.

Von diesem Hintergrund her ist der Streit um den Rechtsbegriff Deutschland und die völkerrechtliche Anerkennung politisch zu begreifen. Denn auf die Frage: Was bedeutet im juristischen Sprachgebrauch heute „Deutschland"? ist die wesentliche Antwort in einer kurzen Formel: Deutschland ist das *Zuordnungssubjekt des Viermächtevorbehalts.* Indem die Vier Mächte Rechte und Verantwortlichkeiten für Deutschland als Ganzes aufrechterhielten, stehen die Souveränitätsübertragungen der drei Westmächte an die Bundesrepublik und der Sowjetunion an die DDR unter einem Vorbehalt. Für die Bundesrepublik ist dieser Vorbehalt eher hilfreich als belastend: er sichert uns die Mitwirkung der Westmächte in Fragen, die wir ohne ihre Mitwirkung ohnehin nicht anpacken könnten. Die DDR dagegen kann von der Sowjetunion im Zusammenwirken mit den Westmächten zur Mitwirkung bei der Entspannungspolitik bestimmt werden.

Wie sich das *praktisch* auswirken kann, haben vor allem die Viermächtevereinbarungen über die *Zugangswege nach Berlin* sichtbar gemacht. Daß in dem Viermächtevorbehalt *für Berlin* ein Vorbehalt für die Zugangswege eingeschlossen ist, wurde von der Sowjetunion insoweit bestritten, als der zivile Verkehr betroffen ist. Aus den originären Besatzungsrechten gestand sie ein implizites Zugangsrecht nur den Besatzungsmächten zu. Eine Verpflichtung, auch den *zivilen* Verkehr durch die damalige sowjetische Besatzungszone zu gewährleisten, hat die Sowjetunion vertraglich übernommen, insbesondere in der Viermächteabmachung vom 20. 6. 1949, die die Blockade Berlins beendete. Die Sowjetunion hat nach ihrer Souveränitätserklärung der DDR die Ausübung der *Kontrolle der Zugangswege der DDR überlassen* und ihr damit ein Instrument zu zahlreichen Schikanen in die Hand gegeben. Gleichwohl hat die Sowjetunion in Teil II des neuen Berlinabkommens verhältnismäßig detaillierte Zusagen hinsichtlich des erleichterten Verkehrs zwischen Berlin und der Bundesrepublik gemacht – Zusagen, mit denen sie offensichtlich die der DDR übertragenen Rechte mindestens teilweise *wieder an sich gezogen hat.* Nach ihrer Auffassung konnte sie das rechtlich tun, weil auch sie sich ihre *Verantwort-lichkeiten für Deutschland als Ganzes vorbehalten* hat, und weil der Verbindungsweg zwischen der Bundesrepublik und dem an sie gebundenen Berlin durch die DDR hindurch eine Frage ist, die nicht nur Berlin, sondern auch Deutschland als Ganzes betrifft.

Der Souveränitätsvorbehalt der Sowjetunion

Da die Sowjetunion in den sechziger Jahren ihre Rechte für Deutschland als Ganzes politisch nicht mehr betont hat, nimmt man gelegentlich an, nur die Westmächte hätten diesen Vorbehalt aus-drücklich gemacht. Da über den gleichgerichteten Vorbehalt der Sowjetunion bei uns einige unklare Vorstellungen im Umlauf sind, seien die Rechtsgrundlagen dieses Vorbehalts kurz skizziert:

In der Erklärung der Sowjetunion über die Souveränität der DDR vom 25. 3. 1954 heißt es u. a.:

Ziff. 2: „Die Sowjetunion behält in der DDR die Funktionen, die . . . sich aus den Verpflichtungen ergeben, die der Sowjetunion aus den Viermächteabkommen erwachsen. . . .

Ziff. 3: . . . werden die Funktionen des Hohen Kommissars der Sowjetunion in Deutschland auf den Kreis der Fragen beschränkt, die . . . mit der Aufrechterhaltung der entsprechenden Verbindun-gen mit den Vertretern der Besatzungsbehörden der USA, Großbri-tanniens und Frankreichs in den Fragen *gesamtdeutschen* Charakters im Zusammenhang stehen und die sich aus den vereinbarten Be-schlüssen der Vier Mächte über *Deutschland* ergeben."

Die Funktionen des Hohen Kommissars wurden zwar am 20. 9. 1955 aufgehoben. Gleichzeitig aber wurden dem Botschafter der Sowjetunion in Ostberlin die Funktionen der Aufrechterhal-tung der Verbindung zu den Botschaftern der drei Westmächte „in Fragen, die sich aus den Beschlüssen der Vier Mächte über *Gesamt-deutschland* ergeben", übertragen. Zugleich damit setzte die Sowjet-union die vom Kontrollrat erlassenen Rechtsnormen außer Kraft, erklärte jedoch, dies „berührt nicht die Rechte und Verpflichtungen der Sowjetunion gegenüber *Gesamtdeutschland,* die sich aus den entsprechenden Beschlüssen der Vier Mächte ergeben".

Auch der Vertrag über die Beziehungen zwischen der DDR und der Sowjetunion vom 20. 9. 1955 wurde beschlossen, wie es in der Präambel heißt: „unter Berücksichtigung der Verpflichtungen, die die Deutsche Demokratische Republik und die Sowjetunion gemäß dem bestehenden internationalen Abkommen, die *Deutschland als Ganzes* betreffen, haben".

Auch der Vertrag zwischen der DDR und der Sowjetunion vom 12. 6. 1964 enthält in Art. 9 die Klausel: „Dieser Vertrag berührt nicht Rechte und Pflichten der beiden Seiten aus geltenden zweiseitigen und anderen internationalen Abkommen, einschließlich des Potsdamer Abkommens."

Schließlich schlossen die Vier Mächte das Berlinabkommen vom 3. 9. 1971, wie es in der Präambel heißt, „auf der Grundlage der Viermächterechte und -verantwortlichkeiten und der entsprechenden Vereinbarungen und Beschlüsse der Vier Mächte aus der Kriegs- und Nachkriegszeit, die nicht berührt werden". Hier sind also die Viermächteverantwortlichkeiten nicht nur für Berlin, sondern insgesamt, also *einschließlich der Verantwortlichkeiten für Deutschland* als Ganzes in Bezug genommen, und mußten das, weil sie, jedenfalls nach Auffassung der Sowjetunion, die Rechtsgrundlage für die *Vereinbarung über die Zugangswege* nach Berlin bilden.

Die politische Gefahr einer unerwünschten Einflußnahme der Sowjetunion *auf die Bundesrepublik* liegt in der Verantwortung der Vier Mächte für Deutschland als Ganzes nicht. Denn die Durchsetzung der Vier-Mächtevereinbarungen obliegt in der Bundesrepublik ausschließlich den drei Westmächten, in der DDR der Sowjetunion. Das hat die Sowjetunion u. a. im Vertrag mit der DDR vom 12. 6. 1964 anerkannt, wo es in Art. 2 II heißt:

„Beide Seiten gehen davon aus, . . . daß bis zum Abschluß eines deutschen Friedensvertrages *die USA, Großbritannien und Frankreich* nach wie vor ihre Verantwortung für die Verwirklichung der Forderungen und Verpflichtungen auf dem Territorium der *Bundesrepublik* tragen, die die Regierungen der *Vier* Mächte gemeinsam im Potsdamer und in anderen internationalen Abkommen zur Ausrottung des deutschen Militarismus und Nazismus und zur Verhinderung einer deutschen Aggression übernommen haben."

Offensichtlich hat die Sowjetunion ein Interesse daran, ihren Vorbehalt für Deutschland als Ganzes, der in den sechziger Jahren zu einer juristischen Formel geschrumpft war, wieder politisch zu reaktivieren: Sie besitzt als Weltmacht einen höheren Grad von Verantwortung für den Frieden als die DDR. Zumindest eine starke und gegenwärtig führende Gruppe in der Sowjetunion wird von der Einsicht bestimmt, daß der Weltfriede nur auf einem universalen Völkerrecht beruhen kann, d. h. auf einem Völkerrecht, das nicht ideologisch völlig instrumentalisiert, sondern auf die Koexistenzbedingungen reduziert ist und das Kooperation auf der Grundlage des territorialen Status quo erlaubt.

Man streitet gern über die Frage: Was motiviert das außenpolitische Handeln einer kommunistischen Macht: *Staatliche Interessen oder ideologischer Expansionsdrang?* Die Antwort muß wohl lauten: Beides, aber in verschiedenen Staaten zu verschiedenen Zeiten bei verschiedenen Gruppen in unterschiedlicher Stärke. Wenn und soweit das staatliche Interesse dominiert, können wir uns auf eine uns angebotene Friedens- und Kooperationspolitik einlassen. Wir können das gefahrlos tun, wenn wir der alternativen Möglichkeit gegenüber stets wachsam und gewappnet bleiben. Indem wir uns darauf einlassen, stärken wir zugleich die Tendenzen zur Vernunft. Die Beschränkung auf den bloß ideologischen Kampf, zu der wir in der innenpolitischen Auseinandersetzung um die Ostpolitik häufig aufgefordert werden, würde diese Tendenzen schwächen.

Für die Bundesrepublik wird die Souveränitätsbeschränkung durch den Vier-Mächte-Vorbehalt, dessen Durchsetzung den drei Westmächten obliegt, jedenfalls so lange nicht praktisch werden, als unsere Außen- und Deutschlandpolitik mit den Westmächten in der Entspannungspolitik kooperiert. Anders könnte es sein, wenn sich die uns gelegentlich angebotene Alternativkonzeption durchsetzen sollte, die davon ausgeht, daß die Abwendung von der roll-back-Strategie der Acheson- und der Dulles-Ära nicht notwendig und endgültig, sondern eine vorübergehende moralische Schwäche des Westens sei. Erst jüngst hat wieder ein führender Oppositionspolitiker vorgeschlagen, wir sollten die gesamte Ostpolitik abblasen und statt dessen die Welt davon in Kenntnis setzen, daß wir die uns vorenthaltene Wiedervereinigung in Freiheit als *friedensstörend* ansehen. Redewendungen solcher Art haben zwar die Westmächte bis in die sechziger Jahre hinein mitgemacht, aber gleichzeitig sorgfältig darüber gewacht, daß sie rein rhetorisch blieben. Inzwischen sind sie nicht einmal mehr zu solcher Rhetorik geneigt. Das Kalkül von Chance und Risiko: „Wiedervereinigung in Freiheit oder Friedensstörung" ist in Wahrheit ein *Risiko ohne Chance,* allerdings weniger das Risiko der Friedensstörung, als vielmehr das der politischen Isolierung und Entmündigung der Bundesrepublik.

Deshalb ist an einen freiwilligen *Verzicht der Vier Mächte auf ihre Vorbehaltsrechte,* selbst wenn wir daran Interesse hätten, nicht zu denken. Das haben die Westmächte noch in ihrer Note vom 11. 8. 1970 ausdrücklich versichert. Die deutsche Frage besitzt zuviel Brisanz. Mitteleuropa ist für die weltpolitische Konstellation zu wichtig. Wir brauchen uns nur zu vergegenwärtigen, daß selbst die Ostpolitik der Bundesregierung, die bei den Regierungen und der öffentlichen Meinung der Westmächte sehr weitgehende Zustimmung genießt, doch auch außerhalb der Bundesrepublik hier und da skeptische Beobachter findet. Wir brauchen uns weiter nur zu vergegenwärtigen, daß ein Teil der deutschen Presse, aber auch ein nicht unmaßgeblicher Teil der Opposition der Bundesrepublik die politische Mission zuweisen, das ganze westliche Bündnis auf den verlassenen Pfad der Tugend, d. h. des Kalten Krieges zurückzuführen. Die Möglichkeit, daß diese Konzeption nach einem Regierungswechsel mehr oder weniger Einfluß gewinnen könnte, kann man nicht von vornherein ausschließen. Wer sich bei unseren westlichen Freunden umhört, wird bestätigt finden, daß allein schon im Hinblick auf diese Möglichkeit ein Verzicht auf die Vorbehaltsrechte nicht in Erwägung gezogen wird.

Solange wir uns in der Koexistenzpolitik kooperativ verhalten, ist der *Souveränitätsvorbehalt für Deutschland als Ganzes* nicht nur nicht belastend für uns, sondern im Gegenteil *hilfreich.* Er hat nicht nur die Funktion, uns an gefährlichen Wegen zur Wiedervereinigung zu hindern, sondern auch die positive Kehrseite, daß sich zumindest die

Westmächte wenigstens prinzipiell an die aus Art. 7 des Deutsch-landvertrages folgende Pflicht gebunden halten, Deutschland in Freiheit zu reorganisieren, falls das friedlich möglich werden sollte. Daß die weltpolitische Konstellation eine unerwartete Wendung nimmt, die es ermöglicht, ist zwar äußerst unwahrscheinlich, aber, wie Altbundeskanzler Kiesinger sagt: „Niemand ist ein Prophet", und für den Fall der Fälle ist nichts verbaut. Die Sowjetunion hat gerade wegen der implizierten Wiedervereinigungsabsichten ihre Berufung auf den Viermächtevorbehalt reduziert. Aber angesichts des entspannungsfeindlichen Verhaltens der DDR sah sie sich genö-tigt, ihn politisch zu reaktivieren und damit die Viermächteverein-barung über die Zugangswege nach Berlin der DDR gegenüber rechtlich zu fundieren. Die Sowjetunion hat im Zusammenhang mit dem Moskauer Vertrag darüber hinaus unsere förmliche Erklä-rung entgegengenommen, daß wir an dem Ziel der deutschen Ein-heit festhalten. Das einseitige Schreiben gehört, da sie es in Kenntnis seines Inhalts entgegennahm, zum Vertragszweck und ist gemäß § 31 Abs. II b der Wiener Vertragsrechtskonvention[2] bei der Ausle-gung des Vertrages heranzuziehen. Das Erreichbare ist damit er-reicht. Ein entsprechender Vorbehalt findet sich auch im Warschau-er Vertrag. Die Behauptung, daß in irgendeinem Stadium der bishe-rigen und der beabsichtigten Ost- und Deutschlandpolitik die ohne-hin geringen Chancen der deutschen Einheit rechtlich oder tatsäch-lich vermindert worden seien oder vermindert würden, ist unbe-gründet.

Für uns ist darüber hinaus der Rechtsbegriff Deutschland aus einigen weiteren Gesichtspunkten von Belang. Zunächst wegen Berlin. Obgleich Berlin kein konstitutiver Bestandteil der Bundes-republik, sondern ein eng an die Bundesrepublik gebundenes be-sonderes Besatzungsgebiet ist, liegt es gleichwohl „in Deutsch-land". Die Vorstellung ist weit verbreitet, daß Berlin idealerweise ein voll integriertes Bundesland und also kein besonderes Besat-zungsgebiet sein sollte. Wie wenig ideal das aber wäre, hat sich schon bei unserer Betrachtung der Zugangswege gezeigt. Es kommt aber folgendes hinzu: Angenommen, Berlin würde militä-risch angegriffen. Worin läge sein Schutz? Gehörte Berlin uneinge-

schränkt zur Bundesrepublik, so träte für die NATO der Bündnis-
fall ein. Sie sähe sich verpflichtet, einen militärisch unhaltbaren
Außenposten zu verteidigen. Beim gegenwärtigen Rechtsstatus
würde der Angriff nicht nur obligatorische Bündnisverpflichtungen auslösen. Er würde sich unmittelbar gegen originäre Hoheitsrechte der Westmächte richten. Daß die Abschreckungswirkung
und damit die Sicherheit Berlins beim gegenwärtigen Rechtsstatus
besser gewährleistet ist, sollte eigentlich einleuchten.

Ein weniger handgreiflicher, aber politisch doch wesentlicher
Gesichtspunkt für den Rechtsbegriff Deutschland ist, daß wir sagen
können, Weimar, Dresden, Rostock lägen in Deutschland. Dieser
Sprachgebrauch bringt zwar wenig meßbaren Nutzen und leuchtet
deshalb der skeptischen Rationalität nicht sogleich ein. Aber das
nationale Zusammengehörigkeitsgefühl – rational oder nicht – ist eine
Tatsache und also ein Faktor, den eine vernünftige Politik nicht
ungestraft außer acht lassen kann.

Bundesrepublik rechtlich gebunden

Die bisherigen Darlegungen versuchten einige Gesichtspunkte aufzuweisen, aus denen die Westmächte, die Sowjetunion und die
Bundesrepublik politisches Interesse an der Aufrechterhaltung der
Vier-Mächte-Verantwortung für Deutschland als Ganzes haben. Es
ist aber zu betonen, daß der Bundesrepublik eine Preisgabe oder eine
Modifikation des Rechtsbegriffs Deutschland, die in einer völkerrechtlichen Anerkennung der DDR impliziert wäre, rechtlich gar
nicht möglich wäre, ob sie dies nun politisch wollte oder nicht.
Über Fragen, die Deutschland als Ganzes betreffen, zu entscheiden,
liegt außerhalb – genauer *oberhalb* – *unserer Souveränität*. In dieser
Frage gilt nach wie vor Besatzungsrecht. Die rechtliche Situation
läßt sich kurz so umreißen:

Nach der herrschenden Rechtsauffassung ist mit der Kapitulation
1945 das Deutsche Reich nicht untergegangen. Vielmehr haben die
Vier Mächte mit der Berliner Deklaration vom 5. 6. 1945 die „supreme authority" in Deutschland übernommen und die deutsche

Staatsgewalt gewissermaßen treuhänderisch ausgeübt. (*Frankreichs* Rechtsauffassung ist allerdings gespalten: Einerseits betrachtet es Deutschland als untergegangen – es verfolgte das Ziel der endgültigen Zerstückelung Deutschlands. Andererseits nahm es aber die Einladung der drei Siegermächte an, sich an der Hoheitsgewalt über Deutschland als Ganzes als vierte Macht zu beteiligen. Jedenfalls insoweit erkennt es – wenn auch vielleicht widersprüchlicherweise – die Rechtssubjektivität Deutschlands doch an.) Die treuhänderische Ausübung der gesamtdeutschen Staatsgewalt ist *schrittweise zurückgewichen* und hat *deutscher Hoheitsgewalt* Platz gemacht: Zunächst auf kommunaler, dann auf Landesebene, schließlich in der Bundesrepublik und der DDR. Deutsche Hoheitsgewalt konnte aber immer nur so weit wieder aufleben, wie die Besatzungsgewalt zurückgewichen ist. Dieses Zurückweichen ist aber auch bei den Souveränitätserklärungen nicht vollständig erfolgt. Die Westmächte haben sich, wie es in Art. 2 des Deutschlandvertrages vom 26. Mai 1952 heißt, „die bisher von ihnen ausgeübten oder innegehabten Rechte und Verantwortlichkeiten in bezug auf . . . Deutschland als Ganzes . . . vorbehalten". Der entsprechende Vorbehalt der Sowjetunion wurde oben zitiert. Daran hat sich bis heute nichts geändert, und es wird sich nach der bestehenden Rechtslage auch nicht ändern, solange bis Deutschland als Ganzes eigene Staatsorgane besitzt und handlungsfähig wird. Alsdann soll mit ihm ein Friedensvertrag geschlossen werden, der ihm die Souveränität restlos zurückgibt. Zwar hat sich das Oberste Viermächtegremium, der alliierte Kontrollrat, wegen des Einstimmigkeitsprinzips schon 1948 als handlungsunfähig erwiesen und *sine die* vertagt. Der Viermächtevorbehalt spricht deshalb sorgfälig von den „bisher ausgeübten *oder innegehabten*" Rechten.

Folge für die völkerrechtliche Anerkennung

Müssen wir also an den Vorbehaltsrechten und damit am Rechtsbegriff „Deutschland" festhalten, so fragt sich, was daraus für die Zulässigkeit der *völkerrechtlichen Anerkennung* der DDR folgt. Wir müssen unterscheiden zwischen der völkerrechtlichen Anerkennung durch die *Bundesrepublik* und durch *dritte Staaten*. Die Situation ist, wenn auch nicht durchweg, so doch in mancher Hinsicht vergleichbar mit den Staaten des Britischen Commonwealth. Diese sind nach außen unbeschränkt völkerrechtsfähig, stehen aber untereinander durch das Dach des Commonwealth in sogenannten interse-Beziehungen. Diese sind weder rein völkerrechtlich noch rein staatsrechtlich zu qualifizieren. Die Begriffe Völkerrecht und Staatsrecht sind idealtypische Begriffe. Es gibt Zwischen- und Mischformen. Die Beziehungen zwischen den Commonwealth-Ländern sind überwiegend völkerrechtlich geprägt, besitzen aber auch staatsrechtliche Elemente. Umgekehrt: Zwischen den Schweizer Kantonen gilt in der Regel Staatsrecht. Wenn aber Rechtsfragen auftauchen, die durch das Staatsrecht nicht vorentschieden sind, so zieht man zur Lösung des anstehenden Problems völkerrechtliche Regeln heran.

Das Verhältnis beider deutschen Staaten zu *Drittstaaten* ist ausschließlich völkerrechtlich zu qualifizieren.[3] Der völkerrechtlichen Anerkennung der DDR durch Dritte steht rechtlich nichts Prinzipielles im Wege, auch nicht der Anerkennung durch die drei Westmächte. Daß wir unsere Freunde bitten, die völkerrechtliche Anerkennung der DDR bis zum Abschluß eines Generalvertrages auf der Grundlage der Kasseler 20 Punkte hintanzuhalten, hat keine rechtlichen, sondern politische Gründe: Es ist der im Interesse der menschlichen Erleichterungen unverblümte Gebrauch eines politischen Druckmittels.

Der in Kassel, Punkt 20, vorgesehene Aufnahmeantrag beider Staaten in die UNO kann und wird voraussichtlich der *universalen völkerrechtlichen Anerkennung* der DDR den Weg frei machen. Dieser Konsequenz sehen wir bewußt entgegen und nehmen sie unter Abwägung des Für und Wider in Kauf. Das ist in der Tat die Preisgabe eines lange Zeit geltenden Kriteriums der Deutschlandpolitik. Man maß Erfolg oder Mißerfolg politischer Maßnahmen daran, ob sie die internationale Aufwertung der DDR förderte oder hemmte. Dieses Erfolgsbarometer hat auf einen zu engen Gesichtspunkt abgestellt. Wir müssen zunächst davon ausgehen, daß wir die internationale Anerkennung der DDR *auf die Dauer ohnehin* nicht oder nur mit unverhältnismäßig hohen politischen Kosten aufhalten können. Die freiwillige Deblockierung ist dann schon besser als eine Reihe von Niederlagen, zumal sie jetzt noch einen gewissen Handelswert haben könnte. Ferner ist zu bedenken: Wenngleich wir von der Aufwertung der DDR internationale Schwierigkeiten zu erwarten haben (Guinea!), schadet die Blockade der internationalen Anerkennung uns in der Bilanz auf die Dauer mehr als sie nützt.

Welcher Vorteil liegt für uns in der Blockade der Anerkennung? In ihr drückt sich symbolisch die *Solidarität* mit den Deutschen aus, die unter der konsequenten und systematischen Verweigerung der Menschenrechte zu leiden haben. Sie impliziert eine Demütigung der Gewalthaber, die eine gewisse Befriedigung gewährt, und sie hält vor allem die Hoffnung auf die Abschüttelung dieser Gewalt wach. Seitdem feststeht, daß die DDR-Gewalt effektiv und stabil ist, ist das eine Hoffnung, von der wir wissen, daß sie zur Enttäuschung verurteilt ist. Vieles spricht dafür, daß die Menschen in der DDR Realisten genug sind, dies zu wissen. Sie sahen, jedenfalls zu einem großen Teil, die Bekundung unserer Solidarität lieber in einer *pragmatischen Politik* als in einer Anerkennungsblockade, die eine solche Politik behindert. Die Anerkennungsblockade hat keinerlei *menschliche Erleichterungen* gebracht, sondern im Gegenteil der Gewalt und der Abriegelung zumindest Vorwände, wenn nicht gar zusätzliche Motive geliefert. Die Abriegelung von der Welt hat zugleich eine Abriegelung von der Mitverantwortung für den Weltfrieden zur Folge. Sie bestärkt darüber hinaus innenpolitisch den doktrinären Provinzialismus. Die Menschen, die darunter zu leiden haben, zahlen für die Fortdauer der Nichtanerkennungspolitik also einen hohen Preis. Die in der Anerkennungsblockade liegende gewisse Demonstration ist im großen und ganzen wahrscheinlich weniger *ihr* Interesse als vielmehr das *unsere,* die wir diesen Preis nicht zu zahlen brauchen.

Wichtig bleibt indessen, daß auch, wenn die DDR international anerkannt wird, der Rechtsbegriff Deutschland und die damit verbundenen rechtlichen Verantwortlichkeiten und politischen Ziele nicht gemindert werden. Deshalb muß unabhängig von der völkerrechtlichen Anerkennung der DDR durch *dritte* Staaten das Verhältnis zwischen *beiden deutschen* Staaten unter dem Vorbehalt des beide Staaten übergreifenden Rechtssubjektes „Deutschland" stehen: Zwei Staaten in Deutschland.

Der Beitritt beider Staaten zur UNO würde die Rechtssubjektivität Deutschlands nicht beeinträchtigen, wenn die UNO den Aufnahmeantrag im Bewußtsein dieser Rechtssubjektivität annimmt. Es gibt Beispiele dafür, daß sogar Gliedstaaten eines Bundesstaates Mitglieder der UNO sein können, wie z. B. Weißrußland und die Ukraine. Und erst recht könnten es also die beiden deutschen Staaten, die in „Deutschland" ja keinen Bundesstaat erblicken.

Die Anerkennung der DDR als Staat in Deutschland hat man, da eine solche *Anerkennung als Staat* in den Kategorien des Völkerrechts nicht vorgeprägt ist, aus Verlegenheit, die Sache irgendwie benennen zu müssen, als „staatsrechtliche Anerkennung" bezeichnet. Der Begriff ist allerdings auch nicht vorgeprägt. Er ist insofern zu Recht kritisiert worden, als „Deutschland" mangels einer Staatsgewalt kein Staat ist. Vielleicht spricht man besser von „eingeschränkter Anerkennung" oder *„Anerkennung mit Vorbehalt"*. Jedenfalls beruht das Verhältnis zwischen beiden Staaten trotz dieses Vorbehalts auf den allgemein gültigen zwischenstaatlichen Prinzipien der Gleichberechtigung, Nicht-Diskriminierung, Respektierung der Grenzen und Territorien und der inneren Kompetenzordnung. Verträge sind ebenso rechtswirksam wie die etwa zwischen den Commonwealth-Staaten. Man kann auch, wenn selbst zwischen den Schweizer Kantonen Völkerrecht angewandt wird, völkerrechtliche Regeln auf die zwischenstaatlichen Beziehungen anwenden oder, um den Vorbehalt zum Ausdruck zu bringen, *völkerrechtliche Regeln analog.*

Auslandsregeln „analog"

Entsprechendes gilt für das interlokale Zivil-, Verwaltungs-, Prozeßrecht usw. Bei der Anwendung von Rechtsregeln, die zwischen *Ausland* und *Inland,* Ausländer und Inländer unterscheiden, auf die DDR oder auf die in der DDR lebenden Deutschen wendet die

Rechtsprechung der Bundesrepublik seit langem schon ganz überwiegend *Auslandsregeln analog* an. Sie tat das unabhängig von der
eine Zeit lang herrschend gewesenen staatsrechtlichen Doktrin von
der Inlandseigenschaft der DDR, einfach weil die tatsächliche Situation und die Notwendigkeit zu praktischer Entscheidung dazu
zwang. Für die gegenwärtige Bundesregierung ist die DDR zwar
auch nicht Ausland, weil sie zu Deutschland gehört. Sie ist aber auch
nicht Inland, weil sie nicht zur Bundesrepublik gehört. Praktisch
bedeutet das die Aufnahme der ohnehin herrschenden Rechtsprechungspraxis in die staatsrechtliche Doktrin: Der Konzeption von
zwei Staaten in Deutschland entspricht es, daß in der Regel Auslandsregeln analog anzuwenden sind, soweit nicht aus praktischen
Gründen einvernehmlich besondere Beziehungen bestehen, wie vor
allem beim innerdeutschen Handel. Reste von Rechtsregeln der
Bundesrepublik, die die DDR gegen ihren Willen als Inland behandeln – die von der DDR sogenannte „juristische Aggression" –
werden im Zuge der innerdeutschen Verhandlungen abgebaut
werden.

Ein Problem besonderer Art bietet das *Staatsangehörigkeitsrecht.*
Man hat die Frage aufgeworfen, ob die Bundesrepublik nach der
Anerkennung der DDR als Staat an der deutschen Staatsangehörigkeit festhalten kann. Dazu ist folgendes zu sagen: Staatsangehörigkeitsrecht ist Staatsrecht, nicht Völkerrecht. D. h.: Jeder Staat entscheidet selbst darüber, wen er als Staatsangehörigen in Anspruch
nimmt. Es steht uns frei, allen in Deutschland lebenden Deutschen
die Rechte eines Staatsangehörigen anzuerkennen. Eine Verletzung
internationalen Rechts läge darin nur, wenn diese Inanspruchnahme
ohne Anknüpfungspunkt, also rein schikanös wäre – das ist aber
offensichtlich nicht der Fall. Es bedeutet nur, daß DDR-Flüchtlinge
nicht eingebürgert, sondern unter den Modalitäten des Notaufnah-
megesetzes als Inländer registriert werden. Entsprechend handelt
die DDR auch nach Erlaß ihres Staatsbürgerschaftsgesetzes von
1967: Übersiedler aus der Bundesrepublik werden unter Aushändi-
gung des für Bürger der DDR bestimmten Personalausweises als
Inländer registriert und bedürfen nicht der förmlichen Einbürgerung. Die DDR nimmt darüber hinaus alle Personen, die seit 1949

die DDR verlassen haben, sowie deren Nachfahren über alle Generationen hinweg als Staatsbürger in Anspruch. [*Nachtrag 1977:* Diese Regelung ist inzwischen aufgehoben. Doch werden nach wie vor die Deutschen, die aus der Bundesrepublik in die DDR übersiedeln, ohne Einbürgerung als Staatsbürger der DDR registriert.]

Identität Deutschlands mit der Bundesrepublik?

Von seiten der DDR wird des öfteren behauptet, unsere Konzeption von zwei Staaten in Deutschland mache die DDR zum Land der Bundesrepublik, habe *annexionistischen* und aggressiven Charakter, sie sähe beide Staaten nicht im Verhältnis der Gleichordnung, sondern der Unterordnung. Diese Behauptung ist unbegründet. Sie beruht auf der Unterstellung, daß die Bundesrepublik von der These der Identität Deutschlands mit der Bundesrepublik ausgehe. Es wird gefolgert: Ist Deutschland die Bundesrepublik, so ist die DDR, wenn sie ein Staat in Deutschland ist, also ein Staat in der Bundesrepublik. Aber die Bundesregierung geht nicht von der Identitätsthese aus: Auch die Bundesrepublik ist ein Staat „in Deutschland" und mit Deutschland nicht identisch. [*Nachtrag 1977:* Nach dem Urteil des Bundesverfassungsgerichts zum Grundlagenvertrag (BVerfGE 36, S. 1 ff.) ist die Bundesrepublik mit Deutschland „teilidentisch", wie auch die DDR und Berlin mit ihr „teilidentisch" sind. Dies ist nur eine andere Formulierung für den hier ausgedrückten Gedanken, der seiner juristischen und politischen Intention voll Rechnung trägt. Das Problematische an der Identitätstheorie war lediglich, daß „nur" die Bundesrepublik identisch mit dem Deutschen Reich sein sollte.]

Die Identitätsthese ist eine aus der außenpolitischen Situation der fünfziger Jahre verständliche Lehrmeinung. Ihre Plausibilität erlangte sie dadurch, daß die Bundesregierung als legitimiert angesehen wurde, Deutschland zu „repräsentieren", für alle Deutschen zu sprechen. *Repräsentation* oder Vertretung ist aber nicht schon *Identität.* Die Westmächte haben das von vornherein klar gemacht. Die Außenminister der Westmächte erklärten nach der New Yorker

Außenministerkonferenz am 19. Mai 1950, daß bis zur Vereinigung Deutschlands die Bundesregierung befugt ist, in internationalen Angelegenheiten „als Vertreter des deutschen Volkes für Deutschland" zu sprechen. Am gleichen Tage haben sie Bundeskanzler Adenauer in einer „Interpretative Minute" mitgeteilt, daß diese Feststellung nicht die Anerkennung der Bundesregierung als de jure – Regierung von ganz Deutschland bedeutet. Diese Interpretative Minute wurde lediglich im Ausland publiziert und in der Bundesrepublik erstmals von Menzel im August 1971 in der „Zeitschrift für Rechtspolitik" veröffentlicht. Als sich in der Bundesrepublik der Unterschied zwischen Repräsentation und Identität, zwischen dem Recht, für Deutschland zu sprechen und dem Recht als Regierung Deutschlands zu handeln, verwischt hatte, haben die Westmächte ihren Standpunkt erneut betont. So erklärten die Außenminister der USA und Großbritanniens auf der Genfer Außenministerkonferenz im Mai 1959, „daß nach internationalem Recht das als Deutschland bekannte Völkerrechtssubjekt auch weiterhin besteht. . . . Die Bundesrepublik Deutschland und die sogenannte DDR stellen nicht – und zwar weder getrennt noch gemeinsam – eine gesamtdeutsche Regierung dar, die ermächtigt werde, für das als Deutschland bekannte Völkerrechtssubjekt zu handeln und Verpflichtungen einzugehen". Diese Auffassung wird angesichts der Rechtsgrundlagen der Viermächteverantwortung für Deutschland von der Bundesregierung ausdrücklich geteilt.

In diesem Sinne ist es auch zu verstehen, wenn im Zusammenhang mit dem Warschauer Vertrag in der Note vom 19. 11. 1970 festgestellt wurde, daß die Bundesregierung nur befugt sei, für die Bundesrepublik zu handeln: D. h., sie kann nicht für „Deutschland" handeln und also dem Friedensvertrag nicht vorgreifen. Daß diese Feststellung mehr juristische als politische Bedeutung hat, steht auf einem anderen Blatt.

Die Unterstellung der DDR, die Formel „Zwei Staaten in Deutschland" habe annexionistischen Charakter, wäre aber selbst dann nicht schon ohne weiteres begründet, wenn man von der Identitätsthese ausgehen könnte: Die Bundesrepublik sei Deutschland. Diese These gibt es in zwei Varianten, die sich in der *räumlichen*

Begrenzung Deutschlands unterscheiden: In der Variante der sog. Schrumpfstaatthese und der Variante der Staatskernthese – beide Begriffe nach *Schuster*.[3] Nach der *Schrumpfstaatsthese* ist das Gebiet Deutschlands auf den Geltungsbereich des Grundgesetzes geschrumpft. Das Gebiet der DDR liegt außerhalb. Nach der *Staatskernthese* liegt das Gebiet Deutschlands und also der Bundesrepublik auf dem Raum innerhalb der deutschen Reichsgrenze von 1937. Dann allerdings liegt die DDR innerhalb der Bundesrepublik, ist ein quasi-aufständisches Regime, mit dem wir im Quasi-Bürgerkrieg liegen.

Nur wenn man der Bundesregierung die Identitätsthese in der *Staatskernvariante unterstellt,* wird der Vorwurf der staatsrechtlichen Aggression schlüssig. Die Staatskernthese besitzt jedoch kein völkerrechtlich tragfähiges Fundament. Sie ist auch mit dem Grundgesetz unvereinbar, weil sie die Möglichkeiten der Wiedervereinigung auf die Eingliederung der DDR in die Bundesrepublik reduziert, also den provisorischen Charakter des Grundgesetzes und insbesondere Art. 146 GG ignoriert. Sie ist aus der innenpolitischen Konfrontation der fünfziger Jahre zu verstehen und Ausdruck des Gedankens: Es gebe keinen Weg zur Wiedervereinigung als den des Sieges im Kalten Krieg. Das war rhetorisch das Konzept der deutschen Einheit, praktisch das der deutschen Teilung. Das politische Motiv dieses Konzepts war meistens (soweit es sich nicht um illusorische Hoffnungen auf ein großes Tauschgeschäft der Weltmächte handelte): Der Anspruch auf „Anschluß" der DDR hält die *Spannungen in Mitteleuropa* aufrecht, die der *Garant für den Zusammenhalt des Atlantischen Bündnisses* sein sollen. In Wirklichkeit belastet dieses Konzept die Atlantische Gemeinschaft zugleich, jedenfalls seitdem in den Hauptstädten der Welt eingesehen ist, daß der Weltfriede nur auf der Grundlage des territorialen status quo gesichert werden kann. Der Sinn der Gewaltverzichtspolitik ist, den Osten davon zu überzeugen, daß dieses politische Konzept nicht mehr gilt. Denn wenngleich wir auch früher schon auf Gewalt und Drohung mit Gewalt ausdrücklich verzichtet haben, so *impliziert doch die Staatskernthese den Vorbehalt der Gewaltdrohung* für den Fall, daß die Machtverhältnisse sie eines Tages möglich machen sollten. Die Ostverträge entziehen der Staatskernthese auch den Anschein eines juristischen Fundaments und schaffen damit die erste Voraussetzung für Normalisierung, Entspannung und menschliche Erleichterungen. Wenn also die DDR der Bundesregierung gerade die Staatskernthese unterstellt, so verkehrt sie die Absichten der Ostpolitik ins Gegenteil. Wie abwegig diese Unterstellung ist, zeigt sich schon sprachlich: Wenn es „zwei Staaten in Deutschland" gibt, dann liegt auch die Bundesrepublik „in Deutschland" und kann also nicht das ganze Deutschland sein.

Legt man die Identitätsthese in der Gestalt der *Schrumpfstaatthese* zugrunde, so muß man den Begriff „Deutschland" aus einem Völkerrechtsubjekt in eine rein *geographische* Bezeichnung umdeuten. Deutschland ist dann die Kurzformel für das Gebiet des ehemaligen Deutschen Reiches in den Grenzen von 1937. Rechtliches Zuordnungssubjekt des Viermächtevorbehalts sind dann die Bundesrepublik und die DDR je für sich. Der Souveränitätsvorbehalt für „Deutschland als Ganzes" ist dann, sprachlich verkürzt, ein Vorbehalt für alle Fragen, die sich auf das Verhältnis der Bundesrepublik zur DDR, zu den Ostgebieten und allgemein auf Grenzen beziehen. Wenn man die Ostpolitik der Bundesregierung im Lichte *dieser* Identitätsthese interpretiert, ist die Behauptung, daß die Formel „Zwei Staaten in Deutschland" annexionistische Tendenz habe, nicht aufrechtzuerhalten.

Die Auseinandersetzung darüber, ob „Deutschland" ein völkerrechtliches Zuordnungssubjekt oder nur noch eine geographische Bezeichnung ist, ist weitgehend akademisch. Beide Theorien lassen sich mit Argumenten stützen, die sich hören lassen, beide bieten ihre Angriffsflächen. Doch kann die Auseinandersetzung auf sich beruhen, weil die Frage im politischen Ergebnis fast irrelevant ist. Fast: Ein Unterschied entstünde allerdings, wenn eines Tages alle Vier Mächte einer wechselseitigen uneingeschränkten völkerrechtlichen Anerkennung beider deutschen Staaten *zustimmen* sollten. Knüpft man den Viermächtevorbehalt an ein völkerrechtliches Zuordnungssubjekt „Deutschland" an, so würde damit der letzte Rest des Rechtssubjekts Deutschland erlöschen, der Viermächtevorbehalt wäre endgültig gegenstandslos und ebenfalls erloschen. Ist das

Zuordnungssubjekt des Viermächtevorbehalts aber ohnehin nicht Deutschland, sondern sind es beide Staaten, so würde die Souveränitätsbeschränkung auch nach der wechselseitigen völkerrechtlichen Anerkennung bestehen bleiben können. Dieser Unterschied wird aber in absehbarer Zeit kaum relevant werden. Denn wir könnten zwar mit der Zustimmung Frankreichs zur völkerrechtlichen Anerkennung der DDR jederzeit rechnen, nicht aber mit der der beiden angelsächsischen Mächte, weil diese eher von der Rechtssubjektivität Deutschlands ausgehen und sich ihre *Einflußmöglichkeiten in Mitteleuropa* kaum durch mißdeutbare und unsichere Veränderungen des Rechtsstatus schwächen lassen werden. Auch die Sowjetunion scheint aus gleichen Motiven von der Forderung nach uneingeschränkter völkerrechtlicher Anerkennung der DDR durch die Bundesrepublik abgegangen zu sein. Jedenfalls hat sie die DDR letztmals im Dezember 1969 in dieser Forderung unterstützt, seither ist davon nicht mehr die Rede. Die Sowjetunion bemüht sich um völkerrechtliche Anerkennung der DDR *durch Drittstaaten* und nimmt ein völkerrechtliches Minus in den Beziehungen zwischen beiden deutschen Staaten hin.

Daß wir über die Anerkennung der DDR als Staat in Deutschland und über die Deblockierung ihrer internationalen Anerkennung nicht hinausgehen und die DDR nicht auch unsererseits uneingeschränkt völkerrechtlich anerkennen können, bedeutet also in keiner Hinsicht Diskriminierung oder Aggression. Wer auf uneingeschränkter völkerrechtlicher Anerkennung der DDR durch die Bundesrepublik besteht, verlangt etwas, das wir, selbst wenn wir wollten, nicht leisten könnten, weil es *nicht in unserer Souveränität* liegt. Das Beharren auf dieser Forderung wäre der Versuch, ein Konfliktelement lebendig zu erhalten, das wir nicht ausräumen können. Darüber hinaus wäre es der untaugliche Versuch, die Rechtssubjektivität Deutschlands und damit die *Viermächteverantwortung für Deutschland* abzuschütteln, die im Zuge der globalen Entspannungspolitik beide Staaten in Deutschland unter die Koexistenzbedingungen eines friedlichen Wettbewerbs der Systeme zwingt.

DIE BEDEUTUNG DER VERTRÄGE FÜR DEN ERHALT
DER NATION

I. Eine Gewinn- und Verlustrechnung

Der Begriff *Nation* knüpft zwar an einen empirischen Begriff des Volkes an; aber er enthält darüber hinaus einen politischen Sinn. Die Nation ist, wie man zu sagen pflegt, das seiner selbst bewußt gewordene Volk. Über die blutsmäßige Verwandtschaft hinaus verbindet die gemeinsam erlebte und erlittene Geschichte, das Ziel des weiterhin Miteinanderlebens, kurz, *Wille und Bewußtsein der Zusammengehörigkeit.* Zur Nation gehören unabhängig vom Volkstum diejenigen Menschen, die sich aus geschichtlichen und politischen Gründen als eine Einheit verstehen und die ihre Einheit politisch verwirklichen oder bewahren wollen.

Der Nationbegriff unterscheidet sich aber auch in seiner zeitlichen Dimension von dem Begriff des Volkes. Zunächst ist er in seiner spezifisch politischen Bedeutung, die ihm heute eigen ist, selbst ein *geschichtlicher Begriff,* den man in die Zeit der Französischen Revolution zurückverfolgen kann, ‚nämlich Nation als Subjekt des Nationalstaats'. Wenn man früher vom Römischen Reich Deutscher Nation sprach, so meinte man nicht, daß die deutsche Nation sich als Nationalstaat unter Nationalstaaten organisieren müsse. Diese Idee, die zu den nationalen Bewegungen und zur Gliederung der Welt der Nationalstaaten geführt hat, hat sich zusammen mit den Ideen der Französischen Revolution ausgebreitet. Dahinter stand innenpolitisch die Idee, daß die Einheit von Nation und Staat Bedingung der demokratischen Verfassungsform sei, und außenpolitisch die Idee, daß eine in Nationen gegliederte Welt friedlich sein würde.

Nicht aber nur die Idee der Nation als solche ist eine geschichtlich bedingte, sondern auch Nationen selbst können durch besondere geschichtliche Konstellationen *entstehen und vergehen.* Wenn die Nation durch Wille und Bewußtsein konstituiert ist, dann kann eine Nation gewissermaßen erwachen. *Disraeli* bezeichnete die Nation mit Recht als „a work of art and time". Das Erwachen und Vergehen eines Nationalbewußtseins vollzieht sich in allmählichen Übergängen; aber es gibt doch auch herausragende Zeitpunkte. So ist es zwar ein wenig übertrieben, aber doch anschaulich, wenn man das Jahr 1813 mit den Freiheitskriegen als den Beginn der deutschen Nation ansieht. Seit dieser Zeit jedenfalls kann man die drei mit dem Nationalstaatsbegriff verbundenen politischen Grundimpulse in der deutschen Geschichte verfolgen: das Streben nach staatlicher *Einheit,* das Streben nach *Unabhängigkeit* von äußeren Mächten und, jedenfalls in den Anfängen und später in schwankender Intensität, das Streben nach *demokratischer Verfassung.*

Die nationale Zusammengehörigkeit als ein Produkt „of art and time" kann aber auch *vergehen.* Hätte man in den 20er Jahren gefragt, ob die Österreicher zur deutschen Nation gehören, so wäre diese Frage sowohl im Deutschen Reich wie auch in Österreich bejaht worden. Das Zusammengehörigkeitsgefühl war so stark, daß sich die Österreicher später ziemlich bedenkenlos, zum großen Teil sogar enthusiastisch, in das Hitler-Reich eingliedern ließen. Die deutsche Einheit war ihnen mehr wert als alles andere. Anders als nach dem ersten Weltkrieg sind die Österreicher nach dem zweiten Weltkrieg nicht nur unter der Gewalt äußerer Mächte eigene Wege gegangen, sondern sie wollten nun auch selbständig sein. Wille und Bewußtsein der nationalen Einheit sind hier und dort geschwunden. Die Frage, ob die Österreicher zu unserer Nation gehören, muß man nunmehr verneinen.

Aus den geschichtlichen Erfahrungen, besonders aber im Hinblick auf Österreich, läßt sich zweierlei lernen: Einmal, die Einheit der Nation schwindet, wenn man sie nicht mehr will; zum anderen, der Wille zur Einheit kann eine solche Wucht entfalten, daß er stärker wird als der Wille zu Frieden und Freiheit.

Die politische Situation in der Bundesrepublik ist dadurch gekennzeichnet, daß sich die Deutschen von beiden Polen gleich fernhalten, Wille und Bewußtsein der *nationalen Verbundenheit* mit den in der DDR lebenden Deutschen sind überall gleichermaßen lebendig, allerdings bei der älteren Generation in stärkerem Maße als bei der jüngeren. Andererseits ist aber auch keine relevante politische Gruppe bereit, für die politische Realisierung der nationalen Einheit einen Krieg zu riskieren, und ebensowenig, für die Herstellung der nationalen Einheit die verfassungsmäßige Freiheit zu opfern, also Einheit im kommunistischen Sinne zu akzeptieren. Wir sind uns ferner einig in der realistischen Einschätzung der Tatsache, daß eine staatliche Einheit nicht realisierbar ist ohne die Zustimmung der Sowjetunion und daß diese Zustimmung eine Weltlage voraussetzen würde, die weder besteht noch bevorsteht. Mit anderen Worten: Wir sind uns einig darin, daß man in der deutschen Frage nichts anderes tun kann als sie „offenzuhalten", und zwar offenzuhalten in eine unbestimmte Zukunft hinein, wohl wissend, daß in der nächsten oder übernächsten Generation Wille und Bewußtsein der Einheit nachlassen oder schwinden können, womit dann allerdings die Nation aufhören würde zu bestehen.

Die eigentliche Kontroversfrage ist die, wie sich das nationale Zusammengehörigkeitsbewußtsein am besten bewahren läßt und wie sich die nationale Solidarität am besten manifestiert. Grob gesprochen, gibt es zwei verschiedene Grundkonzeptionen: Die eine besteht auf staatlicher Einheit, und wenn diese nicht realisierbar ist, auf der *juristischen Fiktion der staatlichen Einheit.* Die Dialektik der Sache ist, daß damit die menschliche Kommunikation innerhalb der Nation schwerer wird. Das haben die Verfechter dieses Konzepts nicht zu verantworten; aber sie müssen es in Kauf nehmen. Oder aber man sucht nach Wegen zur *menschlichen Kommunikation,* und das bedeutet nicht, daß der Anspruch auf staatliche Einheit aufgegeben werden müßte, wohl aber, daß die Frage seiner Realisierbarkeit realistisch ins Auge gefaßt wird. An die Stelle der juristischen Fiktion der Einheit tritt eben das Offenhalten der deutschen Frage.

Es wäre eine etwas grobe Vereinfachung, wenn man sagen würde, die einen wollten die juristische Fiktion der staatlichen Einheit und bezahlten sie mit der Hinnahme tatsächlicher Spaltung; die anderen anerkannten die Realitäten und erreichten damit menschliche Verbindungen. Wenn die Alternative so einfach wäre, wäre sie nicht so heiß umkämpft. Wenn wir z. B. die Möglichkeit hätten, durch Anerkennung der DDR die Grenzen so durchlässig zu machen, wie es die Grenze zwischen der Bundesrepublik und Österreich ist, so hätte man wohl mit sich darüber reden lassen, das Ziel der staatlichen Einheit dafür zurückzustellen oder gar aufzugeben. In Wirklichkeit haben die Verträge zwar *menschliche Erleichterungen* gebracht und die Aussicht auf weitere eröffnet; die Freizügigkeit bleibt aber doch weit hinter dem zurück, was zwischen zivilisierten Staaten an und für sich selbstverständlich wäre. Auch ist die Bundesregierung gegen engherzige Auslegungen der Verträge in der DDR und gegen offizielle Ermahnungen der Bevölkerung durch die Behörden der DDR oder durch die SED, von den Erleichterungen keinen Gebrauch zu machen, ohnmächtig. Wenn man schon juristische Fiktionen gegen menschliche Erleichterungen aufwiegt, so muß man die „Gewinn- und Verlustrechnung" ehrlicherweise folgendermaßen aufstellen:

Auf der Seite der durch die Verträge erreichten menschlichen Erleichterungen stehen erstens zwar nicht ausreichende, aber doch merkliche *Verbesserungen,* die bereits in Kraft getreten sind oder mit dem Inkrafttreten des Grundvertrages automatisch wirksam werden; zweitens die rechtsverbindliche *Zusage* der DDR, sich um weitere Regelungen menschlicher Erleichterungen ernstlich zu bemühen; drittens die Hoffnung, daß die internationale Anerkennung der DDR zu einem Zuwachs an *Selbstbewußtsein,* Selbstvertrauen und Urbanität führt, die Voraussetzung für weitere Freiheitsgewährungen sind – gewiß nicht mehr als eine vage Chance; viertens ein in verschiedenen rechtlichen Institutionen zum Ausdruck kommendes *Offenhalten der deutschen Frage* ohne ernste Aussicht auf ihre Lösung in absehbarer Zukunft. Auf der anderen Seite der Waagschale liegt die *Preisgabe der Identitätsthese* und des Alleinvertretungsanspruches.

Über den Wert der Gewinnseite gibt es kaum ernstliche Meinungsverschiedenheiten, jedenfalls keine prinzipieller Art. Die Kontroverse geht im wesentlichen nur um die *Verlustseite.* Was war und was ist die Identitätsthese und die auf ihr beruhende Politik wert, insbesondere für den Erhalt der deutschen Nation? Nur von der Beantwortung dieser Frage hängt es ab, ob man die Vertragspolitik insgesamt als in Leistung und Gegenleistung ausgewogen oder unausgewogen aussieht. *Für die Gegner der Verträge* stellt sich die Gewinn- und Verlustrechnung so dar:

Identitätsthese und Alleinvertretungsanspruch seien der konsequente Ausdruck der juristischen Fiktion staatlicher Einheit. Daneben wirke das bloße Offenhalten der deutschen Frage schwächlich; die menschlichen Erleichterungen seien jedenfalls im Vergleich zur Preisgabe der Identitätsthese mit allen ihren politischen Implikationen „nicht der Erwähnung wert", zumindest nicht die bisher erreichten menschlichen Erleichterungen; denn immer noch seien die Menschen in beiden deutschen Staaten wesentlich schärfer voneinander getrennt, als es die Menschen in der Bundesrepublik und in Österreich seien. Man habe also einen kräftigen Ausdruck der nationalen Einheit gegen kärgliche Zugeständnisse im Bereich menschlicher Kommunikation erreicht, also „einen Apfel gegen einen Obstgarten eingetauscht" (F. J. Strauß im Anschluß an Freiherrn von und zu Guttenberg). Es fragt sich freilich, war es nicht ein unfruchtbarer, versandeter Obstgarten?

II. Was ist die Staatskernthese uns wert?

Die Identitätsthese in ihrer Variante als *Staatskernthese* sagt, die Bundesrepublik sei identisch mit dem Deutschen Reich, und zwar allein identisch. Das Gebiet der DDR liege innerhalb des Staatsgebietes der Bundesrepublik; die Bundesrepublik habe de jure dort Hoheitsgewalt und sei lediglich de facto an der Ausübung der Hoheitsgewalt behindert. Sobald das tatsächliche Hindernis entfalle, werde sich die Hoheitsgewalt der Bundesrepublik auf das Gebiet der DDR erstrecken. Der Geltungsbereich des Grundgesetzes sei der Kern des gesamtdeutschen Staates, daher „Staatskerntheorie". Im Gebiet der DDR könne ein quasi aufständisches De-facto-Regime, könne ein Bundesland oder könnten mehrere Bundesländer bestehen, nicht aber ein eigenständiger Staat und schon gar nicht ein mit der Bundesrepublik gleichberechtigter Staat. Ein Staatsvertrag mit der DDR sei unmöglich. Das Wiedervereinigungsgebot fordere Ausdehnung der tatsächlich ausgeübten Hoheitsgewalt auf das Gebiet der DDR, sobald dies tatsächlich möglich werde.

Eine solche Theorie hatte und hat ein Fundament weder im

Völkerrecht noch im geltenden Verfassungsrecht. Zur Zeit der Entstehung des Grundgesetzes war das Konzept sowohl völkerrechtlich wie staatsrechtlich: *zwei Provisorien in Deutschland.* Die tatsächliche politische Entwicklung hat dazu geführt, daß beide Provisorien zu Staaten erstarkten. Deshalb ist das Konzept, das wir nun zugrunde zu legen haben: *zwei Staaten in Deutschland.* Die richtig gestellte verfassungsrechtliche Frage kann also nur sein, ob wir die Staatswerdung beider Provisorien zur Kenntnis nehmen dürfen oder leugnen müssen. Der Prozeß ist nicht rückläufig zu machen. Es gibt jetzt zwei Staaten in Deutschland. Das vom Grundgesetz verlangte Provisorium kann nur noch darin bestehen, daß es eben zwei Staaten „in Deutschland" sind und daß die Hoffnung auf Reorganisation Deutschlands, so fern sie auch am Horizont untergetaucht sein mag, doch juristisch und politisch festgehalten wird.

Die Einsicht, daß die Staatskernthese weder Verfassungsrecht ist noch sein kann, ist von fundamentaler Bedeutung, weil davon die Glaubwürdigkeit unseres Gewaltverzichts nach Osten hin abhängt. Die Staatskernthese wird im Ostblock so interpretiert, daß wir das *völkerrechtliche Gewaltverbot staatsrechtlich unterlaufen* wollten. Angenommen, es entstünde eine weltpolitische Machtsituation, die uns erlauben würde, mit Zustimmung der Westmächte in das Gebiet der DDR einzumarschieren: Nach der Staatskernthese würden wir uns dann in unserem eigenen Staatsgebiet bewegen; es würde sich um eine innerstaatliche polizeiliche Maßnahme handeln. Nach der Schrumpfstaattheorie können wir uns ebenfalls in unserem eigenen Staatsgebiet bewegen, nämlich dann, wenn wir zuvor das Grundgesetz in dem betreffenden Gebiet in Kraft gesetzt hätten, dazu könnten wir gemäß Artikel 23 Grundgesetz ermächtigt sein, wenn diese Gebiete ihren Beitritt erklären. Eine solche Beitrittserklärung ließe sich denkbarerweise auch gegen den Willen der dortigen Machthaber konstruieren, nämlich dann, wenn die Bevölkerung bei einem neuen 17. Juni ihren Wunsch zur Eingliederung in die Bundesrepublik erklären würde.

Juristische Theorien solcher Art wurden seit Jahren von den DDR-Juristen nicht nur mißtrauisch beobachtet, sondern mit großem propagandistischen Aufwand im Ostblock als die angebliche

Ansicht der Bundesrepublik ausgegeben und verbreitet. Dort hat man dies geglaubt oder war sich jedenfalls unserer Friedensbereitschaft nicht sicher. Dem ist allerdings mehreres entgegenzuhalten: *Einmal* handelte es sich nicht um die in der Bundesrepublik herrschende Ansicht; *zum anderen* dachten auch ihre hiesigen Vertreter nicht daran, von der juristischen Konstruktion jemals politisch Gebrauch zu machen, also tatsächlich Gewalt anzuwenden. Es handelt sich vielmehr um eine politisch-moralische Demonstration. *Drittens* war auch hier bekannt, daß das völkerrechtliche Gewaltverbot auch De-facto-Regime und Demarkationslinien nach überwiegender Ansicht einschließt. *Viertens* schließlich hat sich die Bundesrepublik schon 1954 gegenüber dem Westen ausdrücklich verpflichtet, die Wiedervereinigung Deutschlands und die Änderung der gegenwärtigen Grenzen der Bundesrepublik niemals mit gewaltsamen Mitteln herbeizuführen.

Immerhin aber handelte es sich um eine nur *den Westmächten* gegenüber ausgesprochene Verpflichtung, von der man im Osten annahm, daß die Westmächte die Bundesrepublik aus dieser Verpflichtung auch wieder entlassen könnten. Nun gab es in der Bundesrepublik tatsächlich Strömungen, die darauf hinausliefen, die ostwestliche Koexistenzpolitik moralisch zu verurteilen und von der Bundesrepublik zu fordern, daß sie die Westmächte, und insbesondere die Vereinigten Staaten wieder zur Politik des kalten Krieges zurückdrängt. Vor diesem Hintergrund wird verständlich, daß der den östlichen Staaten gegenüber erklärte *Gewaltverzicht* für den Ostblock mehr ist als eine floskelhafte Bekräftigung des ohnehin geltenden Rechts, daß der Gewaltverzicht in ihren Augen tatsächliche politische Substanz hat, und vor diesem Hintergrund allein wird verständlich, daß es für die östliche Seite politische Substanz hat, wenn für uns die DDR ein gleichberechtigter Staat ist, wenn wir die Unverletzlichkeit ihrer Grenze und die territoriale Integrität zu respektieren erklären. Wir verwerfen damit staatsrechtliche Doktrinen, die die Staatlichkeit der DDR, die Unverletzlichkeit der Grenzen und der territorialen Integrität, tatsächlich in Frage zu stellen geeignet waren; Doktrinen, die nicht nur juristisch anfechtbar, sondern die auch nicht nützlich waren, die aber der DDR mindestens als zusätzliche Begründung für die nationale Spaltung und für Menschenrechtsverletzungen dienlich waren.

Die „Deutsche Zeitung"[1] resümierte das Ergebnis unserer auf der Staatskernthese beruhenden Politik der 50er Jahre wie folgt: „Die DDR wird nahezu vollständig vom westlichen Deutschland abgeschnürt. Die Grenzen werden immer undurchdringlicher, nicht nur für Menschen, sondern auch für Meinungen. Die Propagandamaschinerie Ulbrichts versucht, den Bewohnern ein eigenes Staatsbewußtsein einzureden."

Die Staatskernthese hatte ihren politischen Sinn in der Zeit des kalten Krieges, als man die Hoffnung auf ein roll back mit politischen Mitteln noch nicht aufgegeben hatte; aber seit Beginn der 60er Jahre haben die Weltmächte eine Grundsatzentscheidung getroffen, nämlich die, der Weltfriede könne nur durch eine Koexistenzpolitik auf der Grundlage des *territorialen Status quo* erhalten werden. Die Hinnahme der Mauer durch die Westmächte war Ausdruck dieser Grundsatzentscheidung. Die Staatskernthese war zur Sackgasse geworden; sie war eine *politisch-moralische Demonstration,* aber für eine pragmatische Politik zu nichts mehr nütze, außer dazu, noch als *Handelsobjekt* eingesetzt zu werden. Ihr Handelswert aber sank beträchtlich, seitdem die DDR berechtigte Hoffnungen hatte, daß sie den Durchbruch zur internationalen Anerkennung auch gegen unseren Willen werde durchsetzen können.

Es ist sicherlich richtig, daß die USA die letzten gewesen wären, die die DDR völkerrechtlich anerkannt hätten; aber es ist wenig wahrscheinlich, daß sie sich auf die Dauer davon hätten abbringen lassen, und es wäre sehr fraglich gewesen, ob auch dann noch das Offenhalten der deutschen Frage und ihr institutioneller Ausdruck gelungen wären, ganz abgesehen davon, daß schwer zu erkennen ist, wie dann noch menschliche Erleichterungen hätten erreicht werden können.

Schließlich ist noch die Frage zu stellen, wie es sich ausgewirkt hätte, wenn wir weiterhin unsere westlichen Freunde bedrängt und ermahnt hätten, der DDR die Anerkennung zu verweigern, sie aus internationalen Organisationen herauszuhalten, sie von internationalen Konferenzen auszuschließen usw. Abgesehen davon, daß wir diese Politik sicherlich nicht lange hätten durchhalten können, hätten wir uns in der Zwischenzeit mehr als lästig gemacht und isoliert, ohne damit irgendeinen positiven Zweck erreichen zu können. Man hätte vielleicht mehr oder weniger Geduld, Milde und Verständnis für uns aufgebracht; aber wir wären vom Subjekt zum Objekt der Weltpolitik abgesunken. Unsere westlichen Freunde verlangen von uns keineswegs, daß wir auf das Offenhalten der deutschen Frage verzichten; was sie aber verlangen, ist die Einsicht in die *Unvermeidlichkeit einer universalen Koexistenzpolitik* auf der Grundlage des territorialen status quo.[2]

Zusammenfassend: Die Politik auf der Grundlage der Staatskernthese ist seit der Wendung vom kalten Krieg zur Koexistenzpolitik aussichtslos geworden. Höhere Preise waren nicht mehr zu erzielen. Eine Fortsetzung dieser Politik hätte die Beziehungen zu unseren Freunden getrübt und belastet und die Gefahr der Isolierung heraufbeschworen.

III. Wird die deutsche Frage offengehalten?

Nun zur positiven Seite unserer Gewinn- und Verlustrechnung: Zunächst: Die deutsche Frage wird offengehalten. Die Verpflichtungen des *Deutschlandvertrages* bleiben erhalten. Der *Souveränitätsvorbehalt* wird durch die vier Mächte bei Gelegenheit unserer Beitrittserklärung zur UNO belegt und bekräftigt. Bei uns und den drei Westmächten jedenfalls besteht weiterhin kein Zweifel, daß er sich auf Deutschland als Ganzes bezieht und das Ziel der deutschen Einheit einschließt. Wir sprechen weiterhin von zwei Staaten in Deutschland und betrachten die DDR nicht als „Ausland". Ein Brief, in dem wir erklären, daß wir an dem Ziel der deutschen Einheit festhalten, wurde von der DDR entgegengenommen. Einige besondere *Statusvorbehalte* sind vereinbart: Vertretungen statt Botschaften, Fortbestand des innerdeutschen Handels. Die Viermächte-Rechte und der Deutschland-Vertrag sind im Grundvertrag in Bezug genommen (Art. 9).

Soweit darüber hinausgehend die deutsche Frage zwischen beiden Staaten streitig ist, wird der Widerspruch ausdrücklich zum Ausdruck gebracht. Hätte man sich auf eine gemeinsame Formel über die Nation geeinigt, so bestünde der Widerspruch dennoch: hier nationale Einheit im westlichen, dort im kommunistischen Sinne. Es ist nicht einzusehen, inwiefern eine durch eine Formel verdeckte Meinungsverschiedenheit günstiger sein soll als eine *offene ausgesprochene* Meinungsverschiedenheit. Neuerdings besteht der Widerspruch nicht nur darin, in welchem Sinn die deutsche Frage zu lösen ist, sondern ob sie überhaupt besteht. Wenn sich der Widerspruch auf diese Frage verlagert hat, so ist das für unsere Seite, wenn man recht überlegt, nicht ungünstig, sondern günstig. Falls die DDR auf die Dauer daran festhalten sollte, was zu bezweifeln ist, bedeutet es, daß sie in der deutschen Frage politisch in die Defensive gegangen ist, während wir unsererseits am *Ziel der deutschen Einheit festhalten*. Diese Position wird die DDR kaum durchhalten; aber es ist schwer begreiflich, wieso man bei uns unglücklich darüber ist, daß die DDR diese Position überhaupt eingenommen hat.

Das einzige, was sich dafür anführen ließe, ist, daß die Sowjetunion den Satz anerkennt: Nationen haben einen Anspruch auf *Selbstbestimmungsrecht*. Aber daraus lassen sich für uns wenig Hoffnungen schöpfen; denn einmal versteht die Sowjetunion das Selbstbestimmungsrecht nur im antikolonialistischen Sinne; zum anderen behält sie sich vor, zu definieren, wer eine Nation bildet und wer nicht. Den Georgiern, Tataren oder Ukrainern z. B. gesteht sie das Selbstbestimmungsrecht nicht zu. Und schließlich hängt ihre Bereitschaft, die deutsche Einheit zuzugestehen, sicherlich nicht von den Formeln ab, die der Grundvertrag über die deutsche Frage enthält, sondern davon, ob eine weltpolitische Lage sie nötigt, auf eine entsprechende Forderung der drei Westmächte einzugehen.

Der Ruf nach einer Kautschukformel über die nationale Einheit, die alle Meinungsverschiedenheiten überbrücken soll, obwohl sich jedermann über diese Meinungsverschiedenheiten im klaren ist, hat deshalb wenig Überzeugungskraft. Im Gegenteil erlaubt uns gerade der Konsens über den Dissens – we agree to disagree –, daß wir *unsere Rechtsposition* in der deutschen Frage aufrechterhalten, ohne der Vertragsverletzung geziehen werden zu können. Wir halten daran fest, daß es sich um zwei Staaten in Deutschland handelt, daß die DDR für uns nicht Ausland ist, daß eine völkerrechtliche Anerkennung unsererseits nicht ausgesprochen worden ist.

Entsprechendes gilt für die Forderung, im Grundvertrag hätten *Staatsangehörigkeitsfragen* geregelt werden sollen. Die DDR wünscht, daß wir die allgemeine deutsche Staatsangehörigkeit durch die besondere Staatsangehörigkeit der Bundesrepublik ersetzen. Dieser Wunsch wurde aus politischen und verfassungsrechtlichen Gründen zurückgewiesen. Wenn das Vertragswerk Staatsangehörigkeitsfragen nicht behandelt, so bedeutet es, daß alles beim alten bleibt. Der Standpunkt der Bundesregierung hat sich also durchgesetzt. Nun bestand noch die Gefahr, daß die DDR aus anderen Vertragsbestimmungen über die Gleichberechtigung beider Staaten etwas anderes herauslesen könnte. Um dem vorzubeugen, ist in einem vereinbarten Protokollvermerk ausdrücklich festgehalten, daß Staatsangehörigkeitsfragen im Grundvertrag nicht geregelt sind.

Die Vertragspolitik hat also insgesamt erlaubt, alle wesenlichen Vorbehalte in der deutschen Frage offenzuhalten und den *Rechtsstatus*, auf den es für die nationale Einheit ankommt, sogar ausdrücklich zu festigen. Ob dies bei einer Fortsetzung der Alleinvertretungspolitik möglich gewesen wäre, dürfte kaum eine offene Frage sein. Auf der anderen Seite sind im Bereich der *menschlichen Erleichterungen* eine Reihe von Erfolgen errungen worden, die zwar, gemessen an normalen Verhältnissen zwischen zivilisierten Staaten, nicht genügen, die aber doch weit über das hinausgehen, was man zu hoffen gewagt hat. Im Berlin-Abkommen mit seinen Ergänzungsvereinbarungen, im Post- und Telefonabkommen, im Verkehrsvertrag, im Grundvertrag. Es ist zu erhoffen, daß sich weiter Erleichterungen aus den Folgeabkommen ergeben, über die zu verhandeln im Grundvertrag vereinbart ist. Menschliche Erleichterungen, Begegnungen und Reisen aber sind die erste Voraussetzung dafür, daß auch in der nachwachsenden Generation Wille und Bewußtsein der nationalen Zusammengehörigkeit lebendig bleiben.

Thesen zum Viermächteabkommen über Berlin

Die Sicherung Westberlins war die Gegenleistung der Sowjetunion für unsere Anerkennung des territorialen status quo in Europa – ein Sachzusammenhang, der durch das wechselseitige Junktim bestätigt wird. Es ist jedoch der Anschein erweckt worden, als ob das Berlin-Abkommen der Bundesrepublik neben Vorteilen auch wesentliche Nachteile bringe: es sei bestenfalls in Leistung und Gegenleistung in sich ausgewogen, während in den Ostverträgen die Leistungen der Bundesrepublik die Gegenleistungen zumindest überwögen. Dieses Argument muß auf seine Stichhaltigkeit abgeklopft werden. Was bedeutet das Abkommen für uns rechtlich und politisch? Wo stecken seine „Haken" und „Pferdefüße", gibt es sie wirklich?

These 1 (Rechtsstatus)

Die Annahme, die im Vier-Mächte-Abkommen enthaltenen Regelungen (Zugang, Anerkennung der Bindung an die Bundesrepublik, Bewegungsfreiheit der Westberliner, Außenvertretung) seien mit einer Verschlechterung des Rechtsstatus Berlins bezahlt worden, ist nicht begründet; vielmehr ist der Rechtsstatus sicherer geworden.

Zwar haben die Vier Mächte das Abkommen, wie es in der Präambel heißt, „unbeschadet ihrer Rechtspostionen" geschlossen. Die Sowjetunion ist aber der westlichen Rechtsposition in entscheidenden Punkten entgegengekommen.

Frühere Berlinkrisen waren mit zwei Behauptungen ausgelöst worden. Erstens: Die Besatzungsgewalt der Westmächte in Berlin sei nicht *originär* entstanden, sondern sei ihnen von der Sowjetunion *vertraglich* eingeräumt worden; zweitens: diese Rechte seien erloschen, insbesondere, weil sie von der Erfüllung vertraglich vereinbarter Besatzungsziele (Entnazifizierung usw.) abhängig gewesen seien, eine Bedingung, die von den Westmächten nicht erfüllt worden sei.

Allein schon dadurch, daß die Vier Mächte das Berlin-Abkommen geschlossen haben, und zwar wie es in der Präambel heißt, „auf der Grundlage ihrer *Vier-Mächte-Rechte* und -Verantwortlichkeiten", sind die Rechte der drei Westmächte in Berlin als fortbestehend anerkannt worden.

Eine Anerkennung des originären Charakters dieser Rechte liegt darin zwar nicht, wohl aber die Anerkennung, daß die Rechte nicht erloschen sind. Die früher behaupteten Erlöschensgründe werden also von der Sowjetunion nicht aufrechterhalten. Die Frage, ob die Rechte der Westalliierten originär oder abgeleitet sind, ist damit praktisch bedeutungslos geworden.

These 2 (Zugangswege)

Der Rechtsstatus Berlins wird insbesondere dadurch gesichert, daß die Sowjetunion die Verantwortung für die Zugangswege übernommen hat.

Die Sowjetunion hat nicht nur verhältnismäßig detaillierte Zusagen über die Sicherung der Zugangswege gemacht. Sie hat auch die Verantwortung für etwaige Verletzungen des Vier-Mächte-Abkommens und der es ausfüllenden innerdeutschen Regelungen übernommen, und zwar auch für Verletzungen durch Behörden der DDR. Nach östlicher Darstellung hatte aber die Sowjetunion der DDR die souveräne Entscheidung über den zivilen Verkehr überlassen. Eine vertragliche Rückübertragung an die Sowjetunion ist nicht bekannt geworden. Die Sowjetunion konnte deshalb Zusagen für den Zivilverkehr von ihrem eigenen Standpunkt aus nur deshalb ohne Rechtsverletzung geben, weil sie, als sie die DDR für souverän erklärte, einen entsprechenden *Vorbehalt* gemacht hatte.

In der Souveränitätserklärung für die DDR vom 25. März 1954 behielt sich die Sowjetunion die Funktionen vor, die „sich aus den Verpflichtungen ergeben, die der Sowjetunion aus dem Vier-Mächte-Abkommen erwachsen". In der Präambel zum Vertrag vom 20. September 1955 machte sie den Vorbehalt der „Verpflichtungen, die die DDR und die Sowjetunion gemäß den internationalen Abkommen, die Deutschland als Ganzes betreffen, haben".

Botschafter Abrassimow erklärte am 14. September 1971, die

DDR werde bei den Verhandlungen über die Ausfüllung des Berlin-Abkommens „in Verwirklichung ihrer souveränen Kompetenz handeln, die in den Verträgen zwischen der UdSSR und der DDR von 1955 und 1964 festgelegt" worden sind. Zusammen mit der tatsächlich von der Sowjetunion übernommenen Verantwortung für den Zugang ist dies ein freundlich verpackter, aber klarer Hinweis auf den in diesen Verträgen enthaltenen *Souveränitätsvorbehalt*.

Daran kann auch der Gebrauch des Wortes „Transit" nichts ändern. Denn zwar versteht man unter „Transit" in der Regel den Durchgangsverkehr durch den der Gebietshoheit eines fremden Staates unterstehenden Raum. Aber das Abkommen, in dem vom „Transitverkehr" die Rede ist, hat ja gerade die *Beschränkung der DDR-Gebietshoheit* zum Inhalt.

These 3 (Generalkonsulat)

Die Regelungen über das sowjetische Generalkonsulat bestätigen die Hoheitsrechte der Westmächte in Berlin und gefährden Westberlin weder rechtlich noch politisch.

Die Verantwortung der Vier Mächte für Berlin und die Zugangswege ist gesamthänderisch. Die Besatzungsgewalt auszuüben und gemeinsame Beschlüsse durchzusetzen, obliegt jedoch in den Westsektoren den Westmächten allein, im Ostsektor der Sowjetunion allein. Die Sowjetunion besitzt nach wie vor *keinerlei Durchsetzungsrechte in den Westsektoren*. Die Anerkennung dieses Status beweist sie durch das Generalkonsulat. Damit stellt sie sich in den Westsektoren rechtlich auf dieselbe Stufe *wie jede andere auswärtige Macht*, die in Westberlin ein Generalkonsulat unterhält oder unterhalten dürfte.

Wäre das Generalkonsulat nicht bei den Westmächten, sondern beim Senat akkreditiert oder würde es politische oder besatzungsrechtliche Befugnisse beanspruchen, so würde es die rechtliche Situation verändern. Dies ist jedoch nicht der Fall. Um jeden Zweifel daran auszuschließen, ist im Verhandlungsprotokoll vereinbart, die Tätigkeiten des Generalkonsulats würden konsularischer Natur sein und *keine politischer Funktionen*, auch keine mit den Vier-Mäch-

te-Rechten und -Verantwortlichkeiten im Zusammenhang stehenden Angelegenheiten umfassen. Zu dem Verdacht, das Generalkonsulat werde dennoch politische Funktionen erlangen und den
Rechtsstatus Berlins verändern, besteht kein begründeter Anlaß.

Eine andere Annahme besagt, das Generalkonsulat trage die Gefahr nach Berlin, daß es, wie in London sichtbar geworden, zu
*Spionage*zwecken mißbraucht werden könnte. Dem ist entgegenzuhalten: Diese Gefahr besteht überall in der Welt, ohne daß man
deshalb auf diplomatische und konsularische Beziehungen verzichtet. Gerade beim Berliner Generalkonsulat besteht sie am wenig-
sten, weil etwaige Spionageabsichten von Ostberlin aus ohnehin
und wesentlich leichter verfolgt werden könnten.

These 4 (Ostberlin)

Die Rechtslage Westberlins ist unabhängig von der umstritten gebliebenen
Rechtslage Ostberlins.

Die von östlicher Seite gelegentlich vorgetragene These, der
Vier-Mächte-Status Berlins sei auf die *Westsektoren geschrumpft*, wird
von den Westmächten und der Bundesrepublik bestritten und von
der Sowjetunion nicht konsequent durchgehalten. Im Gegenteil
machen symbolische Einschränkungen der DDR-Präsenz in Ostberlin (zum Beispiel wird Ostberlin nicht in die Wahlbereichseintei-
lung einbezogen) sichtbar, daß die Sowjetunion offiziell am Vier-
Mächte-Besatzungsstatus für ganz Berlin festhält. Das Vier-Mächte-Abkommen hat die Frage nicht ausdrücklich geklärt; aber der
Gebrauch des Wortes „Westsektoren" im Abkommen impliziert,
daß Ostberlin nach wie vor als „Ostsektor" angesehen wird.

Selbst aber, *wenn* sich die Sowjetunion die *Schrumpfungsthese* eines
Tages endgültig zu eigen machen sollte, würde sich daraus keinerlei
sowjetischer Machtzuwachs in Westberlin ergeben. Der Rechtsstatus Westberlins, insbesondere das alleinige Recht der Westmächte,
in den Westsektoren die Besatzungsgewalt auszuüben, bliebe unverändert; die Verantwortung der Sowjetunion für die Zugangswege bliebe erhalten.

These 5 (Berlin – Land der Bundesrepublik)

Die Forderung, Berlin zu einem vollintegrierten Land der Bundesrepublik zu machen, würde den Besatzungsstatus Berlins gefährden und liegt deshalb nicht im Interesse Westberlins.

Der Besatzungsstatus Berlins schließt die uneingeschränkte Integration Berlins in den Bund als Bundesland aus. Die Forderung, dann lieber eine Ablösung des Besatzungsstatus anzustreben, damit Berlin unbeschränkt zum Bundesland werden kann, würde, wenn sie Erfolg hätte, die Grundlagen der Sicherheit und Lebensfähigkeit Berlins erschüttern.

Zwar würden sich auch dann die Bündnisverpflichtungen der Nato auf Westberlin – einen im Ernstfall militärisch unhaltbaren Außenposten – erstrecken. Beim gegenwärtigen Rechtsstatus würde ein eventueller Angriff auf Westberlin aber nicht nur *vertragliche* Bündnispflichten auslösen, sondern sich unmittelbar gegen *originäre Hoheitsrechte der Westmächte* richten. Deshalb ist die Abschreckungswirkung und damit die Sicherheit Westberlins im gegenwärtigen Status größer.

Außerdem: Zugleich mit dem besatzungsrechtlichen Vier-Mächte-Status Berlins würde auch die Verantwortung der Vier Mächte für die *Zugangswege* erlöschen. Die DDR würde die volle Souveränität über die Zugangswege erlangen und könnte den Zugang mit Bedingungen, Schikanen und Erpressungen belasten. Ein Appell an die Sowjetunion wäre dann ohne Rechtsgrundlage.

Das Vier-Mächte-Abkommen schließt nicht aus, daß Berlin in Zukunft ein voll integriertes Bundesland werden könnte. Denn es beschreibt den *gegenwärtigen Rechtszustand*, enthält aber keine Verpflichtungen, diesen unverändert zu lassen. So wie bisher kann Berlin dann und nur dann ein Bundesland werden, wenn sein Vier-Mächte-Status endet; so wie bisher können die drei Westmächte darüber nur im Einvernehmen mit der Sowjetunion entscheiden, wenn sie die Vier-Mächte-Abkommen von 1944–1971 nicht verletzen wollen; so wie bisher könnte sich zwar die Sowjetunion eine entsprechende Vertragsverletzung durch restlose Integrierung Ostberlins in die DDR machtpolitisch leisten, nicht aber der *Westen*, der wegen der geographischen Lage Berlins darauf *angewiesen* ist, den Vier-Mächte-Status aufrechtzuerhalten.

Erlöschen aber die Besatzungsrechte eines Tages, so treten die *suspendierten* Bestimmungen des Grundgesetzes und der Berliner Verfassung nach westlicher Auffassung automatisch in Kraft, und Berlin würde ein Land der Bundesrepublik. Dem stünde auch nicht Art. 3 des Moskauer Vertrages im Wege, weil es sich nicht um „Grenzverletzungen" handeln würde.

These 6 (Bundespräsenz)

Die Beschränkung der Staatsakte des Bundes in Berlin ist keine bedauerliche Konzession der Westmächte, sondern eine symbolische Betonung des Vier-Mächte-Status, von dem die Sicherheit Westberlins und seiner Zugangswege abhängt.

Die Westmächte haben zwar verständnisvoll toleriert, daß wir Berlin weitgehend wie ein Land der Bundesrepublik behandelt haben, aber prinzipiell von Anbeginn an stets an der Auffassung festgehalten, daß die einschlägigen Bestimmungen des Grundgesetzes *suspendiert* und vom Besatzungsrecht überlagert sind. Sie tun dies nicht etwa nur im eigenen Machtinteresse, sondern vor allem im *Interesse des Schutzes für die Stadt.* So können sie zum Beispiel von der Sowjetunion nur dann fordern, daß diese ihre aus dem Vier-Mächte-Status folgende Verantwortung für die Zugangswege wahrnimmt, wenn sie selbst keinen Anlaß geben, den Vier-Mächte-Status in Frage zu stellen.

Wenn sich der Bund der Ansicht der Schutzmächte nicht mehr entgegenstellt, so nicht aus geringer gewordener Loyalität gegenüber Berlin, sondern weil die Sicherheit Berlins davon abhängt, daß keine Zweifel an seinem Besatzungsstatus aufkommen können.

These 7 (Deutsche Option)

Wenngleich die friedliche Reorganisation Deutschlands in absehbarer Zeit nicht auf der Tagesordnung der Weltpolitik stehen kann, so ist jedenfalls rechtlich nichts verbaut.

Das Vier-Mächte-Abkommen geht von den „Vier-Mächte-Rechten und -Verantwortlichkeiten und den entsprechenden Vereinbarungen und Beschlüssen der vier Mächte aus der Kriegs- und Nachkriegszeit" aus. Nach der unverändert gebliebenen Ansicht der Westmächte und der Bundesrepublik beziehen sich diese Rechte und Verantwortlichkeiten *nicht nur auf Berlin*, sondern auf *„Deutschland als Ganzes".* Dieser Standpunkt wird jetzt auch wieder von der Sowjetunion eingenommen.

Die Verantwortlichkeiten für Deutschland bestehen fort bis zum Abschluß eines Friedensvertrages, der ein handlungsfähiges gesamtdeutsches Repräsentationsorgan voraussetzt. Nach Auffassung der Bundesrepublik und der Westmächte, die in Art. 7 des *Deutschlandvertrages* verbindlich gemacht worden ist, schließen sie die Verpflichtung ein, Wiedervereinigung und Friedensvertrag anzustreben. Juristisch gesehen bleiben die vertraglichen Rechtspflichten bestehen. Politisch gesehen sind sie auf absehbare Zeit nicht realisierbar. Das aber liegt weder am Berlin-Abkommen noch an den Ostverträgen, sondern an der weltpolitischen Situation. Die Abkommen haben keinen Einfluß auf diese Situation, sondern allenfalls auf die Einsicht in die Situation.

Deutschland ist das Zuordnungssubjekt des Vier-Mächte-Vorbehalts. Es ist nicht mit der Bundesrepublik identisch, vielmehr liegen beide deutschen Staaten, ebenso wie Berlin, „in Deutschland". Berlin symbolisiert gerade durch seine rechtliche Sondersituation das rechtliche Fortbestehen Deutschlands. Es ist ein nicht in den beiden deutschen Staaten aufgegangenes *Territorium des ehemaligen Deutschen Reiches.* Wenn auch Deutschland zur Zeit nicht als Staat reorganisierbar und deshalb nicht viel mehr als eine juristische Hypothese ist, so drückt sich im Festhalten an dem Rechtsbegriff „Deutschland" für uns das Bewußtsein der nationalen Zusammengehörigkeit und der Wunsch nach der Wiederherstellung der nationalen Einheit aus.

These 8 (Atlantisches Bündnis)

Das Berlin-Abkommen stabilisiert die amerikanische Präsenz nicht nur in Berlin, sondern in Europa.

Die amerikanische Präsenz in Berlin beruht auf *originären Rechten* und Verantwortlichkeiten. Sie bedürfen nicht, wie die Bündnisverträge, regelmäßiger Erneuerung; sie sind politisch schwer aufgebbar. Die amerikanische Präsenz in Berlin hat aber die amerikanische Präsenz in Europa sowohl zur Voraussetzung als auch zur Folge. Den *isolationistischen* Tendenzen in den USA, die auf Rückzug der US-Truppen aus Europa drängen, kann mit diesem Argument wirkungsvoller entgegengetreten werden als mit jedem anderen. Präsident Nixon bediente sich seiner, als er den Einwand zurückwies, daß die Entspannung in Mitteleuropa zu einer Lockerung des westlichen Bündnisses führen könne; das Gegenteil sei der Fall.

Außerdem verbreitert das Berlin-Abkommen wegen seines sachlichen Zusammenhangs mit den Ostverträgen, die Bedingung für sein Zustandekommen waren, die innenpolitische Basis für die Ostverträge in der Bundesrepublik. Diese Verträge führen das Risiko, das für die Amerikaner mit ihrem *Engagement in Europa* verbunden ist, auf das unvermeidliche und von der Sache her gebotene Maß zurück. Das aber kann die Bereitschaft der Amerikaner zu diesem Engagement auf die Dauer nur festigen.

Die entgegengesetzte Konzeption beruht auf der Annahme, daß durch die Weigerung, den territorialen status quo anzuerkennen, *Spannungen in Mitteleuropa* aufrechterhalten werden, die das atlantische Bündnis zusammenkitten und eben dadurch den Frieden gewährleisten. Dem ist jedoch entgegenzuhalten: Spannungen bergen das Risiko der Explosion in sich. Wer diese Tatsache nicht ernst nimmt, politisiert am Grundproblem der Außenpolitik aller Westmächte vorbei. Jedenfalls sehen die Amerikaner dies als Grundproblem ihrer Außenpolitik an. Darüber besteht zwischen der Demokratischen und der Republikanischen Partei keine Differenz mehr. An den militanten Meinungen einer Randschicht von schätzungsweise 15 Prozent der Amerikaner können wir aber unsere Bündnispolitik nicht orientieren.

Unsere Koexistenzpolitik ist nicht die Ursache neo-isolationistischer Tendenzen in den USA, sondern im Gegenteil eine Voraussetzung dafür, ihnen auf die Dauer entgegenwirken zu können.

These 9 (Grundsätzliche Bedenken gegen das Vier-Mächte-Abkommen)

Ungerechtfertigte Vorwürfe gegen die drei Westmächte wegen des Berlin-Abkommens sind der Bereitschaft in den drei Ländern, für den Schutz Berlins Opfer zu bringen und Risiken einzugehen, auf die Dauer nicht förderlich.

So wird zum Beispiel behauptet: In das Abkommen seien der rechtliche und politische Dissens eingegangen; es wirkte deshalb als Konfliktherd. Jedoch: Die rechtlichen Meinungsverschiedenheiten bestanden vor dem Abkommen. Eine Reihe von besonders wesentlichen Differenzpunkten wurde ausgeräumt. Einige weitere bleiben bestehen. Neue wurden nicht geschaffen. Die fortbestehenden Grundsatzdifferenzen sind für die Ausführung des Abkommens nicht relevant.

Es wird behauptet: Vertragliche Vereinbarungen mit der Sowjetunion seien wertlos, da diese sich daran nicht gebunden fühle. Jedoch: Zwar ist die Auslösung einer neuen Berlinkrise bei einer weltpolitischen Situation nicht auszuschließen. Aber die Hemmungsschwelle liegt höher, wenn sie einen Vertragsbruch voraussetzt.

Es wird behauptet: Das Abkommen zwinge den Westen zum Wohlverhalten gegenüber der Sowjetunion und liefere ihr damit Berlin aus. Daß jedoch eine Konfrontationspolitik als erstes Berlin gefährdet, liegt an Berlins geographischer Lage und nicht am Vier-Mächte-Abkommen. Im Gegenteil machen die von der Sowjetunion gegebenen Garantien Berlin weniger empfindlich gegen die Schwankungen des politischen Ost-West-Klimas.

Es wird behauptet, das Abkommen wäre nur dann von Wert, wenn es ausdrückliche Vereinbarungen über Ostberlin, die Mauer, den Schießbefehl und so weiter enthielte. Jedoch: Dahingehende

Forderungen erwiesen sich in den Verhandlungen als undurchsetz-
bar. Hätte man das Abkommen daran scheitern lassen, so wäre auch
das Erreichbare nicht erreicht worden. Die Behauptung, man hätte
mehr erreichen können, ist immer wohlfeil, zumal wenn man bereit
ist, die Verhandlungen scheitern zu lassen.

Es wird behauptet, was die Sowjetunion unterschreibe, müsse
uns schaden. Unser Interesse liegt jedoch nicht immer und unbedingt nur in der Negation des sowjetischen Interesses. Wir dürfen
uns zutrauen, unsere Interessen weitblickend analysieren zu können. Außerdem gibt es auch die gemeinsamen Interessen an Friedenssicherung und Kooperation.

Es wird behauptet: Die Amerikaner hätten ihr militärisches Engagement für Berlin zurückgezogen und durch das Abkommen
ersetzt. Das ist jedoch nicht der Fall. Wer derartiges in die Welt setzt,
hat offenbar nicht bedacht, welche Folgen es haben könnte, wenn
seine Behauptungen auf östlicher Seite gelesen und geglaubt werden
sollten. Im Gegenteil hat das Berlin-Abkommen die amerikanische
Verantwortlichkeit für Berlin „festgeschrieben".

These 10 („Self-fulfilling prophecy")

*Unbegründete Zweifel an der Sicherheit Berlins können zu Abwanderun-
gen der Wirtschaft aus Westberlin führen und die Stadt ernstlich gefährden
(„self-fulfilling prophecy").*
Die Zukunft Berlins hängt ab vom *Vertrauen* der Berliner und der
in Berlin engagierten Wirtschaft in die Zukunft der Stadt und damit
von einer sachlichen und vernünftigen Einschätzung der rechtlichen
und politischen Situation. Vertrauen in den Satz „Die Wahrheit
wird sich durchsetzen" ist jedoch nur soweit berechtigt, als die
Massenmedien fair informieren und argumentieren. Die Zunahme
der Abwanderungen aus Berlin im Jahre 1971 zeigt, daß die Moral
der Berliner, an der sich die östliche Machtpolitik gebrochen hat,
heute an einer zweiten Front herausgefordert ist: Sie muß die intellektuelle Verführung zu unbegründeter Nervosität abweisen.

Entspannung – Relativismus der Systeme?

WO IRRT ALEXANDER SOLSCHENYZIN?

Die moralische und die politische Perspektive der Entspannung

Alexander Solschenizyns Warnung vor der Konferenz über Europäische Sicherheit und Zusammenarbeit und vor der Entspannungspolitik überhaupt gibt Anlaß, die Grundgedanken der *Entspannungspolitik* noch einmal zu durchdenken. Viele stellen sich die zweifelnde Frage: War unsere Ostpolitik nicht vielleicht doch im prinzipiellen Ansatz falsch? Haben wir uns Illusionen gemacht? Wie sollen wir weitermachen? Können wir einem Mahner von der geistigen und moralischen Statur Solschenizyns, einem Realisten und Intimkenner des kommunistischen Systems, etwas entgegensetzen – oder müssen wir uns dazu aufraffen, umzulernen und die Weichen der Ostpolitik anders zu stellen?

Solschenizyns New Yorker und Washingtoner Reden lassen sich in vier Thesen zusammenfassen:

1. Die Absichten des Kommunismus sind unverändert *totalitär* und weltrevolutionär.

2. Freiheit und Menschlichkeit können deshalb nur überleben, wenn der Westen seine innere und äußere *Verteidigungsbereitschaft* stärkt.

3. Entspannungspolitik wurzelt in *Illusionen* über die Ziele und Methoden des Weltkommunismus.

4. An ihre Stelle sollten eine *moralisch* begründete Konfrontationspolitik und eine Wirtschaftsblockade treten.

Unsere Antwort muß, wenn wir realistisch und verantwortlich handeln wollen, „ja" sein zu den Thesen eins und zwei, „nein" zu den Thesen drei und vier. Nichts an Solschenizyns Darstellung der Ziele, Methoden, geistigen Grundlagen und Bewegungsgesetze des

Kommunismus ist falsch, und seine Mahnung, die *Verteidigungsbereit-schaft* zu stärken, kann man nicht ernst genug nehmen. In dieser Hinsicht ist sein Appell ebenso nützlich wie nötig, und es wäre fatal, wenn er wegen seiner Stoßrichtung gegen die Entspannungspolitik ungehört verhallen würde.

Die *Entspannungspolitik* ist jedoch *unvermeidlich* und wurzelt nicht in Illusionen. Sie rechtfertigt sich aus einer Reihe von Gesichtspunkten, die Solschenizyn nicht bedenkt und auch nicht kennen kann.

Solschenizyn meint: „Als abschließendes Urteil komme ich zu dem Ergebnis, daß wir unsere Diskussion gar nicht auf der politischen Ebene ansiedeln sollten . . . Wir sollten uns darüber hinweg auf die Höhe einer moralischen Betrachtungsweise erheben." Die moralische Vogelperspektive ist nicht nur das Recht des Schriftstellers und Moralisten, sondern sie ist auch ein notwendiges *Korrektiv*, um Wahrheiten im öffentlichen Bewußtsein lebendig zu halten. Der Politiker hat es aber mit praktischen Details zu tun. In der konkreten Arbeit lernt man, daß manches, was aus der Vogelperspektive moralisch erschien, in Wirklichkeit unverantwortlich wäre, und manches, was unmoralisch erschien, eine unvermeidliche Notwendigkeit ist: so unausweichlich, daß der Politiker, der die konkreten Zusammenhänge überschaut, *gar nicht die Wahlfreiheit* hat, die Solschenizyn voraussetzt.

Dieser Unterschied zwischen der globalen und der konkreten Betrachtungsweise läßt sich naturgemäß nur am konkreten Beispiel verdeutlichen. Nehmen wir *Berlin*, das durch seine exponierte Lage besonders empfindlich auf die Schwankungen des Ost-West-Klimas reagiert. Berlin wäre ohne das Vier-Mächte-Abkommen ernstlich gefährdet.

Was sollten wir zum Beispiel tun, wenn die DDR unter Berufung auf einen umstrittenen Rechtsstandpunkt die *Zugangswege* blockiert? Das Risiko des dritten Weltkriegs eingehen? Eine Dauerluftbrücke für den gesamten militärischen und zivilen Güter- und Personenverkehr einrichten? Doch wohl besser: Verträge abschließen, die die rechtlichen Streitfragen weitgehend klären und den freien Zugang garantieren, und im Fall eines Vertragsbruchs die DDR wissen lassen, man werde ihre *Vertragsfähigkeit* international in

Frage stellen – was bei ihrem Bruch des Transitabkommens wegen des Umweltschutzbundesamtes im Sommer 1974 sofort seine Wirkung tat.

Oder: Berlin braucht Abfallagerstätten auf dem Gebiet der DDR; darüber wurde ein Abkommen mit der DDR geschlossen. Wie, wenn die DDR einen Staatsvertrag, der Berlins Rechtsstatus verschlechtert, zur Bedingung gemacht hätte? Kapitulieren oder im Müll ersticken? Doch wohl besser: den *Rechtsstatus* vorab auf der Ebene der vier Mächte klären.

Oder: Ist es wirklich wahr, daß diejenigen „ihr Gewissen für einen Handel mit dem Bösen opfern" (Solschenizyn), die *Berlins Versorgung* mit Wasser, Strom, Milch und Gemüse sichern, *Reisen* der Berliner ins Umland und telephonische *Direktwählverbindungen* ermöglichen und die Anerkennung der *außenpolitischen Vertretung* Berlins durch die Bundesrepublik herbeiführen? Alles dieses ist nur durch „Pakte mit dem totalitären Regime" möglich. Panzer, Raketen und die moralische Entschlossenheit, sich nicht zu beugen, sind zwar auch nötig. Sie genügen aber nicht, um solche praktischen Probleme zu lösen.

Jene Leute, die die Niederungen der politischen Detailarbeit geringschätzen und sich „darüber hinweg auf die Höhe einer moralischen Betrachtungsweise erheben", sind in Wirklichkeit *desorientiert*. Sie meinen zum Beispiel, das Berlin-Abkommen bringe wesentliche Vorteile für die Sowjetunion, nicht aber für uns. Sie meinen, die nicht ausgeräumten rechtlichen Meinungsverschiedenheiten seien durch das Abkommen geschaffen worden, während es in Wahrheit Restbestände früherer Streitigkeiten sind. Sie meinen, das Abkommen sei nicht nur, wie jeder Vertrag, in Grenzfragen auslegungsfähig, sondern sei durch und durch Dissens. Oder sie meinen, das Abkommen werde von östlicher Seite gar nicht eingehalten.

Solche Desorientierung ist nicht folgenlos. Sie *untergräbt das Vertrauen* in die Zukunft Berlins, lähmt die Investitionsbereitschaft dort, führt zu Abwanderung und Überalterung und schafft so eine ganz neue Gefahr für Berlin. Sollte dadurch die Sicherheit der Stadt eines Tages tatsächlich in Frage gestellt sein, so werden die psychologischen und moralischen Rückwirkungen sowohl auf den Westen als auch auf die junge Generation in der Sowjetunion, auf die Solschenizyn seine Hoffnung setzt, verheerend sein.

Ist aber eine Betrachtungsweise, die uns veranlaßt, alles dies in Kauf zu nehmen, wirklich „moralisch" zu nennen? Die Desorientierung wird systematisch von einer Reihe von Journalisten verbreitet, deren Berufspflicht es wäre, es besser zu wissen, und deren Berufsethos es sein müßte, den demokratischen Bürger zu informieren und nicht zu entmündigen und zu emotionalisieren. Die von Solschenizyn geforderte politische Moral, die verlangt, mit den Kommunisten keinen Pakt zu schließen, hat eine Kehrseite: sie entwickelt sich bei ihren publizistischen Verfechtern vielfach zu einem *moralischen Absolutum*, welches das *journalistische Ethos* aufhebt.

Und Berlin ist nur ein Beispiel von vielen. Sollen wir auf *Umweltschutzabkommen* über die Ostsee verzichten oder die DDR davon ausschließen? Sollen wir auf *Rechtshilfe* verzichten, auf *Familienzusammenführung*, auf den kleinen *Grenzverkehr*, auf Regelungen über die *Elbe*? Sollen wir den Brief-, Telephon- und *Reiseverkehr* abbrechen lassen? Sollen wir auf wissenschaftlichen, technischen, *kulturellen Austausch* verzichten und die Isolierung der oppositionell gesinnten osteuropäischen Intelligenz auch unsererseits noch fördern? So schlimm die Dinge stehen – ohne Entspannungspolitik wären sie noch sehr viel schlimmer.

Es geht also bei der Entspannungspolitik nicht nur um die *Abwendung des Krieges*. Aber auch dieses Problem gilt es, richtig einzuordnen. Solschenizyn meint: „Das prinzipielle Argument der Entspannungsadvokaten ist wohlbekannt: All dies muß unternommen werden, um einen nuklearen Krieg zu verhindern. Aber . . . warum sollte es zu einer atomaren Auseinandersetzung kommen, da die Kommunisten doch in den letzten Jahren dem Westen abgepreßt haben, was immer sie wollten?"

Vieles freilich, was Solschenizyn als Erfolg der Kommunisten erscheint, war in Wirklichkeit die Lösung praktischer Probleme, die durchaus zugleich im westlichen Interesse lag. Aber auch die Kriegsgefahr entsteht keineswegs nur aus kalkulierten Angriffsplänen, sondern eher aus Prestigeverstrickungen, *politischen Pokerspielen*, Mißverständnissen und Irrtümern – und aus der Eskalation der

Angst, die einen Präventivschlag auslösen könnte. Die Abmachungen, die den Konfliktstoff mindern, den *casus belli eingrenzen*, irreal gewordene Ansprüche aufgeben, Regierungskontakte und Konfliktregelungsverfahren schaffen, den territorialen status quo respektieren und „vertrauenbildende Maßnahmen" vorsehen – sie sind unentbehrlich, um den Frieden sicherer zu machen. Mag es auch richtig sein, daß die Sowjetunion keine moralischen Skrupel hätte, einen Krieg zu beginnen – an einer Entspannungspolitik, die die Gefahr eines unbeabsichtigten Atomkriegs mindert, muß sie dasselbe Interesse haben wie wir.

Haben aber Verträge mit Moskau überhaupt einen Sinn? Werden sie nicht doch gebrochen werden? Solschenizyn meint: „Warum sollten diese Männer (die befehlen, daß Menschen in Irrenanstalten und Gefängsnissen eingesperrt werden) sich Ihnen gegenüber nobel und ehrenhaft verhalten?" Zur Einhaltung völkerrechtlicher Verträge wird die Sowjetunion gewiß nicht durch Ehre und Noblesse veranlaßt, sondern durch ihr Eigeninteresse. *Vertragsbrüche beeinträchtigen die Vertragsfähigkeit.* Auch ein Vertrag, dessen Erfüllung an sich ungünstig ist, wird eingehalten, wenn man als Vertragspartner weiter in Frage kommen will. Je stärker also die vertragliche *Vernetzung zwischen Ost und West* im politischen, wirtschaftlichen und technischen Bereich wird, desto wahrscheinlicher wird die sowjetische Vertragstreue. Die Wirtschaftsblockade, die Solschenizyn empfiehlt, könnte allein schon aus diesem Grunde gefährliche Rückwirkungen haben.

In diesem Zusammenhang ist auch die Einschätzung verschiedener Richtungen im Kreml zu sehen. Solschenizyn meint: „Einige behaupten, daß es im Kreml eine linke und eine rechte Gruppierung gebe . . ., so daß wir uns in einer Weise verhalten müßten, von der die Linken nicht berührt würden. Sie sind alle gleich." Ja, sie sind alle gleichermaßen Kommunisten, aber *„Falken und Tauben"* unterscheiden sich, wenn auch nur in Nuancen, in Weitblick und Rationalität beim *Kalkül der Friedenssicherung und der Vertragstreue.* Das Motiv auch der „Tauben" ist gewiß das Eigeninteresse der Kommunisten, aber es entspricht eben zugleich auch dem Eigeninteresse des Westens.

Die Annahme, Entspannungspolitik wurzele in Illusionen über den Kommunismus, ist also ein fundamentaler politischer Irrtum. Es gibt belanglose und gefährliche Irrtümmer. Dieser Irrtum wirkt sich verheerend aus und kann zu katastrophalen Folgen führen. Er könnte, wenn er sich im Westen durchsetzen sollte und man tatsächlich die Entspannungspolitik abbräche und den Wirtschaftsboykott versuchte, die Gegenseite aus den vertraglichen Fesseln befreien, die mühsam gelösten praktischen Probleme von neuem aufwerfen und zugleich unlösbar machen, eine akute Kriegsgefahr heraufbeschwören und jedenfalls dem *Kommunismus zu Triumphen* verhelfen. Er kann uns, wenn er sich vor allem in der Bundesrepublik durchsetzt, in die außenpolitische *Isolierung* führen – eine Isolierung, die wir nicht aus moralischen Gründen heroisch in Kauf nehmen könnten. Die Zumutung an unsere westlichen Freunde, eine Störung der sachlich notwendigen Entspannungspolitik durch uns hinzunehmen, kann ihre Bereitschaft, für uns Opfer zu bringen und Risiken einzugehen, auf die Dauer in Frage stellen. Das wäre der Anfang vom Ende des freien Europa.

In diesen Tagen wird viel die Frage erörtert, ob sich unsere *gegenwärtige Opposition* auch dann so negativ zur Ostpolitik im allgemeinen und zur KSZE im besonderen stellen würde, wenn sie an der Regierung wäre. Manche ihrer gutwilligen Anhänger gehen davon aus, daß sie dann „selbstverständlich" anders entschiede. Man kann dessen nicht so gewiß sein. Eine Regierungsfraktion oder -koalition kann sich weder Stimmenthaltung noch eine gespaltene Stimmabgabe leisten. Die Handlungsfähigkeit erzwingt Einigung und Entscheidung. Einen gemeinsamen Nenner in Fragen gegenwärtiger Entspannungspolitik können die Unionsparteien nach Lage der Dinge aber nur im „Nein" finden, und es ist nicht zu erkennen, daß diese Tendenz rückläufig wäre.

An dieser besorgniserregenden Entwicklung sind allerdings auch wir mit Schuld, die wir in den vergangenen Jahren die Ostpolitik getragen haben. Denn wenn die Entspannungspolitik auch nicht in *Illusionen über den Kommunismus* wurzelt, so kann sie doch solche Illusionen als unerwünschte *Nebenfolge* wecken oder verstärken. Dem durchschlagskräftiger entgegenzuwirken, hätte zur Entspannungspolitik gehören müssen – nicht nur als ihre Ergänzung, sondern als ihr Bestandteil. Denn Entspannungspolitik setzt das beiderseitige Interesse an der Entspannung voraus; dieses wiederum setzt militärisches *Gleichgewicht und politisch-moralische Abwehrbereitschaft* voraus. Das aber erfordert auf unserer Seite eine illusionslose Einschätzung des kommunistischen Gegners.

Für die Kenntnis des Kommunismus gibt es keine bessere Schule als das literarische und zeitgeschichtliche Werk Solschenizyns. Es ist etwas qualitativ anderes, ob wir den Totalitarismus bloß abstrakt kennen oder ob er uns in den Einzelheiten seiner geschichtlichen Entwicklung anschaulich ist. Wer sich auf die *Theorie des Marxismus* einläßt, tut gut daran, gleichzeitig den „Archipel Gulag" als Erfahrungsbericht über *marxistische Praxis* zu lesen. Es sollte die Wirkung dieses säkulären Werkes nicht beeinträchtigen, daß Solschenizyn jetzt einige Gesichtspunkte nicht bedenkt, die die westliche Außenpolitik berücksichtigen muß.

MENSCHENRECHTE, EINMISCHUNG UND ENTSPANNUNG

I. Das Menschenrecht auf Ausreise

In der Initiative der Bundesregierung zur Schaffung eines Menschenrechtsgerichtshofs der Vereinten Nationen sieht die DDR eine *Infragestellung der Entspannungspolitik*. Sie meint, damit stelle sich die Bundesregierung „in flagranten Gegensatz zum Grundlagenvertrag". Haben diese Vorwürfe, wenigstens nach Abzug aller propagandistischen Einkleidung, einen berechtigten Kern?

Der geplante Menschenrechtsgerichtshof soll sich mit Menschenrechtsverletzungen in *aller Welt* befassen, nicht nur in der DDR, sondern auch beispielsweise in Chile oder Südafrika. Die Frage, ob darin „eine Einmischung in die inneren Angelegenheiten" liegt, läßt sich nur für alle Staaten gleich beantworten: mit „Nein".

Die DDR meint jedoch, diese Initiative dürfe nicht mit *Tötungen an der Grenze* in Zusammenhang gebracht werden. Denn jeder souveräne Staat nehme das Recht in Anspruch, illegale Grenzübertritte nötigenfalls mit Schußwaffen zu verhindern. Das ist richtig; dieses Recht ermöglicht den Staaten die Paß- und Zollkontrolle bei der Ein- und Ausreise. Der gegen die DDR erhobene Vorwurf der Menschenrechtsverletzung bezieht sich auch nicht auf die Grenzsicherung an sich, sondern auf ihren Grad und deren Motiv, abgesehen davon, daß er sich nicht auf die Vorfälle an der Grenze beschränkt.

Was die Überschreitungen der Grenze von der Bundesrepublik aus betrifft, so handelt es sich meistens um geringfügige und zum Teil nur versehentliche Vorkommnisse. Auf die Menschen zu schießen, ist außer jedem Verhältnis zur Schwere der Tat und unterschreitet den *völkerrechtlichen Mindeststandard* angemessener Reaktion. Die ungewöhnlichen Grenzbefestigungen sind aber darüber hinaus auch nicht in erster Linie dazu bestimmt und geeignet, Angriffe aus dem Westen abzuhalten, sondern die Bürger der DDR an ihrer *Flucht in den Westen* zu hindern. Sie dienen nicht nur der Paß- und Zollkontrolle, sondern der Sicherung eines allgemeinen Ausreiseverbots und sind nur aus diesem Zweck verständlich.

Ein solches *Ausreiseverbot* gehört nicht zu den souveränen Rechten eines Staates, sondern bedeutet die Verletzung des fundamentalen Menschenrechts aus Art. 13 der Allgemeinen Erklärung der Vereinten Nationen vom 10. Dezember 1948: „Jeder Mensch hat das Recht, jedes Land, einschließlich seines eigenen, zu verlassen."

Dieses Menschenrecht wurde in dem von den Vereinten Nationen erarbeiteten Internationalen Pakt über bürgerliche und politische Rechte vom 19. Dezember 1966, der sowohl von der DDR als auch von der Bundesrepublik ratifiziert wurde und der inzwischen in Kraft getreten ist, erneuert. Dort heißt es in Art. 12: „Jedermann steht es frei, jedes Land einschließlich seines eigenen zu verlassen." Dieses Recht darf „nur eingeschränkt werden, wenn dies gesetzlich vorgesehen und zum Schutz der nationalen Sicherheit, der öffentlichen Ordnung, der Volksgesundheit, der öffentlichen Sittlichkeit oder der Rechte und Freiheiten anderer notwendig ist und die Einschränkungen mit den übrigen in diesem Pakt anerkannten Rechten vereinbar sind".

Wie ausdehnend man die Begriffe des Vorbehalts auch auslegen mag, eines ist zweifelsfrei: Das Recht auf Ausreise ist die *Regel*, die Einschränkung die *Ausnahme*, die jeweils besonderer Begründung bedarf. Die DDR jedoch hat umgekehrt die Ausreise generell unterbunden und erlaubt sie nur bei Vorliegen besonders begründeter Ausnahmetatbestände. Selbst die weiteste Auslegung der Begriffe „nationale Sicherheit" und „öffentliche Ordnung" kann diese Umkehrung der Begründungspflicht nicht rechtfertigen. Abgesehen davon ist eine überdehnte Auslegung dieser Begriffe auch mit Sinn und Geist des Vertrages unvereinbar.[1]

Das *Auswanderungsrecht* galt stets als eines der fundamentalen Menschenrechte. Sein Menschenrechtscharakter wurde doppelt begründet. Einmal mit der *Menschenwürde*: Der Staat kann keinem Menschen zumuten, zu bekennen, was er nicht glaubt und nicht zu bekennen, was er glaubt. Schon als nach der Reformation den Fürsten das Recht zugesprochen wurde, die Landesreligion zu bestimmen, wurde der Vorbehalt gemacht, daß jeder Andersgläubige unbehindert auswandern kann – so im Augsburger Reichsabschied von 1555 und im Frieden von Osnabrück 1648. Als im Jahre 1685 der französische König Ludwig XIV. das *Edikt von Nantes* und damit die Tolerierung des Protestantismus aufhob und zugleich ein Emigrationsverbot erließ, war dies ein europäischer Skandal ersten Ranges, der unter anderem eine Intervention des Kurfürsten von Brandenburg auslöste. Die *illegale Flucht der Hugenotten* wurde überall enthusiastisch begrüßt und gefördert. Dieses Emigrationsverbot trug mehr als alles andere zu der gemeineuropäischen Überzeugung bei, daß der Mensch natürliche Rechte besitze und daß der Souverän deshalb konstitutioneller Beschränkung bedürfe.

Im Zeitalter der Aufklärung und des Erwachens des demokratischen Bewußtseins wurde der Menschenrechtscharakter der Ausreisefreiheit noch mit einem zweiten Argument begründet: Mit der Sicherung des Mindeststandards staatlicher Legitimität. *Das Ausreiserecht zwingt den Staat, seine Bürger so zu behandeln, daß sie freiwillig bleiben.* Unter dieser Voraussetzung muß sich selbst ein absolutistisches System noch um ein Minimum an Zustimmung des Volkes bemühen. Das genügt zwar nicht zur Begründung einer demokratischen Legitimität, ist aber Voraussetzung für den *Mindeststandard an Zivilisation* und Achtung vor dem Menschen. Ein Auswanderungsverbot schließt eine prinzipielle Gleichberechtigung der Bürger von vornherein aus: Die Machtelite ist in der Lage, zu definieren, was die Bürger zu meinen, zu hoffen, zu glauben haben und würdigt sie zu Objekten unumschränkter geistiger Manipulation herab.

Aus diesen beiden Gründen – Sicherung der Menschenwürde und des Mindeststandards staatlicher Legitimität – verbürgte die Verfassung der *Französischen Revolution* von 1791 „als natürliche und bürgerliche Rechte: Die Freiheit jedes Menschen zu gehen, zu bleiben, auszureisen, ohne verhaftet oder zurückgehalten zu werden, außer in den verfassungsmäßig festgelegten Formen". Seither ist der Kampf um die Auswanderungsfreiheit ein Kernpunkt der Auseinandersetzung zwischen verfassungspolitischen Aufklärern und Verteidigern unumschränkter Staatsmacht. In der *Frankfurter Reichsverfassung* von 1849 heißt es: „Die Auswanderungsfreiheit ist von Staats wegen nicht beschränkt; Abzugsgelder dürfen nicht erhoben werden", und in der *Weimarer Reichsverfassung:* „Jeder Deutsche ist berechtigt, nach außerdeutschen Ländern auszuwandern. Die Auswanderung kann nur durch Reichsgesetz beschränkt werden." Unter dem *Grundgesetz* ist die Ausreisefreiheit nach einer Feststellung des Bundesverfassungsgerichts als Ausfluß der allgemeinen Handlungsfreiheit des Art. 2 Abs. I GG grundrechtlich gewährleistet.

Damit neben anderen Menschenrechten die Ausreisefreiheit weltweit durchgesetzt wird, sieht der *Internationale Pakt* über bürgerliche und politische Freiheiten einen „Ausschuß für Menschenrechte" vor, der über die Einhaltung des Paktes wachen soll. Dieser Ausschuß kann jedoch nur gegenüber Staaten tätig werden, die ihn besonders anerkannt haben. Die DDR hat zwar den Pakt ratifiziert, die Anerkennung des Kontrollausschusses aber verweigert. Sie wird sicherlich auch einem Menschenrechtsgerichtshof der Vereinten Nationen widersprechen. Der Grund liegt auf der Hand.

II. Der Status der deutsch-deutschen Grenze

Die DDR erhebt den Vorwurf, daß die Tötungen, die sie an der deutsch-deutschen Grenze veranlassen, letztlich von der Bundesregierung zu verantworten seien: Diese nämlich respektiere weder die innere Ordnung der DDR, zu der die Grenzsicherungen nun einmal gehörten, noch den völkerrechtlichen Status der Grenze und provoziere damit illegale Grenzübertritte. Dazu ist zunächst festzuhalten, daß es keinerlei Grenzbeeinträchtigungen mit Billigung der Bundes- oder einer Landesregierung gibt. Meistens handelt es sich ohnehin um versehentliche und geringfügige Grenzüberschreitungen, keinesfalls um „Provokationen". Der genaue Grenzverlauf ist im Rahmen des üblichen markiert, die Bundesregierung hat vor Grenzüberschreitungen wiederholt gewarnt.

Im übrigen werden die Zwischenfälle zum größten Teil nicht durch Grenzüberschreitungen von der Bundesrepublik aus, sondern durch *Flüchtlinge aus der DDR* ausgelöst. Die ungewöhnlichen Befestigungen an der Grenze sind auch nicht in erster Linie dazu bestimmt und geeignet, einen Angriff aus dem Westen abzuhalten, sondern die Bürger der DDR an der Flucht in den Westen zu hindern.

Eine besondere Rolle in der Argumentation der DDR spielt die Behauptung, die Bundesrepublik habe den völkerrechtlichen Status der Grenze nicht vorbehaltlos anerkannt. Die DDR pflegt sich auf eine in der Tat mißverständliche *Äußerung des Bundesverfassungsgerichts* zu beziehen, die die Grenze kennzeichnet als „eine staatsrechtliche Grenze ähnlich denen, die zwischen den Ländern der Bundesrepublik Deutschland verlaufen".

Der Zusammenhang des Textes macht es aber zweifelsfrei, daß das Bundesverfassungsgericht damit nicht sagen wollte, die DDR sei einem Land der Bundesrepublik gleichgestellt oder die Grenze zur DDR dürfe so frei überschritten werden wie die Grenzen zwischen den Bundesländern. Vielmehr hat es lediglich ausgedrückt, das Deutsche Reich bestehe als „Rechtssubjekt Deutschland" fort und die Grundvertragspartner seien als *„Staaten in Deutschland"* mit dem Deutschen Reich „teilidentisch"; deshalb seien die Beziehun-

gen zwischen ihnen und auch die Grenze von besonderer, „staats-
rechtlicher" Art.

Dieser Rechtsstandpunkt, der Forderungen des Grundgesetzes
Rechnung trägt, hat zugleich den politischen Grund, das *Rechtssubjekt „Deutschland" als Substrat der Viermächte-Verantwortung* festzuhalten und den Rechtsstatus *Berlins* zu sichern. Er bedeutet aber
keineswegs, daß die Respektierung der Grenze in irgendeiner Weise
relativiert würde. Auch das Bundesverfassungsgericht hat festgestellt: „Die Deutsche Demokratische Republik ist im Sinne des
Völkerrechts ein Staat und als solcher Völkerrechtssubjekt". Und es
hat die Regelungen des Grundlagenvertrages über die „Unverletzlichkeit der Grenze", die „Achtung der territorialen Integrität" und
die „Respektierung der Hoheitsgewalt" ausdrücklich bestätigt.

Es besteht auch keinerlei Kausalzusammenhang zwischen diesem
Rechtsstandpunkt einerseits und den Grenzüberschreitungen und
Fluchtversuchen andererseits. Auch daß die Bundesrepublik am
Ziel der Wiedervereinigung festhält, stellt die *Unverletzlichkeit der
Grenze* nicht in Frage. Denn die Wiedervereinigung wird lediglich
als politisches Fernziel und nur mittels friedlicher internationaler
Vereinbarungen angestrebt.

Der Vorwurf der Grenzverletzung kann auch nicht mit strafge-
richtlichen Entscheidungen und staatsanwaltschaftlichen Einstel-
lungsbeschlüssen in der Bundesrepublik, die Vorkommnisse an der
Grenze zum Gegenstand hatten, gerechtfertigt werden. Abgesehen
davon, daß die Bundesregierung in unserer Verfassungsordnung
darauf keinen Einfluß hat, orientieren sich diese Entscheidungen am
ordre public der Bundesrepublik. Diesen wiederum hat die DDR zu
respektieren.

Was schließlich den Vorwurf betrifft, unsere Staatsorgane dul-
deten „Demonstrationen, Wallfahrten, Fackelzüge und Schulaus-
flüge zur Staatsgrenze der DDR" sowie unerwünschte Meinungsäußerungen der Massenmedien, so sind diese unter dem Grundgesetz frei. In dieser Verfassungsfrage können wir der DDR kein
Mitspracherecht einräumen.

III. Ein völkerrechtliches Kritikverbot?

Die Entspannungspolitik hat den „Wettkampf der Systeme" und die geistige Auseinandersetzung nicht beendet. Die Vorwürfe der DDR laufen jedoch auf die Forderung hinaus, daß die Bundesrepublik in allen Fragen, die die DDR betreffen, ihr Urteil zurückzuhalten habe. Sie sollte nicht nur die Hoheitsakte der DDR respektieren, sondern sich auch deren Selbstinterpretation durch die DDR zu eigen machen. Die DDR verbittet sich Kritik und erhebt gewissermaßen einen *Alleininterpretationsanspruch* für alle Vorgänge in ihrem Hoheitsbereich. Es handelt sich um nichts Geringeres als um den Versuch, ihren geistigen Führungsanspruch über die Grenze hinaus auszudehnen. Gleichzeitig beansprucht die DDR *für sich*, staatliche Koexistenz mit ideologischer Konfrontation zu verbinden.

Das Schlimme an diesem *Anspruch auf Kritikunterlassung* ist, daß er über den Rahmen der üblichen ideologischen Polemik hinausgeht und aus dem *Grundvertrag* abgeleitet wird. Zwar kann die ideologische Konfrontation tatsächlich einen Grad erreichen, der mit dem Prinzip der Nichteinmischung unvereinbar ist, z. B. bei der Unterstützung verfassungsfeindlicher Organisationen. Die Kritik des anderen Staates am Maßstab der Menschenrechte ist jedoch durch den Grundvertrag nicht verboten. Der Versuch, ein solches Verbot einseitig in ihn hineinzuinterpretieren, stellt den vertraglichen Konsens nachträglich in Frage.

Uminterpretationen eines Vertrages dienen in der Regel dem Zweck, dem Partner ungerechtfertigterweise Vertragsverletzungen vorzuwerfen und sich so einen *Vorwand für eigene Vertragsverletzungen* zu verschaffen. Es gibt aber nichts Gefährlicheres für die Entspannung als Unsicherheit über die Geltung der Verträge.

Diese Unsicherheit verbreitet sich im Westen gegenwärtig aus zwei Gründen: aus den Bemühungen der Sowjetunion, das *Kräftegleichgewicht* zu ihren Gunsten zu verschieben, und aus den Versuchen, die Verträge zum einseitigen Vorteil der kommunistischen Staaten *umzudeuten*.

Zu den Grundlagen der Entspannung gehören das Gleichgewicht der Kräfte und die Gegenseitigkeit aller Rechte und Pflichten. Die

Entspannung hängt nämlich von der Einhaltung der Verträge ab. Auf die Einhaltung der Verträge aber kann man nur vertrauen, wenn jeder Partner ein Interesse daran hat, international als *vertragsfähig* zu gelten und wenn er sich deshalb einen Vertragsbruch nicht leisten kann.

Sollte der Ostblock erst einmal den Eindruck gewinnen, durch militärisches Übergewicht und einseitige ideologische Offensive Westeuropa einschüchtern und nötigen zu können, so wächst die Gefahr, daß er die *Verträge willkürlich interpretieren, verletzen* oder *aufkündigen* wird.

Erste Anzeichen in dieser Richtung sind bereits erkennbar: Die Versuche der Sowjetunion, das *Viermächteabkommen* so umzudeuten, daß Berlin im Europäischen Parlament nicht vertreten sein könne, die Erfindung eines im Grundlagenvertrag angeblich enthaltenen *Kritikverbots*, der Bruch des Transitabkommens durch einseitige Ergänzung der *Mißbrauchs-Tatbestände* des Artikels 16, schließlich die Drohung der DDR mit dem Bruch der Vereinbarungen über den *Besucherverkehr.*

Wir können nicht umhin, diese Einseitigkeiten in Zusammenhang mit der *forcierten Aufrüstung der Sowjetunion* und ihrer starren Haltung auf der MBFR-Konferenz in Zusammenhang zu bringen. Militärisches Gleichgewicht, Gegenseitigkeit der Rechte und Pflichten und Vertragsgeltung bedingen sich gegenseitig. Die Kombination der Bemühungen um eine Verschiebung des militärischen Gleichgewichts und um eine Umdeutung der Vertragsinhalte erschüttert das Vertrauen in die Zukunft der Vertragsgeltung. Darum stagniert zur Zeit die Entspannungspolitik.

In einer solchen Phase dient der Westen der Entspannung nicht durch Zurückweichen, sondern durch Standhalten. In diesem Rahmen gewinnt die UN-Initiative der Bundesrepublik für die Durchsetzung der Menschenrechte exemplarische Bedeutung, auch wenn sie nicht unmittelbar Erfolg haben wird. Sie macht deutlich, daß wir die Herausforderung zur Fortsetzung der *ideologischen Konfrontation trotz staatlicher Koexistenz* annehmen.

Schließlich hat der Westen allen Grund, in dieser Konfrontation nicht in der Defensive zu verharren, sondern in die *Offensive* zu gehen. Der jahrhundertelange Kampf um die Menschenrechte hat stets nur durch geduldige Aufklärungsbemühungen zum Fortschritt geführt. Das wird in der Zukunft nicht anders sein. Die Bemühungen um die Wiederherstellung von Gleichgewicht, Gegenseitigkeit und Vertragsgeltung bleiben sicherlich eine Zeitlang mit krisenhaften Erscheinungen verbunden und erfordern ein hohes Maß an Staatskunst und Besonnenheit. Aber sie sind unerläßlich, um Entspannung und Frieden dauerhaft zu stabilisieren.

Die Menschenrechte in der Aussenpolitik

Das Problem der Menschenrechte in der Außenpolitik ist durch die Akte von Helsinki, die Belgrader Nachfolgekonferenz und die engagierten Erklärungen Präsident Carters erneut ins Zentrum der politischen Auseinandersetzung geraten und wird wohl lange Zeit eines unserer Fundamentalprobleme bleiben. Die politischen Debatten in Bundestag und Presse verlaufen meistens jedoch an einer Frontlinie quer zu den eigentlich fälligen Fragen. Die einseitigen Erklärungen addieren sich deshalb keineswegs zu einem vollständigen Ganzen.

In diesen Debatten geht es weniger um das Prinzip als um die Methode: Führen moralische Anklage oder diplomatische Zurückhaltung zu menschlichen Erleichterungen oder zur Verhärtung? Wieweit kann und soll man den „dritten Korb" von Helsinki herausgeben? Soll man einen Gesichtsverlust der Sowjetunion wünschen oder vermeiden? Riskiert man die Abnutzung des Begriffes „Menschenrechte"? Inwiefern ist die Forderung nach Menschenrechtsverwirklichung mit dem Prinzip der Nichteinmischung in die inneren Angelegenheiten vereinbar? Ist die Dissidentenbewegung im Ostblock trotz oder infolge unserer Ostpolitik entstanden?

Zu solchen und ähnlichen Fragen ist genug gesagt worden. Ist der *Maßstab die tatsächliche Realisierung* von soviel Menschenrecht wie möglich, dann läuft das Problem auf die nüchterne Einschätzung der Realisierungsbedingungen hinaus. Das Fazit ist: Diejenigen, die für die außenpolitische Verhandlungsführung verantwortlich sind, sollten der Diplomatie den Vorzug vor ineffizienten öffentlichen Anklagen geben. Die Organe der öffentlichen Meinung jedoch brauchen sich nicht wie kleine Außenminister zu gebärden; im Gegenteil kann ihre Berichterstattung über Menschenrechtsverletzungen hilfreich sein.

Aber mit diesen Feststellungn ist das Problem nicht erschöpft. Eine Politik kann nur dann erfolgreich sein, wenn sie dem Rechnung trägt, worauf es in der jeweiligen Epoche ankommt. Die geistigen, moralischen und politischen Kämpfe der Gegenwart aber kreisen um die universale Realisierung der Menschenrechte, um die Erkenntnis ihres Inhalts und die Realbedingungen ihrer Verwirklichung. Infolgedessen wird die Realisierung der Menschenrechte auch mehr und mehr zum Inhalt der Politik der westlichen Demokratien. Das früher allein geltende Prinzip der Orientierung am jeweiligen nationalen Interesse wird in einer Weise ergänzt, die in mehrerer Hinsicht zu wesentlichen Umorientierungen führt.

I. Gleichheit und Unparteilichkeit

Menschenrechte dulden keine parteiliche Einseitigkeit. Die geschichtliche Wurzel der Menschenrechte liegt in der *naturrechtlichen* Idee, daß der „Mensch als Mensch" soll leben können, nicht erniedrigt und nicht entfremdet, sondern der menschlichen Natur gemäß, mit aufrechtem Gang, frei von Not und Furcht. Die Kataloge der einzelnen Rechte z. B. in den beiden Menschenrechtspakten der Vereinten Nationen sind nur Ausfächerungen dieses einen Grundgedankens.

Diese naturrechtliche Idee, die ihre Quellen u. a. in der Stoa und in der christlichen Lehre, der Mensch sei als Gottes Ebenbild geschaffen, hat, fand ihre prägende Ausformung in der europäischen Aufklärung des 17. und 18. Jhs. und ihren politischen Niederschlag in der amerikanischen Unabhängigkeitserklärung, den amerikanischen Verfassung und der Erklärung der Menschen- und Bürgerrechte der Französischen Revolution. Was sich, von dort ausgehend, im öffentlichen Bewußtsein der Welt verbreitet hat, wird heute eingefordert: Die Wirklichkeit wird am Anspruch gemessen. Der Kampf für Gleichberechtigung aller Menschen unabhängig von Rasse, Herkunft, Konfession oder Geschlecht ist nur die logische politische *Konsequenz aus der europäischen Naturrechtstradition.*

Von diesem Ansatz her bilden Menschenwürde, Freiheit und Gleichheit eine Einheit. Denn ist der Ausgangspunkt die Würde „eines jeden, der Menschenantlitz trägt", so geht es um *Freiheit für alle* und nicht nur für einige. Stellt man Freiheit und Gleichheit einander gegenüber, so verfehlt man beides und reißt unüberbrückbare politische Feindschaften auf. Als einheitliches Ganzes aber birgt der naturrechtliche Ansatz die Kraft zur Versöhnung und Befriedung in sich.

Nur von dieser Einsicht her ist das „Phänomen Carter" zu verstehen. Hätte man noch vor zehn Jahren gefragt, ob der Gouverneur eines amerikanischen Südstaates die uneingeschränkte politische Unterstützung sowohl des weißen Südens als auch der Schwarzen finden könnte, so hätte man dies für unmöglich erklärt, weil der Rassengegensatz ausweglos erschien. Die Eigentümlichkeit Carters liegt nicht in besonderer Raffinesse der Wahlagitation, sondern in seiner Identifikation mit der in der amerikanischen Verfassung verankerten Naturrechtsidee, deren Aktualisierung und Realisierung er verspricht. Er macht damit nicht nur den *besten Teil der amerikanischen Tradition* lebendig, sondern versöhnt die amerikanische Nation mit sich selbst und vermittelt ihr sowohl Selbstachtung als auch Zukunftsperspektiven.

Die *Unparteilichkeit* der Forderung nach Menschenrechten ist, so gesehen, logisch und unausweichlich. Das Neue und Brisante an Präsident Carters Stellungnahmen ist das gleiche Engagement für Menschenrechte in allen Teilen der Welt einschließlich den USA selbst. Die Anprangerung der „Einäugigkeit" der Linken oder der Rechten bei uns ist meistens berechtigt, wird aber nicht selten von Leuten vorgenommen, die ihrerseits auf dem jeweils anderen Auge blind sind und die Menschenrechte zu einem Kampfinstrument ihrer Richtung denaturieren. Der Mangel an ehrlichem Engagement für die Menschenrechte läßt sich durch verbale Vorbehalte nicht verbergen. Schon der Tonfall – der Unterschied in der Leidenschaft des Ausdrucks – erst recht aber die praktische Politik verrät die Einseitigkeit und damit das Unverständnis dafür, worum es bei den Menschenrechten letztlich geht.

Erst die Unparteilichkeit befreit den *Antikommunismus* aus seiner hilflosen Defensive. Er hat seine Berechtigung als die negative Seite einer im Prinzip positiven Idee. Damit erst gewinnt er eine neue moralische Glaubwürdigkeit, die die Bedingung seiner politischen Ausstrahlungskraft ist.

II. Fortschritt

Politisch noch bedeutsamer als Gleichheit und Unparteilichkeit ist die *geschichtsphilosophische* Perspektive der Naturrechtsidee. Fortschritt bedeutet Verwirklichung des Naturrechts im positiven Recht. Die Geschichte der vergangenen Jahrhunderte ist eine Geschichte des Fortschritts insoweit, als die Menschenrechte von der Idee zur Wirklichkeit wurden, indem sie sich in gesicherten juristischen Institutionen konkretisierten. Der Maßstab des künftigen Fortschritts ist die weitere Realisierung der Menschenrechte.

Hingegen ist der Übergang vom Kapitalismus zum *Sozialismus* nicht in sich selbst Kriterium des Fortschritts, sondern diesem letzten Beurteilungsmaßstab unterworfen. In dem Maße, in dem dieser Gedanke im Bewußtsein der Welt lebendig wird, gewinnt der Westen die moralisch-politische Offensive zurück. Denn auf welche Fortschritte der Kommunismus auch in einzelnen Bereichen und auf welche Rückstände in den westlichen Demokratien er verweisen mag: entscheidend ist die Gewinn- und Verlustrechnung vor dem Forum der Menschenrechte insgesamt, und das Fazit ist negativ. Die kommunistische Agitation vermag darüber zwar viele vorübergehend und einige für immer zu verwirren. Aber auf die Dauer hat die Wahrheit eine bessere Chance, sich durchzusetzen: Die Information über Tatsachen, wie sie sich z. B. mit den drei Bänden des Archipel Gulag und anderen – bis in die Gegenwart hineinreichenden – Dokumentationen über die Welt verbreitet, wird sich auf lange Sicht als eine stärkere Macht erweisen als jede Propaganda.

Der Kommunismus gibt sich zwar als Sachwalter und Fortsetzer der aufklärerischen Tradition Europas aus. Aber das vermag er nur kraft des leninistischen Prinzips der *Parteilichkeit*. Dieses bedeutet die Selbstidentifikation seiner Herrschaft mit dem Fortschritt und damit die Dispensierung von jeglichem außerhalb seiner selbst liegenden Beurteilungsmaßstab. Das aber ist gerade die absolutistische Grundhaltung, gegen die die Aufklärer zu Felde gezogen sind und der sie die Menschenrechte entgegengehalten haben.

Die Menschenrechte wieder ins Zentrum des politischen Bewußtseins der Welt rücken heißt erstens: das Prinzip der Parteilichkeit entlarven als die Degradierung der kommunistischen Intellektuellen zu Lakaien, die den Auftrag haben, die Menschenrechtsverletzungen ihrer Herrschaft zu leugnen oder zu rechtfertigen. Es heißt zweitens: Bilanz ziehen und den Kommunismus als die *Sackgasse eines Pseudoprogressismus* entlarven, der der Menschheit als neues Beispiel despotischer Entartung der Politik in Erinnerung bleiben wird.

III. Wettbewerb der Systeme

Denn eine zwar nicht hinreichende, aber notwendige Bedingung der Realisierung der Menschenrechte ist die Bindung der Staatsgewalt an allgemeine Gesetze und die Kontrolle ihrer Entscheidungen durch unabhängige Gerichte, kurz die *Gewaltenteilung*. Das war eine Quintessenz der Aufklärung des 18. Jahrhunderts, an deren Wahrheit sich nichts geändert hat, sondern die durch die Erfahrung gerade auch mit der kommunistischen Herrschaft immer von neuem bestätigt wird. Die Gewaltenteilung schafft das Klima der Mäßigung und Freiheit, das die unerläßliche *Voraussetzung der Demokratie* ist. Denn es kann keine Demokratie geben, wo die Menschen in Furcht vor der Staatsgewalt leben müssen, wo Opposition riskant ist und sie keine Chance auf Machterlangung durch regelmäßig wiederkehrende freie Wahlen hat.

Zwar haben die Marxisten richtig erkannt, daß zuerst die *Basis* geschaffen sein muß, also die grundlegende Voraussetzung der

Menschenrechtsverwirklichung. Diese liegt aber nicht in der Verstaatlichung des Eigentums an Produktionsmitteln – diese Vorstellung hat sich als Irrtum erwiesen, der sich zwar als fixe Idee im Westen noch immer verbreitet. Dort aber, wo einschlägige Erfahrungen gemacht wurden, vermag er sich nur noch mittels imponierender Panzerarmeen, Staatssicherheitsdienste und des Meinungsmonopols dogmatische Geltung zu verschaffen. Die Basis liegt vielmehr im politischen System der Gewaltenteilung und Demokratie, das allein die „rule of law" und damit die Herrschaft der Menschenrechte ermöglicht.

Für die Realisierung der Menschenrechte ist die Gewaltenteilung sogar wichtiger als es Grundrechtskataloge sind. In England herrschen Freiheit und Demokratie, obwohl der Gesetzgeber durch Verfassungsrecht und Normenkontrolle gebunden ist. In den Staaten des sog. „demokratischen Zentralismus" gibt es weder Freiheit noch Demokratie trotz geschriebener Verfassung mit Grundrechtskatalogen. Solche Verfassungen ohne Gewaltenteilung können zwar immerhin ein Minimum an Gesetzlichkeit und Berechenbarkeit schaffen, aber sie gewähren nur widerrufliche *Toleranzen*, nicht einklagbare *Rechte*.

Solange das kommunistische System besteht, kann die Ostpolitik des Westens deshalb nicht Menschenrechte, sondern nur Toleranzen anstreben. Das Ziel ist, die kommunistischen Staaten allmählich wenigstens auf das *Niveau der rechtsstaatlichen Monarchien* des 18. und 19. Jahrhunderts anzuheben. Das gilt es auch im Auge zu behalten, wenn die neue Verfassung der Sowjetunion verkündet wird: Denn diese wird zwar vielleicht mehr Gesetzlichkeit und Toleranz, mit Gewißheit aber nicht mehr Menschenrechte gewähren, da sie an der Parteiherrschaft und damit am Zentralismus festhalten wird.

Nicht nur Toleranzen, sondern wirklich Menschenrechte fordern, heißt von den kommunistischen Machthabern also Preisgabe ihrer Herrschaftsbasis fordern: Das kann kein Gegenstand praktischer Außenpolitik sein. Dennoch hat diese Forderung ihren politischen Sinn als Antwort auf die ideologische Forderung des Ostens nach Überwindung des westlichen Systems. Im *ideologischen Wettbewerb,* in dem der Kommunismus zur Zeit vor allem in Afrika an

Boden gewinnt, bietet diese Forderung einen auch in der Dritten Welt akzeptierten Maßstab zum bilanzierenden Vergleich der Systeme.

IV. Politik und Moral

Auch eine an den Menschenrechten orientierte Politik muß Politik bleiben, pragmatisch das Wirkliche und Mögliche im Auge behalten, die Staaten unabhängig von ihrer inneren Verfassung anerkennen und mit ihnen zusammenarbeiten. Das ist nicht nur Bedingung des *Weltfriedens,* dessen Erhaltung Vorbedingung aller Menschenrechtsverwirklichung ist, sondern auch Bedingung der *Einflußnahme* auf die Regierungen. Aber damit ist zum Thema Politik und Moral keineswegs alles gesagt.

Denn es macht einen Unterschied, ob wir nur „unsere Interessen" verfechten oder uns die Menschenrechte der Unterdrückten *solidarisch* zu eigen machen. Im letzteren Fall werden wir unsere Einflußmöglichkeiten in Richtung auf mehr Toleranz nutzen, bei der Abwendung totalitärer Revolutionen und Staatsstreiche behilflich sein und demokratische Revolutionen unterstützen, soweit das Kalkül von Chance und Risiko dies erlaubt. Die Moralität, die in solcher Solidarität liegt, erschien freilich der „alten Schule" der Außenpolitik als ein unpolitisches Element, das nur in vermeidbare Konflikte führe.

Indessen ist die Frage, ob sich diese strenge *Trennung von Politik und Moral* und die rein interessenbestimmte, moralfreie Orientierung der Politik langfristig nicht auch schon unter „rein politischem" Aspekt als Fehler erweisen könnte – innen- wie außenpolitisch.

Innenpolitisch: Denn die *globale Solidarität* ist heute zu einem beherrschenden Grundzug des geistig-politischen Lebens geworden, zumindest bei der Jugend, in den Kirchen, bei den Intellektuellen. Der Mensch ist nicht mehr so, wie diejenigen noch voraussetzen, die ihm einen am bloßen Interesse orientierten Pragmatismus predigen, sondern er lebt in einem *Bewußtsein mitmenschlicher*

Verantwortung. Wo das nicht erkannt wird, stößt der Marxismus in die Lücke: Er bietet scheinbar die Möglichkeit zu brüderlichem Engagement und besitzt die verführerische Rhetorik, die seine Anhänger zu Mitläufern des sowjetischen oder chinesischen totalitären Imperialismus zu machen vermag.

Außenpolitisch: Wo der militante Marxismus auf eine „interessenorientierte" Außenpolitik der *Konfliktvermeidung* stößt, ist ihm der Sieg über kurz oder lang sicher. Nur wenn auch wir politisch-moralisch etwas wollen, und zwar mit der gleichen Entschiedenheit wie er, nämlich die Realisierung der Menschenrechte in der Welt, gewinnen die Menschenrechte eine Chance. Erst dann auch werden wir notfalls kompromißfähig: Wo Kraft auf Kraft stößt, kann man sich arrangieren, anderenfalls kann man sich im Interesse der Konfliktvermeidung bloß zurückziehen.

Ein anschauliches Beispiel für die politische Kurzsichtigkeit der „moralfreien Politik" liefert die *Südafrika*-Politik des Westens. In welche Sackgasse hat uns eine an unseren angeblichen nationalen und ökonomischen Interessen orientierte Politik manövriert! Wie erfindungsreich waren die Anhänger dieser Politik an Argumenten, die uns stumpf machen sollten gegenüber der Demütigung der Schwarzen durch die Weißen! Nachdem uns nun die Gefahr der Isolierung in Afrika und der UNO zu einem Frontwechsel gezwungen hat, droht *derselbe „Pragmatismus"* uns in die entsprechende Gefahr *mit umgekehrten Vorzeichen* zu führen. Er empfiehlt uns nun, daß wir uns auf die Seite der leninistisch orientierten „Befreiungsbewegungen" schlagen und die Chancen einer Verfassungslösung zumindest für Namibia, vielleicht auch für Süd-Rhodesien verspielen. So stünden wir auf der Seite der voraussichtlichen Sieger, stellten uns mit ihnen gut und vermieden Konflikte.

Natürlich werden die Leninisten voraussichtlich siegen, wenn selbst die westlichen Demokratien sie in ihrem Kampf um eine Verfassung der Menschenrechte im Stich lassen. Wenn die Völker Afrikas noch dazu das Gefühl gewinnen, sie würden den absoluten Herrschaftsansprüchen von Minderheiten deshalb ausgeliefert, weil sie Primitive seien, die die politische, geistige, religiöse Freiheit nicht brauchten, so löst das eine Bitterkeit und Verachtung aus, die wir eines Tages zu spüren bekommen werden. Die gegenwärtig vorherrschende prokommunistische Stimmung in Afrika und der UNO ist durch die konkrete Kampfsituation gegen die Rassenherrschaft der Weißen bedingt. Wenn der Westen weiterhin nur die Alternative *Weißer Rassismus oder Kommunismus* gelten ließe und sich nicht für die Verwirklichung der Menschenrechte auch in Afrika einsetzte, so würde er langfristig dafür politisch bezahlen müssen.

Aber auch in Beziehung zu den Menschen im Ostblock, denen wir nicht, wie denen im Süden Afrikas, unmittelbar helfen können, ist die moralische Solidarität auf der Grundlage der Menschenrechte ein politischer Faktor: Für die Dissidenten ist sie ein Rückhalt, aus dem sie Kraft und Mut schöpfen und die Chance schrittweisen Erfolges gewinnen; für uns ist sie die Voraussetzung unserer politischen Selbstachtung.

Anmerkungen

Einleitung

[1] Eingehender: *Kriele*, Einführung in die Staatslehre. Die geschichtlichen Legitimitätsgrundlagen des demokratischen Verfassungsstaates, rororo-studium Nr. 35 §§ 2 ff.

[2] *Carl Schmitt*, Der Begriff des Politischen, 2. Auflage 1963.

[3] s. z. B. *Helga Grebing*, Linksradikalismus gleich Rechtsradikalismus. Eine falsche Gleichung, Stuttgart 1971; ferner *R. Kühnl* in: *M. Greiffenhagen, R. Kühnl, J. B. Müller.* Totalitarismus. Zur Problematik eines politischen Begriffs, München 1972. Eine gute zusammenfassende Darstellung der Diskussion gibt *W. Schlangen*, Die Totalitarismus-Theorie, Entwicklung und Probleme, 1976.

[4] Die Zeit v. 9. 7. 76, S. 13

[5] Symptomatischer Titel einer Darstellung von *Uwe Arens.* Die andere Freiheit. Die Freiheit in Theorie und Praxis der sozialistischen Einheitspartei Deutschlands, München 1976.

[6] Eingehender: *Kriele*, Einführung in die Staatslehre §§ 37–40.

[7] s. auch *Wilhelm Hennis*, Legitimität, in: Merkur 1976, S. 17 ff.

Das demokratische Prinzip im Grundgesetz

[1] Zu den diesbezüglichen Erörterungen im Parlamentarischen Rat vgl. JöR (NF) Bd. 1, S. 195 ff.

[2] Vgl. vor allem BVerfGE 1, 14, 33; 11, 310, 321.

[3] So auch *W. O. Schmitt-Glaeser*, Der Begriff der freiheitlich demokratischen Grundordnung und Art. 79 Abs. 3 des GG, DÖV 1965, S. 433, 437; zur Interpretation des Art. 79 Abs. 3 GG als „Schranke gegenüber einer Allmacht der Mehrheit" *Hamann-Lenz*, Das Grundgesetz für die Bundesrepublik, Deutschland, 3. Aufl., 1970, Anm. A. 1, S. 538.

[4] Vgl. auch *K. Hesse*, Grundzüge des Verfassungsrechts der Bundesrepublik Deutschland, 4. Aufl. 1970, S. 52 ff.

[5] Zur Abgrenzung von der „sozialistischen Demokratie" vgl. *K. von*

Beyme, Stichwort „Demokratie", in: Sowjetsystem und demokratische Gesellschaft, Bd. 1, 1966, Sp. 1139 ff. mit weiteren zahlreichen Literaturangaben.

[6] In der rousseauistischen Tradition vor allem *C. Schmitt*, Verfassungslehre, Neudruck 1954, S. 234; neuerdings spricht man auch von „Partizipation", vgl. dazu *F. Scharpf*, Demokratietheorie zwischen Utopie und Anpassung, 1970, S. 54 ff. m. w. Nachw.; hierher gehört auch die Definition von *Abraham Lincoln*, Demokratie sei „Government of the people, by the people, for the people".

[7] *G. Leibholz*, Strukturprobleme der modernen Demokratie, 2. Aufl. 1964, S. 135, 137, 147, 152 f.; derselbe, Die Gleichheit vor dem Gesetz, 2. Aufl. 1959, S. 16 ff.; *K. Hesse*, VVDStRL 17 (1959), S. 17.

[8] Hierzu: *Elias Berg*. Democracy and the Majority Principle – A Study in Twelve Contemporary Political Theories, Göteborg, 1965.

[9] Vgl. Schüle, Festgabe für Smend, 1952, S. 335, 338; zur juristischen Ausprägung des Begriffs Toleranz vgl. auch *F. Werner*, Recht und Toleranz, in: Verhandlungen des 24. Deutschen Juristentages, 1963, Bd. 2, S. 138 ff.; *U. Eisenhardt*, Der Begriff der Toleranz im öffentlichen Recht, JZ 1968, S. 214 ff.

[10] *A. F. Bentley*, The Process of Government, 1908; *R. A. Dahl*, Pluralist Democracy in the U. S., 1967; zu dieser Richtung vgl. *F. Scharpf*, aaO. (Anm. 6), S. 29 ff.

[11] *J. A. Schumpeter*, Kapitalismus, Sozialismus und Demokratie, 1950, S. 427 ff. (wegen weiterer amerikanischer Literatur vgl. *F. Scharpf*, aaO., Anm. 6, S. 33 ff.); *R. Dahrendorf*, Gesellschaft und Demokratie in Deutschland, 1964, S. 41; in einem etwas anderen Sinne: *S. M. Lipset*, Political Man, 1960, S. 402 (Demokratie als „permanent insecurity for those in governing position").

[12] *H. Lasky*, A Grammar of Politics, 6. Aufl. 1937; *B. Crick*, Eine Lanze für die Politik, 1966; vgl. jetzt *F. K. Fromme*, Der Demokratiebegriff des Grundgesetzes, DÖV 1970, S. 518.

[13] Vgl. *N. Luhmann*, Komplexität und Demokratie, Politische Vierteljahresschrift 10 (1969), S. 314 ff., *F. Scharpf*, aaO. (Anm. 6), S. 66 m. w. Nachw.

[14] Z. B. *W. Trillhaas*, Stichwort „Kompromiß", in: Ev. Staatslexikon, Sp. 1113 ff.; *J. Messner*, Das Naturrecht, 4. Aufl. 1958, S. 721 ff.; *P. Furth*, Der Kompromiß als Wesensmerkmal der Demokratie, in: Die Kirche in der Welt 7 (1954), S. 89 ff.

[15] *L. Roos*, Demokratie als Lebensform, 1969, S. 246 ff.

[16] Vgl. dazu etwa *H. Kelsen*, Reine Rechtslehre, 2. Aufl., 1960, S. 334 und öfter; *H. Krabbe*, Die Lehre der Rechtssouveränität, Groningen 1906 (hierzu *P. Häberle*, Zur gegenwärtigen Diskussion um das Problem der Souveränität, AöR 92 (1967), S. 259 ff., 263). Zum unterschiedlichen Inhalt des Begriffs Rechtssouveränität bei Krabbe und Kelsen siehe *G. E. Langemeijer*, Betrachtungen zum Begriff der Souveränität, in: Die moderne Demokratie und ihr Recht, Festschrift für Leibholz, 1966, Bd. 2, S. 91 ff. Siehe ferner die Bemerkung von *Ch. F. Menger* (Moderner Staat und Rechtsprechung, 1968, S. 25), das GG weise insofern „dualistische" Züge auf, als es dem demokratischen Prinzip der Volkssouveränität das materiell-rechtsstaatliche Prinzip der „Souveränität" des Rechts gegenüberstelle; hiergegen *U. Scheuner*, Das Grundgesetz in der Entwicklung zweier Jahrzehnte, AöR 95 (1970), S. 353 ff., 383 f.

[17] Zur Vorgeschichte des „klassischen" Rechtsstaatsbegriffs vgl. *U. Scheuner*, Die neuere Entwicklung des Rechtsstaats in Deutschland, in: Hundert Jahre deutsches Rechtsleben, Festschrift zum hundertjährigen Bestehen des Deutschen Juristentages 1860–1960. S. 229 f.; *E. W. Böckenförde*, Entstehung und Wandel des Rechtsstaatsbegriffs, in: Festschrift für Adolf Arndt, 1969, S. 53 ff., 55 ff., 59; zur geistesgeschichtlichen Grundlage des „liberalen" Rechtsstaates nunmehr *Ch. Heinze*, Autonome und heteronome Verteilung, 1970, S. 18 ff.; zum „materialen" Rechtsstaatsbegriff vgl. *H. Heller*, VVDStRL Bd. 4, S. 115.

[18] Nach *Kant* ist zwar die repräsentative Republik „die einzig bleibende Staatsverfassung, wo das Gesetz selbstherrschend ist und an keiner bestimmten Person hängt" (Metaphysik der Sitten, § 52, Ausg. Vorländer 1922, S. 170); aber auch in der absoluten Monarchie ist nach Kant der Zustand allgemein verpflichtender Gesetzlichkeit (also eine abstrakte Rechtsstaatlichkeit) gegeben. Diese darf nicht revolutionär beseitigt werden, der Übergang zur Republik wird der reformerischen Weisheit des Monarchen anheim gegeben.

[19] *F. Neumann*, (Demokratischer und autoritärer Staat, 1967, S. 108) meint sogar etwas zugespitzt, die englische Lehre der „Rule of Law" und der deutsche Rechtsstaat „haben nichts gemein". Zur Rule of Law siehe *Sir Alfred Denning*, The changing Law, 1953, S. 5 ff.; *Sir Carlton Kemp Allen*, Law and Order, 2nd Ed., 1955, S. 22; *Sir Iver Jennings*, The Law and the Constitution, 5. Aufl. 1963, S. 42 ff.; *derselbe* in: Jennings-Ritter, Das britische Regierungssystem, 1970, S. 107 ff., 119 ff.

[20] *Matthew Hale*, Consideration Touching the Amendment or Alteration of Laws, ed. by Francis Hargrave (Collecteana juridica, 1791, S. 253–289;

276

vgl. dazu *M. Kriele*, Hobbes und englische Juristen, 1970, S. 18 ff.; jetzt im Skriptor-Verlag.

[21] Eingehender: *M. Kriele*, Theorie der Rechtsgewinnung, 1967, 2. Aufl. 1976, insbesondere S. 60 f.

[22] *M. Kriele*, Theorie der Rechtsgewinnung, aaO., S. 162 f., 198 ff.

[23] *Gadamer*, Wahrheit und Methode, 2. Aufl., S. 16 ff.

[24] *K. Kluxen* (Hrsg.), Parlamentarismus, 1967, S. 99, 103.

[25] Dazu näher *M. Kriele*, Theorie der Rechtsgewinnung, aaO., S. 191 ff.

[26] *James Madison*, The Utility of the Union as a Safeguard against Domestic Faction and Insurrection, in Hamilton, Madison, Jay, The Federalist Papers (No. 10), The New American Liberary, 1961, S. 79.

[27] So für den absoluten Monarchen *N. Elias*, Über den Prozeß der Zivilation, Bd. 2, 1962, S. 222 ff., insbesondere S. 239–241.

[28] *Odo Marquard*, Skeptische Methode im Blick auf Kant, S. 54.

[29] Dazu *D. Schindler*, Über die Bildung des Staatswillens in der Demokratie, 1921, S. 31–51. Zur Entwicklung einer totalitären Demokratiekonzeption aus rousseauistischen Ansätzen vgl. *I. Fetscher*, Rousseaus politische Philosophie, 2. Aufl. 1968, S. 259 ff.; *J. L. Talmon*, The Rise of Totalitarian Democracy, 1952, dazu *F. Scharpf*, aaO. (Anm. 6), S. 26.

[30] Vgl. hierzu *J. Agnoli – P. Brückner*, Die Transformation der Demokratie, 1968; *F. Naschold*, Organisation und Demokratie, 1969, S. 24 ff.; *K. v. Beyme*, Die parlamentarischen Regierungssysteme in Europa, 1970, S. 470 ff.

[31] Aber nicht notwendigerweise, vgl. *Ivo Krbek*, Repräsentation nach der Doktrin der Volkssouveränität, in: Die moderne Demokratie und ihr Recht (Leibholz-Festschrift) Bd. 2, 1966, S. 69 ff. Der Standpunkt des Verfassers ist nicht nur durch die Terminologie („konkrete" gleich unmittelbare, „abstrakte" gleich repräsentative Demokratie) dem hier Vorgetragenen entgegengesetzt.

[32] z. B. *G. Leibholz*, Zum Begriff und Wesen der Demokratie, in: Strukturprobleme der modernen Demokratie, 1964, S. 142 ff.; dazu ausführlich *L. Roos*, aaO. (Anm. 15), S. 42 ff. Wir haben dann, zugespitzt ausgedrückt, angelsächsische Institutionen mit französischer Ideologie; aus dieser Spannung entstehen zahlreiche Probleme. Vgl. dazu *E. Fraenkel*, Deutschland und die westlichen Demokratien, 4. Aufl. 1968, S. 81 ff. Beispiel für eine solche Unterschiebung: *W. Abendroth*, Das Grundgesetz, eine Einführung in seine politischen Probleme, 1966, S. 78 ff.

[33] *H. Maier*, Politische Wissenschaft in Deutschland, 1969, S. 186; ähnlich *H. Kelsen*, Vom Wert und Wesen der Demokratie, 1929, S. 24 f. (abgedruckt

in: Lenk-Neumann, Theorie und Soziologie der politischen Parteien, 1968).

[34] Vgl. dazu *F. Nuscheler*, Walter Bagehot und die englische Verfassungstheorie, Heidelberger politische Schriften, Bd. 2, 1969; *K. Streißthau*, Die Souveränität des Parlaments, 1963, S. 28 ff. (über Bentham) und S. 43 ff. (über J. Austin).

[35] *W. Kägi*, Rechtsstaat und Demokratie, in: Festschrift für Giacometti, 1953, S. 109 f.

[36] Auch die kontinentale Staatslehre bemüht sich immer wieder, vom abstrakten „Souverän" zur dialektisch verstandenen, d. h. in die institutionelle Ordnung integrierten und diese respektierenden „Souveränität" zu kommen. *Hegel* spricht in diesem Sinne von „Idealität" der Souveränität (Rechtsphilosophie, §§ 278 f.), *M. Hauriou* bestimmt Souveränität geradezu als „Selbstbeherrschung", Précis de Droit Constitutionel, 1923, S. 159. Auf der Basis der Schelerschen Philosophie kommt *E. Denninger*, Rechtsperson und Solidarität, 1968, S. 273 ff., 280 ff. zu ähnlichen Formulierungen.

[37] *M. Kriele*, Hobbes und englische Juristen, (Anm. 20), vor allem die Abschnitte 5 und 7.

[38] *C. Schmitt*, Die geistesgeschichtliche Lage des heutigen Parlamentarismus, 2. Aufl. 1926, S. 37 f.

[39] *C. Schmitt*, aaO. (Anm. 38), S. 61. Diese Ansicht wird heute nicht mehr ernsthaft vertreten (vgl. *Th. Ellwein*, Politische Verhaltenslehre, 1964, S. 78 f.; *H. Krüger*, Allgemeine Staatlehre, 1964, S. 444 – „Wunderglaube" –); trotzdem knüpft die „linke" Parlamentarismuskritik (in Nachfolge von *C. Schmitt*) noch immer gern hier an, vgl. *J. Agnoli – P. Brückner*, aaO. (Anm. 30), S. 7 ff., 55 ff.; dazu *F. Scharpf*, aaO. (Anm. 6), S. 23 f.

[40] Ähnlich (Parlamentarismus als technisch-rationales System ohne Integrationskraft), *R. Smend*, Verfassung und Verfassungsrecht, 1928, S. 36 ff.; dazu *W. Bauer*, Wertrelativismus und Wertbestimmtheit im Kampf um die Weimarer Demokratie, 1968, S. 291 ff. (dessen Urteil über die *Smend*'sche Integrationslehre insgesamt zu einseitig ausgefallen ist).

[41] Siehe *K. Kluxen*, Das Problem der politischen Opposition, Entwicklung und Wesen der englischen Zweiparteienpolitik im 18. Jahrhundert, 1956, vor allem das 5. Kap.; *K. Lenk*, Problemgeschichtliche Einleitung, in: *K. Lenk* (Hrsg.), Ideologie – Ideologiekritik und Wissenssoziologie, 3. Aufl. 1967, S. 18 ff.

[42] Vgl. die Nachweise bei *K. Lenk*, aaO. (Anm. 41).

[43] *E. Troeltsch*, Naturrecht und Humanität in der Weltpolitik, Berlin 1923, abgedruckt in engl. Sprache in: *O. Gierke*, Natural Law and the Theory of Society I, Cambridge 1934, Appendix I, S. 201 ff.

[44] *H. Dichgans*, Eine verfassungsgebende Nationalversammlung?, ZRP 1968, S. 61ff.; dazu *W. Schütte*, ZRP 1969, S. 34. Vgl. ferner *W. Thieme*, Für eine Totalrevision des Grundgesetzes, ZRP 1969, S. 32ff.; *R. Dahrendorf*, Der Volkswirt 1968, S. 16; *Th. Eschenburg*, „Die Zeit" v. 28.6.1968, S. 5 und v. 5.7.1968, S. 7; *H. Schäfer*, Bedarf unser Grundgesetz einer Gesamtrevision, in: Aus Politik und Zeitgeschichte, Beilage zu „Das Parlament", vom 3.4.1968, S. 3ff.; *F. K. Fromme*, „Totalrevision" des Grundgesetzes, in: „Zeitschrift für Politik", 1970, S. 87ff.; *U. Scheuner*, Der Staat, wie wir ihn wünschen, Nach zwanzig Jahren Bundesrepublik, in: Politische Meinung, 1969, S. 19ff.

[45] Vgl. *U. Scheuner*, Festschrift für Kaufmann, 1950, S. 317f.; *W. Kägi*, aaO. (Anm. 35), S. 132ff.

[46] Das ist der richtige Kern der herkömmlichen Formel von der „wertgebundenen Demokratie"; siehe *H. Peters*, Festschrift für Giacometti, 1953, S. 229ff.; *Dürig*, in: Maunz-Dürig-Herzog, Kommentar zum Grundgesetz, RN 20 zu Art. 79; weitere Nachweise bei *L. Roos*, aaO. (Anm. 15), S. 169, Anm. 72.

[47] *Odo Marquard*, Hegel und das Sollen, Philosophisches Jahrbuch 72 (1964), S. 103ff.

[48] Übereinstimmend: *K. Hesse*, VVDStRL 17 (1959), S. 19f.

[49] Wie vor allem *F. K. Fromme*: Von der Weimarer Verfassung zum Bonner Grundgesetz, 1960, S. 150ff. belegt hat.

[50] BVerfGE 8, 104ff.

[51] a.A. *Hamann*, Das Grundgesetz, 2. Aufl. 1960, Anm. 36 zu Art. 20.

[52] *O. Marquard*, Hegel und das Sollen, aaO. (Anm. 47), S. 103ff., 113; *Th. W. Adorno*, Minima Moralia, S. 130f.

[53] Vgl. *M. Kriele*, Hobbes und englische Juristen (s. Anm. 20) Abschnitt 10.

[54] Vgl. zur Idee des „common man" als Voraussetzung der Demokratie *C. J. Friedrich*, Demokratie als Herrschafts- und Lebensform, 1959, S. 37ff.; *L. Roos*, aaO. (Anm. 15) S. 176ff. mit weiteren Nachweisen.

[55] *L. Roos*, aaO. (Anm. 15) S. 186ff. (mit weiterer Literatur) spricht geradezu von „Institutionalisierung des anthropologischen Mißtrauens". Vermittelnd: *R. Bäumlin* in: Evangelisches Staatslexikon, 1966, Stichwort „Demokratie", Sp. 280f.

[56] Als *Wigard* in der Debatte des Verfassungsausschusses der Deutschen Nationalversammlung über das Wahlgesetz im Januar 1849 bestritt, daß mit Besitz und Bildung bessere politische Urteilskraft einhergingen, erwiderte ihm *Dahlmann*: er glaube nicht, daß Herrn Wigard der Beweis gelungen sei,

daß unter den Ungebildeten ebensoviel Bildung herrsche wie unter den Gebildeten und daß die Abhängigen ebenso frei seien wie die Unabhängigen (*Wilhelm Mommsen*, Deutsche Parteiprogramme vom Vormärz bis zur Gegenwart, 1951, S. 41 f.). Das verfehlte Argument Wigards ist ein Beispiel für die advokatische Demagogie, mit der die Bildung ihre Privilegien verteidigte.

[57] Zur Problematik vgl.: *Stern-Münch*, Kommentar zum Stabilitätsgesetz 1967, 1. Teil Einführung, S. 55 m. w. Nachw.; *M. Abelein*, Finanzplanung und Haushaltsrecht, ZRP, 1969, S. 242 ff.

[58] Vgl. die Vorschläge von *Abelein*, aaO. (Anm. 57) S. 244; U. Scheuner, Verfassungsrechtliche Probleme einer zentralen staatlichen Planung, in: *J. A. Kaiser* (Hrsg.), Planung, Bd. 1, 1965, S. 67 ff.; zur demokratischen Kontrolle der Planung vgl. *R. Herzog*, Stichwort „Planung", in: Evangelisches Staatslexikon, 1966, Sp. 1524 ff.; zur Notwendigkeit der Planung im demokratischen Staat bereits *K. Mannheim*, Diagnose unserer Zeit, 1952, S. 11 ff.

[59] Zur Legitimationsfunktion der Wahlen vgl. u. a. *N. Gehrig*, Parlament-Regierung-Opposition, 1969, S. 78; von *Nitzsche*, Stichwort „Wahlen", in: *A. Görlitz*, Handlexikon zur Politikwissenschaft, 1970, S. 458 ff.; *W. Piepenstock*, ZRP 1969, S. 159 ff.; ferner *Hamann-Lenz*, Grundgesetz für die Bundesrepublik Deutschland, 3. Aufl. 1970, S. 356.

[60] Zum Begriff „Rechtsetzungsprärogative" vgl. *M. Kriele*, „Theorie der Rechtsgewinnung", 1967, 2. Aufl. 1976, S. 60 ff. Die Unterworfenheit des Richters unter das Gesetz ist mit der Annahme, daß es kein Rechtsetzungsmonopol, sondern nur eine Rechtsetzungsprärogative geben könne, nicht im mindesten in Frage gestellt, wie behauptet worden ist. Auf die „Frage, ob der Richter gegenüber dem Gesetz größere Freiheit haben sollte . . . kann es nur ein entschiedenes Nein geben: der Richter ist dem Gesetz unterworfen. Dieses Prinzip aufweichen, bedeutet, die gesetzgebende Gewalt ihrer Prärogative berauben, und die rechtlichen Dezisionen der Willkür des Richters und dem dunklen Einfluß unkontrollierbarer interessierter Milieus zu überliefern. Kurz, es bedeutet Preisgabe der Prinzipien von Gewaltenteilung und Demokratie usw." (aaO. S. 64 und öfter). Das in der „Theorie der Rechtsgewinnung" erörterte Problem ist die Frage, ob, wieweit und unter welchen Bedingungen sich in Gesetzen und anderen Rechtssätzen praktische Vernunft verwirklicht und was daraus für die Methodenlehre folgt. Unaufgeschlossenheit für diese Fragestellung führte gelegentlich zu Mißverständnissen und Unterstellungen. Dazu das Nachwort zur 2. Aufl.

[61] BVerfGE 10, 118, 121; 12, 205, 259 ff.; 20, 162, 174 f., vgl. ferner *U.*

Scheuner, VVDStRL 22, 1 ff.; *H. Ehmke*, Festschrift für *Arndt*, 1969, S. 84 ff.; *M. Kim*, ZRP 1970, S. 102 ff. m. w. Nachw.

[62] Siehe hierzu *Th. I. Emerson*, Toward a General Theory of the First Amendment, The Yale Law Journal, 1963, 1. Halbbd., S. 72 ff.; *H. Ridder*, Meinungsfreiheit, in: Die Grundrechte, Handbuch der Theorie und Praxis der Grundrechte, Bd. 2, 1954, S. 243 ff.

[63] *N. Luhmann*, Legitimation durch Verfahren, 1969, S. 234 ff. („ableiten der Enttäuschung in Bahnen, die der Struktur nicht schaden").

[64] So aber *R. Herzog*, in: Maunz-Dürig-Herzog, Grundgesetz, RN 180 zu Art. 5.

[64a] *R. Herzog*, aaO. (Anm. 64); ähnlich *F. Kübler* und *S. Simitis*, Presse und Wettbewerb, JZ 1969, S. 445 ff. (448).

[65] BVerfGE 20, 162, 176.

[66] Hierzu: *W. Martens*, Öffentlich als Rechtsbegriff, 1969; *J. Habermas*, Strukturwandel der Öffentlichkeit, 2. Aufl. 1965; *P. Haeberle*, Struktur und Funktion der Öffentlichkeit im demokratischen Staat, in: Politische Bildung, 1970, Heft 3, S. 3 ff.; *R. Smend*, Zum Problem des Öffentlichen und der Öffentlichkeit, in: Gedächtnisschrift für Walter Jellinek, 1955, S. 11 ff.; *U. K. Preuss*, Zum staatsrechtlichen Begriff des Öffentlichen, 1969.

[67] Eine normative Verbindlichkeit der „öffentlichen Meinung" wird in der heutigen Staatslehre (statt vieler: *H. Krüger*, Allgemeine Staatslehre, 1964, S. 453) und Politologie (ausführlich dazu: *L. Roos*, aaO., Anm. 15, S. 228 ff.) allgemein abgelehnt. *J. Habermas*, aaO. (Anm. 66), S. 242 ff. spricht der verbandsmäßig organisierten Öffentlichkeit eine weitgehende politische Kontrollfunktion zu.

[68] Das wird in der politologischen Literatur oft zu wenig differenziert, vgl. die Ausführungen bei *L. Roos*, aaO. (Anm. 15) S. 223–239.

[69] In der Tradition der Rhetorik unterschied sich die juristische von der politischen Rhetorik nur darin, daß für den Juristen die Beurteilung geschlossener Sachverhalte, für den Politiker die Abschätzung künftiger Entscheidungskonsequenzen überwog und als typisch galt. Die Grenzen zwischen juristischer und politischer Rhetorik waren aber flüssig. Der wesentliche Bestandteil an Lehren war für beide Typen identisch und wurde meistens in einheitlichen Rhetorikschulen zusammen unterrichtet, vgl. *Perelman*, Traité de l'Argumentation, 1958.

[70] So aber *G. Leibholz*, Der Strukturwandel der modernen Demokratie, 1952, S. 16 ff.

[71] Es ist streitig, wieweit man die Idee der Partei in das 17. Jahrhundert zurückverfolgen kann; fest steht, daß sie im 18. Jahrhundert in England

allgemein anerkannt war, vgl. dazu *K. Kluxen*, Das Problem der politischen Opposition, 1956, S. 29 ff.

[72] *K. Hesse* und *G. E. Kafka*, VVDStRL 17 (1959), S. 11 ff., 18 f., 53 ff., 55; *A. J. Rinck*, Der verfassungsrechtliche Status der Parteien in der Bundesrepublik, in: Die moderne Demokratie und ihr Recht, Bd. 2, S. 305, 307 ff.

[73] Hierzu *Gaines Post*, Plena Potestas and Consent in Medieval Assemblies, in: Studies in Medieval Legal Thought, 1964, S. 91 ff., 116; *Ch. Müller*, Das imperative und freie Mandat, 1966, S. 125 ff.

[74] Vgl. *E. Friesenhahn*, VVDStRL 16 (1958), S. 24 f., m. w. Nachw.; *P. Badura*, Bonner Kommentar, Art. 38 RN 78; *W. D. Hauenschild*, Wesen und Rechtsnatur der parlamentarischen Fraktionen, 1968.

[75] Vgl. *M. Kriele*, Mandatsverlust bei Parteiwechsel? ZRP 1969, S. 241 f. Die dort vorgenommene Differenzierung zwischen Listenmandat und Wahlkreismandat hält der Verf. nicht mehr aufrecht, weil auch die Wahl des Wahlkreiskandidaten fast immer ganz überwiegend durch seine Parteizugehörigkeit motiviert ist; in gleichem Sinn: *F. F. Siegfried*, Mandatsverlust bei Parteiausschluß, Parteiaustritt oder Parteiwechsel, ZRP 1971, S. 9 ff., a. A.: *H. Trautmann*, JZ 1970, S. 405 ff.; *P. Badura*, Bonner Kommentar, Art. 38 RN 79, neuestens: *Schröder*, ZRP 1971, 97 ff. und *Kriele*, ZRP 1971, 99 ff.

[75a] Den Mandatsverlust gesetzlich obligatorisch zu machen wäre unzweckmäßig, weil man damit illoyale Abgeordnete in den Fraktionen festhielte.

[76] *R. Sohm*, Die fränkische Reichs- und Gerichtsverfassung, Weimar 1871, 1911, S. XIV f. verwendet den Begriff „Konventionalregeln" für Verhaltensregeln, die für diejenigen gelten, die sich ihnen unterworfen haben.

[77] *Sörgel*, Konsensus und Interessen, 1969.

[78] *H. C. Nipperdey*, Die soziale Marktwirtschaft in der Verfassung der Bundesrepublik, 1954; *H. Ehmke*, Wirtschaft und Verfassung 1961, S. 18 ff. stellt der Nipperdey'schen Wirtschaftsverfassung eine ebenso schlüssige verfassungsrechtliche Ableitung des Sozialismus gegenüber, um die Methode der Deduktion einer Wirtschaftsverfassung aus dem Grundgesetz ad absurdum zu führen.

[79] Dieser Organisationstypologie entspricht die Aufgabendifferenzierung: Programmiertes und programmierendes Entscheiden. Vgl. *N. Luhmann*, Zweckbegriff und Systemrationalität, 1968, S. 177: zum Demokratisierungspotential bei verschiedenen Entscheidungstypen siehe auch *F. Naschold*, Organisation und Demokratie, 1969, S. 62 ff.

[80] a. A. wohl *K. Hesse*, VVDStRL 17 (1959), S. 39, der § 2 Abs. 2 des Berliner Gesetzes über die Vereins- und Versammlungsfreiheit v. 29. 9. 1950

(VBl. S. 442), wonach Vereinigungen verpflichtet sind, Aufbau und Willensbildung nach demokratischen Grundsätzen zu gestalten, für verfassungswidrig hält, da sich aus Art. 9 GG eine derartige Verpflichtung nicht ergebe.

[81] Vgl. G. *Hueck*, Der Grundsatz der gleichmäßigen Behandlung im Privatrecht, 1958, S. 45.

[82] Vgl. H. *Ridder*, Zur verfassungsrechtlichen Stellung der Gewerkschaften 1960, S. 29; U. *Scheuner*, Der Inhalt der Koalitionsfreiheit, in: Weber-Scheuner-Dietz, Koalitionsfreiheit, 1961, S. 68, folgert aus der in Art. 9 Abs. 3 enthaltenen institutionellen Verankerung öffentlicher Aufgaben die Rechtspflicht zur „Erhaltung eines inneren demokratischen Aufbaus"; vgl. auch I. v. *Münch*, Bonner Kommentar, RN 149 zu Art. 9.

[83] U. *Scheuner*, aaO. (Anm. 82), S. 68; I. v. *Münch*, aaO.

[84] Nach W. *Besson*, Aufgaben und Grenzen der Staatsführung in der modernen Demokratie, 1964 (dazu L. *Roos*, aaO. Anm. 15, S. 101 ff.) treten in der modernen, sozialstaatlichen („nachbürgerlichen") Welt die Interessenverbände mehr und mehr in politische Funktionen ein; damit wird das Problem ihrer Demokratisierung zunehmend akut.

[85] Hierzu H. H. *Rupp*, Die Universität zwischen Wissenschaftsfreiheit und Demokratisierung, JZ 1970, S. 165 ff.; G. *Roellecke*, Wissenschaftsfreiheit als institutionelle Garantie?, JZ 1969, S. 726 ff.; H. H. *Rupp* und W. K. *Geck*, VVDStRL 27 (1969), S. 113 ff., 143 ff. Zur Entwicklung dieses Demokratisierungsgedankens vgl. *Friedeburg* u. a., Freie Universität und politisches Potential der Studenten, 1968, S. 69, 75, 242 ff., 320 ff., 9 ff. und öfter.

[86] W. *Hennis*, Demokratisierung, Zur Problematik eines Begriffes, 1970, S. 16 ff. hält „paritätische Zusammensetzung" von Entscheidungsgremien im halbstaatlichen bzw. gesellschaftlichen Bereich dort für wünschenswert, wo „im Kern einer Institution der Ausgleich von verschiedenen Interessen steht" (Rundfunkräte, Schlichtungskommissionen für Tarifstreitigkeiten etc.)

[87] Zur Hochschulverwaltung als funktioneller Amtspflichterfüllung (und nicht Ausbeutung von Feudalrechten) H. *Schelsky*, Abschied von der Hochschulpolitik, 1969, S. 32 ff.

[88] Zu den Demokratisierungskämpfen der Nachkriegszeit vgl. E. *Schmidt*, Die verhinderte Neuordnung 1945–1952, 1970.

[89] Hierzu: H. *Deist*, in: Wirtschaftliche Macht und Rechtsstaat, hrsg. v. Justizministerium des Landes Nordrhein-Westfalen und dem DGB, Landesbezirk Nordrhein-Westfalen, 1961, S. 15 ff.; L. *Vaubel*, in: Eigentum und Eigentümer in unserer Gesellschaftsordnung, 1960, S. 11 ff.; E. *Benda*, Indu-

strielle Herrschaft und sozialer Staat, 1966, S. 17; vgl. auch *H. Kronstein*, Recht und wirtschaftliche Macht, ausgewählte Schriften, 1962, S. 93 ff.; *O. Kunze*, Mitbestimmung als Legitimationsproblem, 1970.

[90] *F. Naphtali*, Wirtschaftsdemokratie (hrsg. im Auftrag des Allgemeinen Deutschen Gewerkschaftsbundes), 1928; hierzu *E. Benda*, aaO. (Anm. 89), S. 178 ff.; Vorläufer: *Sidney* und *Beatrice Webb*, Industrial Democracy, London 1897.

[91] Zur „demokratischen Teilhabe" vgl. *I. Fetscher*, Konkrete Demokratie – heute, Festschrift für Otto Brenner, 1967, S. 377 ff.; *F. Scharpf*, aaO. (Anm. 6) mit umfangreichen Literaturnachweisen auch aus der amerikanischen Politologie; *F. Naschold*, Organisation und Demokratie, 1969.

Die vermutete Vernünftigkeit unseres Rechts.
Zu Hegels Begriff der abstrakten Subjektivität

[1] Ausg. der Philosophischen Bibliothek (PhB), Bd. 114, 6. Aufl. 1952, S. 306–312.

[2] aaO., S. 309.

[3] aaO., S. 312.

[4] aaO., S. 310.

[5] aaO., S. 311.

[6] Siehe dazu auch *Kant*, Über den Gemeinspruch: Das mag in der Theorie richtig sein, taugt aber nicht für die Praxis II, (Gegen Hobbes), 1793, Ausg.: Philosoph. Texte, hrsg. v. *H. G. Gadamer*, Heft 1, 1946, S. 51/52.

[7] aaO., S. 309.

[8] ibid.

[9] Grundlinien der Philosophie des Rechts (= Rechtsphilosophie), § 211 (PhB, S. 182).

[10] Rechtsphilosophie § 270 (PhB, S. 186).

[11] Einen Überblick über die einschlägigen Stellen gibt *Odo Marquard*, Hegel und das Sollen, Philosophisches Jahrbuch 72 (1964), S. 104 f., n. 3.

[12] Vgl. vor allem *J. Ritter*, Hegel und die französische Revolution, Ed. Suhrkamp 1965, mit umfassender Bibliographie; *Hermann Lübbe*, Politische Philosophie in Deutschland, Basel/Stuttgart 1963, S. 39–52; ders., Die Hegelsche Rechte, Stuttgart 1962, Einleitung; *Odo Marquard*, Hegel und das Sollen, Philosophisches Jahrbuch 72 (1964), S. 103–119.

[13] Rechtsphilosophie § 270 (PhB, S. 233 f.).

[14] *Odo Marquard*, aaO. (s. o. N. 12).

[15] Dann würden sich die Kriterien der Gerechtigkeit also aus einer Analyse derjenigen Kriterien, die den tatsächlich geführten Kontroversen um konkrete Gerechtigkeitsprobleme zugrunde liegen, ergeben: Worum wird gestritten, wenn in Frage steht, ob etwas „gerecht" oder „ungerecht", „recht" oder „unrecht" ist? Die Kriterien werden dann nicht deduktiv, sondern sprachanalytisch gewonnen. Ein Versuch in dieser Richtung ist des Verf. „Kriterien der Gerechtigkeit", Berlin 1963.

[16] Grundlinien der Philosophie des Rechts, § 270, PhB, 4. Aufl., 1955, S. 223.

[17] In dieser Hinsicht verdanken wir vor allem dem Werk *Chaïm Perelmans* eine Fülle realistischer Beobachtungen und Einsichten, in erster Linie seinem Traité de l'Argumentation, Presses Universitaires de France, collection Logos, 1958.

[18] Rechtsphilosophie § 270, S. 223 f.

[19] Zum folgenden eingehender *M. Kriele*, Theorie der Rechtsgewinnung, entwickelt am Problem der Verfassungsinterpretation, Berlin 1967, 2. Aufl. 1976.

[20] Man kennt das Beispiel *Rudolf von Iherings*, der als Richter einen Fall des Doppelverkaufs im Recht zu entscheiden hatte, den er in einem abstrakten dogmatischen Lehrbuch aus deduktiven Gründen in einer ganz unpraktischen Weise gelöst hatte. Bei dieser Gelegenheit ging ihm auf, daß verantwortlich entscheiden und am Schreibtisch konstruieren zweierlei sind. Dies gab den Anstoß dazu, daß er die Wende der juristischen Methode von der konstruktivistischen Begriffsjurisprudenz zur zweckorientierten Jurisprudenz einleitete.

[21] Grundlinien der Philosophie des Rechts, § 211, PhB S. 182

[22] ibid.

[23] In England hat sich unter dem Einfluß des Positivismus im Laufe vorigen Jahrhunderts tatsächlich die strikte Präjudizienbindung durchgesetzt, die praktisch zu einer Reihe absurder Entscheidungen geführt und im Ganzen das Common Law äußerst konservativ gehalten hat. Erst am 26. Juli 1966 hat das Oberhaus als höchste englische Gerichtsinstanz die Freiheit des overruling, d. h. der Abweichung vom Präjudiz, wieder hergestellt – ein Triumph der Vernunft. (House of Lords, Official Report, Vol. 276, No. 43 vom 26. Juli 1966, col. 677.)

[24] Leviathan, Kap. 26, Ziff. 8. Ed. Molesworth Bd. 3 S. 264 ff.

[25] Eingehender vgl. *Kriele*, Theorie der Rechtsgewinnung (o. Anm. 19) §§ 69–71, sowie das Nachwort zur 2. Aufl.

[26] Eingehender: *Kriele*, Theorie der Rechtsgewinnung, §§ 72–77.

[1] *Odo Marquard*, Hegel und das Sollen, Philosophisches Jahrbuch 72 (1964), S. 103 ff.: *Martin Kriele*, Die vermutete Vernünftigkeit unseres Rechts (oben S. 47, 55.)

[2] *Hans von Hentig*, Brandstiftung aus Passion am Löschen, in Beiträge zur gesamten Strafrechtswissenschaft, Festschrift für *Hellmuth Mayer*, 1965, S. 655 ff.

[3] Vgl. dazu oben: Das demokratische Prinzip im Grundgesetz, S. 17, insbesondere S. 25; ferner *Kriele*, Einführung in die Staatslehre, Die geschichtlichen Legitimitätsgrundlagen des demokratischen Verfassungsstaates, rororo Studium Rechtswissenschaften Nr. 35, Reinbek 1975 §§ 42 ff.

[4] Zum folgenden eingehender: *Kriele*, Hobbes und englische Juristen, Luchterhand 1970, jetzt im Skriptor-Verlag.

[5] *Hobbes* hat sich mehrfach kritisch mit dem Common Law auseinandergesetzt, und dabei vor allem gegen *Edward Coke* (1552–1633) polemisiert. Hauptstellen: Leviathan Kap. 26 und Dialogue of the Common Law. Die klarsichtigste Erwiderung von juristischer Seite findet sich in einem Fragment von *Matthew Hale* (1609–1676, Lord Chief Justice, gilt als bedeutendster englischer Rechtshistoriker und Rechtsdogmatiker seiner Zeit): „Reflections on Mr. Hobbes his Dialogue of the Law", abgedruckt bei *Holdsworth*, History of the English Law, Bd. V, Anhang S. 500–513, deutsch im Anhang bei *Kriele*, Hobbes und englische Juristen, Anm. 4.

[6] S. oben N. 5.

[7] Dazu vor allem *Holdsworth*, History of the English Law, Bd. VI, S. 3–141.

[8] Dazu vor allem *Lecler*, Histoire de la Tolérance; *Salmon*, The French Religious Wars in English Political Thought; *Schnur*, Die französischen Juristen im konfessionellen Bürgerkrieg des 16. Jahrhunderts und: Individualismus und Absolutismus.

[9] Zu der Auseinandersetzung um Hobbes eingehender *Kriele*: Einführung in die Staatslehre (Anm. 3), §§ 30–36 und: Hobbes und englische Juristen (Anm. 4).

„Recht und Ordnung"

[1] The Protest-Movement and the Law, 51, University of Virginia Law Review (1965), S. 785 (800).

[2] Vgl. hierzu den offiziellen Bericht der National Commission on the Causes and Prevention of Violence: „Law and Order Reconsidered", S. 19 und die dort angeführte Literatur.

[3] *H. Lübbe*, Hochschulreform und Gegenaufklärung, 1972, S. 69f., jetzt eingehend belegt in Lübbe, Unsere stille Kulturrevolution, Zürich 1976, S. 36ff.

[4] Der Staat der Industriegesellschaft, München, 1971, S. 47, 71.

[5] AaO S. 54.

[6] Eingehender vgl. *Kriele*, Hobbes und englische Juristen, 1970, jetzt im Skriptor-Verlag.

Lernzielvorschläge für den politischen Unterricht

[1] Stellungnahme in der Anhörung des Kulturausschusses des Landtages NRW am 27. 6. 1974 (Ausschußprotokoll 7/1513 S. 47–53). Der dort frei gehaltene Vortrag wurde leicht überarbeitet.

[2] S. oben S. 47ff.

Wirtschaftsfreiheit und Grundgesetz

[1] Die Bedeutung der Wirtschaftsordnung für die politische Verfassung, Süddeutsche Juristenzeitung 1946, S. 141ff., abgedr. bei *Ulrich Scheuner* (Hrsg.), Die staatliche Einwirkung auf die Wirtschaft, Frankfurt 1971, S. 85ff.

[2] 2. Aufl. Tübingen 1955, Nachdr. in rowohlts deutsche enzyklopädie Nr. 81.

[3] Vgl. *Arno Scholz* und *Walter Oschilewski*, Turmwächter der Demokratie, Berlin 1954, Bd. II, S. 325.

[4] Dokumente zur parteipolitischen Entwicklung in Deutschland seit 1945, Hrsg. von *Ossip K. Flechtheim*, Berlin 1963, Bd. III, S. 5.

[5] Industrielle Herrschaft und sozialer Staat, Göttingen 1966, S. 14.

[6] Darauf hat schon *H. C. Nipperdey* unter Bezug auf *Partsch* hingewiesen: Die Soziale Marktwirtschaft in der Verfassung der Bundesrepublik, Karlsruhe 1954, S. 13f.

[7] Schriftlicher Bericht zum Entwurf des Grundgesetzes, Drucksache 850, 54 des Parlamentarischen Rates, S. 12. Siehe hierzu *E. W. Böckenförde*, Eigentum, Sozialbindung des Eigentums, Enteignung, in: Gerechtigkeit in der

Industriegesellschaft, 1972, S. 218ff.; jetzt auch in: Staat, Gesellschaft, Freiheit, Frankfurt 1976, S. 318ff.

[8] Zitiert bei *Werner Sörgel*, Konsensus und Interessen, eine Studie zur Entstehung des GG für die BRD, Stuttgart 1969, S. 223.

[9] Wenn man die psychologischen Erfahrungen über den Zusammenhang von Schuld, Angst und Aggression zu Rate zieht, so liegt die Vermutung nahe, daß hinter solchen Ängsten ein schlechtes Gewissen steht, etwa das heimliche Bewußtsein, besitzindividualistischen Interessen Vorrang vor dem Allgemeininteresse geben zu wollen.

[10] Die soziale Marktwirtschaft in der Verfassung der Bundesrepublik, Karlsruhe 1954.

[11] Übrigens hat *Nipperdey* auch selbst keineswegs die Schlüsse gezogen, die sich heute aus der Anlehnung an seine damalige These ergeben. *Nipperdey* war ein Verfechter des Ordoliberalismus innerhalb der Sozialdemokratischen Partei. Er berief sich in seinem Vortrag auf den „freiheitlichen Sozialismus" und erklärte ausdrücklich für zulässig z. B. Zwang gegenüber marktbeherrschenden Unternehmen zu einem „Verhalten, wie wenn ein Markt vorhanden wäre", oder marktwidrige Eingriffe, „wenn sie durch andere überwiegende Erfordernisse der verfassungsmäßigen Ordnung oder durch das Sozialprinzip gedeckt sind".

[12] Beispiel: Die Bodenspekulationsgewinne. Lediglich durch Umwidmung von Grundstücken sind in den Jahren 1960–69 insgesamt 49,9 Milliarden DM Gewinn erzielt worden, während zum Vergleich die Aufwendungen an öffentlichen Mitteln für den Wohnungsbau im gleichen Zeitraum 41,8 Milliarden DM betrugen. „Herabstufungen" von Grundstücken machen hingegen entschädigungspflichtig, § 44 Abs. 1 BBauGes.

Das Grundgesetz im Parteienkampf

[1] Frankfurter Allgemeine vom 20. 1. 1973, jetzt in: Systemüberwindung, Demokratisierung, Gewaltenteilung, 1973, S. 54ff.

[2] BVerfGE 4, 7, 17; 7, 377, 400; vgl. näher *Kriele*: Wirtschaftsfreiheit und Grundgesetz, s. unten S. 115.

[3] *H. C. Nipperdey*, Die soziale Marktwirtschaft in der Verfassung der Bundesrepublik, 1954, und: Wirtschaft und Wettbewerb, 1954. Dazu *H. Ehmke*, Wirtschaft und Verfassung, 1961, S. 18ff., siehe dazu unten S. 115.

[4] Frankfurter Allgemeine vom 9. 3. 1973.

[5] *C. Schmitt*, Legalität und Legitimität, jetzt in: Verfassungsrechtliche Aufsätze, 1958, S. 263ff., 340.

[6] aaO., S. 70 ff.

[7] Frankfurter Allgemeine vom 10. 12. 1971, jetzt in: Systemüberwindung, Demokratisierung, Gewaltenteilung, S. 19 ff.

[8] aaO., S. 24.

[9] aaO., S. 17 f.

[10] aaO., S. 27.

[11] aaO., S. 13 f.

[12] Eingehender *Kriele*, Einführung in die Staatslehre, insb. §§ 57–60, s. a. §§ 70–72.

Verfassungsfeinde im öffentlichen Dienst – ein unlösbares Problem?

[1] Jean Reve, Die totalitäre Versuchung, Frankfurt 1976.

[2] BVerfGE 39, 334 ff. – NJW 1975, 1641

[3] Zuletzt: BVerfGE 40, 287 ff.

[4] *Semler*, ZBR 1971, 107 ff.; *Azzola* und *Lautner*, ZRP 73, S. 245 ff.; *Stern*, Zur Verfassungstreue der Beamten, München 1974, S. 56 ff.; der Verf. im ZDF am 20. 9. 1973.

Grundrechte als Verfassungsauftrag

[1] Über die rechtspolitischen Konsequenzen aus dem Urteil vgl. unten S. 174.

[2] Wie dies in jüngerer Zeit im Anschluß an *Forsthoff* öfters wieder gefordert worden ist, z. B. *Hans H. Klein*, Die Grundrechte im demokratischen Staat, 1972; *E. W. Böckenförde*, NJW 1974, 1529 ff.; kritisch dazu *Kriele*, Einführung in die Staatslehre, 1975, § 84. *Klein* ist übrigens sowohl im Verfahren um das niedersächsische Vorschaltgesetz als auch im Verfahren um § 218 unter den Antragstellern zu finden, woraus zu schließen ist, daß auch er die grundrechtliche Verpflichtung des Gesetzgebers zu Maßnahmen, die die Freiheit gegen „Dritte" schützen, nicht so grundsätzlich zurückweisen will, wie sein Buch nahezulegen schien.

[3] Zu dieser neuerdings im Tenor verfassungsgerichtlicher Entscheidungen öfters auftauchenden Formel und ihrer Tragweite vgl. *Podlech*, DÖV 74, 337 ff.; *Hoffmann-Riem*, Der Staat 74, 335 ff. Allgemein über den Umfang der Verbindlichkeit der Entscheidung: *Kriele*, Theorie der Rechtsgewinnung, 2. Aufl. 1976, Kap. 10 und 11, und über den Umfang der Verbindlichkeit des Urteils zu § 218: unten S. 177.

[1] Vgl. Alternativ-Entwurf eines StGB, Bes. Teil, Straftaten gegen die Person, 1. Halbband, 1970; *Jürgen Baumann* (Hrsg.), Das Abtreibungsverbot des § 218 StGB, eine Vorschrift, die mehr schadet als nützt, 1971.

[2] Auch nicht, wenn der Urteilstenor auf die Entscheidungsgründe Bezug nimmt: Vgl. dazu unten S. 197.

[3] Eine eingehende Begründung dieser These bei *Kriele*, Theorie der Rechtsgewinnung, 1967, 2. Aufl. 1976, Kap. 10 und 11. Siehe auch *Bachof*, AöR 87,25; *Radek*, Bestand und Verbindlichkeit verfassungsgerichtlicher Entscheidungen, Diss. Würzburg (1969), *Frowein*, DÖV 1971, 796.

[4] Zuletzt *Hoffmann-Riem*, Der Staat (1974), S. 336 ff. m. w. Nachw. *Hoffmann-Riem* verschiebt das Problem. Er meint, wenn z. B. ein Landesgesetz für verfassungswidrig erklärt wird, so könne damit nicht bindend über die Verfassungswidrigkeit gleichlautender Gesetze in anderen Ländern entschieden sein. Richtig, aber die anderen Landesgesetzgeber sind durch § 31 I BVerfGG verpflichtet, das verfassungwidrige Gesetz zu ändern bzw. „ein solches" Gesetz nicht zu erlassen. Es handelt sich um eine Rechtspflicht, nicht bloß um die faktische Erwartung, daß der Landesgesetzgeber dem von alleine Rechnung tragen werde, um einer Verfassungsklage zuvorzukommen. Eine solche präjudizielle Verpflichtung verliert zwar im Laufe der Zeit an Bindungswirkung, wenn sich die Rechtsanschauungen oder die vorausgesetzten tatsächlichen Umstände wesentlich gewandelt haben, und wenn mit guten Gründen erwartet werden darf, daß das BVerfG die Leitmaxime seiner Entscheidung durch eine ausdrücklich davon abweichende Entscheidung aufgeben wird („overruling"). Deshalb ist das BVerfG selbst an seine Präjudizien nicht gebunden. Der Gesetzgeber darf testen, ob die Zeit zum „overruling" reif ist. Aus dieser besonderen Rechtfertigung für die Entfesselung aus der Präjudizienbindung aber zu schließen, daß die Bindung überhaupt nicht bestehe, heißt, eine Regel in Zweifel ziehen, bloß weil sie mit Ausnahmen verknüpft ist.

[5] Näher dazu: *Kriele*, Theorie der Rechtsgewinnung, (Anm. 3), insbes. § 81.

[6] Gem. § 95 I 2 BVerfGG kann das BVerfG bei der Entscheidung über Verfassungsbeschwerden aussprechen, daß „auch jede Wiederholung der beanstandeten Maßnahme das Grundgesetz verletzt". Das Verfassungsgericht hat davon nur Gebrauch gemacht, um die Bindungswirkung „wegen der grundsätzlichen Bedeutung des Falles" hervorzuheben, hat aber hinzugefügt, daß sich die Bindungswirkung aus § 31 I (nicht aus § 95!) BVerfGG

ergibt. Sie bestünde also auch ohne den ausdrücklichen Ausspruch. § 95 I 2 ist deshalb nicht überflüssig; die Vorschrift erlaubt dem Gericht, im Tenor festzulegen, worauf es für die „Wiederholung" ankommt, wann also ein „gleicher Fall" vorliegen würde. – Interpretiert man hingegen § 31 I BVerfGG im Sinne von „Rechtskraft" (oder „Erweiterung der subjektiven Grenzen der Rechtskraft"), so bände nur die Entscheidung des konkreten Streitgegenstandes, und das ausdrückliche Wiederholungsverbot könnte keine Verbindlichkeit haben und bliebe wirkungslos. Eingehender: *Kriele*, Theorie der Rechtsgewinnung, (Anm. 3), §§ 81, 83.

[7] *Schlüter*, Obiter dictum, S. 76ff. m. w. Nachw.; *Hoffmann-Riem*, (Anm. 4), S. 349.

[8] Im angelsächsischen Präjudizienrecht nimmt man an, daß die Leitmaxime nicht unbedingt explizit in den Entscheidungsgründen formuliert sein muß, sondern aus ihnen herausinterpretiert werden kann, daß sie gewissermaßen „hinter der Entscheidung" steht. Auf diese Weise kann man Präjudizienbindung mit flexibler Rechtsfortbildung vereinbaren. (*Kriele*, Theorie der Rechtsgewinnung, (Anm. 3), §§ 73, 76, 78). Ob man bei der Auslegung des § 31 I BVerfGG auch so weit gehen sollte, kann hier dahingestellt bleiben – es sprechen gute Gründe dafür (aaO, § 82) – da das BVerfG die entscheidenden Leitmaximen in den Urteilsgründen bisher immer treffend formuliert hat.

[9] Vgl. auch Leitsatz 4: „Der Gesetzgeber kann die grundgesetzlich gebotene rechtliche Mißbilligung des Schwangerschaftsabbruchs auch auf andere Weise zum Ausdruck bringen als mit dem Mittel der Strafdrohung. Entscheidend ist, ob die Gesamtheit der dem Schutz des ungeborenen Lebens dienenden Maßnahme einen der Bedeutung des zu sichernden Rechtsgutes entsprechenden tatsächlichen Schutz gewährleistet. Im äußersten Falle, wenn der von der Verfassung gebotene Schutz auf keine andere Weise erreicht werden kann, ist der Gesetzgeber verpflichtet, zur Sicherung des sich entwickelnden Lebens das Mittel des Strafrechts einzusetzen."

[10] Vgl. des näheren die Urteilsanmerkung des Verf. o. S. . . .

[11] *E. W. Böckenförde*, Stimmen der Zeit, 188 (1971), S. 147ff.

[12] Andere Beispiele für ein strafprozessuales Verfolgungsverbot: Art. 46 I (Indemnität), § 153 I StPO a. F. (Übertretungen).

[13] So konsequenterweise *Dürig*, GG, Art. 2 II Anm. 23f.

[14] *Höfer-Rahner* (Hrsg.), Lexikon für Theologie und Kirche, 2. Aufl. 1957, Bd. I, S. 98.

[15] Die gegenteilige Annahme in der Minderheitsbegründung des Alternativentwurfs, aaO S. 37, erscheint nicht lebensnah.

[1] BVerfGE 35, 79ff. = NJW 1973, 1176.

[2] BVerfGE 36, 1ff. = NJW 1973, 1539.

[3] BVerfGE 37, 271ff. = NJW 1974, 1697.

[4] BVerfGE 39, 1ff. = NJW 1975, 573.

[5] BVerfGE 40, 296 = NJW 1975, 2331ff.

[6] BVerfGE 20, 162ff. = NJW 1966, 1603.

[7] BVerfGE 30, 1ff. = NJW 1971, 275.

[8] BVerfGE 30, 173ff. = NJW 1971, 1645.

[9] BVerfGE 39, 334ff. = NJW 1975, 1641.

[10] Dazu das Nachwort zur 2. Auflage meiner „Theorie der Rechtsgewinnung", Berlin 1976.

[11] Es ist insbesondere unzutreffend, wenn man sagt, Entscheidungen des BVerfG hätten lediglich „politische Auswirkungen"; damit wird die Frage nach den politischen Implikationen juristischer Entscheidungsfindung umgangen.

[12] Dazu eingehend *Kriele*, Einführung in die Staatslehre, rororo-Studium Rechtswissenschaften Nr. 35, Reinbek 1975, insb. §§ 57–60.

[13] Dazu *Kriele*, Theorie der Rechtsgewinnung, insbesondere das Nachwort zur 2. Auflage (Anm. 10).

[14] Was die juristisch begründbare Entscheidung ausmacht, dazu eingehend *Kriele*, Theorie der Rechtsgewinnung (Anm. 10).

[15] Diese Konsequenz hat in der Tat *Forsthoff*, Der Verfassungsschutz der Zeitungspresse, 1969, S. 17, gezogen.

[16] BVerfGE 1, 14 (37) = NJW 1951, 877; BVerfGE 19, 377 (392) = NJW 1966, 723; BVerfGE 20, 56 (87) = NJW 1966, 1499.

[17] Eingehender dazu *Kriele*, Theorie der Rechtsgewinnung (Anm. 10), S. 290 bis 304.

[18] BVerfGE 4, 31 (38f.) = NJW 1954, 1601; BVerfGE 20, 56 (86f.) = NJW 1966, 1499; vgl. neuestens *Zuck*, NJW 1975, 907 und *Maassen*, NJW 1975, 1343.

[19] BVerfGE 36, 1 (36) = NJW 1973, 1539.

[20] BVerfGE 39, 334ff. = NJW 1975, 1641.

[21] Mißlichkeiten entstehen dann, wenn sich der Gesetzgeber auf ein obiter dictum einstellt und ein hieran orientierter Gesetzgebungsakt später vom BVerfG – in Abweichung vom obiter dictum – für verfassungswidrig erklärt wird, wie es z.B. bei der Parteienfinanzierung der Fall war: In BVerfGE 8, 51 (63) = NJW 1958, 1131 hatte das Gericht in einem ausführli-

chen obiter dictum die grundsätzliche Zulässigkeit staatlicher Parteienfinanzierung bejaht; davon abweichend dann BVerfGE 20, 56 ff. = NJW 1966, 1499.

[22] Siehe insb. *Friesenhahn*, ZRP 1973, 189 ff.

[22a] Eingehender *Kriele*, ZRP 1973, 193 ff.

[23] NJW 1975, 2287 (2292).

[24] Vgl. hierzu die Darstellung von *Scharpf*, Grenzen richterlicher Verantwortung, 1965.

[25] BVerfGE 36, 1 ff. = NJW 1973, 1539.

[26] BVerfGE 37, 271 ff. = NJW 1974, 1697.

[27] Zu denken ist etwa an die 2. Europäische Richtlinie vom 20. 5. 1975 betreffend die Arzneimittel-Prüfung, die die verfassungsrechtlichen Bedenken überspielt, die u. a. *Leibholz* gegen den Entwurf eines Arzneimittelgesetzes erhoben hatte.

[28] Vgl. *Ehmke*, Wirtschaft und Verfassung, 1961, S. 437 ff., 450 ff., 464 ff.

[29] BVerfGE 4, 7 (17 f.) = NJW 1954, 1235; BVerfGE 7, 377 (400) = NJW 1958, 1035; BVerfGE 12, 341 (347) = NJW 1961, 1395.

[30] S. dazu ausf. *Kriele*, Einführung in die Staatslehre (Anm. 12), §§ 50, 55.

[31] Die soziale Marktwirtschaft i. d. Verfassung der Bundesrepublik, 1954.

[32] Insb. von *H. H. Rupp*, Grundgesetz und Wirtschaftsverfassung, 1974.

[33] Hierzu *Philippi*, Tatsachenfeststellungen des BVerfG, 1971, insb. S. 56 ff., 124 ff.

[34] Vgl. die Rechtsprechungsübersicht bei *Grabitz*, AöR 98 (1973), 568. Die hier im Text angedeutete Typologie folgt im wesentlichen *Grabitz'* Einteilung in vier Bereiche: den Bereich legislatorischer Konkretisierungskompetenz und den Bereichen positiv gebundener, negativ gebundener und willkürfreier legislatorischer Qualifikations-(Zwecksetzungs-)kompetenz, aaO, S. 602 ff.

[35] BVerfGE 27, 344 (351) = NJW 1970, 555; BVerfGE 33, 367 (377) = NJW 1972, 2214.

[36] BVerfGE 27, 344 = NJW 1970, 555.

[37] BVerfGE 32, 373 = NJW 1972, 1123.

[38] BVerfGE 7, 377 (400 ff.) = NJW 1958, 1035.

[39] BVerfGE 11, 30 (47 f.) = NJW 1960, 715.

[40] Mit bejahender Tendenz *Häberle*, VVDStRL 30 (1972), 43 ff., 69 ff., 90 ff., 112 ff.; ders., DÖV 1972, 729; *H. H. Rupp*, JZ 1971, 401; *Friauf*, DVBl 1971, 676 ff. Ablehnend *Martens*, VVDStRL 30 (1972), 29; *H. H. Klein*, Die Grundrechte im demokratischen Staat, 1972, S. 39 ff., 60 ff.; *Böckenförde*, NJW 1974, 1529. Vgl. ferner *v. Mutius*, VerwArch. 64 (1973), 183.

[41] BVerfGE 7, 198 (204 ff.) = NJW 1958, 257.

[42] BVerfGE 25, 167 (179 ff.) = NJW 1969, 597.

[43] BVerfGE 39, 1, 42 ff. = NJW 1975, 573; vgl. Urteilsanm. oben S. 162 ff.

[44] BVerfGE 35, 79 = NJW 1973, 1176.

[45] BVerfGE 33, 303 (329 ff.) = NJW 1972, 1561.

[46] BVerfGE 20, 162 (175 f.) = NJW 1966, 1603.

[47] BVerfGE 18, 85 (92 f.) = NJW 1964, 1715; BVerfGE 30, 173 [196 f.] = NJW 1971, 1645.

[48] Die grundsätzlichen Ausführungen in BVerfGE 30, 173 (196 f.) = NJW 1971, 1645 scheinen diese Interpretation nahezulegen; in Wirklichkeit erweist sich aber bei der Handhabung der Formel durch das Gericht, daß es im einzelnen die rechtliche Subsumtion des angefochtenen Urteils nachprüft.

[49] BVerfGE 7, 198 (207 ff.) = NJW 1958, 257; BVerfGE 10, 302 (322 ff.) = NJW 1960, 811; BVerfGE 17, 302 (304) = NJW 1964, 1174; BVerfGE 20, 162 (174 ff.) = NJW 1966, 1603; BVerfGE 24, 278 (282 ff.) = NJW 1969, 227; BVerfGE 27, 71 (79 ff.) = NJW 1970, 235; BVerfGE 27, 104 (109 f.); 28, 55 (63 ff.) = NJW 1970, 1267; BVerfGE 30, 173 (196 ff.) = NJW 1971, 1645; BVerfGE 32, 373 (378 ff.) = NJW 1972, 1123.

[50] Z. B. BVerfGE 18, 85 (92 ff.) (Art. 14 GG) = NJW 1964, 1715; BVerfGE 21, 209 (217 ff.); BVerfGE 31, 145 (178 ff.) = NJW 1971, 2122 (Art. 3 I GG). Da Art. 3 I GG als Willkürverbot interpretiert wird, kommt hier dem Grundsatz der begrenzten verfassungsgerichtlichen Nachprüfung, insoweit sie sich auf „willkürliche" Grundrechtsverstöße durch die Gerichte beschränkt, ohnehin kaum Bedeutung zu.

[51] BVerfGE 10, 302 (322) = NJW 1960, 811.

[52] BVerfGE 5, 85 (134 f.) = NJW 1956, 1393; BVerfGE 7, 198 (208) = NJW 1958, 257; BVerfGE 12, 113 (125) = NJW 1961, 819; BVerfGE 20, 56 (97) = NJW 1966, 1499; BVerfGE 28, 55 (63) = NJW 1970, 1267.

[53] BVerfGE 7, 198 (208) = NJW 1958, 257.

[54] Vgl. die Rechtsprechung zu Art. 19 III GG; BVerfGE 21, 362 (369) = NJW 1967, 1411.

[55] Zur preferred-freedoms-Doktrin s. *Ehmke*, Wirtschaft und Verfassung, 1961, S. 437 ff., 450 ff., 464 ff.

[56] Eingehender zu dem nur bedingungsweisen Zusammenhang von Verfassungsliberalismus und Wirtschaftsliberalismus; *Kriele*, in: Einführung in die Staatslehre (Anm. 12), § 50.

[57] Staatslehre, § 39.

[58] Staatslehre, § 54.

[59] Vgl. *Kriele*, JZ 1965, 242.

[1] Vortrag, gehalten auf Einladung der Deutschen Vereinigung für Politische Wissenschaft auf ihrem Wissenschaftlichen Kongreß 1971 am 4. Oktober in Mannheim. Der Beitrag ist gemeinsam mit den übrigen Beiträgen des Kongresses im Frühjahr 1972 in einem Sonderheft der Politischen Vierteljahresschrift und vorab in der „Zeitschrift für Rechtspolitik", 1971, S. 261 ff. erschienen.

[2] § 31 I: A treaty shall be interpreted in good faith in accordance with the ordinary meaning to be given to the terms of the treaty in their context and in the light, of its object and purpose.

II. The context for the purpose of the interpretation of a treaty shall comprise, in addition to the text, including its preambel and annexes:

(a) any agreement relating to the treaty which was made between all the parties in connexion with the conclusion of the treaty;

(b) any instrument which was made by one or more parties in connexion with the conclusion of the treaty and accepted by the other parties as an instrument related to the treaty.

[3] *R. Schuster*, Deutschlands staatliche Existenz im Widerstreit politischer und rechtlicher Gesichtspunkte 1945–63, München 1963.

Die Bedeutung der Verträge für den Erhalt der Nation

[1] Ausgabe vom 17. 11. 1972.

[2] Die nachdrückliche Unterstützung der Ostpolitik durch unsere westlichen Freunde beruht ja nicht darauf, daß diese nunmehr ihre Verpflichtungen aus Art. 7 des Deutschland-Vertrages los würden, die Wiedervereinigung ganz anzustreben. Diese Verpflichtung wird weder beseitigt noch ausgehöhlt; sie besteht fort, kann freilich so oder so nur dann realisiert werden, wenn eine neue Weltlage dies erlauben sollte. Für die Chancen von Teilung oder Wiedervereinigung ist der Abschluß oder Nichtabschluß des Grundvertrages völlig gleichgültig. Infolgedessen kann der Grund für die Zustimmung der Westmächte zur Ostpolitik der Regierung gar nicht in einem hinterhältigen Interesse an der deutschen Teilung liegen.

[1] Eine normale Regelung wäre etwa die in § 7 des Bundes-Paßgesetzes. Danach ist der Paß zu versagen, wenn Tatsachen die Annahme rechtfertigen, daß der Antragsteller die innere oder äußere Sicherheit oder sonstige erhebliche Belange der Bundesrepublik gefährdet, sich der Strafverfolgung, Strafvollstreckung, den steuerlichen Verpflichtungen, den Zoll- und Devisenvorschriften oder einer gesetzlichen Unterhaltspflicht entziehen oder unbefugt in fremde Heeresdienste eintreten will.

Nachweise

Das demokratische Prinzip im Grundgesetz. Vortrag vor der Vereinigung der deutschen Staatsrechtslehrer auf ihrer Jahrestagung im Oktober 1970 in Speyer. Veröffentlichungen der Vereinigung der deutschen Staatsrechtslehrer Heft 29, Berlin 1971. Dort auch eine Dokumentation der anschließenden Diskussion. – Die hier entworfene Skizze des Verhältnisses von Demokratie und Verfassungsstaat hat der Verfasser näher ausgeführt in: Einführung in die Staatslehre. Die geschichtlichen Legitimitätsgrundlagen des demokratischen Verfassungsstaates, rororo-Studium Rechtswissenschaften Nr. 35, Reinbek 1975.

Die vermutete Vernünftigkeit unseres Rechts. Zu Hegels Begriff der abstrakten Subjektivität. Vortrag auf dem VI. Kongreß der Internationalen Hegel-Gesellschaft im September 1966 in Prag. „Der Staat" 1967, S. 45 ff.

Regressive Dialektik. Zu Hegels Begriff der abstrakten Souveränität. Vortrag auf dem VII. Kongreß der Internationalen Hegel-Gesellschaft im März 1968 in Paris. Hegel Jahrbuch 1968/69, S. 286 ff.

„Recht und Ordnung". Zeitschrift für Rechtspolitik 1972, S. 213 ff., zugleich in „Radius", September 1972.

Ordnungsrecht an den Hochschulen – funktionsunfähig? Zeitschrift für Rechtspolitik 1972, S. 25 ff.

Lernzielvorschläge für den politischen Unterricht. Vortrag vor dem Kulturausschuß des Landtags Nordrhein-Westfalen in der öffentlichen Anhörungssitzung am 27. Juni 1974, Ausschußprotokoll 7/1513 47 ff. Überarbeitete Fassung

Wirtschaftsfreiheit und Grundgesetz. Zeitschrift für Rechtspolitik 1974, S. 105 ff. Zugleich in Frankfurter Rundschau v. 23. 5. 74.

Das Grundgesetz im Parteienkampf. Zeitschrift für Rechtspolitik 1973, S. 129 ff.; zugleich in: „Merkur" 1973, S. 518 ff. Im Septemberheft des „Merkur" erschien eine Erwiderung Schelskys mit einer Replik des Verfassers: „Merkur" 1973, S. 994 ff., die hier eingearbeitet wurde.

Verfassungsfeinde im öffentlichen Dienst – ein unlösbares Problem? Erstveröffentlichung. Frühere Beiträge des Verfassers zu diesem Thema: Kommunisten als Beamte? Zeitschrift für Rechtspolitik 1971, S. 273 ff.; Feststellung der Verfassungsfeindlichkeit von Parteien ohne Verbot, Zeitschrift für Rechtspolitik 1975, S. 201 ff.. Hierzu erschien eine Erwiderung von W. Wiese mit einer Replik des Verfassers in: Zeitschrift für Rechtspolitik 1976, S. 58 f.

Grundrechte als Verfassungsauftrag? Anmerkung zur Entscheidung des Bundesverfassungsgerichts zu § 218 StGB (BVerfGE 39, 1 ff.) in: Juristenzeitung 1975, S. 222 ff.

§ 218 StGB nach dem Urteil des Bundesverfassungsgerichts: Zeitschrift für Rechtspolitik 1975, S. 73 ff. Der Beitrag bezieht sich auf das Urteil BVerfGE 39, 1 ff.

Recht und Politik in der Verfassungsrechtsprechung: Neue Juristische Wochenschrift 1976, S. 777 ff.; und: Bitburger Gespräche, Jahrbuch 1974–76, Trier 1977, S. 183 ff.

„Deutschland" als Rechtsbegriff. Vortrag vor der Deutschen Vereinigung für politische Wissenschaft auf ihrem Jahreskongreß im Oktober 1971 in Mannheim. Politische Vierteljahresschrift 1972, Sonderheft 4, S. 408 ff. und Zeitschrift für Rechtspolitik 1971, S. 261 ff.

Die Bedeutung der Verträge für den Erhalt der Nation. Vortrag vor dem Arbeitskreis Gesellschaft und Politik und dem historisch-politischen Arbeitskreis des Kuratoriums Unteilbares Deutschland auf ihrer Jahrestagung im November 1972 in Berlin. „Zur Deutschen Frage", herausgegeben von W. W. Schütz, 1973, S. 15 ff.

Thesen zum Viermächteabkommen über Berlin: Vortrag auf dem Jahreskongreß des Kuratoriums Unteilbares Deutschland im November 1971 in Berlin. „Die Zeit" vom 18. Februar 1972.

Wo irrt Alexander Solschenyzin? Die moralische und die politische Perspektive der Entspannung. „Die Zeit" vom 1. August 1975.

Menschenrechte, Einmischung und Entspannung. „Die Zeit" vom 20. August 1976.

Die Menschenrechte in der Außenpolitik. „Die Zeit" vom 17. Juni 1977.

MARTIN KRIELE

Theorie der Rechtsgewinnung

entwickelt am Problem der Verfassungsinterpretation

Zweite, durch ein Nachwort ergänzte Auflage

366 S. 1976. DM 48,—

Presseurteile über die 1. Auflage:

„Es handelt sich um eine moderne, fortschrittliche Arbeit. Sie geht aus von der Erkenntnis, daß keine streng ‚juristische‘ Methode in der Lage ist, die wertenden Erwägungen aus der Verfassungsinterpretation zu verdrängen. Das einzig redliche Bemühen muß deshalb dahin zielen, die unvermeidbaren Wertungen im juristischen Denkprozeß weitestmöglich der rationalen Kontrolle zu erschließen. ... Kriele hat m. E. am bisher fundiertesten und klarsten Möglichkeiten und Grenzen einer jeden Methodenlehre von praktischer Bedeutung aufgezeigt."
Monatsschrift für Deutsches Recht

„Die Arbeit besticht durch klare und übersichtliche Erörterung der Probleme."
Deutsches Verwaltungsblatt

„Zusammenfassend ist zu sagen, daß es sich um ein höchst anregendes und lesenswertes Werk handelt, das die einschlägige Literatur umfassend berücksichtigt."
Die Öffentliche Verwaltung

„Die Arbeit führt die neuere Diskussion um das Problem der Verfassungsinterpretation mit hohem wissenschaftlichen Niveau weiter."
Gemeinsames Amtsblatt des Landes Baden-Württemberg

DUNCKER & HUMBLOT / BERLIN 41

studium rororo

MARTIN KRIELE

Einführung
in die Staatslehre

Die geschichtlichen Legitimitätsgrundlagen
des demokratischen Verfassungsstaates

(rororo studium, Band 35)

Dieses Buch vermittelt die theoretischen und geschichtlichen Grundlagen des demokratischen Verfassungsstaates, von denen her unser öffentliches Recht
zu verstehen und zu interpretieren ist.
Es betont den Einfluß des angelsächsischen Verfas-
sungsdenkens auf den demokratischen Verfassungsstaat der Neuzeit und verteidigt die Rechtsgrundlagen
unserer politischen Ordnung gegen marxistische, autoritäre und ökonomistische Fehldeutungen.

Aus dem Inhalt:

- ■ Souveränität und Legitimität
- ■ Der Unterschied von »rule of law« und Rechtsstaat
- ■ Verfassungsliberalismus und Wirtschaftsliberalismus
- ■ Volkssouveränität und »rule of law«
- ■ Die zwei französischen Revolutionen 1789 und 1792
- ■ Staat und Gesellschaft in Deutschland
- ■ Demokratie und Freiheit

**» . . . ein vorzügliches Buch . . . Gedanklich wie sprach-
lich ist es von seltener Klarheit«**
Frankfurter Allgemeine Zeitung